四川省服务业区域发展研究及案例

SICHUANSHENG FUWUYE QUYU FAZHAN YANJIU JI ANLI

朱皓云 等／著

中国财经出版传媒集团
中国财政经济出版社

图书在版编目（CIP）数据

四川省服务业区域发展研究及案例 / 朱皓云等著. --北京：中国财政经济出版社，2023.2

ISBN 978-7-5223-1904-9

Ⅰ.①四… Ⅱ.①朱… Ⅲ.①服务业-区域经济发展-研究-四川 Ⅳ.①F719

中国版本图书馆 CIP 数据核字（2023）第 021535 号

责任编辑：武志庆 张 军 责任校对：胡永立
封面设计：卜建辰 责任印制：张 健

中国财政经济出版社 出版
URL：http：//www.cfeph.cn
E-mail：cfeph@cfeph.cn

社址：北京市海淀区阜成路甲 28 号 邮政编码：100142
营销中心电话：010-88191522
天猫网店：中国财政经济出版社旗舰店
网址：https：//zgczjjcbs.tmall.com
北京财经印刷厂印刷 各地新华书店经销
成品尺寸：170mm×240mm 16 开 25.5 印张 404 000 字
2023 年 2 月第 1 版 2023 年 2 月北京第 1 次印刷
定价：110.00 元
ISBN 978-7-5223-1904-9
（图书出现印装问题，本社负责调换，电话：010-88190548）
本社质量投诉电话：010-88190744
打击盗版举报热线：010-88191661 QQ：2242791300

序　言

本书内容是作者在主持四川省科技厅软科学项目“四川省‘十四五’‘4+6’服务业空间布局规划及协调发展模式研究”以及成都市科技局软科学项目“成都市制造服务业高质量发展路径研究”研究工作的基础上撰写而成，同时也整理了近年来研究团队受四川省部分市（州）、县（区）政府委托开展的一些服务业相关研究的成果和案例。

对地方政府而言，服务业的产业布局和发展政策比制造业更为复杂多变。服务业发展要素不仅涉及自然资源、文化资源、交通资源等硬要素，还有人力资源、市场资源、科技资源、政策资源等软要素，服务业发展需要的不仅是投资和建设，更需要培育和运营。服务业的产业集聚模式也和制造业有所不同，制造业主要围绕供应链来形成产业链，其产业价值链较为明晰；而服务业则更多的是通过产业业态的互补来形成产业集群，其产业外部性体现在区域市场的平台价值上，价值边界较为模糊。制造业的协同更多在于产业链的协同，而服务业的区域协同则与其发展要素、集聚模式有关，更倾向于发展要素的互补和促进外部性的平台构建。服务业发展的特点及协同模式给地方政府的服务业产业布局、发展模式和政策制定带来了新的困惑和挑战，这些困惑也成为本书研究的重点。

本书研究的内容大多基于近年来四川省从事服务业发展工作的各级政府职能部门工作人员所关心的现实问题，所以本书编撰的基本特点是首先关注研究问题的现实性，其次才探讨其理论逻辑。从现实层面出发，本书不仅选择了当下四川省服务业“十四五”规划中提出的“4+6”服务业产业体系作为研究的对象，还关注了四川省区域间服务业的关联性和布局策略、高铁快速发展会带来的城市服务业变化，以及各类生产要素融合对于产业创新的影响，等等。当然，要深刻地认知现实问题，创新性地思考解决方案，也离不开理论的探讨，所以在本书的多个研究专题中，我们也在尝试构建四川省服务业发展相关问题的理论模型，力图找到一些新的研究思路和方法。希望通过这些粗浅的尝试，能抛砖引玉，引发读者的思考。

本书的内容由多个研究专题构成，章节的安排如下。

第一篇是四川省服务业区域协调研究，包括两个专题：四川省服务业的区域关联研究；四川省服务业区域协调发展研究。

第二篇是不同类型服务业的发展研究，包括四个专题：制造服务业的发展路径和案例；生活服务业的发展路径和案例；“4+6”服务业的产业图谱研究；城市商业的评估研究。

第三篇是区域的服务业发展模式思考，包括四个专题：市域服务业的发展思路——以宜宾市为例；县域服务业的发展思路——以双流区为例；考虑区域协同的服务业发展思路——以雅安进藏物资集散地研究为例；高铁对区域服务业发展的影响和对策研究——以宜宾市为例。

第四篇是服务业集聚发展模式研究，包括四个专题：检验检测产业集聚区建设研究；通用航空器贸易中心建设研究；特色消费集聚区打造研究；城市名片打造研究。

第五篇是行业创新发展模式研究，包括六个专题：科技创新和新经济高质量发展路径研究——以成都科学城为例；基于供给侧结构性改革背景下的四川省第三方物流研究——以大件物流为例；区域性国际商贸物流中心建设研究；基于“双碳”视角的再生资源体系建设研究——以德阳为例；文化赋能金融产业研究——以青羊区为例；消费吸引力提升研究——以彭州为例。

本书由朱皓云博士及其研究团队共同写作。朱皓云博士为本书策划人和作者，共同作者还包括段薇、苏静、刘敏、周琬欣、曹秘、姚竹羽、刘靓、吴红丽、叶丽群、赵天渊、黄叶静、李云劼、杜莹荣。

本书编写的过程中参考了大量论文著作和文献，特向其作者表示感谢。同时，本书的撰写是基于四川省各市州和区县的现实及案例，在收集资料开展调研的过程中，得到了各地政府部门尤其是商务部门的大力支持，在此表示衷心感谢！

目 录

第一篇　四川省服务业区域协调研究

第二篇　服务业的分类研究

第三篇　区域的服务业发展模式思考

第四篇　服务业集聚发展模式研究

第五篇　行业创新发展模式研究

第一篇

四川省服务业区域协调研究

专题研究一：四川省服务业的区域关联研究

一、研究背景

2018 年，四川省提出了“一干多支、五区协同”的省域经济发展新格局。“一干”是支持成都加快建设全面体现新发展理念的国家中心城市；“多支”则是打造各具特色的区域经济板块，推动环成都经济圈、川南经济区、川东北经济区、攀西经济区竞相发展；而“五区协同”则是强化统筹，推动成都平原经济区、川南经济区、川东北经济区、攀西经济区、川西北生态示范区协同发展。

为明确四川省已经形成的服务业空间关系，本研究根据产业集聚关联的相关理论，从相关技术指标出发，分析四川省各市（州）服务业的空间自相关，以及服务业在城市发展的离散、集聚或不相关关系，分析各城市是否对其邻近城市具有带动或虹吸影响，为四川省在“十四五”期间探明服务业区域协调发展路径、助力构建“一干多支、五区协同”的省域经济发展新格局提供参考。

二、关联理论及影响因素

（一）关联理论研究

1. 产业关联理论

产业关联有广义和狭义之分。广义的产业关联理论将产业关联性研究作为产业集聚研究的一部分，研究产业在地理空间上集聚关联问题，涉及马歇尔的产业区理论、韦伯的区位理论、佩鲁的增长极理论、地域生产综合体理论、产业综合体理论、克鲁格曼的工业集聚理论、新产业区学派、波特的集群学派等。狭义的产业关联理论重点关注各产业部门关联效应评估。因狭义的产业关联与本研究内容不相关，本研究重点关注广义上的产业关联，狭义的产业关联仅作简单论述。

广义产业关联的各种研究理论已经较为成熟，均强调产业空间上集聚关联带来的正外部性。20 世纪初期，“产业区位论”通对集聚经济和产业集群的理论研究，强调集聚经济对产业区位的正面影响。马歇尔（A. Marshall）提出外部经济概念，指出产业规模的聚集有利于各个企业间的信息交流，能够有效地形成知识溢出和扩散，从而促进了产业集群的出现。韦伯（Weber A.）提出工业集聚过程为两个阶段，第一阶段企业由于自身规模的扩张而形成一定的集聚优势，第二阶段相关企业通过相互联系形成更高级的集聚形态。其后以此为源，学术界对于产业地理的研究讨论不断丰富和发展。同时在 20 世纪初期，苏联的经济地理学家结合苏联实践得出地域生产综合体理论，强调通过同一区域的不同生产主体联合协作的形式提供效率，从而达到推动区域经济发展的社会生产体系。20 世纪中期，佩鲁（Francois Perroux）在“增长极理论”中强调经济增长首先出现在一个或数个“增长中心”，然后逐渐向其他部门和地区扩散。克鲁格曼（Paul R. Krugman）在借鉴经典区位理论的基础上构造出一套新的空间区位理论，即“新经济地理理论”。克鲁格曼提出运输成本、报酬递增、空间聚集、路径依赖四大命题，其中空间聚集强调产业关联能使产业或经济活动趋于集中，基本延续了之前的观点；路径依赖强调先发优势能形成某种经济活动的长期聚集过程。20 世纪末期，迈克尔·波特（Michael E. Porter）提出“集群理论”，指出企业在地理空间内的集中有利于加深交流、增进信任，具有效率及效益等方面竞争优势，而非该区域内的企业将缺乏这一优势。

狭义产业关联的研究方面，相关专家学者针对各部门间的关联效应不断优化产业关联效应评估模型。赫希曼（Hirschman）基于不平衡发展理论提出了产业关联效应的观点。钱纳里等（Chenery et al.）通过计算各产业部门的中间需求率和中间投入率来分析和评价某产业部门产业关联效应，为发展中国家的工业化问题制定促进经济快速发展的策略。后续随着产业关联理论应用的普及，学者专家不断针对关联效应系数进行修正。

综合各位专家学者的研究结论可知，企业因自身规模的扩张而形成一定的集聚优势时，会吸引更多关联企业在周边集聚，有利于企业间加深交流、增进信任、减少成本，从而推动相关企业通过相互联系形成更高级的集聚关联形态。同理，区域经济活动的长期聚集能形成某种先发竞争优势，推动区域经济进一步发展。

2. 服务业关联理论

因服务业的大规模发展在其他产业之后，服务业的研究滞后于工业和农业，服务业地理空间研究也基于工业和农业的地理空间研究展开，包括服务业集聚关联效应研究、生产性服务业集聚关联研究、各行业或城市服务业集聚关联研究等各个方面。Bennett et al.① 在探讨英国的商业集聚问题时，认为商业中心越大，公司越趋向于集群化发展，这种集聚随着规模报酬递增及城市化发展而递增。Coffey & Shearmur② 研究发现，高端服务业都集中在几个特大城市，随着时间推移集中度有所下降，逐渐形成多中心。Shearmur & Alvergne③ 发现，不同的高端服务业其布局模式不同，但每个部门都表现出扩散力量与集聚力量相互作用的特征。Paolo & Valentina④ 对丹麦、英国、法国、德国、日本、美国 6 个国家生产性服务业与三次产业的产业关联进行了实证研究。李勇辉等⑤指出，生产性服务业专业化集聚对本地城市技术创新具有显著正向作用，并通过空间关联对其邻近城市创新也产生了正向空间溢出效应。多样化集聚不利于本地城市技术创新发展，也对其邻近城市创新存在负向空间溢出。苗峻玮等⑥指出，长三角城市群的人才集聚、生产性服务业集

---

① Bennett R J, Daniels J G, Bratoon W. The location and growth of business and professional services in American metropolitan area, 1976 – 1986. Annals of the Association of American Geographers. 1991.

② Coffey W J, Shearmur R G. Factors and correlates of employment growth in the Canadian urban system, 1971—1991. Growth and Change, 1998.

③ Shearmur R, Alvergne C. Intrametropolitan patterns of high – order business service location: A comparative study of seventeen sectors in Ile – de – France. Urban Studies, 2002.

④ Paolo G, Valentina M. Technology and international competitiveness: The interdependence between.

⑤ 李勇辉，沈波澜，林森．生产性服务业集聚、空间溢出与城市技术创新——基于长江经济带 108 个城市面板数据的实证分析［J］．经济地理：2021（11）：1 – 17.

⑥ 苗峻玮，冯华．集聚效应是否推动了区域高质量发展——以长三角城市群为例［J］．经济问题探索，2021（2）：100 – 110.

聚和城市高质量发展水平均具有明显的空间分布特征，生产性服务业集聚与人才集聚的交乘项促进了区域高质量发展，并呈现出明显的空间溢出效应。

根据以上学者的研究结论，可以认为服务业与工业、农业在地理空间上具有相似性，均符合产业集聚关联带来正外部性的推论。因此，服务业的专业化集聚和人才虹吸有利于推动城市的技术创新和高质量发展，并通过空间关联性对其周边城市产生正向空间溢出效应。高端服务业主要集中在少数几个特大城市，而随着时间推移其集中度将会有所下降并向周边城市扩散，从而形成多中心格局。

（二）影响因素研究

1. 可达性影响

《中华人民共和国国民经济和社会发展第十四个五年规划和二〇三五年远景目标纲要》提出要加快建设交通强国，建设现代化综合交通运输体系，推进各种运输方式一体化融合发展，提高网络效应和运营效率，并提到要构建快速网、完善干线网、推进城市群都市圈交通一体化、构建综合交通枢纽体系等各方面内容。可达性是影响空间关联性的一大因素，以高铁为代表的交通基础设施建设将极大提高区域的可达性。下面以高铁为代表，分析轨道交通大幅提高区域可达性对产业空间关联性产生的影响。

高铁促进资源要素流动、推动服务业集聚发展已成为基本共识。李廷智等①指出，高铁促进了知识外溢，有利于知识创造和商务活动，促进了现代服务业发展。姚如青②指出，沪杭高铁开通促进了杭州城东新城以及商贸服务业的发展。王兰③指出，京沪高铁可以作为以上海为核心的城市群向外产业转移的通道。杨维凤④指出，京沪高铁带动了高端服务业和高技术产业发展。张国华等⑤指出，城际高铁开通后，沿线城市产业间的经济联系得到明

---

① 李廷智，杨晓梦，赵星烁，等．高速铁路对城市和区域空间发展影响研究综述［J］．城市发展研究，2013，20（2）：71－79.

② 姚如青．沪杭高铁对于沪杭关系和杭州发展的影响研究［J］．现代城市研究，2010，25（6）：16－24.

③ 王兰．高速铁路对城市空间影响的研究框架及实证［J］．规划师，2011，27（7）：13－19.

④ 杨维凤．京沪高速铁路对我国区域空间结构的影响分析［J］．北京社会科学，2010（6）：38－43.

⑤ 张国华，周乐，黄坤鹏，王有为．高速交通网络构建下的城镇空间结构发展趋势——从“中心节点”到“门户节点”［J］．城市规划学刊，2011（3）：27－32.

显增强。高翔[①]指出，高铁开通后，服务业市场存在交叉的城市之间会进行竞争，而自身服务业规模较大、聚集经济更明显的城市具有优势。李中会[②]指出，城市轨道交通对要素、产业集聚影响均为正向效应，城市轨道交通能够通过吸引要素集聚来促进产业集聚。

部分学者提出高铁提高区域可达性时也会引起区位空间的非均衡变化。姚如青[③]指出，沪杭高铁强化了沿线城市的整体聚集效应，但并非每个城市都能获益。王缉宪、林辰辉[④]指出，高铁对于某城市的影响大小，取决于该城市与相邻城市是否因高铁强化城市间的互补作用。王姣娥、丁金学[⑤]指出，高铁会强化中心城市的区位条件，加速人口和经济要素向中心城市集聚。Chen[⑥] 指出，中国高铁发展会引起城市间剧烈时空收缩和变迁，城市间发展不平衡会成为中国经济空间重构的巨大挑战。邓涛涛[⑦]等指出，长三角高速铁路大规模兴建和网络化布局，削弱了生产要素流动的空间壁垒，使资源要素的优化配置能在更广的范围内进行。

综上所述，一方面，高铁能促进资源要素流动外溢，强化服务业关联效应，相邻城市间的互补作用将有望通过高铁得到加强；另一方面，高铁强化了沿线城市的整体聚集效应，加速经济要素向中心城市集聚，并非每个城市都能获益。

2. 数字化影响

数字化进程对产业关联性的影响，可以从数字化产业与产业数字化两方面理解。为聚焦本文研究的核心问题，下面将着重从服务业数字化对服务业关联性的影响展开研究。

根据一般共识，数字技术对产业发展的作用主要体现在助力产业生产率

---

① 高翔．高速铁路在服务业分布中的作用——基于城市层级体系视角的研究［J］．中国经济问题，2019（1）：106－123.

② 李中会．城市轨道交通、产业集聚及城市竞争力研究［D］．济南：山东师范大学，2021.

③ 姚如青．沪杭高铁对于沪杭关系和杭州发展的影响研究［J］．现代城市研究，2010，25（6）：16－24.

④ 王缉宪，林辰辉．高速铁路对城市空间演变的影响：基于中国特征的分析思路［J］．国际城市规划，2011，26（1）：16－23.

⑤ 王姣娥，丁金学．高速铁路对中国城市空间结构的影响研究［J］．国际城市规划，2011，26（6）：49－54.

⑥ Chen C L. Reshaping Chinese space－economy through high－speed trains：Opportunities and Challenge［J］．Journal of Transport Geography，2012.

⑦ 邓涛涛，王丹丹，程少勇．高速铁路对城市服务业集聚的影响［J］．财经研究，2017，43（7）：119－132.

提高上。一是通过推动产业分工细化提高产业生产率，即通过数字化模块简化复杂技术标准，将设计、生产、装配和销售等任务分解，并通过便捷高效的数字网络将分散部分有效连接、同步迭代、共同提升；二是消解距离等产业发展不利因素，利用数字技术突破区位论所依托的时间与地理空间概念，降低协调和匹配成本。

在提高产业生产率方面，数字化将加快信息技术等要素流动，推动服务业关联格局加速形成。崔日明等①指出，产业内分工促进了服务业产业专业技术与知识的积累，表现为产业内部技术水平的不断发展，将拉动现代服务业发展。任保平等②指出，人工智能的物联网、数字化经济使得传统产业布局和转移模式发生变革，加之物联网的普及以及智能城市与智能交通、智能电网等各领域的完善，不仅能有效降低产品流通和交易成本，还能够跨区域、跨产业融合发展提高市场支持，升级产业的空间布局，有利于形成有效的产业集聚与区域产业链。甄峰等③指出，到了数字化时代，远程通信技术同时使得集中化（高级命令和控制功能）和分散化（低级的生产功能）变得容易。龙祖坤等④指出，在数字化时代，远程通信技术同时使集中和分散化变得容易。在由数字化信息元所组成的网络体系中，城市间、城市与区域间信息流动变得复杂化，构成由各网络节点——城市间的信息联系为主的数字化网络。这种体系有利于发挥低级节点城市的作用，从而能够实现各城市间的有效合作、协同竞争的局面。

根据以上总结，数字化进程针对服务业关联性的影响体现在助力产业生产率提高方面，数字化将加快信息技术等要素流动，使集中化和分散化变得容易，在对服务业集聚关联方面起到类似“催化剂”的作用，并不会逆转关联格局。

（三）小结

根据产业关联性理论研究和影响因素研究结论可知，企业可因自身规模

---

① 崔日明，李丹．我国现代服务业演化发展的动力机制及对策研究［J］．经济学动态，2011（12）：37－41.

② 任保平，宋文月．新一代人工智能和实体经济深度融合促进高质量发展的效应与路径［J］．西北大学学报（哲学社会科学版），2019，49（5）：6－13.

③ 甄峰，花俊，黄朝永．数字化时代的城市与区域发展构想［J］．人文地理，2000（2）：49－52.

④ 龙祖坤，朱建民．数字化时代的城市网络特征初探［J］．惠州学院学报（社会科学版），2003（1）：37－39.

的扩张而形成一定的集聚优势，吸引更多关联企业在周边集聚。而城市则可通过服务业的专业化集聚和人才虹吸，促进技术创新和高质量发展，从而形成先发优势，并产生正向空间溢出效应。高端服务业主要集中在少数几个特大城市，而随着时间推移其集中度将会有所下降并向周边城市扩散，从而形成多中心格局。提交通高可达性、加速推进数字化进程，能强化服务业的关联效应，加强相邻城市间的互补作用，并加速经济要素向中心城市集聚，但并不会反转服务业关联进程，且并非每个城市都能获益。

三、区域关联研究方法

（一）全局莫兰指数

全局空间自相关可度量区域内部单元的某种地理现象或属性值与邻近单元上同一现象或属性值的整体相关程度，可用于检验某种现象在空间上是否存在集聚，描述其在整个研究区域的空间特征①。常用 Moran's I 测度，计算方法如下：

$$I = \frac{n\sum_{i=1}^{n}\sum_{j=1}^{n}W_{ij}(x_i - \bar{x})(x_j - \bar{x})}{\sum_{i=1}^{n}\sum_{j=1}^{n}W_{ij}\sum_{i=1}^{n}(x_i - \bar{x})^2} \tag{1.1}$$

式中：n 为空间单元数量；x_i和 x_j表示在空间单元 i 和 j 上某属性特征的观测情况；W_{ij}为空间权重矩阵，空间相邻为 1，不相邻为 0。

Moran's I 的显著性可以通过标准化值 $Z(I)$ 表达，计算方法如下：

$$z_I = \frac{I - \mathrm{E}[I]}{\sqrt{\mathrm{V}[I]}} \tag{1.2}$$

其中：

$$\mathrm{E}[I] = -1/(n-1)$$

$$\mathrm{V}[I] = \mathrm{E}[I^2] - \mathrm{E}[I]^2 \tag{1.3}$$

---

① 宣国富，徐建刚，赵静．基于 ESDA 的城市社会空间研究——以上海市中心城区为例［J］．地理科学，2010，30（1）：22－29.

（二）局部莫兰指数

局部空间自相关统计量可以正确识别核心区与邻接区之间潜在的空间关系，常用 Local Moran's I 来测度，计算方法如下：

$$I_i = \frac{(x_i - \bar{x})}{\sum_i (x_i - \bar{x})^2} \sum_j W_{ij}(x_j - \bar{x}) \tag{1.4}$$

（三）空间权重矩阵

空间权重矩阵表征空间单位之间的相互依赖关系与关联程度[①]。空间相互作用大体可以分为四种类型，其递进关系依次为局域性关联、准局域性关联、准长程关联、长程关联。所谓局域性，就是一个地理区域或者区位仅仅与相邻的区域或者区位发生作用，对间隔的区域或者区位没有直接的影响；而长程作用则必须满足地理学第一定律，即任意距离的两点都发展相互作用，只不过是距离越近，相互作用的程度越强[②]。

根据四川省提出的“一干多支、五区协同”省域经济发展新格局，本文选取无差别区域（Zone of indifference）作为空间权重矩阵，来强调目标要素仅在临界距离内受到影响，一旦超出该临界距离，权重（以及邻近要素）对目标要素计算的影响基本可以忽略。在本文中，据此矩阵计算的结果能反映服务业集散关系的具体距离尺度（见表 1 – 1）。

表 1 – 1　空间关系的概念化参数说明

参数名称	说明	对应
INVERSE_DISTANCE（反距离）	认为两个要素在空间上越靠近，彼此交互/影响的可能性就越大；空间影响力随距离增加而衰减	准长程关联 长程关联
INVERSE_DISTANCE_SQUARED（反距离平方）	与反距离类似，认为只有最近邻域要素会对目标要素产生重大影响，其影响力随距离增加下降更快	

① 李婧，谭清美，白俊红．中国区域创新生产的空间计量分析——基于静态与动态空间面板模型的实证研究［J］．管理世界，2010（7）：14.

② 陈彦光．基于 Moran 统计量的空间自相关理论发展和方法改进［J］．地理研究，2009（6）：15.

续表

参数名称	说明	对应
FIXED_DISTANCE_BAND （固定距离）	对每个邻近要素进行分析；认为在临界距离内的邻近要素权重为1，并会对目标要素产生影响；在临界距离外的邻近要素权重为0，且不会对目标要素产生任何影响	准长程关联 长程关联
ZONE_OF_INDIFFERENCE （无差别区域）	认为在临界距离内的邻近要素权重为1，并会对目标要素产生影响；超出临界距离，邻近要素权重及其对目标要素影响会随距离的增加而衰减	
CONTIGUITY_EDGES_ONLY （仅共享边）	认为只有共用边界或重叠的相邻面要素会影响目标面要素	局域性关联 准局域性关联
CONTIGUITY_EDGES_CORNERS （共享边、角）	认为共享边界、节点或重叠的面要素均会影响目标面要素	
GET_SPATIAL_WEIGHTS_FROM_FILE （从文件中获取空间权重文件）	由指定的空间权重文件定义空间关系	—

四、数据来源与指标体系

（一）数据来源

本研究选取四川省空间数据与相关服务业产业数据进行分析，研究采用的空间数据从网络等公开渠道获得，产业数据从相关统计年鉴获得，数据处理及分析借助 Excel、SPSS 和 ArcGIS 软件完成。

（二）指标体系

1. 服务业整体评价指标体系

对于现代服务业评价体系，国内尚无统一标准。目前，学界构建的评价体系主要有以下几类：任宇、杨小金选取贸易竞争指数、在国际市场份额占有率、显著性比较优势和竞争比较优势、Michaely 竞争优势指数作为指标体系，用于评价国家综合竞争力水平[①]。许景儒、彭永明（2009）则从发

① 任宇，杨小金. 基于灰色关联分析法的我国现代服务业国际竞争力研究［J］. 工业技术经济，2015，34（5）：80－86.

展水平、发展环境、发展动力三个维度选取24个指标，作为河北省现代服务业发展[①]的评价体系。陈静（2010）选取人均地区生产总值、城镇居民消费性支出、在校大专以上学生数、工业增加值、技术市场成交总额、专利申请授权数、工业增加值占GDP比重、现代服务业占GDP比重、金融业就业人员数、接待入境旅游人数、废弃治理设施数、卫生机构数等作为评价浙江省现代服务业发展的指标体系[②]。邓泽林等（2012）从发展水平、增长潜力、基础条件、专业化程度四个方面构建了由18个量化指标构成的现代服务业评价指标体系[③]。黄漫宇、李展飞（2013）从经济基础、发展水平、成长潜力、公共环境四个方面选取15个评价指标，评价湖北省及其他中部省区的现代服务业发展[④]。赵惠芳等（2007）从宏观环境、发展规模、增长速度、产业结构和发展潜力五个维度选取19个指标，评价我国中部省份的现代服务业发展[⑤]。曾三从经济基础、现代服务业总量水平、主要现代服务业行业状况、科技实力、现代服务业发展潜力五个方面构建现代服务业评价指标体系，评价重庆市现代服务业竞争力[⑥]。章义等选取了19个指标，从发展基础、发展规模、发展速度、层次结构、产业潜力五个方面对安徽省现代服务业发展水平进行综合评价[⑦]。时峰、刘辉煌从投入水平、效益水平、外部发展环境水平三个方面选取13个指标，构建中国地区现代服务业综合发展水平评价体系[⑧]。李晓青针对山东省各市产业发展规模、内部结构等现状，对现代服务业发展水平、规模、比重、影响因素等方面进行定性和定量分析[⑨]。潘海岚从行业现

---

① 许景儒，彭永明．河北省区域服务业发展综合评价［J］．统计与管理，2009（6）：35－36.

② 陈静．浙江省现代服务业发展水平评价［J］．特区经济，2010（8）：48－49.

③ 邓泽霖，胡树华，张文静．我国现代服务业评价指标体系及实证分析［J］．技术经济，2012，31（10）：60－63，105.

④ 黄漫宇，李展飞．湖北省现代服务业区域竞争力评价分析——基于2010年九省数据的横向比较分析［J］．现代商贸工业，2013，25（3）：14－16.

⑤ 赵惠芳，王冲，闫安，等．中部省份现代服务业发展水平评价［J］．统计与决策，2007（21）：83－85.

⑥ 曾三．重庆市现代服务业的现状及发展对策研究［D］．重庆：重庆大学，2008.

⑦ 章义，赵惠芳，王冲．基于主成分分析的安徽省现代服务业发展评价［J］．合肥工业大学学报（社会科学版），2008（4）：48－52.

⑧ 时峰，刘辉煌．中国地区现代服务业综合发展水平评价［J］．技术与创新管理，2009，30（3）：328－331.

⑨ 李晓青．山东省17地市现代服务业竞争力评价与分析［J］．山东理工大学学报（自然科学版），2014，28（3）：66－72.

状、内部行业比例、产业品牌效应以及经济增加值和发展空间构建综合评价体系，科学动态解释地区产业发展水平①。

综合上述学者的研究内容，结合四川省服务业相关数据获取情况，本文选取四川省人均地区生产总值、服务业增加值、服务业就业人员数占比、常住人口城镇化率、社会消费品零售总额、研发人员折合全时人员（人年）、R&D 支出占 GDP 比重七项数据进行因子分析。为规避 2020 年经济发展面临的特殊性，以 2019 年数据为基础定义服务业评价指标体系（见表 1－2）。

表 1－2　　2019 年四川省各市（州）服务业相关数据

市（州）	人均地区生产总值（元）	第三产业总产值（亿元）	就业人员数占比（%）	常住人口城镇化率（%）	社会消费品零售总额（亿元）	研发人员折合全时人员（人年）	R&D 支出占 GDP 比重
成都市	103386	11155.85	0.526	0.74	8313.40	91244	0.026600436
自贡市	48904	653.43	0.347	0.54	598.88	2873	0.008604316
攀枝花市	82460	367.71	0.434	0.67	240.55	2023	0.013696396
泸州市	48105	842.42	0.298	0.52	1032.13	4134	0.00686524
德阳市	65745	916.92	0.402	0.54	893.99	11319	0.029043722
绵阳市	58685	1402.41	0.382	0.54	1419.47	30460	0.06521258
广元市	35262	399.16	0.363	0.47	425.27	1552	0.005491129
遂宁市	42113	545.23	0.341	0.52	479.06	2544	0.007304868
内江市	38743	702.92	0.436	0.51	577.33	2813	0.0072063
乐山市	56999	818.75	0.385	0.53	766.51	2974	0.009284306
南充市	36073	980.35	0.336	0.50	1241.09	3550	0.005963729
眉山市	46168	653.91	0.322	0.48	556.05	1276	0.004712056
宜宾市	57003	1015.33	0.279	0.51	1045.06	6317	0.011306577
广安市	38522	635.14	0.31	0.43	564.31	1280	0.002821103
达州市	35625	990.39	0.314	0.47	1098.89	2172	0.004856071
雅安市	46984	368.54	0.33	0.48	271.14	1976	0.01013048
巴中市	22716	388.17	0.327	0.43	507.47	499	0.002683557
资阳市	31019	398.09	0.275	0.44	387.05	569	0.00255369
阿坝藏族羌族自治州	41278	226.75	0.357	0.41	101.03	208	0.002964879
甘孜藏族自治州	32440	232.92	0.251	0.33	119.43	231	0.001087371
凉山彝族自治州	34085	748.85	0.286	0.37	704.87	761	0.003057078

① 潘海岚．服务业发展水平的评价指标的构建［J］．统计与决策，2011（3）：23－25.

利用因子分析法降维，得到 KMO 值 0.693，说明变量之间存在相关性，Bartlett 球形检验的 Sig 值 0.000，这份数据可以进行因子分析。

经因子分析，仅提取一个主成分，解释的总方差达 96.471%，根据研究内容定义名称为服务业综合水平。

通过提取的公因子方差计算比例，给予各个因子权重如表 1－3 所示，以此计算 2012—2019 年[①]四川省服务业莫兰指数。

表 1－3　　四川省服务业综合水平各因子解释权重

名称	权重
人均地区生产总值	0.1459
第三产业总产值	0.1459
就业人员数占比	0.1464
常住人口城镇化率	0.1459
社会消费品零售总额	0.1476
研发人员折合全时人员（人年）	0.1452
研发支出占 GDP 比重	0.1227

2. 服务业各行业评价指标体系

因《四川统计年鉴》中缺乏人力资源、医疗康养相关统计数据，在此不对二者进行空间关联性分析。

根据四川省在“4＋6”服务业体系中对各行内涵的界定[②]，综合考虑数据获取情况，并规避 2020 年经济发展面临的特殊性，以 2019 年数据为基础定义四川省服务业各行业的评价指标体系。

（1）商业贸易。利用社会消费品零售总额、限额以上商贸企业数量、限额以上商贸从业人员数量、限额以上商贸企业购进总额、限额以上商贸企业销售总额 5 项数据进行因子分析，仅提取一个主成分，解释总方差达 98.913%，根据研究内容定义名称为商业贸易水平。通过提取的公因子方差

① 因 2012 年前部分数据统计口径与 2012—2019 年不一致，为避免数据误差，采取 2012—2019 年服务业产业数据进行分析。

② 参考《中共四川省委 四川省人民政府关于加快构建“4＋6”现代服务业体系推动服务业高质量发展的意见》。

计算比例，给予各个因子权重如表 1－4 所示，以此计算 2014—2019 年[①]商业贸易莫兰指数。

表 1－4　　四川省商业贸易水平各因子解释权重

名称	权重
社会消费品零售总额	0.2008
商贸业法人企业数	0.1960
商贸业从业人员数	0.2012
商贸业商品购进总额	0.2010
商贸业商品销售总额	0.2010

（2）现代物流。利用公路货物周转量、物流从业人员数量 2 项数据进行因子分析，仅提取一个主成分，解释总方差达 95.615%，根据研究内容定义名称为现代物流水平。通过提取的公因子方差计算比例，给予各个因子权重如表 1－5 所示，以此计算 2014—2019 年现代物流莫兰指数。

表 1－5　　四川省现代物流水平各因子解释权重

名称	权重
公路货物周转量	0.5000
物流从业人员数量	0.5000

（3）金融服务。利用金融从业人员数、本外币各项存款、本外币各项贷款、进出口总额 4 项数据进行因子分析，仅提取一个主成分，解释总方差达 98.810%，根据研究内容定义名称为金融服务水平。通过提取的公因子方差计算比例，给予各个因子权重如表 1－6 所示，以此计算 2014—2019 年金融服务莫兰指数。

表 1－6　　四川省金融服务水平各因子解释权重

名称	权重
金融业从业人员数	0.2446
本外币各项存款	0.2525
本外币各项贷款	0.2520
进出口总额	0.2509

① 因 2014 年前部分数据统计口径与 2014—2019 年不一致，为避免数据误差，采取 2014—2019 年服务业产业数据进行分析。下同。

（4）文体旅游。利用星级饭店数、国内旅游收入、国际旅游外汇收入、入境与国内游客人数、有线广播电视用户5项数据进行因子分析，仅提取一个主成分，解释总方差达96.838%，根据研究内容定义名称为文体旅游水平。通过提取的公因子方差计算比例，给予各个因子权重如表1-7所示，以此计算2014—2019年文体旅游莫兰指数。

表1-7　四川省文体旅游水平各因子解释权重

名称	权重
星级饭店数	0.1941
国内旅游收入	0.2047
国际旅游外汇收入	0.2014
入境与国内游客人数	0.2020
有线广播电视用户	0.1979

（5）商务会展服务。采用租赁和商务服务业就业人数分析2014—2019年商务会展莫兰指数。

（6）科技信息服务。采用信息传输、软件和信息技术服务业就业人数与科学研究和技术服务业就业人数之和分析2014—2019年科技信息服务莫兰指数。

（7）川派餐饮。采用餐饮企业数、餐饮从业人数进行因子分析，以各占50%的权重计算2014—2019年川派餐饮莫兰指数。

（8）家庭社区服务。采用居民服务、修理和其他服务业就业人数分析2014—2019年家庭社区服务莫兰指数。

五、四川省服务业莫兰指数分析

（一）服务业整体莫兰指数结果分析

1. 全局莫兰指数结果分析

通过对2012—2019年四川省服务业综合水平进行Moran's I检验，分别在临界距离取80公里、临界距离取430公里时通过莫兰指数显著性检验，表现出最明显的正负空间自相关性。

临界距离取80公里时，得到检测结果如表1－8所示。由检测结果可知，Z得分2.2～2.8，P得分0.01～0.03，即Moran's I检测置信度均在95%～99%。在80公里时，四川省服务业综合水平的莫兰指数在0.21～0.26，表现出明显正的空间自相关性，即服务业综合水平与空间分布的集聚程度成正比。

表1－8　2012—2019年四川省服务业综合水平Moran's I检验结果（80公里）

年份	Moran's I指数	预期指数	方差	Z得分	P值
2019	0.256612	－0.05	0.016895	2.358929	0.018328
2018	0.208517	－0.05	0.012417	2.319937	0.020344
2017	0.218115	－0.05	0.012478	2.400162	0.016388
2016	0.249749	－0.05	0.012752	2.65445	0.007944
2015	0.23742	－0.05	0.012456	2.57526	0.010016
2014	0.25179	－0.05	0.011654	2.795602	0.00518
2013	0.225618	－0.05	0.012906	2.426112	0.015262
2012	0.205419	－0.05	0.013531	2.195743	0.02811

临界距离取430公里时，得到检测结果如表1－9所示。由检测结果可知，Z得分－2.3～－2.1，P得分0.02～0.04，即Moran's I检测置信度均在95%～99%。在430公里时，四川省服务业综合水平的莫兰指数在－0.13～－0.14，表现出负的空间自相关性，即服务业综合水平与空间分布的集聚程度成反比。

表1－9　2012—2019年四川省服务业综合水平Moran's I检验结果（430公里）

年份	Moran's I指数	预期指数	方差	Z得分	P值
2019	－0.137287	－0.05	0.001735	－2.095443	0.036132
2018	－0.13415	－0.05	0.001317	－2.318793	0.020406
2017	－0.135225	－0.05	0.001323	－2.343325	0.019113
2016	－0.134478	－0.05	0.001348	－2.3007	0.021409
2015	－0.132412	－0.05	0.001321	－2.267738	0.023345
2014	－0.132138	－0.05	0.001246	－2.327226	0.019953
2013	－0.136712	－0.05	0.001363	－2.349023	0.018823
2012	－0.138844	－0.05	0.001421	－2.356785	0.018434

从 2012—2019 年变化趋势看，Moran's I 指数趋势走向并不明显，不能做进一步做趋势判断，详见图 1-1。

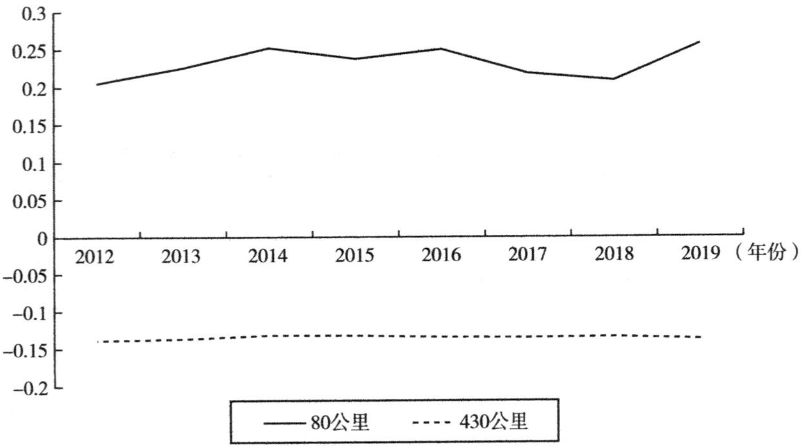

图 1-1　2012—2019 年四川省服务业综合水平 Moran's I 指数变化

2. 局部莫兰指数结果分析

进一步对 2019 年服务业综合水平进行 Local Moran's I 检验。临界距离取 80 公里时，发现成都、德阳呈现明显的"H-H"关联性，未出现明显的"L-L""H-L""L-H"关联性，无相关区域远多于有相关区域。说明在 80 公里时，服务业在成都德阳表现出空间聚集现象，其余大部分区域服务业与周边区域联系不紧密，或其服务业更多服务于本地（见图 1-2）。

临界距离取 430 公里时，发现成都与周边区域呈现明显的"H-L"关联性。说明在 430 公里时，成都被周边服务业综合水平较低的区域包围（见图 1-3）。

通过对 2012—2019 年四川省服务业综合水平进行 Local Moran's I 检验，临界距离取 80 公里，得到 2012—2019 年检测结果均如图 1-2 所示，表明 2012—2019 年成都、德阳空间聚集现象一直存在，大部分区域服务业与周边区域联系不紧密，或其服务业更多服务于本地的现象也未有改变。临界距离取 430 公里，得到 2012—2019 年检测结果均如图 1-3 所示，成都被周边服务业综合水平较低的区域包围，表明空间离散现象一直存在。

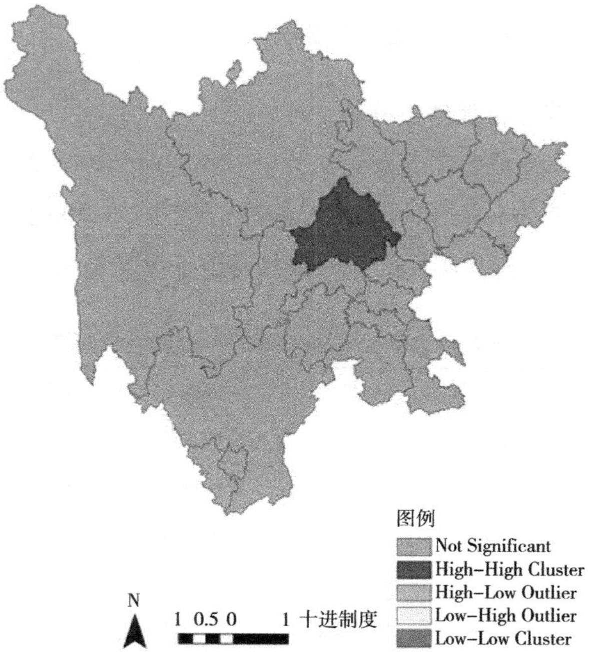

图 1－2　2019 年四川省服务业综合水平 Local Moran's I 指数（80 公里）

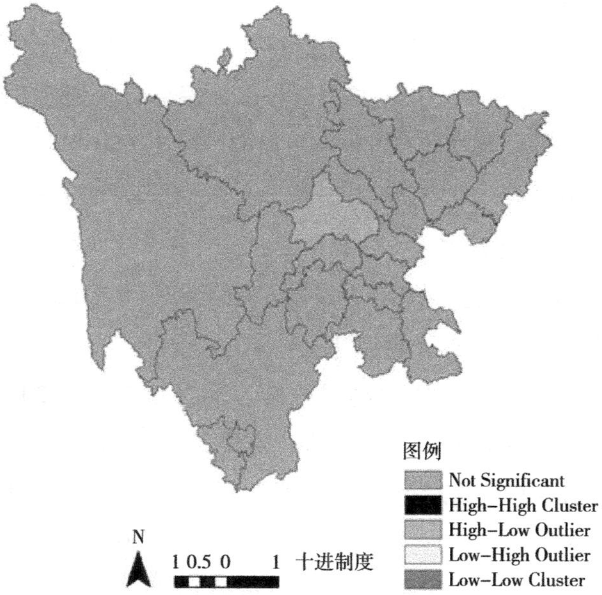

图 1－3　2019 年四川省服务业综合水平 Local Moran's I 指数（430 公里）

（二）服务业各行业莫兰指数结果分析

1. 商业贸易莫兰指数结果分析

（1）商业贸易全局莫兰指数结果分析。通过对 2014—2019 年四川省商业贸易综合水平进行 Moran's I 检验，仅发现临界距离取 300 公里时通过莫兰指数显著性检验，表现出最明显的空间自相关性，检测结果如表 1 - 10 所示。

表 1 - 10　　2014—2019 年四川省商业贸易 Moran's I 检验结果

年份	Moran's I 指数	预期指数	方差	Z 得分	P 值
2019	-0.102376	-0.05	0.000972	-1.680315	0.092896
2018	-0.102210	-0.05	0.000991	-1.658889	0.097138
2017	-0.100454	-0.05	0.000944	-1.642414	0.100504
2016	-0.097962	-0.05	0.000922	-1.579569	0.114206
2015	-0.095774	-0.05	0.000881	-1.542433	0.122968
2014	-0.092758	-0.05	0.000774	-1.536420	0.124435

2014—2019 年，在临界距离取 300 公里时，Z 得分 -1.68 ~ -1.53，P 得分 0.09 ~0.12。其中，2014—2017 年未通过莫兰检测（Z 得分 -1.57 ~ -1.64，P 得分 0.11 ~0.12），表明 2014—2017 年商业贸易尚未表现出空间自相关性；2018—2019 年通过莫兰检测（Z 得分 -1.68 ~ -1.66，P 得分 0.92 ~0.10），Moran's I 为 -0.10 上下，具有负的空间自相关性，表明商业贸易综合水平与空间分布的集聚程度成反比。

从 2014—2019 年变化趋势看，Moran's I 自 2014 年起逐步下降，表明商业贸易分散程度逐步提高，详见图 1 - 4。

（2）商业贸易局部莫兰指数结果分析。通过对 2018—2019 年四川省商业贸易综合水平进行 Local Moran's I 检验，临界距离取 300 公里，发现成都、阿坝呈现明显的“H - L”关联性，未出现明显的“L - L”“H - H”“L - H”关联性，无相关区域远多于有相关区域。说明在 300 公里时，成都阿坝区域商业贸易水平差距较大（见图 1 - 5）。其余大部分区域商业贸易与周边区域联系不紧密，或其服务业更多服务于本地。

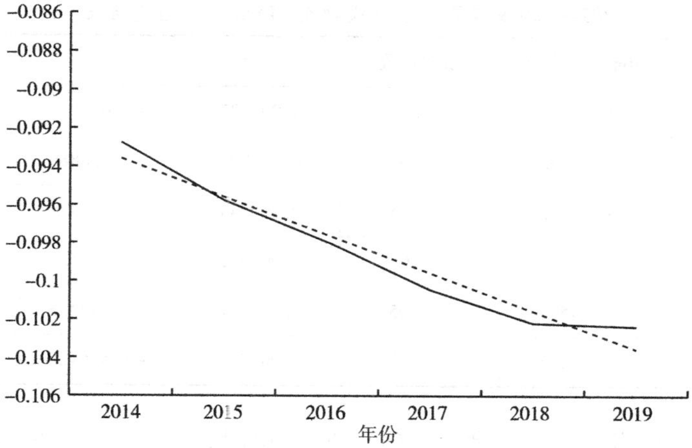

图 1－4　2014—2019 年四川省商业贸易 Moran's I 指数变化

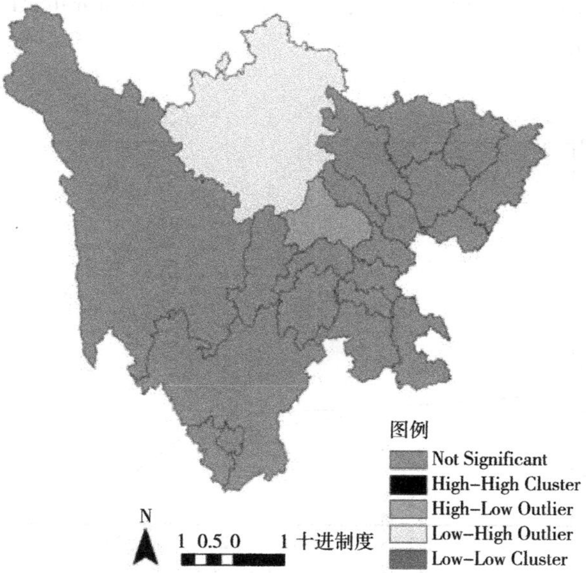

图 1－5　2018—2019 年四川省商业贸易 Local Moran's I 指数（300 公里）

2. 现代物流莫兰指数结果分析

通过对 2014—2019 年四川省现代物流综合水平进行 Moran's I 检验，仅发现临界距离取 300 公里时表现出最明显的空间自相关性，检测结果如表 1－11 所示。

表 1－11　　2014—2019 年四川省现代物流 Moran's I 检验结果

年份	Moran's I 指数	预期指数	方差	Z 得分	P 值
2019	－0. 113227	－0. 05	0. 001427	－1. 673712	0. 094187
2018	－0. 129327	－0. 05	0. 000991	－1. 658889	0. 097138
2017	－0. 100454	－0. 05	0. 000944	－1. 642414	0. 100504
2016	－0. 097962	－0. 05	0. 000922	－1. 579569	0. 114206
2015	－0. 095774	－0. 05	0. 000881	－1. 542433	0. 122968
2014	－0. 092758	－0. 05	0. 000774	－1. 536420	0. 124435

2014—2019 年，在临界距离取近 300 公里时，Z 得分 －1. 67 ～ －1. 53，P 得分 0. 09 ～0. 12，均未通过莫兰检测，表明 2014—2016 年四川省现代物流尚未表现出空间自相关性。

从 2014—2019 年变化趋势看，四川省现代物流 Moran's I 变换趋势并不明显，详见图 1－6。

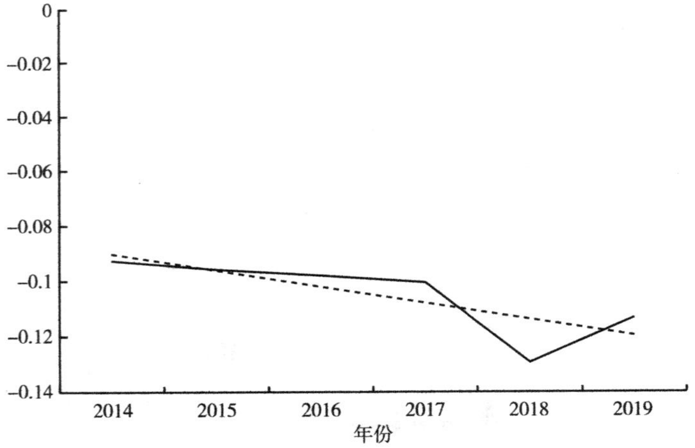

图 1－6　2014—2019 年四川省现代物流 Moran's I 指数变化

3. 金融服务莫兰指数结果分析

通过对 2019 年四川省金融服务综合水平进行 Moran's I 检验，仅发现临界距离取 300 公里时表现出最明显的空间自相关性，检测结果如表 1－12 所示。

表 1－12　2014—2019 年四川省金融服务 Moran's I 检验结果

年份	Moran's I 指数	预期指数	方差	Z 得分	P 值
2019	－0. 083558	－0. 05	0. 000684	－1. 282974	0. 199501
2018	－0. 085607	－0. 05	0. 000753	－1. 297997	0. 194288
2017	－0. 085040	－0. 05	0. 000699	－1. 325157	0. 185119
2016	－0. 084195	－0. 05	0. 000725	－1. 269557	0. 204242
2015	－0. 081461	－0. 05	0. 000827	－1. 094217	0. 273860
2014	－0. 083799	－0. 05	0. 000938	－1. 103584	0. 269774

2014—2019 年，在临界距离取近 300 公里时，Z 得分－1. 33～－1. 09，P 得分 0. 19～0. 27，均未通过莫兰检测，表明 2014—2016 年四川省金融服务尚未表现出空间自相关性。

从 2014—2019 年变化趋势看，金融服务 Moran's I 变化趋势并不明显，详见图 1－7。

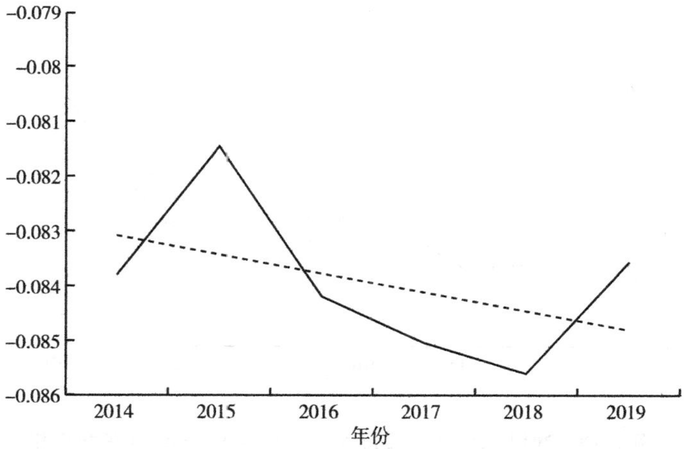

图 1－7　2014—2019 年四川省金融服务 Moran's I 指数变化

4. 文体旅游莫兰指数结果分析

（1）文体旅游全局莫兰指数结果分析。通过对 2014—2019 年四川省文体旅游综合水平进行 Moran's I 检验，仅发现临界距离取 430 公里时通过莫兰指数显著性检验，表现出最明显的空间自相关性，检测结果如表 1－13 所示。

表 1－13　2014—2019 年四川省文体旅游 Moran's I 检验结果

年份	Moran's I 指数	预期指数	方差	Z 得分	P 值
2019	－0. 085805	－0. 05	0. 000393	－1. 805846	0. 070942
2018	－0. 090016	－0. 05	0. 000393	－2. 017511	0. 043642
2017	－0. 091808	－0. 05	0. 000402	－2. 084677	0. 037099
2016	－0. 089598	－0. 05	0. 000371	－2. 056238	0. 039760
2015	－0. 091590	－0. 05	0. 000368	－2. 167519	0. 030195
2014	－0. 091365	－0. 05	0. 000372	－2. 144252	0. 032013

2014—2019 年，在临界距离取 430 公里时，Z 得分 －2. 17 ~ －1. 81，P 得分 0. 03 ~0. 07，Moran's I 为 －0. 09 上下，表明文体旅游综合水平与空间分布的集聚程度成反比。

从 2014—2019 年变化趋势看，四川省文体旅游 Moran's I 自 2014 年起逐步上升，表明文体旅游集聚程度逐步提高，详见图 1－8。

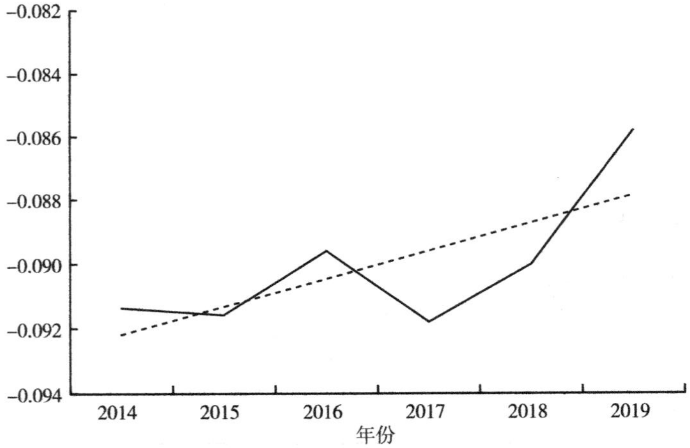

图 1－8　2014—2019 年四川省文体旅游 Moran's I 指数变化

（2）文体旅游局部莫兰指数结果分析。通过对 2014—2019 年四川省文体旅游综合水平进行 Local Moran's I 检验，临界距离取 430 公里，发现成都与周边区域呈现“H－L”关联性，未出现明显的“L－L”“H－H”“L－H”关联性，无相关区域远多于有相关区域。说明在 430 公里时，成都与周边区域文体旅游水平差距较大（见图 1－9）。其余大部分区域文体旅游与周边区域联系不紧密，或其更多服务于本地。

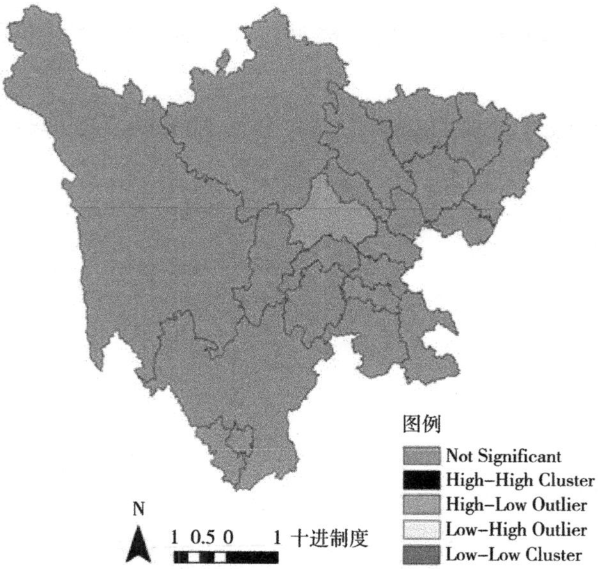

图 1-9　2014—2019 年四川省文体旅游 Local Moran's I 指数（430 公里）

5. 商务会展莫兰指数结果分析

（1）商务会展全局莫兰指数结果分析。通过对 2014—2019 年四川省商务会展综合水平进行 Moran's I 检验，仅发现临界距离取 430 公里时通过莫兰指数显著性检验，表现出最明显的空间自相关性，检测结果如表 1-14 所示。

表 1-14　2014—2019 年四川省商务会展 Moran's I 检验结果

年份	Moran's I 指数	预期指数	方差	Z 得分	P 值
2019	-0. 079689	-0. 05	0. 000312	-1. 679915	0. 092974
2018	-0. 086671	-0. 05	0. 000717	-1. 369943	0. 170705
2017	-0. 086503	-0. 05	0. 000781	-1. 305847	0. 191605
2016	-0. 086429	-0. 05	0. 000849	-1. 250391	0. 211157
2015	-0. 088123	-0. 05	0. 000865	-1. 29589	0. 195013
2014	-0. 082481	-0. 05	0. 00089	-1. 089	0. 276154

2014—2019 年，在临界距离取 430 公里时，Z 得分 -1. 68 ~ -1. 09，P 得分 0. 09 ~ 0. 28，其中，2014—2018 年未通过莫兰检测（Z 得分 -1. 37 ~

-1.09，P 得分 0.19~0.28），表明 2014—2018 年四川省商务会展尚未表现出空间自相关性；2019 年通过莫兰检测，商务会展综合水平与空间分布的集聚程度成反比。

从 2014—2019 年变化趋势看，商务会展 Moran's I 变换趋势并不明显，详见图 1-10。

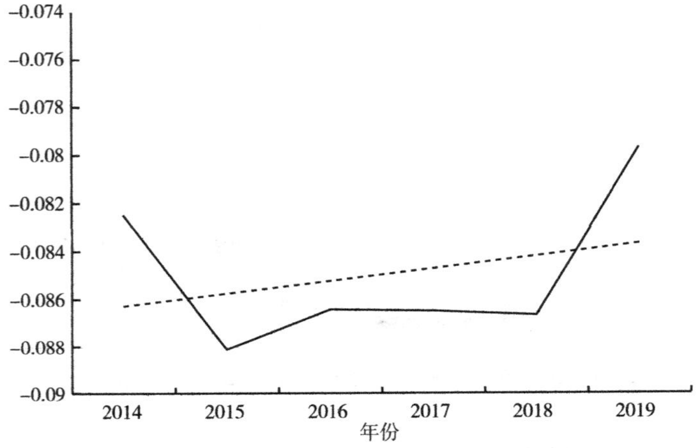

图 1-10　2014—2019 年四川省商务会展 Moran's I 指数变化

（2）商务会展局部莫兰指数结果分析。通过对 2019 年四川省商务会展综合水平进行 Local Moran's I 检验，临界距离取 430 公里，发现成都与周边区域呈现“H-L”关联性，未出现明显的“L-L”“H-H”“L-H”关联性，无相关区域远多于有相关区域。说明在 430 公里时，成都与周边区域商务会展水平差距较大（见图 1-11）。其余大部分区域商务会展与周边区域联系不紧密，或其更多服务于本地。

6. 科技信息服务莫兰指数结果分析

通过对 2014—2019 年四川省科技信息服务综合水平进行 Moran's I 检验，仅发现临界距离取 430 公里时表现出最明显的空间自相关性，检测结果如表 1-15所示。

2014—2019 年，在临界距离取近 430 公里时，Z 得分 -1.67~-1.54，P 得分 0.10~0.12，均未通过莫兰检测，表明 2014—2016 年四川省科技信息服务尚未表现出空间自相关性。

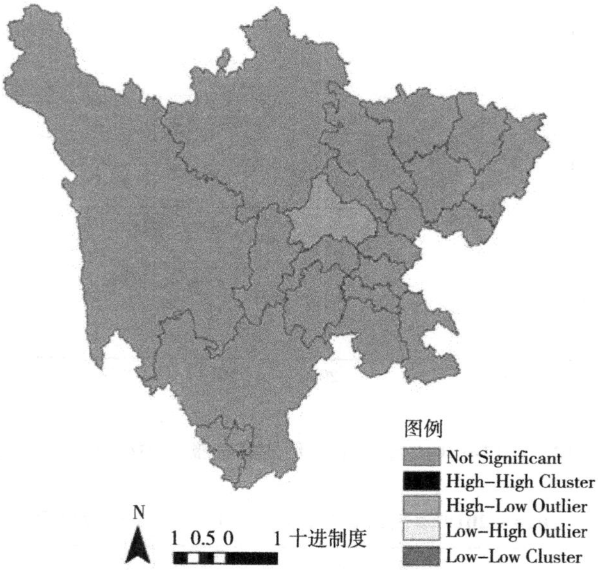

图 1－11　2019 年四川省商务会展 Local Moran's I 指数（430 公里）

表 1－15　2014—2019 年四川省科技信息服务综合水平 Moran's I 检验结果

年份	Moran's I 指数	预期指数	方差	Z 得分	P 值
2019	－0.075374	－0.05	0.000248	－1.610187	0.107357
2018	－0.077047	－0.05	0.000596	－1.108034	0.267847
2017	－0.08242	－0.05	0.0009	－1.080775	0.279797
2016	－0.076373	－0.05	0.000689	－1.004745	0.31502
2015	－0.076535	－0.05	0.000607	－1.07694	0.281507
2014	－0.074568	－0.05	0.000746	－0.899632	0.368316

从 2014—2019 年变化趋势看，科技信息服务 Moran's I 变换趋势并不明显，详见图 1－12。

7. 川派餐饮莫兰指数结果分析

（1）川派餐饮全局莫兰指数结果分析。通过对 2014—2019 年四川省川派餐饮综合水平进行 Moran's I 检验，仅发现临界距离取 80 公里时通过莫兰指数显著性检验，表现出最明显的空间自相关性，检测结果如表 1－16 所示。

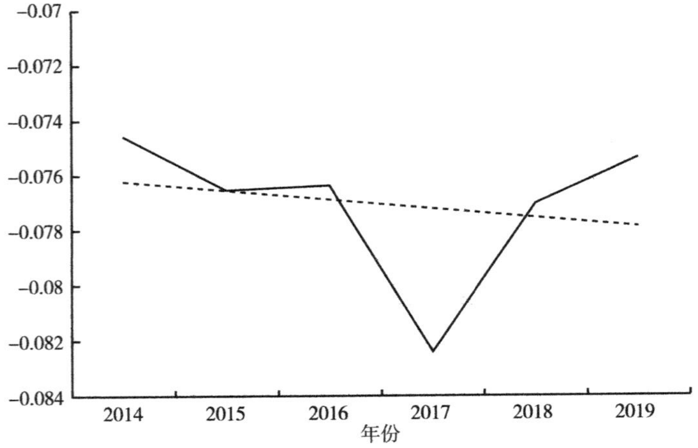

图 1-12　2014—2019 年四川省科技信息服务 Moran's I 指数变化

表 1-16　　2014—2019 年四川省川派餐饮 Moran's I 检验结果

年份	Moran's I 指数	预期指数	方差	Z 得分	P 值
2019	0.059438	-0.05	0.00383	1.76831	0.077009
2018	0.11476	-0.05	0.004441	2.472441	0.013419
2017	0.085275	-0.05	0.003849	2.180384	0.029229
2016	0.041178	-0.05	0.003351	1.57516	0.115219
2015	0.040959	-0.05	0.003766	1.482248	0.138274
2014	0.025495	-0.05	0.003655	1.24875	0.211756

2014—2019 年，在临界距离取 80 公里时，Z 得分 1.25～2.47，P 得分 0.01～0.21。其中，2014—2016 年未通过莫兰检测（Z 得分 1.25～1.58，P 得分 0.12～0.21），表明 2014—2016 年四川省川派餐饮尚未表现出空间自相关性；2017—2019 年通过莫兰检测（Z 得分 1.77～2.47，P 得分 0.01～0.08），Moran's I 为 0.06～0.11，具有正的空间自相关性，表明川派餐饮综合水平与空间分布的集聚程度成正比。

从 2014—2019 年变化趋势看，Moran's I 自 2014 年起逐步上升，表明川派餐饮集聚程度呈逐步提高趋势，但 2019 年拐头向下，详见图 1-13。

（2）川派餐饮局部莫兰指数结果分析。通过对 2017—2019 年四川省川派餐饮综合水平进行 Local Moran's I 检验，临界距离取 80 公里，得到 2017—2018 年检测结果如图 1-14 所示。成都与德阳呈现明显“H-H”

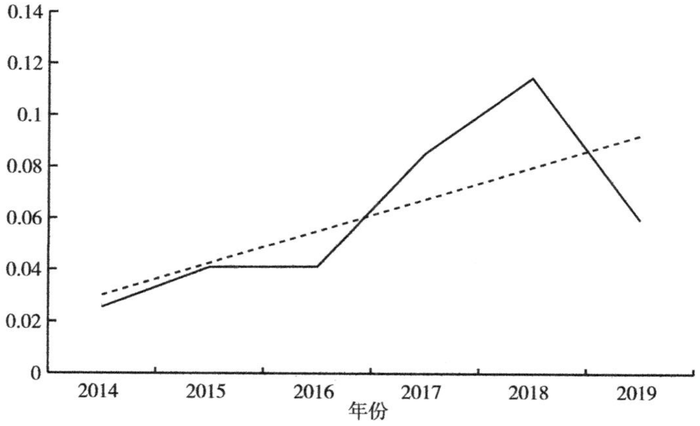

图 1－13　2014—2019 年四川省川派餐饮 Moran's I 指数变化

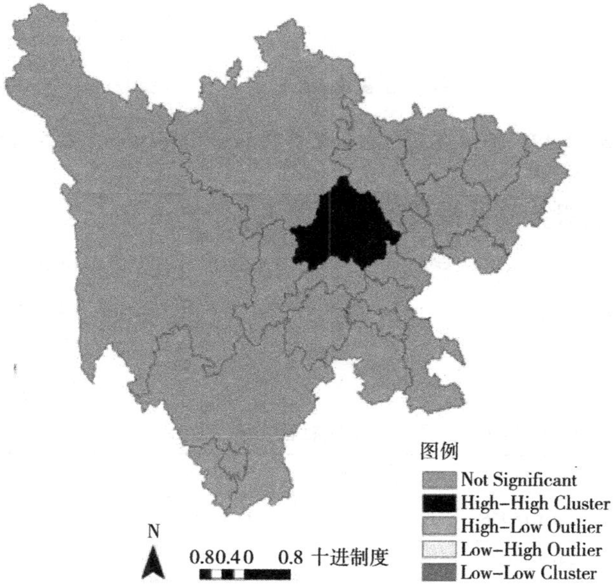

图 1－14　2019 年四川省川派餐饮 Local Moran's I 指数（80 公里）

关联性，未出现明显的“L－L”“L－H”“H－L”关联性，无相关区域远多于有相关区域，说明在 80 公里时，川派餐饮在成都德阳表现出空间聚集现象，其余大部分区域服务业与周边区域联系不紧密，或其服务业更多服务于本地。2019 年检测结果如图 1－15 所示，表明 2019 年川派餐饮在成都德阳空间聚集现象消失。

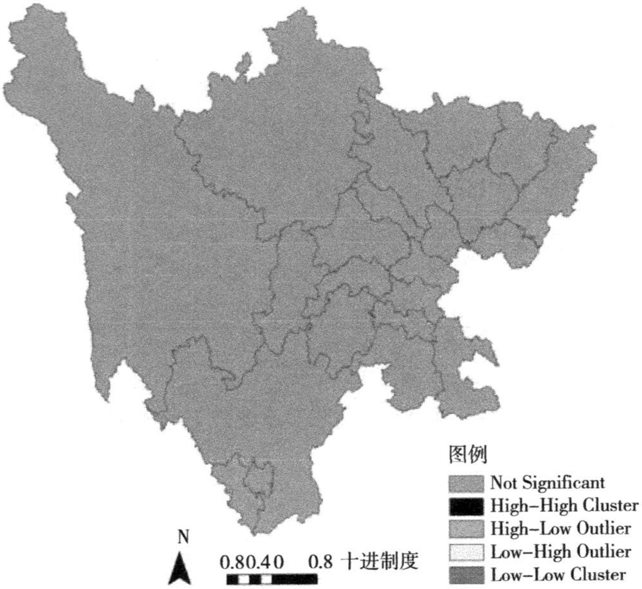

图 1－15 2017—2018 年四川省川派餐饮 Local Moran's I 指数（80 公里）

8. 家庭社区服务莫兰指数结果分析

通过对 2019 年四川省家庭社区服务综合水平进行 Moran's I 检验，仅发现临界距离取 430 公里时表现出最明显的空间自相关性，检测结果如表1－17 所示。

表 1－17 2014—2019 年四川省家庭社区服务 Moran's I 检验结果

年份	Moran's I 指数	预期指数	方差	Z 得分	P 值
2019	－0. 015956	－0. 05	0. 00207	0. 74828	0. 454291
2018	－0. 015079	－0. 05	0. 002092	0. 763446	0. 445197
2017	－0. 005588	－0. 05	0. 002196	0. 947798	0. 343232
2016	－0. 009255	－0. 05	0. 002118	0. 885334	0. 375976
2015	－0. 041709	－0. 05	0. 001888	0. 190834	0. 848656
2014	－0. 015956	－0. 05	0. 00207	0. 74828	0. 454291

2014—2019 年，在临界距离取近 430 公里，Z 得分 0. 19 ~ 0. 95，P 得分 0. 34 ~ 0. 85，均未通过莫兰检测，表明 2014—2019 年四川省家庭社区服务尚未表现出空间自相关性。

从 2014—2019 年变化趋势看，家庭社区服务 Moran's I 变换趋势并不明显，详见图 1－16。

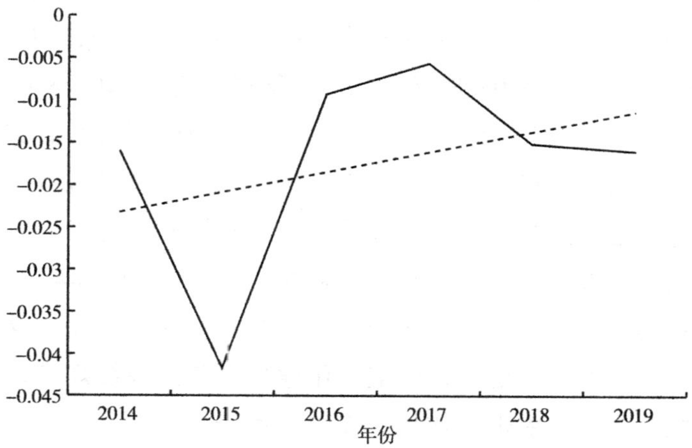

图 1－16　2014—2019 年四川省家庭社区服务 Moran's I 指数变化

六、研究结论与协同建议

（一）服务业整体区域关联结论与建议

1. 应精准五区协同范围

根据上文对服务业整体莫兰指数的计算，四川省服务业全局莫兰指数在 80 公里左右呈现出正的空间自相关性，表明在 80 公里即接近市域自然相邻状态下，服务业综合水平与空间距离呈一定正向关联性，超出 80 公里服务业综合水平受距离的影响减小。根据四川省提出“一干多支、五区协同”的省域经济发展新格局，其涉及的成都经济圈、川南经济区、川东北经济区、攀西经济区、川西北生态示范区的半径范围在 150 公里左右，远超出现有呈现正向空间关联性的范围。建议在五区基础上精准划定服务业协同范围，以川南、川北城市群为试点，精确服务业区域协调方向，推动成都、德阳区域集聚扩散，带动周边大量无相关区域服务业关联发展。

2. 形成成都都市圈多中心格局

根据上文对服务业局部莫兰指数（80 公里）的计算，目前服务业在成都、德阳呈现明显的“H－H”关联性，表明服务业已在成都、德阳区域表现出明显集聚，现有的服务业增长极在成都、德阳区域。结合服务业总量来看，成都市“一核引领”特征显著，2019年，成都市服务业增加值11155.85亿元，占全省的45.64%，而目前主流认知中的环成都经济圈（德阳、眉山、资阳）服务业增加值5103.85亿元，占全省服务业20.88%，其中德阳（916.9亿元）高于眉山（653.9亿元）与资阳（398.1亿元），进一步印证了服务业局部莫兰指数（80公里）的计算，表明成都在全省服务业空间极核性特征异常突出，德阳作为环成都经济圈的服务业代表，也在其中发挥着重要作用。根据上文对服务业增长极的理论综述，高端服务业都集中在特大城市，随着时间推移集中度有所下降，逐渐形成多中心格局。因此，成都圈层应不断完善环成都经济圈圈层结构，调整优化德阳服务业等级规模，加强成都对眉山、资阳服务业的辐射带动作用，加快成都一核引领，德阳、眉山、资阳多中心格局成形，避免经济圈“一核独大”现象突出。

3. 加强五区协同统筹调配

根据前文计算结果，四川省服务业全局莫兰指数在430公里范围外呈现出负的空间自相关性，即服务业综合水平与空间距离呈一定负向关联性，表明以成都为中心，其产业发展对包括甘孜、阿坝、凉山在内的区域均产生了虹吸效应。且结合负向莫兰指数（－0.13～－0.14）仍小于正向莫兰指数（0.21～0.26）分析，成都区域的服务业集聚化程度仍有一定的提升空间。因此，需通过服务业结构调整等方式，引导全省各地区服务业向专业化集聚和差异化定位等方向发展，进一步增强成都的产业集聚和扩散能力，加快推动形成“一干多支、五区协同”的服务业发展格局，实现各城市间的有效合作和协同竞争。由于2012—2019年四川省全局莫兰指数集聚或分散趋势仍并不明显，因此推测全省服务业的结构腾挪时间应在10年以上。

（二）分行业区域关联结论与建议

1. 商业贸易

建议商业贸易的分中心可以在绵阳市、南充市、宜宾市、达州市、德阳市、泸州市、自贡市中选择。除成都以外社消零占比前五名的城市依次是绵阳市、南充市、宜宾市、达州市和德阳市。四川省高于省社消零增速的市州共10个，增速最快的5个市州为泸州市、南充市、绵阳市、达州市和自贡市。在对外贸易方面，2019年成都进出口总额5822.7亿元，占全省的86.06%。除成都外，四川省进出口优势城市基本分布在环成都经济圈和沿长江经济带，进出口具有相对优势的市州包括绵阳、德阳、宜宾、泸州和南充等。

从部分区域看，缩小区域商业贸易水平差距是四川省商业贸易发展的着力点。根据上文对商业贸易局部莫兰指数的计算，发现成都、阿坝呈现明显的“H－L”关联性，说明在300公里时，成都阿坝区域商业贸易水平差距较大，成都的商贸发展可能对阿坝区域产生虹吸效应。因此，建议搭建阿坝地区商贸协同平台，运用现代信息技术，形成流通新平台、新业态、新模式，支持阿坝特色商贸模式创新、特色商贸产品出区。大力挖掘阿坝等区域消费潜力，推动传统流通企业创新转型升级，支持符合区域发展特色的线下经营实体，打造多功能、综合性新型消费载体，避免成都对其虹吸影响。

2. 现代物流

从局部莫兰指数上看，现代物流基本形成以成都为核心的增长极，但尚未形成明显的空间结构体系。根据上文对现代物流局部莫兰指数的计算，成都与周边区域呈“H－L”关联性，说明在300公里时，成都与周边区域现代物流水平差距较大，其余大部分区域现代物流与周边区域联系不紧密，或其更多服务于本地。结合数据分析，截至2019年，全省规划建设物流园区231个，其中7个获评全国优秀物流园区、2个获评国家级示范物流园区，基本位于省内国家物流枢纽布局承载城市。四川国家A级物流企业总数已达到225家。其中，成都有129家A级企业，占比达57%，乐山、雅安、宜宾、凉山州各有7家，广安、自贡、南充各有6家，绵阳、遂宁、德阳、达州各有4家，眉山、资阳、攀枝花各有3家，广元、内江、甘孜州各有1家。四川省现代物流新增长极可以在遂宁、泸州、达州、攀枝花中选择。

3. 金融服务

从局部莫兰指数上看，成都市金融服务核心地位突出，其金融服务发展水平明显高于其他区域，是四川省金融服务发展的增长极。从全局莫兰指数看，莫兰指数呈负向值，意味着目前四川省金融服务还处于分散的空间分布关系。结合统计分析，2019年末，四川省境内上市企业数量为125家，在11

省（市）和全国排名均为第7，但拥有上市企业500强数量仅为13家，与北京（116家）、广东（80家）、上海（65家）等省（市）存在较大差距，表明四川省金融服务企业多，但综合实力不够强。因此，目前四川省金融服务综合发展水平较弱，尚处于需要做大做强总量的阶段，建议继续加大成都市金融服务的集聚水平，持续在金融科技领域发力，未来有望带动其他区域发展。

4. 文体旅游

根据上文对文体旅游的全局莫兰指数的计算，四川省文体旅游的全局莫兰指数呈现负值，意味着目前四川省文体旅游产业呈现分散发展趋势。从文体旅游形式分析，四川省旅游仍以传统观光游为主，结合四川省旅游景点分布情况，旅游资源分布在成都、雅安、乐山、阿坝等各处，因此未形成集聚关联效应在情理之中。而文化体育产业产出不多，占比不高，尚未形成集聚发展合力。结合局部莫兰指数分析，文化体育产业正成都带动的，逐步集聚发展趋势正在显现。建议结合区域文体旅资源，将文化体育产业进行优化布局。

5. 商务会展

四川省商务会展的全局莫兰指数呈现负向关联性但未呈现正向关联性，意味着目前四川省商务会展正向关联性不强，尚未形成集聚发展优势。成都市占据全省商务会展业主导地位。相应数据也能验证：2019年成都共举办59场会展，占全省举办增量的86%以上。除成都市外，泸州市、德阳市、绵阳市、乐山市、达州市和宜宾市也具备了承办2万平方米以上展览的能力，建议结合其地方产业，挖掘在汽车、糖酒饮料、茶叶、科技、航空航天等领域的商务展览优势，推动四川省商务会展空间体系更加完善。

6. 科技信息服务

四川省科技信息服务的全局莫兰指数未通过置信度检测，也就是说四川省科技信息服务发展与空间分布无明显关系。本文认为，包括成都市在内，科技信息服务的产出仍然不高，四川省科技信息服务业总体发展水平依然较弱，未来应结合各城市科技和信息技术发展优势，加快产业布局，形成具有四川特征的科技信息服务空间结构。

专题研究二：四川省服务业区域协调发展研究

一、研究背景

产业空间布局作为一种公共政策，随着人们对市场调节缺陷的认知而广泛研究，成为政府调控经济发展的重要工具。面对区域一体化、经济全球化等发展趋势，以区域协调为理念的空间布局受到关注。区域协调发展战略是党的十六届三中全会提出的“五个统筹”之一，文件要求：“继续发挥各个地区的优势和积极性，逐步扭转区域发展差距拉大的趋势，形成东中西相互促进、优势互补、共同发展的新格局。”2020 年在国务院政府工作报告中，也提出要“加快落实区域发展战略，着力推动不同区域协调发展”。

“十三五”时期，四川省服务业已经成为拉动全省经济增长的主要产业，但也面临发展规模小、发展结构差、市场主体弱、产业融合度低等系列问题①。“十四五”时期，四川省提出要以“干支联动、区域协同”“创新驱动、融合发展”为原则，形成“一核一轴两翼”的区域服务业发展布局，通过提升全省服务业区域协调发展水平，进一步促进服务业发展。本研究以四川省“十四五”时期服务业空间布局为对象，研究在区域协调发展模式下，四川省服务业空间布局的选择，并结合四川“十四五”服务业发展规划，总结服务业区域协调发展模式，最后结合发展阶段，对下一步落实服务业区域协调发展提出实施建议。

---

① 《四川省“十四五”服务业发展规划》.

二、区域协调与服务业发展相互关系

本节将通过理论研究和趋势研究，阐述区域协调促进产业发展的作用机制和服务业发展对区域协调的要求。

（一）区域协调促进产业发展的理论基础

1. 区域分工理论

区域分工理论在社会分工理论的基础上形成。其基础理论是由经济学家亚当·史密斯提出，并由大卫·李嘉图和赫克歇尔进行补充，并由此产生了绝对优势、比较优势和要素禀赋三个主要理论。他们提出，每个国家或地区都存在在某类产业上生产成本更低、生产效率更高的绝对优势或相对优势，以及产生这些优势的不同的资源要素条件，如果这些国家和地区都按照自己的优势组织生产，并将这些产品与其他地区的优势产品进行交换，那整个世界的生产效率将得到提高、生产成本将得以降低。由于区域分工客观上需要各地区之间明确彼此差异和自身优势，并按照优势条件组织专门化生产，这客观上要求地区加强彼此联系，协调区域发展资源，因此，区域分工体奠定了区域协调发展的基础。

2. 相互依存理论

相互依存理论是理查德·库珀在《相互依存经济学——大西洋社会的经济政策》一书中首先提出的。在不断发展的全球化贸易摩擦中，他认为国家之间经济上相互依存的关系是有助于建立和平的、双赢的国际关系。国家之间经济交往关系的加深，增加了国家之间通过其他经济渠道实现发展目标、减少区域摩擦的机会。在此理念下，在经济合作层面，互相依存的理念要求形成多边管理机制、开放经济和稳定的经济秩序，看重制度安排的重要性[①]。

孙海燕、王富喜[②]在分析相互依存对区域协调发展的作用时提出：“相互依存的核心是合作，处理区域关系的实质是合作，但这种合作中包含着

---

① 刘靖华．中国国际战略：相关理论与现实思考［J］．国际经济评论，1999（2）：57－60.

② 孙海燕，王富喜．区域协调发展的理论基础探究［J］．经济地理，2008，28（6）：4.

竞争关系。”基于资源之间的差异性，政府及区域政策在区域协调中发挥着至关重要的作用。刘国安[①]等认为欠发达地区的难以享受到均等的合作机会，这就要求当地政府有能力利用当地有限资源条件实现资源和经济的转化[②]。另外，理查德·库珀在书中提出，随着国家之间经济关系的深入，政府组织不再是国际关系的唯一主体，跨国界的经济组织、非政府组织也成为影响国际关系的重要力量。观察现在区域合作中的常见主体，各类学术研究协会、行业协会、企业联盟等社会关系组织在区域发展中起到越加突出的作用，在区域的资金、人才、技术等要素流动上助推区域实现协调发展。因此，区域相互依存的合作关系，很大程度上依赖政府政策和社会组织在区域中的协调作用。

3. 新区域主义

20世纪西方在区域地理学领域产生了增长极理论、中心地理论、区域发展不平衡理论等区域理论，强调由于各地区发展条件或资源的差异性，在经济发展中存在着产业向某地区集中的发展过程。随着区域经济发展和理论认识程度的深入，以克鲁格曼为代表的新区域主义学者意识到，当集聚达到一定程度，各类生产成本上升、市场规模受限，则产业扩散的作用力形成，形成产业由区域中心向外扩散的发展格局。最终，区域整体会在不断的集聚和扩散过程中，达到更高能级的发展平衡。因此，新区域主义提出“经济活动空间聚集和扩散的相互作用是区域增长的动力机制”[③]。然而，在这一重复的集聚和扩算过程中，受到恶性竞争、重复建设等市场自发行为的影响，也有可能出现区域部分城市消亡、整体衰落的情况，因此十分需求政府对区域的整体协调的干预。在政策协调方面相比于“旧区域主义”[④]在大都市区建立更加集权的、更便于自上而下协调的大都市区政府，新区域主义更强调跨区域的协调共治。

---

① 刘安国，张越，张英奎．新经济地理学扩展视角下的区域协调发展理论研究——综述与展望［J］．经济问题探索，2014（11）：7.

② James，A，Robinson，et al. Political foundations of the resource curse［J］. Journal of Development Economics，2006.

③ 苗洁，吴海峰．我国区域经济研究的流派、进展及趋势［J］．区域经济评论，2013（1）：9.

④ 旧区域主义，主要由芝加哥大学相关教授在大都市地区政治发展落后并影响了经济和社会发展的研究中提出的，该理论提议建立大都市政府，施行自上而下的管理，打破区域间经济发展的障碍。

4. 理论启示

上述理论都阐明了区域协调在促进产业发展上的动力机制，具体到服务业上，区域协调相关理论对促进服务业发展有如下启示。

（1）基于地区优势差异的区域分工是服务业高质量发展的基础。服务业特别是生产性服务业是要素高度密集的产业，不同城市不同资源的密集程度，决定了其在不同类型服务业上的生产效率、生产成本和生产质量。因此，立足于区域内各城市不同的资源禀赋，合理布局服务业空间结构，加强区域内城市的产业协作和经贸往来，是提升区域服务业整体水平的有效途径。

（2）建立相互依存的统一市场是推动服务业高质量发展的核心。建立相互依存的市场关系有助于建立整体协作、共赢的区域关系，减少地区间的经济摩擦。服务业不同于制造业很大程度上受到空间距离的影响，基于新一代信息技术的服务业在服务半径上持续扩大。这导致在服务业发展中可能出现强烈的地方保护主义，阻碍生产要素合理配置。基于共同利益的统一市场，可有效帮助摒弃地方保护主义，以市场的力量破除行政壁垒，达到区域内要素自由流动，建立更高效的区域产业体系的目的。

（3）政府协调干预是促进服务业高质量发展的有效保障。基于市场自由选择的服务业聚集，将进一步导致发展不平衡加剧，并最终导致局部产业消亡和区域整体衰落。与制造业相比，服务业受到自然资源因素的影响较小，通过政策制定，可有整合资金、人才、税收、信息等发展要素，避免区域各城市恶性竞争、重复建设或地方保护。

（4）跨区域的社会组织是促进服务业高质量发展的重要力量。服务业门类众多，与其他生产产业有着产业链上下游的相互关系，只有专业领域的相关组织能更贴合需求的对区域内的资源进行有效组织。这使跨区域的社会组织或企业在其领域内的产业上下游、技术研究等方面，更能起到了合理组织利用区域资源、协调区域发展的重要作用。

（二）服务业发展趋势对区域协调的要求

1. 产业深度融合加速，要求服务业与制造业优势地区协调布局

基于新一代信息技术的发展，服务业迎来和制造业深度融合的重大变革机遇，制造业服务化、服务业制造化成为新的趋势。2019 年 11 月，中共中央

15部门联合印发《关于推动先进制造业和现代服务业深度融合发展的实施意见》，提出要通过鼓励创新、加强合作、以点带面，深化业务关联、链条延伸、技术渗透，探索新业态、新模式、新路径，推动先进制造业和现代服务业相融相长、耦合共生。

基于产业融合程度加深，服务业靠近服务对象布局，是一种常见的布局模式。特别是生产性服务业中包括科技研发、检验检测、物流运输等行业都常以园区配套服务业或服务功能区的形式集群式发展。四川省面临服务业结构不优问题，具体来说就是省内服务业与制造业规模或功能不匹配的问题。这就要求进一步协调省内服务业布局，加快各地服务业与其他产业融合发展，促进产业空间协调布局。

2. 不断向高质量发展探索，要求进一步完善服务业区域分工

随着我国经济由高速增长阶段转向高质量发展阶段，高质量发展成为全国服务业发展的主旋律和必然趋势。2019年10月，国家发展改革委、市场监管总局联合印发《关于新时代服务业高质量发展的指导意见》，要求“坚持以供给侧结构性改革为主线，明确服务业发展方向，努力构建优质高效、布局优化、竞争力强的服务产业新体系”。

服务业向高质量发展必然要求整体生产效率、生产水平快速提升，而区域协调发展的基本内涵则在于合理分工带来的生产水平提升。因此，为解决当前四川省服务业面临整体规模较小、竞争力不足的情况，合理的服务业区域分工，将成为进一步提升服务业发展水平的基础。

3. 大力发展绿色经济，要求区域协同促使绿色发展实际可行

绿色发展是我国“十四五”期间的重要发展方向，《中华人民共和国国民经济和社会发展第十四个五年规划和二〇三五年远景目标纲要》提出，要推动经济社会发展全面绿色转型，推进资源总量管理、科学配置、全面节约、循环利用。服务业一是作为一二产业绿色发展的支撑力量，通过技术创新、循环管理模式创新、流通模式创新等促进一二产业绿色发展。同时，服务业本身的绿色发展也受到进一步关注。例如，2016年4月，中央10部门联合发布《关于促进绿色消费的指导意见》，意见指出，我国已进入消费需求持续增长、消费拉动经济作用明显增强的重要阶段，绿色消费等新型消费具有巨大发展空间和潜力。2018年5月，商务部等9部门印发《关于推动绿色餐饮发展的若干意见》，提出要建立餐饮重点领域的标准体系，将绿色理念融入生产消费的全过程。

区域协调是促使服务业绿色发展实际可行的保障。产业发展和生态保护始终存在着矛盾关系，而地区之间也始终存在着资源差异。这种矛盾和差异就带来了“不同地区绿色发展意愿、要求、水平不尽相同”①。例如，四川省内成都平原经济区和川西北生态保护示范区就都存在绿色发展和经济发展需求间的矛盾和差距。以区域绿色协调发展为思路，对全域通盘考虑，是既能保障服务业发展需求，也能保障区域环境整体平衡的可行方式。

三、四川省服务业协调发展现状

在上文区域协调可有效促进服务业高质量发展原理的基础上，本节探讨四川省服务业协调发展的现状情况，为下文对四川省服务业体系和空间布局模式选择的分析提供依据，为提出具有针对性的发展模式提供支撑。

（一）四川省服务业区域协调发展现状

1. 整体发展情况

“十三五”时期，四川省服务业经历了从巨大突破到稳定增长的重要过程，成为四川省经济发展的支柱产业和拉动全省经济增长的主要力量，成为税收收入、就业岗位的主要来源。具体表现为：第一，服务业增加值增幅较大。2019 年，四川省服务业增幅达到 8.5%，排名全国第 2，高出全国 1.6 个百分点。第二，服务业对经济增长贡献显著。2019 年服务业对经济增长贡献率达 52.6%，拉动全省 GDP 增长 3.9 个百分点，较全国高出 0.3。第三，服务业对税收收入贡献明显。“十三五”期间，服务业税收占全省税收比重稳定在 62% ~63%，连续 5 年占比超过 60%。第四，服务业固定资产投资增长较快。至 2019 年末，全省服务业固定资产投资 22035.74 亿元，占全省总固投的 71.2%。服务业固定资产投资同比增长 11.7%，高出全国

① 黄娟．协调发展理念下长江经济带绿色发展思考——借鉴莱茵河流域绿色协调发展经验［J］．企业经济，2018（2）：6.

5.2 个百分点。[①]

2. 服务业区域协调现状

以市州为单位，成都市全省服务业核心特征显著。运用 ArcGIS 对全省各市州服务业增加值进行局部莫兰指数分析，其他市州服务业发展与成都市相比断层明显，呈各市州低值包围成都高值的高值异常区，而其他市州呈现出聚集不显著态势，即不具有统计意义上的聚集或扩散（详见图 2－1）。莫兰指数分析表明，成都市与周边城市服务业总量差距大，在省内呈强大的极核效应。

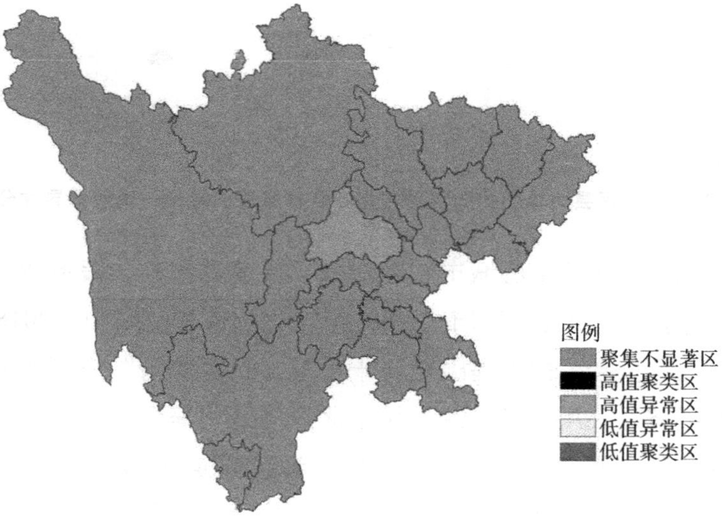

图 2－1　以市州为单位的局部莫兰指数全省服务业聚集—离散分异性分析

以区县为单位，成德绵已形成点—轴服务业空间发展结构。运用 ArcGIS 对全省各区县服务业增加值进行局部莫兰指数分析，服务业在成都市、绵阳市、德阳市主城区形成高值被高值围绕的服务业聚集发展区，而其他区县呈聚集不显著态势（详见图 2－2）。莫兰指数分析表明，成都、绵阳、德阳在主城区聚集发展特征显著，并且服务业由中心向周边扩散迹象已经形成。成德绵服务业已经形成一定程度上的点—轴空间结构，并通过点轴空间，带动服务业带状聚集发展。

① 《四川统计年鉴 2020》（下同）.

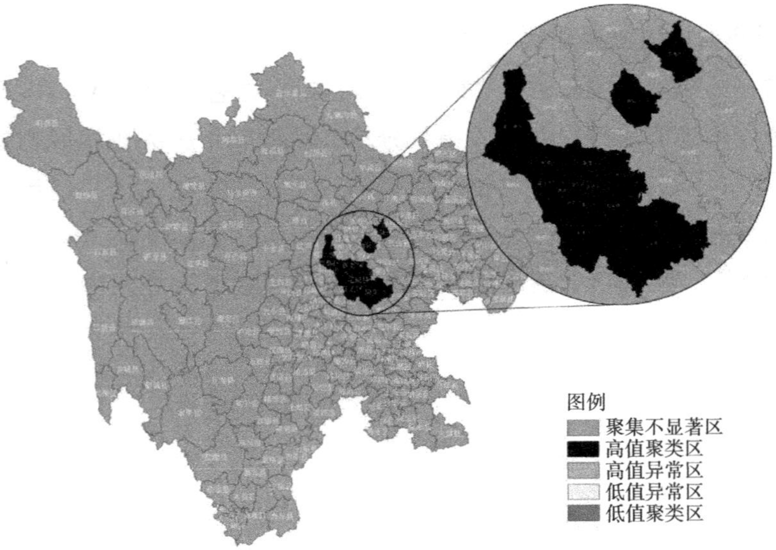

图 2－2 以区县为单位的局部莫兰指数全省服务业聚集—离散分异性分析

另外，区域服务业中心城市正在形成。除成都市外，服务业总量排名前列的城市还包括绵阳市、德阳市、南充市、达州市和宜宾市。2018 年，四川省委十一届三次全会公报中提出“一干多支，五区协同”发展布局，要求推动成都平原经济区、川南经济区、川东北经济区、攀西经济区、川西北生态示范区五区协同发展。经济区内部，通过自然间段点分级法，环成都经济圈、川南经济区和川东北经济区内城市分化正在加大，绵阳、宜宾、南充三市服务业增加值和增速均保持最高水平，区域服务业中心城市正在成型（详见图 1－3、图 1－4）。

（二）四川省服务业区域协调发展困境

1. 整体规模不大，核心扩散效应不明显

2019 年，四川省服务业增加值达到 24443.3 亿元，服务业总量居全国第 8 位，落后于地区生产总值全国排名 2 个位次。服务业增加值与广东（59773.4 亿元）、江苏（51064.7 亿元）、山东（37640.2 亿元）、浙江（33688.0 亿元）等东部省份相比差距明显。由于整体总量规模不大，经济活动空间向核心聚集的作用力仍大于向外扩散的作用力，因此，产业结构从核

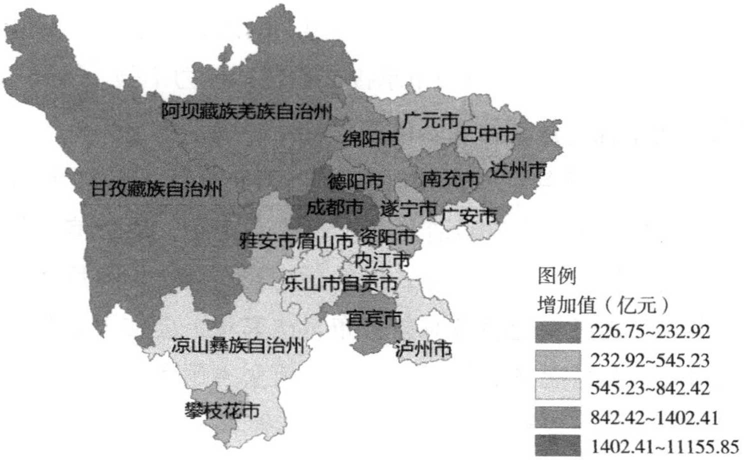

图 2－3　自然间断点分级法 2019 年各市州服务业增加值分层设色图

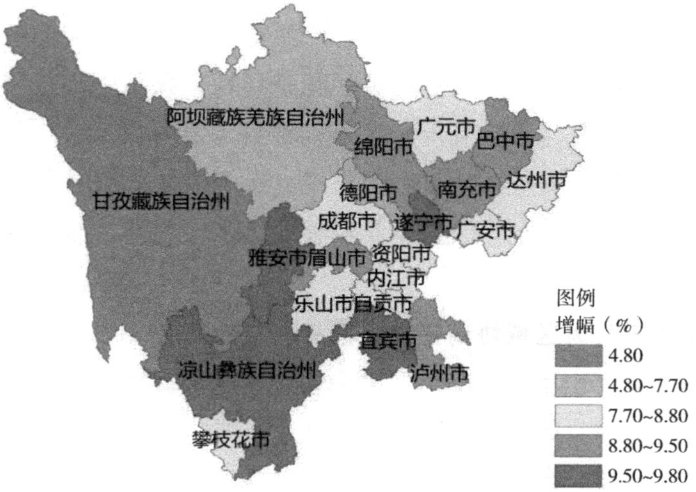

图 2－4　自然间断点分级法 2019 年各市州服务业增速分层设色图

心区域向外扩散的效应不明显，当前服务业区域空间结构仍显示为强极核的空间结构。

2. 干强支弱问题突出，次级城市承接力不强

2019 年，成都市服务业增加值 11210.87 亿元，占全省的 45.63%，是第 2 名绵阳市服务业增加值的 8 倍。环成都经济圈 2019 年服务业增加值

5103.85 亿元，占全省的 20.88%。因此，整个成都平原地区服务业总量占全省总量的 66.5%，区域发展不平衡问题突出。同时，由于 95% 以上的优质服务业集聚在成德绵地区①，次级城市承接产业转移能力不强。

3. 产业结构不优，区域协调基础不稳

2020 年，生产性服务业占全省服务业的 37%，低于全国平均水平约 10 个百分点②。生产性服务业与制造业、农业关系密切，尽管信息技术的发展降低了企业之间空间上的联系程度，但包括物流仓储、商务服务、研发检测等生产性服务业都选择靠近服务对象分布，这客观上会加强以制造业和农业为主的次级城市对此类服务业的吸引力。目前全省服务业产业结构不优，生产性服务业占比较低，也影响了区域协调的基础。

（三）四川省服务业区域协调发展机遇

1. 国际形势变化为区域协调提供产业差异化发展机遇

受国际政治局势和新冠疫情影响，产业链的完整性、安全性成为区域经济发展的重要关注点。面对激烈的国际竞争环境，我国中心城市服务业将要在大数据、芯片研究、新材料研究等未来赛道上发挥更重要作用。同时，为保障产业链完整性、安全性，原有的物流、商贸等传统服务环节也就依次向周边次级城市转移。产业升级和产业转移的需求，为形成区域协调的服务业空间结构提供了机遇。

2. “双循环”为区域协调提供承接高端要素机遇

2020 年 7 月，中央政治局会议提出要加快形成以国内大循环为主体、国内国际双循环相互促进的新发展格局。“双循环”强调经济发展的动能要从“出口—投资驱动模式”向“内需—创新驱动模式”转变。重点在于围绕供给侧结构性改革主线，疏通国内经济大循环的断点和堵点。“双循环”要求加速推动东中西部跨区域协调发展，推动西部地区进一步承接东部产业转移。随着区域间更频繁的交流和产业转移，四川地区更多城市将承接资金、人才、信息等更高能级发展要素，这有助于提升落后城市服务业发展能力。

① 四川省服务业大会上《关于四川省服务业发展情况的报告》.

② 《四川省“十四五”服务业发展规划》.

3. 双城经济圈发展战略为区域协调提供战略指引

《成渝地区双城经济圈建设规划纲要》提出“合力打造区域协作的高水平样板”的发展目标。要求至2025年，“区域协同创新体系基本形成”，优势产业区域内分工更加合理、协作效率大幅提升，初步形成相对完整的区域产业链供应链体系；“制度性交易成本明显降低”，跨行政区利益共享和成本共担机制不断创新完善，阻碍生产要素自由流动的行政壁垒和体制机制障碍基本消除。同时，《纲要》提出“协同建设现代产业体系”的目标，明确了各地产业主导功能，要求形成研发在中心、制造在周边、链式配套、梯度布局的都市圈产业分工体系。双城经济圈战略为提出了区域协调的产业方向、制度方向，为四川省服务业区域协调提供了产业差异化、制度完善化的战略指引。

四、四川省服务业区域协调模式研究

（一）四川省服务业发展体系

“十四五”时期，四川省延续“4+6”现代服务业体系，即“巩固提升四大支柱型服务业”“培育壮大六大成长型服务业”。四大支柱型服务业包括商业贸易、现代物流、金融服务和文体旅游，六大成长型服务业包括科技信息、商务会展、人力资源、川派餐饮、健康医疗和家庭社区。

规划按照各产业发展阶段和下一步发展需求，从网络体系建设、重点领域拓展、业态品质化发展、拃动产业链发展、促进主体发展等多方面对不同产业发展方向进行了规划，以达到推动四大支柱型服务业转型升级、提质增效、优化总量、做大增量，六大成长型长夜提速增量、做大做强、形成更多新增长点的目的。

（二）四川省“十四五”服务业空间布局和协调模式分析

1. 四川省“十四五”服务业空间布局概述

《四川省“十四五”服务业发展规划》提出“一核一轴两翼”区域服务业空间布局，要求“以成渝地区双城经济圈建设为战略牵引，突出服务业核心城市和区域中心城市辐射带动作用，引导服务业重点产业集聚、重要资源集合、重大功能集成，提升全省区域协调发展水平”。其中，一核是指成都服务业核心城市和环成都经济圈，一轴是指成渝服务业发展主轴，两翼是指川南知识密集型服务业发展翼和川东北流量服务业发展翼。各空间发展要求概述如下：

（1）发展核：要求“强化成都服务业核心城市引领辐射作用”。规划提出支持成都“五中心一枢纽”“国际消费中心城市”“国际供应链管理中心”等功能建设。要求成都作为服务业核心城市，推动周边城市同城化发展，构建成都及环成都经济圈城市服务业合理分工。要求发挥绵阳、德阳、乐山作为区域服务业中心的作用，确定各城市服务业发展重点行业，明确各城市在环成都经济圈中服务业发展中的发展地位，加强产业链协同创新。

（2）主轴：要求“促进成渝发展主轴服务业集聚”。规划提出通过加强目标、领域、政策、产业等方面的协同合作，构建服务发展主轴上各城市联动发展格局，做到产业融合、市场畅通。“支持眉山、德阳、资阳、遂宁、内江等沿线城市承接服务产业外溢和功能外溢”，谋划“成德临港服务业协作带”“成资临空服务业协作带”“遂（宁）潼（南）川渝毗邻地区一体化发展先行区”等功能区，协同发展枢纽经济和通道经济。

（3）两翼：要求“推动两翼创新发展”。其中，川南重点发展符合川南产业结构的生产性服务业，“着力打造川南知识密集型服务业发展翼”。川东北聚集发展要素资源，“着力创建川东北流量服务业发展翼”。规划明确各城市重点产业方向，确定泸州、宜宾、南充、达州作为区域服务业中心城市，提出“内自同城化”“川南服务业一体化”“川渝陕甘结合部区域经济中心”“川东北服务业一体化”等区域产业联动和一体化发展要求。

2. 四川省“十四五”服务业区域协调模式选择分析

区域协调作为我国的重要发展战略，其发展历程和模式实践已经被很多学者进行研究和解释，尽管各学者研究区域范围不同、层级不同、表述不同，但这些协调模式概括起来可分为产业功能协调、产业空间协调、产业政策协调、产业要素统筹四类。

（1）产业功能协调。产业功能协调主要立足各城市或地区的基础条件差异和发展产业的可利用要素差异，形成区域内的产业分工，达到提升区域整体生产效率的目的。四川省服务业现阶段生产性服务业占比较低，存在省内服务业产业结构不平衡的问题。具体来讲，四川面临服务业整体规模较小，核心城市服务业产业能级和功能需要提升转化，次级城市产业承接力度不足的问题。因此，在五区协同的战略发展指引下，四川省“十四五”服务业规划按照成都平原经济区、川南经济区、川东北经济区、攀西经济区和川西北生态示范区特征，以五区协同的方式明确各区域服务业分工，形成功能差异化的产业发展区式协调。同时，积极利用国家政策，促进四川省服务业产业功能与全国协调。例如，积极开展与长三角、珠三角地区项目合作，承接更高能级产业转移；与广西、新疆等沿边地区开展物流、跨境金融、跨境贸易等合作，拓宽服务业发展通道。

（2）产业空间协调。产业空间协调主要是指产业在城市中分布的空间形式。从产业结构演进的角度进行理解，这些空间形式都是基于产业不同发展阶段在空间上的聚集和分散的表现而产生的。以区域产业从起步发展到稳定成熟的发展阶段来看，产业空间的协调形式包括极核式、点轴式和网格式。四川服务业发展现阶段面临着成都市极核效应突出，但扩散效应相对不足；区域内环成都经济圈经济成效开始显现，但成渝主轴仍然塌陷；发展要素向中心城市高度聚集，但次中心城市和所在区域承接产业转移条件不足的情况。因此，在成渝地区双城经济圈整体战略的指引下，四川省“十四五”服务业产业空间协调上形成了1核1轴2翼的空间结构。选择了疏解核心功能、培育区域副中心、加强区域发展轴的点轴带动空间类型，以期达到减弱核心与周边服务业发展差距，促进区域服务业整体发展、协调布局的目标。

（3）产业政策协调。政策协调是突破行政壁垒、打破市场分割状态的常用协调方式。区域协调的产业政策主要是指通过构建区域内共同的投资政策、监管政策、贸易政策等产业发展相关政策体系，实现让市场在资源配置中起决定性作用，促进资源实现效益最大化和效率最优化的目的。四川省“十四五”服务业规划的产业政策协调主要体现在，在成渝地区双城经济圈整体战略指导下的川渝地区行业政策协调。例如，为解决成渝中轴塌陷问题，本次规划提出，“促进发展主轴服务业集聚联动”，要求主轴沿线各市在服务业规划、发展政策、项目进展、发展机制等方面联动发展。

（4）产业要素统筹。产业要素统筹是指根据市州优势要素差异，以行政手段促进资源在区域内合理分布，避免由于市场自由配置导致的地区经济差距拉大。产业要素统筹可以形成两种方式：一是通过更高层级行政权力对产业要素实施合理分配，通盘布局；二是以城市间资源互补为合作思路，共同发展产业，如共建经济区、飞地园区、税收分享等模式类型。要素分配模式上，“十四五”服务业规划在金融服务业发展指引上提出“推动金融牌照全省合理布局”，通过牌照发放，促进金融机构在全省合理发展。四川地区由于区域发展资源差异较大，人才、资金、技术等要素在成都平原高度集中，一直探索共建产业园区和飞地园区等发展模式。四川省“十四五”服务业规划提出“推动成都平原经济区服务业与其他片区协同联动”。

五、推动区域协调策略研究和实施建议

（一）国内外推动区域协调策略研究

服务业的区域协调发展作为区域经济协调发展的一部分，具有区域经济协调的一般规律。尽管少有学者对针对国内外服务业区域协调的有关策略进行研究，但我们仍然可以参考区域经济协调的有关案例，为推动四川服务业区域协调提供参考。区域发展不平衡的问题在世界各国普遍存在，欧盟区域合作、美国西进运动、日本东海岛城市群等案例都为区域协调发展的有关策略提供了有益借鉴。

1. 国外区域协调策略借鉴

整体来看，各国推动区域协调时，都从加强地区规划协同、设立区域协同管理体系、制定区域财政和金融政策、补充区域基础设施短板、引导人才就业流向等方面促进区域协调发展。例如，美国通过西进运动开发西部地区时，采取了7个主要措施实现区域均衡战略，包括“实行优惠税制，政府组建开发区，以交通运输为重点扶持基础设施建设，利用财政金融手段引导私人企业投资，政策支持和法律支持，引导人力资源流向，保护生态环境”[①]。欧盟作为世界合作组织的成功典范，在其成员国之间形成了完善的机构组织体系、完整的政策制度体系和健全的法律法规体系，组建了超国家、跨境区域等多个层级的组织体系，构建了社会政策、地区结构政策、贸易政策等系

---

① 袁惊柱．区域协调发展的研究现状及国外经验启示［J］．区域经济评论，2018（2）：7.

列区域政策，形成包括《欧洲经济共同体条约》《欧盟运行条约》《申根协定》在内的系列具有国际法、国内法效力的系列法律法规，确保各成员国人员、资本自由流动，实现各成员国市场一体化对接[①]。日本东海道城市群则是以经济联系为纽带，采取圈域经济的发展模式，在市场、民间团体和政府共同推动下实现协调发展的[②]。在区域协调发展中，日本政府推动城市群建立协调组织机构，市场层面推动区域分工自然形成，非政府组织关西经济联合会起到企业和政府沟通的桥梁作用。

2. 国内区域协调策略借鉴

我国长三角、粤港澳大湾区等区域协调发展先行区域，也建立起比较完善的或创新性的区域协调发展制度。例如，长三角地区区域协调制度就包括政府协商、经济合作、共同治理、资源共享等多个方面。在政府协商上，长三角已经形成“三级运作”机制。“政府部门间的合作和往来则主要以专题合作等形式来进行，一般由某一城市相关部门牵头，就某一问题进行集中研究，并会同其他城市就相关议题进行协商。”[③] 粤港澳大湾区基于复杂的政治体系、司法制度以及对经济发展管理的理念，正在进行多方探索。主要包括联席会议制度、经贸协定、联合规划的研究与制定、跨境区域共同开发、设施共建共享等[④]。其中，通过共同制定区域规划实现空间整合，通过制定系列经贸协定实现贸易便利化，通过项目共同开发实现跨境协调，都展示了粤港澳地区面对复杂政治经济环境进行的探索，为合作模式多元化、利益共享多元化提供了借鉴。

（二）推动四川省服务业区域协调发展的实施建议

四川省“十四五”服务业规划针对服务业区域发展不平衡、产业结构不合理的问题，在区域协调思路基础上，明确了“一核一轴两翼”区域服务业空间布局和区域产业分工方向，并提出要建立产业协同发展政策的发展要求。

---

① 毛艳华．粤港澳大湾区协调发展的体制机制创新研究［J］．南方经济，2018（12）：129.

② 苟文峰，易小光，丁瑶．成渝地区双城经济圈一体化发展研究［M］．北京：中国经济出版社，2021：40.

③ 张学良，林永然，孟美侠．长三角区域一体化发展机制演进：经验总结与发展趋向［J］．安徽大学学报：哲学社会科学版，2019，43（1）：10.

④ 刘云刚，侯璐璐，许志桦．粤港澳大湾区跨境区域协调：现状、问题与展望［J］．城市观察，2018（1）：7.

为推进四川省服务业区域协调发展，在“十四五”服务业规划基础上，结合本研究理论指导和发展案例，提出以下三点实施建议。

1. 加快完善服务业跨区域的合作政策体系

四川服务业发展不平衡问题突出，地区之间服务业发展资源差距较大。四川省“十四五”服务业规划已提出了重点区域服务业协同统建、相向发展的区域目标。为推动区域协调目标实现，应进一步加强各市州协调合作发展政策体系建设。参照地区合作制度，制定城市服务业专题协商合作机制、制定服务业政策联动机制、制定服务业管理协调机制、制定服务业税收分享机制等，加快协调发展目标城市之间形成共同产业政策、投资政策、金融政策、财政政策，推动服务业发展要素按市场配置需求流动。同时，基于市州间不平衡的发展资源，对发展资源匮乏或生态保护任务重大地区，统筹制定服务业对口帮扶和倾斜政策，持续推动飞地经济、共建园区等发展模式。

2. 鼓励发展服务业地区联盟或跨区域集团

四川服务业市场主体弱、百强企业少是服务业发展的重要问题。国内外区域合作的经验表明，政府不再是推动区域合作中的唯一主体，各类区域企业联盟、学术组织、掌握供应链、产业链核心资源的跨区域集团都在促进产业跨区域发展中起到了至关重要的作用。四川省“十四五”服务业规划已提出通过完善“三百工程”建设等培育机制加强企业培育壮大。下一步，可通过推动鼓励服务业行业协会发展、鼓励重点领域跨区域企业联盟建设、鼓励龙头企业区域集团式发展，推动社会力量积极参与到服务业区域协调发展中去。

3. 加强顶层规划统筹和区域流通体系建设

承接发达地区产业转移是欠发达地区服务业发展的重要模式。四川省“十四五”服务业发展是承接长三角、珠三角高能级产业发展的要求。为更好承接物流、商贸等服务业，需进一步加强中小城市流通体系建设。可通过设施成本共担、项目共建等方式，促进网点、通道、枢纽等流通体系设施建设。区域协调是建立在充分的区域分工和相互依存基础上的，加强服务业“4+6”行业区域统筹设计，特别是将欠缺此类顶层设计的乡镇服务业发展纳入行业统筹规划中，明确重点地区重点领域的发展方向和发展能级，将有利于服务业功能协调和产业梯度协调。

第二篇

服务业的分类研究

第二篇

产品安全监督管理

专题研究三：制造服务业高质量发展路径研究

一、研究背景及意义

多年以来，我国制造业快速发展主要依赖于丰富的自然资源、廉价的劳动力和以引进模仿为主的技术路径。随着世界经济形势的不确定性、供应链的不稳定性、全球各国的竞争压力逐步增加，制造服务业在延长产业链、稳定供应链、增强竞争力中的作用得到政府和专家学者的普遍认同。“十四五”时期，成都将努力“成为具有国际影响力的活跃增长极和强劲动力源”，需要构建起与城市战略目标相适应的产业体系、与城市发展阶段相适应的动能体系。当前，成都市面临技术创新、全球供应链重构、需求变化加快的形势，亟须思考成都市制造服务业在新形势下如何链接全球形成高能级的制造服务业经济体系的问题，如何提高成都市制造业产业链整体质量和水平的问题，如何形成动力源和增长极的问题。本研究将在成都市制造服务业的生成逻辑和驱动因素、制造业与制造服务业的融合与协同的生成逻辑和驱动因素等理论研究基础上，通过实证研究摸清成都市当前制造服务业发展现状，研判产业发展存在问题，把握产业演进规律，提出下阶段成都市制造服务业高质量发展的路径建议。

二、制造服务业相关理论综述

（一）制造服务业的概念

1966 年，美国经济学家 Greenfiled 在研究服务业及其分类时，首次提出了生产性服务的概念。Szalavetz（2003）认为，制造业服务业具有两层含义：一是对制造业企业提高竞争力和生产效率的内部服务；二是与产品相关的外部服务，包括维护、修理、购买、融资、运输、安装、系统集成和技术支持①。孙林岩、李刚、江志斌（2007）② 等认为，制造业与服务业的融合就能形成“服务型制造”，这种“服务型制造”模式贯穿于产品设计、生产、加工、组织和销售等各个产业链环节并以不同形态表现出来的一种制造业与服务业高度融合的状态。

结合相关文献，本研究中将“制造服务业”定义为：以帮助制造业企业提高核心竞争力或满足客户更好的产品使用体验为目标，将服务要素贯穿于制造业的整个产业链中，通过应用不断创新和进步的信息技术，实现服务业与制造业的协同发展，为制造业产业链带来更高的附加值和更快的生产效率，推动制造业产业链优化升级的服务行业。

（二）制造服务业的分类

根据上述制造服务业定义及国家、省市相关文件，本文将制造服务业总体分为以下六大类：

（1）科技服务类。指包含研究开发、技术转移、创业孵化、知识产权、科技咨询、研发设计和科技成果转移转化等重点发展内容的业态。

（2）信息技术服务类。指依托新一代互联网、移动互联网、数等信息基础设施，深化云计算、大数据、物联网、信息安全等信息技术在生产领域的应用，推动制造业智能化、柔性化和服务化发展的业态。

---

① SzalavetzA. Tertiarization of Manufacturing Industry in the New Economy：Experiences in Hungarian Companies ［D］. Budapest：Hungarian Academy of Sciences Working Papers，2003.

② 孙林岩，李刚，江志斌，等. 21 世纪的先进制造模式——服务型制造［J］. 中国机械工程，2007，18（19）：2307－2312.

（3）检验检测服务类。指由专业机构在制造业企业生产制造、售后服务的全过程中提供质量分析、测试、检验、计量、管理和评价等服务的业态。

（4）节能环保服务类。指为使制造业企业绿色发展而提供能源管理、节能诊断、节能评估、节能技术改造咨询和环境综合治理等服务的业态。

（5）金融服务类。指利用多元化金融工具，不断创新服务模式，为制造业发展提供更高质量、更有效率的金融服务的业态。

（6）供应链服务类。以为制造业企业更为合理地配置资源、节约成本、提高效率为目的，覆盖整个产业链条，为企业提供除其核心业务以外的其他供应链环节的服务业态。

（三）协同与融合发展的概念

由于信息技术的大规模应用使制造业服务化和服务业制造化现象不断增多，二者的边界不再清晰，而是表现出互相依赖、不可分割的融合状态，也就是制造业与制造服务业的协同与融合发展。本文中的协同与融合分别是从企业内外部两个方面对制造业与制造服务业共同发展的表述。协同发展，是从企业外部来看，制造业和制造服务业不同企业之间的合作过程。这种合作过程在城市中通常表现为不同类型的产业在空间分布选择上存在的相互影响、趋同分布的聚集趋势[①]，也就是空间协同趋势。因此，本文对两业协同的研究就是通过对两业空间聚集的研究进行开展的。融合发展，是从企业内部看，制造业企业或制造服务业企业产品或服务延伸的过程，表现为一是“制造业服务化”，二是“服务业制造化”[②]。因此，本文对两业融合的研究是从制造业企业提供相关服务，或制造服务业企业进行生产活动来开展的。

三、制造服务业高质量发展基础理论

（一）制造服务业的生成逻辑

制造业服务化（Servitization）的概念最早由 Vandermerwe & Rada（1988）

---

① 王小波．生产性服务业与制造业融合发展研究［D］．湘潭：湘潭大学，2016.

② 李美云．基于价值链重构的制造业和服务业间产业融合研究［J］．广东工业大学学报（社会科学版），2011（5）：34－40.

两位学者首次提出，认为制造业企业可以提供附加于产品之上的专业技能、技术支持服务和组建专门的服务部门，来提高自身新的竞争优势[①]。在此基础上，一些学者也从制造业企业为谋求发展这一层面对制造业服务化进行研究，提出产品服务系统是可以满足顾客与用户更高需要的一系列产品与服务的集合[②]；是制造业企业通过融合新技术来提供更多、更好的服务，以满足顾客个性化的需要，并取得独特的竞争优势和提升企业绩效的重要方式[③]。因此，通过以上研究可以看出制造业服务化是制造业企业为满足顾客更高的需求，通过服务的中间投入而重塑价值链，进而提高竞争力和产品价值的战略调整。随着产业竞争趋势的加剧，制造业与制造服务业融合发展就成为提供企业“产品 + 服务”的必然路径。

（二）制造服务业发展的驱动要素

（1）基于以上对制造服务业生成逻辑的研究，可以看出制造服务业的驱动因素可以分为内部因素和外部因素，内部因素表现为制造业企业为转型升级而对创新技术的需求，外部因素则包括市场需求、产业分工和政府政策因素，因此制造服务业的驱动因素主要是经济发展因素、市场需求因素、政策支持因素和创新驱动因素。

（2）金晟（2018）[④] 和费明丽（2019）[⑤] 认为经济增长是影响制造服务业发展的最重要的环境因素。市场需求因素驱动主要表现在制造业企业为了提高消费者对产品的忠诚度及满意度，逐渐开始向产业链的上下游进行延伸，在提供产品的基础上逐步增强服务功能，将产品的研发与设计、产品的售后、技术支持等服务环节纳入价值链中。创新驱动是产业发展的重要动力和引擎，

---

① Vandermerwe S, Rada J. Servitization of business: Adding value by adding services [J]. European Manage - ment Journal, 1988, 6 (4): 314 - 324.

② GOEDKOOP M J, VAN HALEN C J G, TE RIELE H, et al. Product service systems, ecological and economic basics [Z]. Product Innovation Technology Management, 1999.

③ Szalavetz A. Tertiarization of manufacturing industry in the new economy: Experiences in hungarian companies [R]. Hungarian Academy of Sciences Working Papers, No. 134, 2003.

④ 金晟．生产性服务业与制造业协同发展的理论与政策研究［M］．广州：华南理工大学出版社，2018：35.

⑤ 费丽明．实现先进制造业与现代服务业深度融合［J］．唯实，2019（12）：4.

是产业融合发展的必要条件[①]。胡昭玲等（2017）通过实证验证了制造服务业通过技术创新可以促进产业结构转型升级，认为技术创新通过制造部门与服务部门的关联环节传导至制造业各个环节，从而可以加速产业结构转型升级[②]。从其他国家的制造业发展过程来看，与生产性服务业的融合发展离不开政府的主导。部分发达国家都将制造业服务化作为向全球价值链中高端迈进，推动产业转型升级作为主要抓手，并积极制定相关政策[③]。

（三）协同与融合发展的理论基础

社会分工理论作为马克思经济理论的重要组成部分，对当今各产业的发展依旧具有非常重要的指导意义。鉴于此，各学者从提高劳动生产效率、降低交易成本、各生产环节的中间纽带作用[④]等方面对制造业与制造服务业产业协同合作进行了研究，认为分工是促进制造服务业发展的根本原因[⑤]。而通过嵌入式的服务外包，企业之间创造了超越一般市场关系的协同关系，促进产业价值链整体提升，带来了产业升级发展[⑥]。

产业共生理论是将生物学的共生与经济学相结合的理论。王玉玲认为，制造业与制造服务业之间存在典型的共生关系，而这种共生关系一定程度上体现在两业协同和融合的互动过程中。[⑦] 刘浩则提出，制造业和制造服务业不仅没有因为社会分工而割裂，反而衍生出一种相互依存、相互作用的共生关系，而这种差异性的共生关系的内在动因是产业链的延续性。[⑧]

从以往学者对制造业与服务业的互动关系的研究来看，其主要经历了四

---

① JONAS L. Ubiquitous Convergence：market redefinitions generated by technological change and the industry life cycle［C］. Paper for the DRUID Academy Conference，2005，1（1）：27－29.

② 胡昭玲，夏秋，孙广宇．制造业服务化、技术创新与产业结构转型升级——基于 WIOD 跨国面板数据的实证研究［J］．国际经贸探索，2017（12）：4－21.

③ 于洋，杨明月，肖宇．生产性服务业与制造业融合发展：沿革、趋势与国际比较［J］．国际贸易，2021（1）：24－31.

④ 王玉玲．中国生产性服务业与制造业的互动融合：理论分析和经验研究［D］．上海：上海社会科学院，2017.

⑤ 陈宪，黄建锋．分工，互动与融合：服务业与制造业关系演进的实证研究［C］//当代中国：发展·安全·价值——第二届（2004 年度）上海市社会科学界学术年会．

⑥ 刘明宇，芮明杰，姚凯．生产性服务价值链嵌入与制造业升级的协同演进关系研究［J］．中国工业经济，2010（8）：10.

⑦ 王玉玲．中国生产性服务业与制造业的互动融合［M］．上海：上海社会科学院出版社，2020.

⑧ 刘浩．产业间共生网络的演化机理研究［D］．大连：大连理工大学，2010.

个阶段的变化，分别是“需求遵从论”“供给主导论”“互动论”和“融合论”。其中融合论是近年来更被认同的观点。Eberts & Randall（2010）认为，制造环节与服务环节的相互融合降低了企业运营成本，带来了企业劳动生产率的提高和竞争力的增强，服务业通过向制造业输出多样化、专业化的服务产品，推动了服务业的产业化和规模化，使技术能力和创新能力显著提升①。刘奕等（2017）基于全球价值链视角，在产业融合与“互联网+”大背景下，验证了制造业升级与服务业集聚之间内在的高度融合与密切关联关系②。

（四）协同与融合发展的动因

随着融合理论研究的深入，价值链创新和产业共生成为推动产业功能融合的主要驱动力，主要表现为价值链环节企业的价值创造、产业交互创新和产业间互利共生。基于价值链研究视角，波特（1998）提出，价值链是企业进行各项价值创造活动之间的链接，企业价值链上下并非每个环节都能创造价值，价值创造来自某些战略环节。郑吉昌、夏晴（2005）③ 通过价值链模型研究得出，制造业竞争优势的获得对加工制造环节的依赖性在减少，制造服务具有越来越重要的战略意义。

受到新经济地理学派影响，空间临近所带来的交易成本经济性成为解释空间协同关系的主要理论依据，主要表现为市场规模效应、劳动力密集程度和区域经济环境。Marshall（1890）提出，由于共享中间投入和劳动力等因素而活动了外部经济性，使得多个企业可能因分工协作而紧密联系在一起，形成空间聚集。Venables（1996）研究得出，制造服务业和制造业的空间关系上受到需求关联和成本关联两种机制影响④。陈菁菁（2011）对都市圈范围和都市内部制造服务业和制造业空间协同关系进行了评价，提出尽管都市圈范围和都市内部都存在两业协同的空间分布关系，但是都市圈范围的两业

---

① Eberts D, Randall J E. Producer services, labor market segmentation and peripheral regions: the case of Saskatchewan [J]. Growth and Change, 1998, 29 (4): 401-422.

② 刘奕，夏杰长，李垚．生产性服务业集聚与制造业升级［J］．中国工业经济，2017（7）：19.

③ 郑吉昌，夏晴．基于互动的服务业发展与制造业竞争力关系——以浙江先进制造业基地建设为例［J］．工业工程与管理，2005（4）：98-103.

④ Venables A. Equilibrium Locations of Vertically Linked Industries [J]. Anthony Venables.

"互补性"更强，都市内部的两业"挤出性"更强①。同时，研究解释了城市内部的两业"挤出性"，主要受到劳动力密集度空间分化、交通因素、地均产出的影响。

四、成都市制造业与制造服务业融合与协同情况分析

（一）成都市制造业与制造服务业融合程度分析

1. 研究方法和数据说明

本研究主要运用统计分析，通过计算成都制造业上市企业的服务业务的收入占比和成都制造服务业上市企业的制造业务占比来研究成都市当前两业融合现状情况，并对比制造业企业近5年的服务业务收入的变化情况来考量两业融合程度是否逐渐加深。此外，通过梳理不同类型的上市公司提供的服务类型和年报中服务业板块的未来发展计划，来研究不同制造行业和不同服务行业的融合程度及倚重程度。

研究选取成都市2022年之前在沪、深两市上市制造业企业与制造服务业企业作为研究样本，为了保证样本企业经营相对稳定，并获得用于实证研究的数据，剔除了ST公司、已退市公司和数据不完整的公司。经过筛选，得到满足条件的成都市制造业上市公司63家，生产性服务业企业17家。从行业分布来看，目前成都上市的制造业公司主要分布在农产品加工制造、航空装备制造、食品加工制造、通信电子设备制造、生物医药制造、化学原料及化学制品制造、机械设备制造等领域，制造服务业企业主要分布在物流服务、科技服务、节能与环保服务、医疗服务和软件与信息技术服务等领域。

2. 制造业与制造服务业融合程度现状

一是成都市制造业企业的服务业收入还处于较低水平。以成都市制造业上市公司为研究样本，在63家制造业上市企业中，明确表明有服务业务收入的制造业企业仅25家，不足企业数量的40%。其中，服务业务收入占营业收入比重不足10%的企业有17家，服务业务收入占比10%～30%以上的企业

① 陈菁菁．空间视角下的生产性服务业与制造业的协调发展研究［D］．杭州：浙江大学，2012.

有6家，服务业务收入占比30%及以上的企业有2家，成都市全部制造业上市企业的服务业务收入占企业总收入的均值仅为3.90%。据研究，2021年制造企业服务收入占营业收入比重的国际水平约为30%，而国内服务型制造示范企业的服务营收占总营收比重已达到48%，相比之下，成都市制造业企业服务收入严重偏低。

二是成都市制造业企业的服务化还处于两业融合的初级阶段。从成都市制造业上市公司提供服务业务的具体内容看，“研发设计与其他技术服务”“机械设备修理和售后服务”和“工程承包服务”的占比相对较高，分别为84%、44%和24%。由此可以得出，成都市制造业企业更倾向仅围绕自身产品，向生产环节的产业链两端进行服务延伸，而进行市场化开发服务的如金融、实物租赁等“专业职能服务”和提供资源整合和综合解决方案的“集成导向服务”这两类两业融合中高级阶段的服务都较为缺乏。

三是成都市制造业企业对服务化发展的重视程度较低。通过对没有服务业收入的制造企业和有服务业收入的制造企业近3~5年的收入变化进行统计分析，在没有服务业收入的28家制造业企业里，有23家（82%）制造企业较3~5年前总收入有所增长且仍然没有服务业务收入，这说明这些企业在不考虑开展服务的情况下也能维持企业良好发展，因此自主发展制造服务业的意愿较低。另外，在有服务业收入的17家制造企业里，有6家（35%）制造业企业近3~5年的收入增长是由制造业务收入增长带来的，与服务业收入关系不大，这说明这些企业近些年的发展重点，仍是以公司本身的产品制造为主，没有重视服务业的发展。

（二）成都市制造业与制造服务业空间协同程度分析

1. 研究方法和数据说明

本文以企业数量为变量，通过ARCGIS和geoda软件，以全局空间自相关指数和双变量全局空间自相关指数衡量成都市内制造业和制造服务业细分领域聚集分布程度，以及两业之间的协同分布程度。企业数量使用企查查网站统计的企业数量时，根据本文主要制造服务业类别定义，按照国民经济分类，对企查查中的企业所属类别进行筛选。

2. 制造业与制造服务业空间协同程度现状

一是成都市制造服务业对制造业有明显的空间挤出现象。对比2020年成都市制造业和成都市制造服务业莫兰指数[①]，制造业显示出在成都市范围内呈离散分布的空间关系，制造服务业显示出在成都市中心城区高度聚集的空间关系。结合制造业规模以上企业数量占比在2010年和2020年分别在新中心城区[②]和城市郊区快速增长，而制造服务业保持新老中心城区快速增长的趋势，成都市制造业和制造服务业的空间分布的制造业向城市郊区聚集、制造服务业向中心城区聚集的空间分异情况加剧。此外，2020年各行业制造服务业—制造业双变量莫兰指数[③]均为负数，显示制造服务业对制造业的空间分布有显著负相关影响。综合来看，成都市制造服务业逐步将成都市制造业从城市中心向城市郊区挤出。

二是制造服务业对制造业空间分布的影响大于制造业对制造服务业的影响。根据双变量莫兰指数分析，成都市制造业空间分布仅对制造服务业中的检验检测服务、金融服务和信息技术服务产生影响，未对科技服务、节能环保服务、供应链服务的空间分布产生显著影响，而成都市制造服务业各行业（除节能环保服务外）基本都对制造业空间分布产生显著负面影响。同时，由于莫兰指数的绝对值越大关联性越强，成都市制造服务业对制造业影响力的绝对值都大于对应的制造业对制造服务业影响力的绝对值。因此，成都市制造服务业对制造业空间分布的影响大于制造业对制造服务业的影响。

（三）成都市制造业与制造服务业融合与协同现状原因分析

制造业企业选择服务化战略与企业生命周期有明显关系，衰退期的企业选择服务化的意愿最高。成都市没有制造服务业营业收入的上市制造业企业中82%近期处于收益快速增长阶段，而已有服务业收入的上市制造业企业中35%服务业收益占比呈下降状态，企业主要增长来源还是制造业。因此，成都大部分制造业企业还处于制造业收入快速增长时期，主动服务化选择意愿不高。

企业内外部资源的掌握情况，例如技术条件、市场条件、资金条件等都是影响企业两业融合化发展的重要因素。成都市制造业企业中掌握核心技术

① 莫兰指数是用于研究变量是否在空间中存在一定变化规律的指数。

② 本研究中新中心城区为新都区、郫都区、温江区、双流区、龙泉驿区、青白江区、新津区，老中心城区为锦江区、青羊区、金牛区、武侯区和成华区，城市郊区为新都区、郫都区、温江区、双流区、龙泉驿区、青白江区、新津区。

③ 双变量莫兰指数是用于研究两个变量在同一空间中是否存在相互关系的指数。

和关键生产要素的企业与发达地区相比较少，产业辐射的范围较窄，因此融合发展还处于围绕产品生产前后服务的初级阶段。另外，制造服务业企业多是轻资产企业，发展制造业将对企业的资金实力、资源整合能力、管理能力提出更高要求。成都市制造业服务企业中具有雄厚实力的行业龙头企业相对较少，在向制造业迈进过程中会更加谨慎。

制造业与制造服务业要素需求和成本承受力的显著差异是造成两业空间聚集度不高的重要原因。目前，成都市主要制造业类型仍然处于由劳动力密集型、资源密集型向技术密集型转型的阶段，制造业技术水平需求较低、成本承受能力低的企业仍然呈现快速向城市郊区转移的趋势。另外，成都市中心城区内聚集的科研院所资源、社会网格资源丰富，对于人才、技术、交通等资源要求更高，成本承受能力更强的制造服务业，中心城区更能符合其发展需求。因此，成都市制造业和制造服务业在空间分布表现出了较大差异。

不当的政策和规划因素也对制造业和制造服务业空间聚集造成了负面影响。受到当时城市功能分区思想影响，成都市老中心城区工业用地缺乏、城市郊区或园区商服用地不足也是造成两业空间协同性不强的原因之一。其次，部分产业园区以某一单一产业类型为产业园区准入标准的做法，也给融合发展造成了阻碍。此外，成都市通过“退二进三”系列政策，推动老中心城区制造业退出、服务业发展，一定程度上加剧了中心城区制造服务业单一聚集发展的局面。

制造服务业产业辐射范围更广是成都市制造服务业空间分布不受制造业分布影响的重要原因。研究表明产业之间的布局依赖程度是不对称的，制造服务业的外向功能强度是影响两业空间分布关系不平衡的重要因素，也就是说制造服务业外向功能越强，其对周边制造业的依赖程度越弱。成都市制造服务业中的科技服务、信息技术服务、金融服务都是具有区域服务性质的外向型产业类型，其服务对象不仅局限在城市内部，因此城市内部的制造业空间分布不是这些产业分布的主要考虑因素。

五、成都市制造服务业高质量发展路径建议

（一）总体思路

研究表明，制造业和制造服务业的融合互动和协同聚集对两业发展均有

促进作用，不同企业面临的不同情况，使它有不同的融合协同驱动因素。融合和协同的程度既受到企业内部对市场需求的判断、自身资源的条件、主营业务的竞争力的影响，也受外部整体两业发展水平、城市发展环境、政策制定倾向的影响①。因此，从制造业和制造服务业融合发展、协同发展的角度，根据影响因素，本文认为进一步完善产业链本土完整度、加强产业链空间聚集度、增强产业创新驱动力是增加成都市制造服务业高质量发展的主要路径。

（二）发展路径

1. 完善产业链本土完整度

近年来，不断有学者提出，面对国际局势的不稳定性，以前作为世界工厂的这种资源和市场两头在外的制造业发展模式已经无法支持我国制造业的转型升级的要求。因此，完善本土产业链，既是推动制造业转型升级的方法，也是促进本土制造服务业高质量发展的重要路径。结合成都市提出“产业延链补链强链”计划，为实现本土制造服务业加速发展，一方面是要促进制造业企业选择本土服务；另一方面是要促进制造服务业发展符合本土制造业需求的高品质服务。除了政府通过政策引导企业选择本土服务外，鼓励制造业企业服务化、建立复合产业链发展需求的分工体系、加强共性技术研究应用，都是提升制造业与制造服务业协同发展的有效方式。

建立合理上下游协同分工体系。建立协同分工体系的实质就是进行资源的整合与调配。制造企业服务外包的原因通常是降低成本、保持核心优势。面对激烈的竞争环境，企业将不断根据自身资源和实力调整发展业务的类型，将部分效益不符合的生产活动外包。一是鼓励企业利用自身优势，发展成为具有核心专项技术优势的专精特新企业，避免大而全的发展方式；二是建设产业发展公共服务平台，通过信息化手段实现产业链资源整合，为链上企业提供更多可选择性的服务资源。

鼓励制造业企业服务化发展。制造业服务化是制造业与服务业融合发展的主要路径，也是制造业企业增加核心业务收入的主要方式。当前成都市制造业服务还处于围绕主要产品开展售后服务的初级阶段，未来可以从投入服

① 王小波．生产性服务业与制造业融合发展研究［D］．湘潭：湘潭大学，2017.

务化、产出服务化、投入产出服务化三个方面进行①。投入服务化是指价值链上游的服务化，也就是制造业企业向研发、设计、咨询等行业发展，这需要企业本身具有一定技术、人才、行业口碑等实力。产出服务也就是围绕产品提供的包括销售、售后服务，这也是最为常见的制造服务化类型。投入产出服务化也就是全周期服务，这对企业实力有更高的要求。成都市应鼓励具实力制造业龙头企业发展全周期服务，鼓励“小巨人”企业向价值链上游发展，并鼓励有需求的制造业企业加强销售和售后服务。

加强共性技术研究应用。共性技术的发展可以为产业分工奠定扎实基础。成都市应进一步重点推进信息技术服务、检验检测服务、节能环保服务等共性技术第三方服务服务，为制造业企业数字化发展、降低能耗、提高产品质量提供支撑。同时，也应支持各制造业领域科研服务部分共性技术发展，如装备制造业领域材料及选择技术、设计软件、自动化技术、制造工艺研发等，进一步加强此类能提高行业整体核心竞争力的技术的公共物品属性，推动行业高质量发展。

2. 加强产业链空间聚集度

以链主企业为核心发展产业集群。加强制造服务业企业与制造企业聚集发展。聚焦电子信息、装备制造、生物医药等成都市主导产业集群，围绕链主企业持续推动产业链空间聚集。在中心城区持续推进专业楼宇建设。结合中心城区更加优越的城市资源，推动对建筑承重要求不高的产业如电子信息、生物医药上楼发展，按照一栋楼就是一个产业链的发展思路，加强专业楼宇建设。持续优化城市郊区产业园区业态结构。遵循产业发展基本规律，持续实施产业园区内的进入退出机制，将园区内的非链上企业持续外移，为链主企业和相关链属企业聚集发展提供更多空间。

做好城市环境支持和产业布局引导。加强城市对人才聚集、产业聚集的城市支撑，做好产业生态圈建设。结合人才招引需求，持续提升城市发展品质。进一步提高城市郊区品质建设，按照产业链技术人才招引需求，在产业园周边增加高品质人才公寓建设，打造符合技术人员需求的生活消费场景。

① 解季非．制造业服务化：演进机理、效率与路径选择［D］．天津：天津大学，2019. DOI: 10.27356/d.cnki.gtjdu.2019.000341.

进一步做好城市产业用地布局。按照产业链用地需求，加强工业用地、科研用地、商服用地等关系协调，加强城市混合功能用地布局，形成产业协同的用地支撑。加强新型产业用地指引。鼓励产业园区发展混合用地，对具有科研需求的制造业链主企业、龙头企业，支持其使用新型产业用地，满足企业研发创新和生产制造综合需求。加强产业链企业聚集度。按照实施产业链招商，加强链主和链属企业招引，并鼓励企业聚集发展。

3. 增强产业创新驱动力

积极发展创新平台。结合成都市“核心＋基地＋网络”创新体系，一是利用成都科学城全国影响力，积极发展各类研发机构、建设各类重大科技服务设施设备，为主导产业突破技术瓶颈提供支持。二是利用成都市高校院所聚集优势，进一步加强产学研合作发展创新服务平台。科技服务企业、金融服务、检验检测服务企业、供应链企业及其相关平台服务企业空间协同发展，共同组织成都产业创新体系。三是鼓励具有核心技术的制造业领军企业建设行业技术创新平台。鼓励企业利用和建设国家重点实验室、国家工程技术研究中心、国家工程实验室等，推动企业技术创新，为产业链关键环节提升核心技术。

加强产业人才链建设力度。首先，利用成都市科研院校聚集优势，对接产业链人才需求，积极推动相关科研院校专业人才培养。产业链中制造业与制造服务业的融合需要具有跨领域专业知识的人才，因此培养知识复合型、产业管理人才应是未来的重要方向。其次，聚焦产业链技术创新需求和短板，以产业链上企业为依托，对接龙头企业、具有核心技术的企业和上下游重点企业需求，进一步吸引产业链人才。

专题研究四：生活性服务业发展路径研究

一、研究背景

生活性服务业涉及居民的美好生活需要，在培育强大国内市场中发挥着至关重要的作用，对于以扩大内需战略为基点构建新发展格局具有重要意义[①]。近年来，我国生活性服务业蓬勃发展，在优化经济结构、扩大国内需求、促进居民就业、改善民生保障等方面发挥了重要作用，但仍然存在低端供给和无效供给过剩，中高端供给和有效供给不足等结构性问题。随着我国城镇化进程加快和居民收入水平提高，人民普遍开始追求品质化、精细化、便利化和智能化的生活性服务，同时也催生出更多个性化、特色化、定制化的消费需求，形成了多层次多样化的消费需求格局。生活性服务供给不适应服务需求和消费结构分化升级趋势的问题越发突出，为满足人民日益增长的美好生活需要，急需摸清生活性服务业发展现状和特征，把握国家、省、市层面对生活性服务业的发展指引和要求，整合撬动更多发展资源和潜力，探索生活性服务业发展路径。

二、生活性服务业概述

（一）生活性服务业概念

国家统计局在《生活性服务业统计分类（2019）》中，将生活性服务业

① 《培育强大国内市场 激活生活性服务消费需求——“生活性服务业30条”解读之七》。

定义为满足居民最终消费需求的服务活动。联合国统计委员会在《国际标准产业分类 ISIC（第四版）》中，将生活性服务业定义为直接向居民提供物质或精神生活消费的服务业。本研究综合考虑以上定义，结合实际研究需要，将生活性服务业定义为直接向居民提供最终产品和服务的服务业。

（二）生活性服务业分类

近 10 年来，生活性服务业的分类发生了变化和调整。2012 年国务院发布《服务业发展“十二五”规划》，将生活性服务业分为商贸服务业、文化产业、旅游业、健康服务业、法律服务业、家庭服务业、体育产业、养老服务业和房地产业 9 个领域。2015 年国务院办公厅发布《加快发展生活性服务业促进消费结构升级的指导意见》，在《服务业发展“十二五”规划》分类的基础上，将“商贸服务业”调整为“批发零售服务”和“住宿餐饮服务”，新增“教育培训服务”，删除“法律服务业”和“房地产业”。2017 年和 2019 年，国家统计局相继发布《生活性服务业统计分类（试行）》和《生活性服务业统计分类（2019）》，其中居民和家庭服务、健康服务、养老服务、旅游游览和娱乐服务、体育服务、文化服务、居民零售和互联网销售服务、居民出行服务、住宿餐饮服务、教育培训服务、居民住房服务 12 个大类保持不变，删除了 1 个中类“体育管理服务”，对小类进行了进一步调整和细化。近几年，在四川省和成都市层面的政策文件中，都依据国家分类标准对生活性服务业的分类进行了调整。目前对于生活性服务业的分类已有了相对统一的认识，结合国家统计口径以及区域发展形势，本研究所指的生活性服务业主要包括零售服务、文体服务、旅游服务、餐饮服务、居民服务、医养服务六大领域（见表 4－1）。

表 4－1　　生活性服务业代表性分类

年份	来源	分类
2012	国务院《服务业发展“十二五”规划》	商贸服务业、文化产业、旅游业、健康服务业、法律服务业、家庭服务业、体育产业、养老服务业、房地产业
2015	国务院办公厅《加快发展生活性服务业促进消费结构升级的指导意见》	居民和家庭服务、健康服务、养老服务、旅游服务、体育服务、文化服务、法律服务、批发零售服务、住宿餐饮服务、教育培训服务

续表

年份	来源	分类
2016	四川省人民政府办公厅《加快发展生活性服务业促进消费结构升级实施方案》	健康服务、养老服务、旅游服务、体育服务、文化服务、法律服务、批发零售服务、住宿餐饮服务、家庭服务、教育培训服务
2017	国家统计局《生活性服务业统计分类（试行）》	居民和家庭服务、健康服务、养老服务、旅游游览和娱乐服务、体育服务、文化服务、居民零售和互联网销售服务、居民出行服务、住宿餐饮服务、教育培训服务、居民住房服务、其他生活性服务
2017	成都市人民政府《成都市服务业发展 2025 规划》	商贸流通业、旅游业、文化创意产业、健康服务业、社区服务业
2018	成都市委办公厅《关于创新发展生活性服务业建设高品质和谐宜居生活城市的意见》	九大领域：商业零售、文化服务、旅游休闲、餐饮服务、医疗健康服务、养老服务、教育服务、体育服务、居民和家庭服务 六种新形态：智慧服务、体验服务、定制服务、共享服务、绿色服务、跨境服务
2019	国家统计局《生活性服务业统计分类（2019）》	居民和家庭服务、健康服务、养老服务、旅游游览和娱乐服务、体育服务、文化服务、居民零售和互联网销售服务、居民出行服务、住宿餐饮服务、教育培训服务、居民住房服务、其他生活性服务

三、全国生活性服务业发展趋势

（一）总体规模平稳增长

由于缺乏规范翔实的统计资料，难以通过某一统计指标评价生活性服务业的发展全貌，但通过分析全国社会消费品零售总额、全国网上零售额、全国住宿和餐饮业增加值及增速等重点指标，仍可看出我国生活性服务业规模呈平稳增长的态势。2019 年，全国社会消费品零售总额为 411649 亿元（含实物网上零售额），2016—2019 年年均递增 8.1%。2019 年，全国网上零售额达 106324 亿元，非实物商品网上零售额为 21085 亿元，2016—2019 年分别年均递增 28.7% 和 35.0%。2016—2018 年，按不变价格计算，住宿和餐饮业增加值年均实际增长 7.21%，略高于同期全国 GDP 年均增速 6.69%，略低于同期服务业增加值年均增速 7.74%；2019 年住宿和餐饮业增加值较上年实际增长 6.3%，略高于同期全国 GDP 增速 6.1%，略低于同期服务业增加值增速 6.9%。

（二）幸福产业蓬勃发展

随着人民对美好生活的需求日益品质化、个性化、高端化，旅游、文化、体育、健康、养老及教育培训等生活性服务蓬勃发展①。2018 年，全国体育服务业、文化批发和零售业、文化服务业、旅游及相关产业增加值分别达 6530 亿元、4340 亿元、24832 亿元和 41478 亿元，占当年 GDP 比重分别达 0.7%、0.5%、2.7%和 4.5%。2016—2018 年，这些生活性服务业增加值分别年均递增 34.2%、19.5%、22.1%和 11.4%，增速明显高于同期整体服务业增加值 10.7%的年均增速②。

（三）服务方式不断创新

随着新一代科技革命和产业变革的快速发展，生活性服务业数字化、信息化、智能化步伐加快，与互联网、物联网、大数据等的融合持续深化，线上交易与线下服务交互更加紧密，不同行业、不同业态之间的跨界合作更加普遍，新技术、新模式不断涌现，电子商务、直播经济、共享经济、智慧健康、智慧旅游等新业态迅速崛起。同时，新冠疫情对世界经济造成巨大冲击，也为生活服务业数字化转型带来契机，助推了以无接触服务为特征的新型服务模式发展，深刻重塑了社会生活方式，促进了“互联网 + 生活性服务业”发展。

（四）集聚效应越发凸显

随着生活水平显著提高，城乡居民对一站式、精细化的品质服务需求日益迫切，从国家到省市层面均大力推动服务业集聚区、购物商圈、特色步行街区、一刻钟便民生活圈、县域商业中心等集聚载体建设。各大城市核心商圈已成为各类型生活性服务业态集聚地，是生活性服务消费的主要增长极。

---

① 国家统计局：《服务业发展再提速“幸福产业”蓬勃发展》。

② 姜长云：《生活性服务业现状、问题与“十四五”时期发展对策》。

商务部2019年首批试点选取了11条步行街进行改造提升，结合消费升级趋势与城市发展定位，引领消费升级、提升城市品质。四川省2020—2022年每年评选10个省级服务业集聚区，涵盖商贸、旅游、餐饮等生活性服务领域，鼓励聚集优质资源，推动生活性服务业集聚集群集约发展和标准化、品牌化建设，提升生活性服务的质量、效益和竞争力。

四、生活性服务业的发展政策要求

（一）国家层面

一是推动生活性服务业便利化、精细化、品质化发展，促进消费升级。2015年5月22日国务院发布《加快发展生活性服务业促进消费升级的指导意见》，这是我国为全面推进和鼓励生活性服务业发展所颁布的第一个政策性文件。文件提出围绕人民群众对生活性服务的普遍关注和迫切期待，着力解决供给、需求、质量方面存在的突出矛盾和问题，推动生活性服务业便利化、精细化、品质化发展。重点发展贴近服务人民群众生活、需求潜力大、带动作用强的生活性服务领域，推动生活消费方式由生存型、传统型、物质型向发展型、现代型、服务型转变，促进和带动其他生活性服务业领域发展。

二是推动生活性服务业补短板上水平，大力发展“群众身边的生活性服务业”。2021年10月，国务院办公厅发布《关于推动生活性服务业补短板上水平提高人民生活品质的若干意见》，针对我国生活性服务业存在的有效供给不足、便利共享不够、质量标准不高、人才支撑不强、营商环境不优、政策落地不到位等问题，从加强公益性基础性服务供给、加快补齐服务场地设施短板，加强服务标准品牌质量建设，强化高质量人力资源支撑，推动服务数字化赋能，培育强大市场激活消费需求，打造市场化法治化国际化营商环境，完善支持政策，明确了当前和今后一个时期我国生活性服务业发展的重点任务和实施路径。

三是建设一刻钟便民生活圈，满足居民日常生活基本消费和品质消费。2021年9月，商务部等12部门印发《关于推进城市一刻钟便民生活圈建设的意见》，提出以社区居民为服务对象，在服务半径为步行15分钟左右的范围内，以满足居民日常生活基本消费和品质消费等为目标，建设多业态集聚形成的社区商圈。推动科学优化布局、补齐设施短板、丰富商业业态、壮大市场主体、创新服务能力、引导规范经营，提高服务便利化、标准化、智慧化、品质化水平，将便民生活圈打造成为促进形成强大国内市场、服务保障民生、推动便利消费及扩大就业的重要平台和载体。

（二）四川层面

加快发展生活性服务业促进消费结构升级。2016 年 3 月，四川省人民政府办公厅印发《加快发展生活性服务业促进消费结构升级实施方案》，提出以着力增加有效供给、着力提升服务质量、着力改善消费环境为重点，大力发展生活性服务业。创新政策支持，大力倡导崇尚绿色环保、讲求质量品质、注重文化内涵的生活方式和消费理念，积极培育生活性服务业新业态、新模式，促进城乡生活性服务业均衡协调。重点发展健康服务、养老服务、旅游服务、体育服务、文化服务、法律服务、批发零售服务、住宿餐饮服务、家庭服务、教育培训服务等领域，推动生活性服务业提质增效转型升级。

（三）成都层面

一是增进民生福祉，建设高品质和谐宜居生活城市。2018 年，成都市委市政府发布《关于创新发展生活性服务业建设高品质和谐宜居生活城市的意见》，提出积极建设世界文创名城、旅游名城、赛事名城，高标准打造国际美食之都、音乐之都、会展之都，建成城乡居民和国内外来蓉人士各得其所、乐享成都的高品质和谐宜居生活城市，向国际知名生活城市迈进。引领发展智慧服务、体验服务、定制服务、共享服务、绿色服务、跨境服务六种新形态，提质发展商业零售、文化服务、旅游休闲、餐饮服务、医疗健康服务、养老服务、教育服务、体育服务、居民和家庭服务九大领域。优化功能布局，建设优质生活空间，建设社区优质生活服务圈，建设多个产业集聚区，建设三大休闲游憩带，建设三大高端消费引领示范区。

二是构建功能完善、方便快捷、覆盖全域、布局均衡的社区优质生活服务圈。2018 年，成都市召开生活性服务业发展大会，推动城市发展从产业逻辑回归人本逻辑，从生产导向转向生活导向，加快发展生活性服务业。随后成都市生活性服务业领导小组印发《成都市打造社区商业消费新场景构建社区优质生活服务圈工作方案（2018—2022)》，提出以新零售、新业态、新模式为突破，提高场景消费触发力，促进文体旅商农融合发展，聚焦社区商业品质提升和功能拓展，加快打造多元化社区商业消费新场景。推进实施强化整体谋划，突出规划引领，做优市场主体，提升商业业态，创新发展模式，做优做强品牌，开展建店示范，优化政务服务等重点工作。

五、生活性服务业的发展路径研究

生活性服务业的制约因素由于地区的差异各有不同。以破解制约因素为基本思路，不同地区结合自身问题、发展阶段和发展条件，提出了不同的发展路径。本研究选取成都市温江区、彭州市为案例，围绕制约生活性服务业发展的供给侧要素和需求方向，总结生活性服务业发展路径。

（一）生活性服务业发展问题

在政府部门管理层面，通过对城市生活性服务业供需的研究来进行政策制定，能更有效地指引企业发展，提升城市生活性服务业发展水平和市民生活幸福感。基于当前消费升级，消费者体验式、个性化、品质化的消费需求，本研究以成都市温江区、彭州市两地的生活性服务业为案例，通过提炼两地生活性服务业发展供给侧上与消费需求之间的差异，总结生活性服务的发展问题，为提出以问题为导向的发展路径奠定基础。

1. 资源转化不足，文商旅协同融合效应不高

文化旅游资源是影响生活性服务业发展的重要资源之一，主要包括古籍、美术馆藏品、地方戏曲剧种、传统器乐乐种、非物质文化遗产、文物等文化资源，以及地文景观、水域景观、生物景观、天象与气候景观、建筑与设施、历史遗迹、旅游购品、人文活动等旅游资源①。文化旅游资源的数量和品质直接影响文化服务、旅游休闲等生活性服务业的发展水平和前景。但在生活性服务业发展过程中，或受困于文旅资源本身特色不明显，或受困于没有挖

① 四川省文化和旅游资源云。

掘好、利用好、转化好文旅资源，文旅资源与商业资源不能相互支撑、相互促进，未形成文化旅游与商业贸易、特色餐饮、健康养老等相关领域融合发展的态势，导致当地生活性服务业特色不突出，吸引力不足。

2. 技术赋能不足，上下游数字化发展不均衡

随着以互联网、物联网、大数据、区块链等为代表的新一代信息技术的发展，技术赋能生活性服务业数字化转型步伐加快，催生出新业态新模式，带动定制消费、智能消费等新兴消费模式拓展升级，丰富生活性服务业的供给方式，提升创新发展水平。但在生活性服务业发展过程中，数字化转型进度较慢，细分行业数字化水平差异显著，产业链上下游数字化发展不均衡。两地生活性服务业数字化转型主要集中于网上购物、订餐、订票等营销环节，单点效率提升居多，全产业链数字化改造涉及较少，未实现企业间订单、产能、渠道等信息共享，有效协同程度较低。对于智慧医疗、智慧景区等数字化门槛更高的领域，仍处于数字化转型探索的初级阶段，尚未形成一体化数字解决方案。

3. 重点企业不足，市场主体带动引领能力弱

企业是生活性服务业的主要供给方，生活性服务业涉及行业广、细分领域多、产品差异大，需要培育涵盖各个领域、提供各种服务、各种能级的市场主体。区域内企业类型的丰富程度以及产品服务的供给能力和品质，一定程度上决定了本区域内生活性服务的供给能力和品质。但在生活性服务业发展过程中，市场主体以中小企业和个体商户为主，缺少在其专业领域中拥有较高知名度和品牌效应，具有优秀资源整合能力，能够带动上下游协同发展的龙头企业，以及满足个性化消费需求，提供专属定制服务的专业领域企业。以中小企业和个体商户为主的市场主体各自分散经营，既无法形成规模效应，也不利于产业链上下游企业集聚协同发展。市场主体自身运营能力、客户服务能力、抗风险能力均较弱，难以实施标准化管理，服务品质难以保障，容易形成同质化竞争，导致生活性服务业供给品质不高，无法形成独特的本地品牌。

4. 载体品质不高，网点布局分散且业态混杂

服务场地设施（网点）是生活性服务业供给的主要场所和载体，其规模大小、空间布局、内外形象将影响生活性服务业的供给能力、品质和便利程度。在生活性服务业发展过程中，形成了少数以商业综合体为代表的大型网点，这类网点往往管理较规范，业态关联度较强，网点集聚度较高，店面形象和卫生情况较好，是提供高品质生活服务重要载体。但同时还存在大量沿街形成的网点，这类网点主要由市场自发形成，具有总体数量大、单个规模小、空间分布散等特点，由于缺乏合理的规划引导，多数街道均存在业态混杂的现象，餐饮、服装等对环境要求较高的业态，与维修、建材等影响城市形象的业态齐聚于同一街道，业态之间互为干扰，不能给居民带来良好的消费体验。

5. 要素支撑不足，缺乏专业技能和管理人才

人力资源、土地资源、金融资本都是支撑生活性服务业高质量发展的重要基础，也是吸引市场主体的关键要素。生活性服务业各个领域均存在大量人与人面对面的服务场景，这些直接面对消费者的人员所具备的专业能力、职业素养、道德水平将直接影响消费者对生活性服务的满意度和认可度，同时企业的管理者也对企业的战略规划、产品设计、数字化转型等产生重要影响。用地指标的不足，将制约各领域载体以及服务设施的建设。财税金融支撑力度不足，将制约市场主体的投资建设进度。但在两地生活性服务业发展过程中，受制于其本身的发展阶段以及周围大城市对各种资源的虹吸效应，以上关键要素存在不同程度的缺失，从而制约了生活性服务业的蓬勃发展。尤其是在家政、育幼、养老等近几年发展较快的行业中供需矛盾较突出的领域，专业服务人员存在较大缺口，一定程度上制约了这些新兴行业的发展。

（二）温江区生活性服务提升路径

温江区生活性服务业存在网点分布不均、便利化程度不足、业态种类不全、品牌品质不高的发展现状，不利于温江区打造“舒适到温江”的城市品牌和一流国际化都市新区的城市形象。为进一步完善生活服务功能、拓宽服务领域、提升生活品质，满足居民日益增长的物质需求，温江区采取了以下发展路径。

1. 着力增加生活性服务业有效供给

（1）调整业态结构。充分了解温江区社区居民的实际需求，坚持以市场需求为导向，合理调整社区生活性服务业业态结构。适度降低社区居民需求较小、购买频率较低且体量较大的家居建材、五金机电等业态的占比，积极引进和增设快捷酒店、休闲类餐饮、一站式综合性购物消费场所、ATM 机、农贸市场、水电气缴费点、诊所、花店、维修店等居民需求较大的业态。优化各类生活性服务业业态的体量占比，补齐短缺业态，完善服务功能。

（2）创新商业模式。鼓励各类市场主体根据居民收入水平、人口结构和消费升级等发展趋势，创新服务业态和商业模式，优化服务供给，增加短缺服务，开发新型服务，满足人民群众从衣食住行到身心健康、从出生到终老各个阶段各个环节的生活性服务需求。支持具备条件的商家及时调整经营结构，丰富体验业态，由传统销售场所向社交体验、家庭消费、时尚消费、文化消费中心等转变，增强消费体验，适应消费结构升级新趋势。

（3）提升服务品质。引导企业顺应个性化、多样化、品质化消费趋势，不断调整和优化自身产品，提供更多可供选择的商品品类和消费项目。鼓励企业提升自身服务管理水平，拓展服务维度，精细服务环节，延伸服务链条，积极运用互联网等现代信息技术改进服务流程，发展智慧服务，创新服务体验，扩大消费选择。

2. 引导推广生活性服务业标准示范

（1）打造生活性服务业示范样板。积极发挥试点示范带动作用，以合能珍宝琥珀社区和建信奥林匹克花园社区为试点，引导打造温江区生活性服务业发展示范样板。选取合能珍宝琥珀小区内的珍宝购物广场和洲际亚洲湾外侧的独栋联排建筑为重点打造对象，通过统一打造、统一招商、统一运营、统一管理的模式，积极探索生活性服务业发展经验，逐步形成温江区生活性服务业体系标准和规范，以点带面地促进温江区生活性服务业发展。

（2）打造一刻钟便民生活圈。以“便民、利民、为民”为宗旨，以“区域集中、全域覆盖”为指引，科学设置与居民数量、消费习惯、经济水平等要素相适应的生活圈商业网点规模、布局、业态结构和服务功能，满足居民便利生活和日常消费需求。积极推动超市、便利店、美容美发店、洗染店、维修店、ATM 机、水电气缴费点、诊所、药店等社区便民业态商家入驻新建社区，鼓励商业设施富余社区的商家利用资本、品牌和技术优势，向新建社区进行转移或开设分店。加强与电商、物流、金融、电信、市政等对接，发挥终端网点优势，拓展便民增值服务，打造一刻钟便民生活服务圈。

（3）开展服务业标准化试点。建立政府主导制定的标准与市场自主制定的标准协同发展、协调配套的服务标准体系，提升标准化服务意识，以标准化促进服务质量提升。支持以企业为主、行业组织为依托，在养老、育幼、家政、物业服务等领域开展服务业标准化试点，推出一批标杆性服务标准。鼓励企业制定高于国家标准或行业标准的企业标准，增强企业市场竞争力。健全生活服务认证认可制度，推动生活服务职业化发展。

3. 努力深化生活性服务业技术赋能

（1）推动消费端数字化改造。提升商业贸易数字化水平，引导批发零售、住宿餐饮等传统业态积极开展线上线下、全渠道、定制化、精准化服务创新，丰富消费场景，提高居民消费的便利度，改善服务过程信息不对称的问题，提供更为丰富多样的个性化服务，满足不同群体的消费需求。提升普惠服务数字化水平，在医疗、文化、健康等资源相对有限的领域推动数字化转型，改进资源供需的匹配程度，提高资源的利用效率，打造互联网医疗、数字图书馆、数字博物馆、在线健身、智慧养老院等新兴模式，从而带来优质资源的放大利用和共享复用。

（2）推动供应链数字化改造。支持生活服务企业数字化转型升级。推动各类市场主体“上云用数赋智”，探索推行普惠型云服务支持，在更深层次推进大数据的融合应用，加大对企业智能化改造支持力度。支持具有产业链带动能力的核心企业搭建网络化协同平台，实现企业间订单、产能、渠道等信息共享，促进资源的有效协同，带动上下游企业加快数字化转型，促进产业链向更高层级跃升。完善升级商业消费类网络平台服务的同时，探索建设集物业、家政、养老等普惠生活服务于一体的信息服务平台，建立服务网点电子地图，更好地为居民提供综合服务信息。

4. 积极优化生活性服务业营商环境

（1）加强规划引导。遵循产城融合、产业融合和宜居宜业的发展要求，坚持“一切以人为本”的核心理念，从温江区社区居民的实际需求出发，按照“全域统筹、区域差异、供需平衡、方便快捷”的原则，推进实施《温江区城市商业网点规划（2016—2025）》和《温江区农贸市场（社区菜市场）专项规划（2016—2020）》，加快构建体量充足、品种齐全、层次丰富、功能完善、布局合理的生活性服务业发展体系，提升温江区生活性服务业的便利化水平。

（2）强化财税支撑。采用经济杠杆的方法，强化对重点生活性服务业业态的引导扶持，优化生活性服务业业态结构。对商业氛围较弱的新建社区，可通过租金补贴、创新融资方式等手段，吸引各类社区便民业态商家进驻。针对成熟社区中供需结构失衡的业态，可以采取租金补贴、创新融资方式等措施，降低供给过剩业态的占比，淘汰产品质量较低、服务能力较差的商家，补齐短缺业态，完善生活性服务业的功能，优化生活性服务业业态结构。

（3）健全人才支撑。完善产教融合人才培养模式。顺应产业特性和发展需求，针对养老、育幼、家政等人才供需矛盾较明显的领域，联合高等学校和职业学校共同开发课程标准，鼓励校企共建实习实训基地、联合开展师资培训，加快紧缺人才培养。支持护理、康复、家政、育幼等领域从业人员提升学历，培养敬业精神和工作责任意识，提升人际沟通能力和数字化业务实操能力，提高专业化、职业化水平。

（4）优化营商环境。着力培育和激发市场主体活力，化解企业经营“痛点”“难点”、激发创新创业兴奋点，打造市场化、法治化、国际化营商环境。提升政务服务便利度，聚焦方便企业群众创业办事，围绕企业“全生命周期”高频服务事项，强化窗口建设，优化大厅办事流程，压缩办理时限，加强全流程监督管理，深化“一件事一次办”改革。

（三）彭州市生活性服务提升路径

彭州市生活性服务存在服务业态较传统、分布与城市功能不吻合、服务企业规模较小、数字化程度不足的问题。彭州市为实现回归人本逻辑，从生产导向转向生活导向，建设高品质和谐宜居生活城市的发展目标，提出以下生活性服务发展路径。

1. 以提升供给品质为方向，加强载体建设

（1）加强城市商业地标建设。打造地标性城市商圈。深度挖掘彭州市传统历史文化，依托龙兴寺等历史文化遗迹，打造展现地域历史、文化特色、城市烟火气的商业地标，形成集本地特色餐饮、特色产品、特色文化体验于一体的城市历史文化展示商圈。依托沃尔玛、利航广场等大型商业综合体，大力发展时尚购物、休闲娱乐、餐饮美食等业态，结合灯光、景观、建筑等

设计，打造现代化都市商圈，形成时尚潮购地标。打造地标性特色街区，以商业街为载体，加强特色网点聚集发展，结合现状餐饮服务、文化服务、医养服务等消费特色相对集中街道，融入所在街区城市景观资源、人文资源特色、地理资源，形成具有特色景观风格、业态统一、具有一定辐射效应的特色商业街区。

（2）加强特色民宿集群建设。以“龙门山民宿”IP为依托，加强民宿集群建设，通过高品质规划设计、高标准建设施工、高质量管理服务，建设一批品质化的新民宿，改造提升现有低端民宿，增强彭州民宿服务品质，突出彭州民宿文化特色，塑造彭州民宿品牌形象，促进彭州民宿集群化、品质化、特色化、品牌化发展。依托彭州民宿产业发展基础，以民宿为载体，融入地方文化保护开发、地方民俗传承体验、乡村产业振兴等内容，增强民宿产业在弘扬地方文化、协同产业发展中的带动作用。

（3）加强旅游配套设施建设。加强旅游服务综合体建设。做好景区规划设计，转变游客服务中心或自发餐饮小吃服务区的传统发展模式，建设以特色商业街、多功能服务中心等为主要形式的旅游服务综合体，配套完善餐饮、咨询、住宿、零售、文化体验等综合服务功能，完善标识引导、旅游厕所等基础设施配套，推动彭州旅游向智慧化、品牌化、特色化方向发展。加强自驾服务配套设施建设。加强自驾游客交通路线研究，增强沿线停车位、景观平台、零售餐饮等配套服务设施建设。增强景区自驾游配套服务功能，强化预约服务、营地服务、租车拼车服务、维修服务等配套服务体系建设。

（4）加强便民示范社区建设。优化社区生活服务基础网点布局，以社区为单元，积极打造一刻钟便民生活服务圈。加快老旧小区改造，统筹幼儿园、托育点、养老服务设施、卫生服务中心（站）、体育健身设施、家政服务点、维修点、便利店、菜店以及公共阅读和双创空间等综合服务设施布局。增强社区生活服务圈运营管理，将便利店、生鲜店等便民服务业态纳入公共服务范畴，通过预留或回购等方式保障经营场所，并由政府无偿或低价提供给服务网点经营者，降低其运营成本。优选部分社区作为试点，打造便民生活服务示范社区，以点带面推动彭州市生活性服务业全面提质升级。

2. 以增强有效供给为方向，优化业态结构

（1）增强餐饮服务业态供给。大力挖掘彭州餐饮美食文化，加强全域特色美食供给。积极举办特色餐饮、特色小吃评选活动，鼓励餐饮老字号传承创新，支持优质个体户和餐饮企业连锁式、规模化发展。依托城市核心商圈、特色街区、旅游景区等，打造彭州特色餐饮美食集中区，引导形成彭州特色餐饮打卡地图，以美食为媒介，全力增强彭州市的旅游吸引力。

（2）增强文旅康体业态供给。丰富文旅体沉浸式体验业态供给，增强游客休闲旅游体验。依托特色街区、特色小镇、特色民宿，补充彭州市文旅体休闲和新兴业态短板，增加角色扮演、沉浸式场景体验、非遗市集、文艺演出、手工制作、运动休闲等业态。深化文旅康体融合发展，推动多业态融合创新。鼓励发展“旅游+购物”“旅游+餐饮”“旅游+运动”“旅游+康养”等产业融合业态，制定商圈、街区、景区业态招引目录，持续发布项目机会清单，协助企业对接招商。

（3）增强老幼服务业态供给。抓住老年、儿童消费需求，打造全龄友好型康旅社区，吸引全龄段家庭消费客群。健全以居家为基础、社区为依托、机构充分发展、医养有机结合的多层次养老服务体系，增加高端养老院、老年大学、老年运动康复场馆等业态。充分挖掘老年人修养度假中的消费需求，开发老年大学课程、养生休闲等旅游产品。围绕儿童经济，增加亲子娱乐、亲子餐厅、亲子教育、亲子医疗等业态。

（4）增强新兴消费业态供给。大力发展夜间经济。依托城市商圈、旅游景区、文体设施、餐饮街区、社区便民生活圈等大力发展夜间经济，丰富的夜间消费体验，形成多元化夜间消费场景。大力发展网红经济。积极评选各类特色小店、网红打卡地，加强彭州城市IP打造和宣传力度，利用多媒体平台塑造彭州网红城市形象。大力发展假日经济。围绕彭州市文、体、旅、商、展等资源，积极推出艺术、运动、度假、美食、集市、节庆、展会等消费活动，打造假日消费目的地。

3. 以提高发展质量为方向，创新发展模式

（1）加快行业数字化发展。鼓励各商圈、商业街、景区、文体设施、医疗机构开展综合信息服务平台建设，集成预约服务、经营信息咨询、停车位查询、无接触服务、AR体验等功能。鼓励实体店铺积极拓展线上服务，开展线上培训、线上医疗、线上娱乐、线上购物等线上服务。鼓励将生活服务数字化基础设施与“一刻钟便民生活服务圈”相结合，推动加快智能取餐柜、智能快递柜、智能自助服务系统等智能服务终端布局，打造智慧社区。

（2）加快行业标准化发展。以企业为主体，行业组织为依托，加快在养老、育幼、家政、物业服务等居民服务和餐饮服务领域开展服务业标准化建设。支持企业率先建立企业标准，鼓励行业组织形成地方标准，并加强质量监测评价和通报工作，推广行业质量认证。推动开展生活性服务业“领跑者”企业建设，以各类居民服务为重点，培育一批诚信经营、优质服务的生活性服务业示范企业。

（3）加快行业连锁化发展。推动便利店连锁化发展。推动便利店连锁化经营，加强连锁便利店招引，统筹连锁便利店布局，优化一刻钟便民生活服务圈连锁便利店占比。推动餐饮店连锁化发展。鼓励有条件的本土企业积极扩展企业规模，大力发展连锁品牌，推动连锁餐厅进商圈、进景区、进社区。推动其他连锁业态发展。加强生活性服务业连锁发展研究，制订彭州市生活性服务业连锁化发展培育计划，搭建连锁企业孵化平台，制定配套扶持政策，推动彭州市生活性服务业企业快速做大做强。

4. 以健全产业生态为方向，强化企业招引

（1）加大城市商业运营企业招引。大力引进商业管理运营龙头企业。加强商业综合体、购物中心、特色商业街区的统规、统建、统管，大力引进具备成熟招商资源、拥有场景化打造能力和行业知名度高的商业地产运营管理龙头企业。增强彭州商业地产市场化策划、运营能力，提促进各商业设施品质化发展。大力引进社区服务运营龙头企业。加大社区服务运营管理、社区商业地产开发等龙头企业招引，加强社区线上服务平台建设，提升社区智慧化、标准化、品牌化服务质量。

（2）加大文旅康体运营企业招引。加快文旅康体项目开发企业招引。通过包装项目、推介项目等方式，加强与文旅康体项目开发企业对接，重点加强高端酒店、旅游服务综合体、休闲运动场地、康养中心等地产开发企业招引。加强文旅康体运营管理企业招引。加强文化活动、赛事运营、演出经纪、艺术策展、营地运营等企业招引，补足彭州文体旅体验服务短板。

（3）加大餐饮业供应链企业招引。以加强本地特色餐饮标准化、连锁化、信息化发展需求为导向，重点推动餐饮供应链上下游企业招引。上游依托彭州市现代农业优势，重点招引和培育原料管控、食材采购以及集成服务领域龙头企业，增强餐饮服务原材料品质化供给保障。下游瞄准彭州市餐饮发展短板，加快引进和培育餐饮连锁企业、知名品牌餐饮企业、餐饮O2O企业，推动餐饮产业品牌化、连锁化、规模化发展。

（4）加大数字技术服务企业招引。积极招引提供企业数字化转型服务的技术型企业，针对生活性服务业各行业、各业务领域，提供标准化的数字化解决方案，打通企业数据流、业务流、资金流等全链路环节，实现企业数字化的业务闭环，打造数字化生活服务场景。推动数字技术企业发挥就近服务优势，与生活性服务企业加强合作交流，促进生活性服务业企业积极搭建CRM，强化供应链上下游一体化管理，提升企业生产管理效率和获客能力。

（四）生活性服务业的发展路径小结

结合案例来看，尽管两地生活性服务业的发展路径根据具体问题而有所不同，但共同之处在于都提升生活服务的品质、培育宜居舒适的生活环境为目的，因此，以人为本，提高各项生活服务业态的便利化是发展路径的主要思路。在此基础上，根据不同的发展问题，提出业态布局路径、品质提升路径、数字化发展路径、营商环境路径等。

附件

国家统计局《生活性服务业分类（2019）》大类与中类一览表

代码		名称
大类	中类	
01		居民和家庭服务
	011	居民服务
	012	居民用品及设备修理服务
	013	其他居民和家庭服务
02		健康服务
	021	医疗卫生服务
	022	其他健康服务
03		养老服务
	031	提供住宿的养老服务
	032	不提供住宿的养老服务
	033	其他养老服务
04		旅游游览和娱乐服务
	041	旅游游览服务
	042	旅游娱乐服务
	043	旅游综合服务
05		体育服务
	051	体育竞赛表演活动
	052	电子竞技体育活动
	053	体育健身休闲服务
	054	其他健身休闲活动
	055	体育场地设施服务
	056	其他体育服务
06		文化服务
	061	新闻出版服务
	062	广播影视服务
	063	居民广播电视传输服务
	064	文化艺术服务
	065	数字文化服务

续表

代码		名　称
大类	中类	
	066	其他文化服务
07		居民零售和互联网销售服务
	071	居民零售服务
	072	互联网销售服务
08		居民出行服务
	081	居民远途出行服务
	082	居民城市出行服务
09		住宿餐饮服务
	091	住宿服务
	092	餐饮服务
10		教育培训服务
	101	正规教育服务
	102	培训服务
	103	其他教育服务
11		居民住房服务
	111	居民房地产经营开发服务
	112	居民物业管理服务
	113	房屋中介服务
	114	房屋租赁服务
	115	长期公寓租赁服务
	116	其他居民住房服务
12		其他生活性服务
	121	居民法律服务
	122	居民金融服务
	123	居民电信服务
	124	居民互联网服务
	125	物流快递服务
	126	生活性市场和商业综合体管理服务
	127	文化及日用品出租服务
	128	其他未列明生活性服务

专题研究五：基于规划视角的“4+6”服务业的分类研究

一、研究背景

随着全球产业结构升级，服务业对国民经济的贡献越发显著，已成为我国经济发展的支柱产业。2021年，我国第三产业增加值60.97万亿元，占GDP的比重为53.3%；第三产业固定资产投资36.29万亿元，占固定资产总投资的比重达到66.6%，比第二产业投资比重高出35.9个百分点。

在此大背景下，四川省也认识到“十四五”时期是推进服务业高质量发展、加快建设现代服务业强省的关键阶段。省级层面自2020年起发布了一系列服务业相关政策文件，如《四川省“十四五”规划和2035年远景目标纲要》《中共四川省委 四川省人民政府关于加快构建“4+6”现代服务业体系推动服务业高质量发展的意见》《四川省“十四五”服务业发展规划》等，这些文件确定了四川省将在下个阶段形成商业贸易、现代物流、现代金融、文化旅游四大支柱型服务业以及科技信息、商务会展、人力资源、川派餐饮、医疗康养、家庭社区六大成长型服务业的“4+6”现代服务业体系。

“4+6”现代服务业体系是四川省在对现有形势的深刻把握下提出的，符合四川省服务业的发展要求。对于省内各市州、区县而言，需要在此产业体系下，摸清自身底子，结合自身优势和竞争态势做出符合区域发展要求的专项规划和项目策划。但是，由于该“4+6”现代服务业体系和现有服务业统计分类并不完全吻合，也没有提出每个产业的细分领域，导致各市州、区县在开展区域服务业研究和统计时产生了困惑和分歧，规划和决策的针对性不强，在此背景下，有必要对“4 +6”现代服务业产业体系进行分类研究，有针对性地帮助地方政府摸清“4 +6”现代服务业现状，寻找到能突出本地特色的服务业细分机会领域，重点规划，精心策划，形成优势产业，从而更大程度上助力经济发展。

通常认为，服务业是指从事满足生产需求服务活动和满足居民最终消费需求服务活动的行业，涵盖范围广、包罗万象、错综复杂。多年来，不同国家、组织和学者从不同角度对服务业进行了分类研究，以便于进行国民经济统计、国际对比或者进一步指导当地服务业发展机会领域。本文将基于四川省的“4 +6”现代服务业体系进行分类研究，以引导四川省内各级政府充分挖掘自身优势服务业资源，进一步开展专项规划和项目策划，本研究同时也将是对服务业分类研究的一次全新尝试。

二、国内外服务业分类综述

自20世纪六七十年代以来，国内外学者曾从不同角度对服务业进行了分类研究，但由于各自的依据或目的不相同，迄今为止并没有统一适用的分类结果。

根据与消费者的关系，学者维克托·R. 富克斯（1968）将服务业分为批发业和零售业两大类①。根据与国民经济发展水平、发展阶段的对应关系，学者 M. A. Katouzian（1970）将服务业分为新兴服务业、补充性服务业和传统服务业②。依据商品及其服务的功能，经济学家 Browning & Singelmann（1975）将服务产业分为消费者服务业、生产者服务业及分配服务业③。基于服务功能与性质，Singelmann（1978）又重新将服务业分为分配性服务、生产者服务、社会服务和个人服务四类，反映了经济发展过程中服务业内部结

① 维克托·R. 富克斯. 服务经济学 [M]. 北京：商务印书馆，1968.

② M. A. Katouzian. The Development of the Services Sector: a New Approach [J]. Oxford Economics Papers, 1970.

③ 陈宪. 国际服务贸易——原理、政策、产业 [M]. 上海：立信会计出版社，2000.

构的变化[①]。

我国目前较为通行的分类标准是，针对服务对象的不同将服务业分为生产性服务业和生活性服务业两大类。生产性服务业是指应用现代科技满足生产中间需求的各项服务，包括为生产活动提供的研发设计与其他技术服务，货物运输、通用航空生产、仓储和邮政快递服务，信息服务，金融服务，节能与环保服务，生产性租赁服务，商务服务，人力资源管理与职业教育培训服务，批发与贸易经纪代理服务，生产性支持服务。生活性服务业是指满足居民最终消费需求的服务活动，包括居民和家庭服务，健康服务，养老服务，旅游游览和娱乐服务，体育服务，文化服务，居民零售和互联网销售服务，居民出行服务，住宿餐饮服务，教育培训服务，居民住房服务，其他生活性服务等。此外，一些学者尝试根据其他标准进行服务业分类，如基于产业层次，李志平、白庆华（2006）提出将服务业划分为三大类：一是核心服务业，包括金融业、科学研究和技术服务业、租赁和商务服务业；二是辅助服务业，包括物流业、信息服务业、房地产业；三是配套服务业，包括教育培训业、医疗保健业和文化、体育、娱乐业[②]，基于创新角度，李春成、和金生（2008）将服务业分为高技术性服务业、高智力性服务业、高网络性服务业、高关怀性服务业以及高关怀与高智力结合服务业五类[③]。

综上所述，尽管很多学者曾根据不同角度或目的对服务业进行分类，但纵观这些分类，有可能与目前实际情况并不符合，对于政府而言，无法判断自己的资源优势，或者无法结合市场需求制定下一步发展规划，服务业分类研究仍然存在进一步完善的空间。

三、“4+6”服务业分类依据及研究方法

基于规划视角，本文进行的“4+6”服务业分类研究将从服务业的供给和需求两侧出发，分析服务业发展所需的各类资源要素和服务业产品形态类型，并在此基础上形成新的服务业分类结果，以便更好地指导省内各级政府

---

① 黄少军．服务业与经济增长［M］．北京：经济科学出版社，2000.

② 李志平，白庆华．论现代服务业的内涵及其发展趋势［J］．经济论坛，2006.

③ 李春成，和金生．基于创新的服务业分类问题探讨［J］．科学学与科学技术管理，2008.

开展服务业专项规划和进行项目策划。

供给端，从资源要素角度出发，可以帮助省内各级政府充分挖掘自身服务业优势资源，通过整合和加大投入，以实现资源的最优配置；需求端，从产品形态角度出发，可以帮助各级政府摸清服务业发展特点、竞争态势以及市场风向标，以满足市场的多元化需求。由于各地区资源要素不尽相同，市场需求也千差万别，每个地方的服务业细分种类并没有统一结果，且难以穷尽列举，故而本文以德阳市为例，从资源要素和产品形态的角度对“4+6”服务业体系进行分类研究，其他地区可参考采用同样方法来确定本地的服务业细分领域。

本文研究方法包括文献研究法、网络调查法和访谈法。

文献研究法。通过搜集、鉴别、整理各类资料、相关政策及规划文件，对服务业相关的资源要素和产品形态等进行归类整理和研究分析，提取文献中列举的细分类别或发展方向，形成支撑研究主题的论据。

网络调查法。此办法搜集资料的主要流程为：首先在城市政府网站找到近年来现代服务业相关重点项目和企业，然后在互联网上进一步查询得到每一个项目和企业的具体情况，具体内容包括经营主体、产品形态、核心资源、业务范围、经营情况等数据，最后将数据进行归纳整理。

访谈法。通过访谈德阳市相关部门以及实体企业，了解德阳市服务业龙头、企业类型、企业情况，产品形态、经营情况等，并将收集到的资料与文献资料及网络资料进行核对，确保分类科学准确。

四、服务业资源要素研究

推动服务业发展需要依赖本地资源要素，尤其是区别于其他地区的资源要素，更能够形成本地服务业核心竞争优势。服务业不同产业所需要的资源要素不尽相同，这也是服务业可分为多种类型的重要原因之一。

通常而言，生产要素包括土地、劳动力、资本、技术等内容，但由于这样的分类过于笼统，且不仅仅适用于服务业，为便于更清晰地了解与服务相关的直接资源要素，本文将基于生产要素种类，结合服务业实际发展所需的重要资源研究梳理资源要素类型。

根据适用范围，资源要素在服务业实际发展中可分为通用资源要素和特殊资源要素。就服务业本身而言，无论是服务主体还是服务对象，总是离不开人的要素，人力资源是典型的通用资源要素。此外，不同服务业对资源要素的需求侧重点不同，就需要特殊资源要素的支撑。如现代物流强调区位交通的便利性，也需要有仓库、运输工具、物流系统等载体和设施。再如，现实中一处独特的山水自然景观、一个声名远扬的地方特色文化、一个已具备规模优势的产业等，都是当地政府发展文体旅游业的特殊资源要素。

通过对“4+6”服务业所需通用资源要素和特殊资源要素的研究，本文梳理出人力资源、自然资源、区位交通、载体设施、产业基础、地方文化六大资源要素，“4+6”现代服务业所需的重要资源见表5-1。

表5-1　“4+6”服务业资源要素

服务业/资源要素	人力资源	自然资源	区位交通	载体设施	产业基础	地方文化
商业贸易	√			√		√
现代物流	√		√	√	√	
文体旅游	√	√		√	√	√
现代金融	√			√	√	
科技信息服务	√			√	√	
商务会展业	√			√		
人力资源服务	√			√	√	
川派餐饮服务	√					√
医疗康养服务	√	√		√		
家庭社区服务	√					

从服务业供给侧角度，四川省市州、区县各级地方政府可通过梳理自身人力资源、自然资源、区位交通、载体设施、产业基础和地方文化六方面的本地资源要素类别、规模、影响力等情况，明确服务业细分领域，确定发展方向。如通过调研分析，德阳市由于装备业产业基础较好、载体设施完善、具有区位交通优势，所衍生出的装备物流已成为当地物流业的优势细分产业。

五、服务业产品形态研究

随着服务业的发展，服务业产品形态也在不断变化。从发展进程看，服务业产品形态逐渐从传统单一形态向新兴融合形态转变。

（1）传统单一形态：服务业发展之初，产品形态多表现为传统单一形态，如单一的饮食业、旅店业、商业、运输业等，这些服务业态仅能满足生产者和消费者简单的服务需求。随着经济的发展和人民生活水平的提高，人们对服务形态有了更高的要求，传统服务形态已不能满足人民日益增长的更加多元化的生产和生活需求。就目前而言，传统服务形态虽然面临转型，但仍能满足人们基本的服务需求，且其核心功能是服务业转型升级的基础，故而在此将传统单一形态列为服务业产品形态的一个基础类别。

（2）新兴融合形态：随着经济发展，服务业从企业形态到产业形态都处于不断变化发展过程中，尤其是21世纪以来，随着互联网、大数据、云计算等技术的发展和广泛应用，这种变化在持续加速，服务业正逐渐替换、更新那些旧的形态，形成了服务业新业态。服务业新形态用现代化的新技术、新业态和新服务方式改造传统服务业，创造需求，引导消费，向社会提供高附加值、高层次的生产和生活服务的行业，具有产出附加值高的特点。依托互联网信息技术，不断衍生或创新出新业态、新商业模式，服务业新兴业态部分或全部具有技术含量高、成长性好等特点，例如，软件开发、信息系统集成服务、信息技术咨询服务、数据处理和存储服务、数字内容服务等。服务业新形态最明显的特征表现为产业融合程度大。作为服务经济时代产业演化发展的一种新范式，服务业产业融合频繁发生，通常体现服务业与一二产业的跨界融合以及服务业与服务业的融合，这种融合形态已经成为经济增长最具活力的源泉。例如，工业物流、乡村旅游、电商平台、互联网金融、共享经济、网络直播、网络视频、网络游戏等。根据以上分析，服务业传统形态不断升级变化，总体表现为新兴融合的特性，故而本文将新兴融合形态列为服务业产品形态的升级类别（见表5－2）。

表5－2　“4+6”服务业产品业态

服务业/产品形态	传统形态	新形态
商业贸易	批发、零售、购物中心、大中型百货店、大中型超市、大中型专业店、购物商业街（区）等	商圈、商业综合体、休闲娱乐、无人零售、线上线下体验店、TOD商贸、跨境电商、保税贸易、外贸综合服务、市场采购贸易、商品交易市场等

续表

服务业/产品形态	传统形态	新形态
现代物流	货物运输、仓储和邮政快递服务、搬运、包装和代理服务等	冷链物流、工业物流、口岸物流、多式联运、大宗物流、冷链物流、电商物流、商贸物流、零担运输、快递物流、仓储业、物流平台等
文体旅游	图书、报纸、期刊、电子出版物出版与发行、影视、音乐、旅游、观光、运动等	文博展览、文艺表演、影院观影、健康旅游、乡村旅游、生态旅游、森林旅游、工业旅游、体育旅游、红色旅游、体育竞赛表演活动、体育健身休闲活动、主题游乐园、文化创意产业园、影视动漫产业园
现代金融	借贷、担保、证券、保险、小额贷款、信用合作社服务等	绿色金融、互联网金融、供应链金融、文化金融、消费金融、数字金融、金融科技等
科技信息服务	科技服务、信息服务等	检验检测、软件开发、人工智能、信息技术咨询、物联网、云计算、大数据、集成电路设计、互联网维护服务、信息内容服务、信息传输服务、科技成果转化、质检服务、专业性测绘勘测、科技成果转化、科技中介服务、知识产权法律服务、工程管理服务、企业孵化等
商务会展业	会议业、展览业等	总部经济（总部企业管理、企业孵化、创新创业）、商务服务、企业管理服务、法律服务、咨询与调查、广告业、策划等
人力资源服务	职业中介、劳务派遣等	培训、产业园、职业培训、职业技能考核、评价和证书发放、职业技术学院、职业大学、职业培训机构、职业教育培训评价组织、大型企业教育培训中心、职业技术学院等
川派餐饮服务	美食、餐饮等	川味、特色餐饮美食街（区）等
医疗康养服务	医疗服务、养老服务等	机构养老服务、社区养老服务、居家养老服务、社会看护与帮助服务、养老咨询服务、养老保险、生态康养、阳光康养、体检/健康管理、精准医疗、医疗美容、高端康复医疗、特色专科医疗、滋补药食、生态有机膳食、民族特色膳食、中国传统文化养生、少数民族文化养生、宗教文化养生等
家庭社区服务	洗染服务、理发及美容服务、洗浴与保健养生服务、婚姻服务、殡葬服务等	维修、家政服务、美容美发、洗衣、餐饮、社区商业、社区养老、物业、托育等

从服务业需求侧角度，四川省市州、区县各级地方政府可通过梳理本地服务业产品传统单一形态和新兴融合形态，围绕传统优势产品和具有较强技术性、融合性和成长性的新型产品进行产业分类，并做好机会领域规划和相关项目策划。

六、基于资源要素和产品形态的“4+6”服务业产业分类

本文在深入分析服务业资源要素和产品形态的基础上，以德阳市为例，通过对相关政策文件和专项规划进行解读，以及通过座谈会、部门访谈、实地调研等方式，明确德阳市现有的资源禀赋以及优势产品形态。同时根据德阳市的问题短板和市场需求进行前景预测，最终明晰“4+6”现代服务业产业的细分领域情况。

2021年，德阳市第三产业增加值1091.91亿元，增长9.5%，第三产业增加值占GDP的比重为41.1%，比第二产业占比低7.2个百分点，第三产业对经济增长的贡献率为45.1%。德阳市虽然以工业为主，但服务业对德阳市经济增长仍然发挥着重要作用。通过对接《中共四川省委四川省人民政府关于加快构建“4+6”现代服务业体系推动服务业高质量发展的意见》，德阳市在《德阳市“十四五”服务业发展规划（征求意见稿）》中明确了构建与省级层面一致“4+6”现代服务业体系，即商业贸易业、现代物流业、金融服务业、文体旅游业四大支柱型服务业和科技信息服务业、商务会展服务业、人力资源服务业、川派餐饮服务业、医疗康养服务业、家庭社区服务业六大成长型服务业。

（一）四大支柱型服务业

1. 商业贸易业

资源要素方面：根据调研，德阳市目前有4处城市商业综合体，1处综合商业街，6处特色商业街，2处专业商业街，1个食品饮料及烟酒市场、4个家具五金及装饰材料市场、2个生产资料市场、1个综合市场、1个水果批发交易市场、3个汽车摩托车及零配件市场。此外，目前德阳市已引进TOD商业项目，预计未来将有较大发展空间。

产品形态方面：根据调研，德阳市商业贸易业产品形态较为传统，现状业态有副食品零售批发、水果零售批发、商品交易、祈福活动、餐饮美食、购物、休闲娱乐、健身等。

通过对德阳市商业贸易业资源要素、产品形态的调研分析，德阳市现有资源包括商业综合体、商业街区、交易市场等，产品形态可以通过打造智慧商圈、TOD 商业向新兴融合形态转型。综上所述，德阳市商业贸易业可细分为 5 类：商品交易市场、特色商业街（区）、城市商业综合体、智慧商圈和 TOD 商业。其中商品交易市场包括食品饮料及烟酒市场、家具五金及装饰材料市场、生产资料市场、综合市场、水果批发交易市场和汽车摩托车及零配件市场等，特色商业街（区）包括综合商业街、特色商业街、专业商业街等。

2. 现代物流业

资源要素方面：根据调研，德阳市有 1 个德阳国际铁路物流港；有 2 个物流项目，类型为农产品大宗仓储物流、冷链物流和化工产品转运加工。

产品形态方面：根据调研，德阳市农产品大宗仓储物流业态包括农副产品和绿色食品加工集散，大宗物资集散配送，冷链物流，多式联运，仓储；冷链物流和化工产品转运加工业态包括石油化工产品仓储，产品转运及产品加工以及散装产品的运输、加工、销售。

通过对德阳市现代物流业资源要素、产品形态的调研分析，德阳市未来应当立足本地产业特性着重发展大件运输、城市快递物流、冷链物流、和仓储配送；借助德阳工业运输专线，大力发展工业物流；此外还应当加快互联网、大数据等信息技术在物流领域的应用。综上，德阳市现代物流业可分为 6 类：大件运输仓储、仓储配送、城市快递物流、冷链物流、医药物流和工业物流。

3. 金融服务业

资源要素方面：根据调研，德阳市有 1 处金融载体——德阳市金融产业园，该产业园为一栋甲级写字楼，总规划面积 7 万平方米，可容纳 300 余家金融机构入驻。

产品形态方面：根据调研，目前德阳市金融产业园的业态主要为传统的证券、信托、保险等。目前缺乏科技金融、财务管理、消费金融、汽车金融等能支持德阳市其他产业发展的细分领域。

通过对德阳市金融服务业资源要素、产品形态的调研分析，德阳市未来应当根据自身优劣势，稳固传统的信托、证券、期货和保险业。根据市场需求分析，目前德阳市金融产业发展境遇不佳，亟须找到突破点，需要在融资、科技金融、财务管理和消费金融方面加大发展力度，同时积极推进保险业、互联网金融、融资租赁相关建设工作。综上，德阳市金融服务业可分为 11 类：融资租赁、科技金融、互联网金融、消费金融、财务管理、商业保理、汽车金融，以及较传统的信托、证券、期货和保险业。

4. 文体旅游业

资源要素方面：根据调研，德阳市目前有中国香山·迷迭香小镇、海田园综合体和绵竹玫瑰谷 3 个文化旅游景点，有花田锦地溪月谷主题花卉观光农业旅游 1 个生态旅游景点，有绵竹市年画村景区、绵九龙山——麓棠山旅游区 2 个乡村旅游景点，德阳冶轴文创园 1 个工业旅游景点；有 3D 动画三星堆荣耀觉醒和廉政川剧草鞋县令 2 个广播影视业项目，有态度城市运动空间 1 个体育竞赛项目，有旌阳区旌湖宾馆、经开区天韵休闲酒店、太平洋国际饭店 3 个酒店民宿项目。

产品形态方面：根据调研，德阳市文体旅游业产品形态包括：旅游观光、生态体验、餐饮住宿、休闲度假、研学、文创、康养养老、体育健身等。

通过对德阳市文体旅游业资源要素、产品形态的调研分析，德阳市未来应当结合旅游示范区、旅游景区、旅游度假区、工业旅游示范点等旅游区建设，着重发展酒店民宿、广播影视、文化旅游、生态旅游、乡村旅游和工业旅游。根据市场需求分析，在演出、赛事方面，近几年很少开展演出、体育赛事等活动，城市人气增长乏力；在体育品牌与体育用品消费方面，整个城市体育业缺乏规模大的品牌企业，体育用品消费低迷，体育竞赛表演、体育健身休闲等有较大成长空间。综上，德阳市文体旅游业可分为 8 类：文化旅游、乡村旅游、生态旅游、工业旅游、广播影视、体育竞赛表演、体育健身休闲、酒店民宿。

（二）六大成长型服务业

1. 科技信息服务业

资源要素方面：根据调研，德阳市拥有 9 处已经正式运营的科技信息服务相关产业园区，包括万达电子商务产业园（万达科技创业孵化园）、中江电子商务产业园、罗江电子商务产业园、京东德阳馆、大龙网跨境电商集采中心项目、京东西南智能运营结算中心、德阳科技创新创业孵化园、绵竹市电商孵化项目、德阳（西门子）高端装备智能制造创新中心，有2处已经规划建设的载体，包括德阳市科技成果转移转化中心（前期可研中）和国家发电设备机械零部件产品质量监督检验中心（待建）。

产品形态方面：根据调研，德阳科技信息服务起步较晚，目前正积极在软件信息服务、大数据、云计算、电子商务、各类技术平台构建、创新创业孵化、信息服务外包、智能制造、成果转化、工业设计、创业孵化、科技中介、工程管理和检验检测领域展开招商引资工作。

通过对德阳市科技信息服务业资源要素、产品形态的调研分析，德阳市未来应当注重在软件信息技术、大数据、云计算、信息技术服务外包产业、创新创业孵化、各类技术平台搭建和电子商务领域进行建设发展。根据市场需求分析，德阳科技信息服务虽然起步较晚，但目前智能制造、成果转化、工业设计、创业孵化、科技中介、工程管理和检验检测领域已开始布局发展。综上，德阳市科技信息服务业可分为13类：软件信息技术、大数据、云计算、信息技术服务外包产业、创新创业孵化、各类技术平台搭建、电子商务、智能制造、成果转化、工业设计、科技中介、工程管理和检验检测。

2. 商务会展服务业

资源要素方面：根据调研，德阳已有德阳国际会展中心、德阳高新区航展会展中心2处会展场所。

产品形态方面：根据调研，德阳市主要开展与航空航天和装备制造相关的展览和会议工作。

通过对德阳市商务会展服务业资源要素、产品形态的调研分析，德阳市未来应当认真梳理本地资源，吸引各类企业总部落户德阳，并积极开展各类展会活动。根据市场需求分析，德阳商务会展发展态势不佳，急需推动本地会展业发展，积极推进会计审计、安全环保、法律服务、商务咨询、广告服务、企业总部等方面相关工作。同时，德阳对各类商务人才需求较大，需要积极推动本地会展业和人才培训产业的发展。综上，德阳市商务会展服务业可分为8类：会计审计、安全环保、法律服务、商务咨询、广告服务、企业总部、人才培训和各类会展。

3. 人力资源服务业

资源要素方面：根据调研，德阳市人力资源服务主要集中于各类职业教育院校，包括4个智能制造类高端职业教育机构、2个通用航空类高端职业教育机构、6个多元化高端职业教育机构、128家职业培训机构、1个产学研园区、1个大学科技园、4个大学生创业园。尚无其他聚集从事人力资源服务的载体。

产品形态方面：根据调研，德阳市人力资源服务主体所开展的服务业态有人事代理、劳务派遣、人才寻访、人才测评、管理咨询、服务外包、灵活用工等。

通过对德阳市人力资源服务业资源要素、产品形态的调研分析，德阳市未来应当整合现有人力资源服务资源，推动人力资源产业园建设，继续推进人事代理、劳务派遣、人才寻访、人才测评、管理咨询、服务外包、灵活用工等业态发展。根据市场需求分析，德阳市人力资源服务发展态势不佳，仅高端职业教育方面发展具有一定规模，需要在高端职业教育、学校类型和办学上重点落笔。专业方面，依托天府旌城建设产学研基地，积极招引电子工业、大数据、5G、轨道交通、智能制造等各类专业和综合类院校。综上，德阳市人力资源服务业可分为14类：人事代理、劳务派遣、人才寻访、人才测评、管理咨询、服务外包、灵活用工、智能制造类高端职业教育、通用航空类高端职业教育、多元化高端职业教育、职业培训、产学研园区、大学科技园、大学生创业园。

4. 川派餐饮服务业

资源要素方面：根据调研，德阳市目前有中江挂面、中江坨坨鱼、什邡板鸭、孝泉牛肉、连山回锅肉等10余个特色产品，但产品缺乏推广。

产品形态方面：根据调研，德阳市川派餐饮服务业态较为传统，缺少绿色、健康、智能餐饮，缺少餐饮与商业贸易、文体旅游、会展博览、医疗康养、艺术展演等融合发展的业态。

通过对德阳市川派餐饮服务业资源要素、产品形态的调研分析，德阳市未来应当积极梳理本地餐饮特色资源，积极发展绿色餐饮、健康餐饮和智能餐饮。根据市场需求分析，德阳川派餐饮业需要加快发展一批旅游项目，带动餐饮消费发展；加大宣传，推动“调元文化”等餐饮文化资源形成品牌和产业链。未来德阳需要大力推进“餐饮＋”的融合发展营销，大力推广本地特产。综上，德阳市川派餐饮服务业可分为5类：绿色餐饮、健康餐饮、智能餐饮、本地特产推广、融合发展营销。

5. 医疗康养服务业

资源要素方面：根据调研，德阳市目前有16家养老机构，但中心城区只有3家，分别是德阳市福馨养老苑、城南街道夕阳红老年福利院和德阳市天爱老年公寓。

产品形态方面：根据调研，德阳市城市人口老龄化程度高，养老机构数量不足，缺乏中高端养老机构、医养综合体和康养医疗集聚区。

通过对德阳市医疗康养服务业资源要素、产品形态的调研分析，德阳市未来应当积极发展与老年人相关医疗服务，推动医院和养老相结合的健康养老产业发展；加快“互联网＋医疗健康”产业的各项建设，借助本地生态资源大力推进健康养老和健康医药产业的发展。根据市场需求分析，德阳医疗康养服务业在专科医院方面，现有民营专科医院规模小、能力弱、专业弱，难以留住本地医疗人才，且城市人口老龄化严重，医养机构数量不足，缺乏中高端养老机构，缺乏智慧医疗、远程医疗、健康管理等“互联网＋医疗健康”新业态。综上，德阳市医疗康养服务业可分为3类：健康养老、健康医药、“互联网＋医疗健康”。

6. 家庭社区服务业

资源要素方面：根据调研，德阳市目前有较多各类学习培训机构，有家道家政、明净家政2个家政品牌，有魅力、摩登风潮、概念3个美容美发品牌和华美美容美发用品商货行1个美容美发用品企业，有家道迅洁洗涤、绵竹西南镇洁丽洗涤2个洗涤企业，有3个在建社区商业综合体项目。

产品形态方面：根据调研，德阳市家庭社区服务业态包括家政服务、美容美发、洗涤服务、购物等。

通过对德阳市家庭社区服务业资源要素、产品形态的调研分析，德阳市未来应当加快社区的休闲娱乐、学习培训、医疗保健、体育健身等产业发展，加快复合型功能的社区商业综合体建设。根据市场需求分析，德阳市家政市场处于两极分化的状态，缺乏行业标准，小企业众多，没有本土家政知名品牌，急需打造一批知名家政品牌。综上所述，德阳市家庭社区服务业可分为7类：商业服务、学习培训、休闲娱乐、家政品牌打造、医疗保健、体育健身、社区商业综合体。

（三）“4 +6”服务业分类结果

通过以上研究，最终梳理出德阳市“4 +6”现代服务业80个细分领域，其中，商业贸易业5个、现代物流业6个、金融服务业11个、文体旅游业8个、科技信息服务业13个、商务会展服务业8个、人力资源服务业14个、川派餐饮服务业5个、医疗康养服务业3个、家庭社区服务业7个。详见表5－3。

表5－3　德阳市“4 +6”现代服务业机会领域一览表

行业		细分领域
4大支柱型服务业	商业贸易业	商品交易市场、特色商业街（区）、城市商业综合体、智慧商圈、TOD商业
	现代物流业	大件运输仓储、仓储配送、城市快递物流、冷链物流、医药物流、工业物流
	金融服务业	融资租赁、科技金融、互联网金融、消费金融、财务管理、商业保理、汽车金融、信托、证券、期货、保险业
	文体旅游业	文化旅游、乡村旅游、生态旅游、工业旅游、广播影视、体育竞赛表演、体育健身休闲、酒店民宿
6大成长型服务业	科技信息服务业	软件信息技术、大数据、云计算、信息技术服务外包产业、创新创业孵化、各类技术平台搭建、电子商务、智能制造、成果转化、工业设计、科技中介、工程管理、检验检测
	商务会展服务业	会计审计、安全环保、法律服务、商务咨询、广告服务、企业总部、人才培训、各类会展
	人力资源服务业	人事代理、劳务派遣、人才寻访、人才测评、管理咨询、服务外包、灵活用工、智能制造类高端职业教育、通用航空类高端职业教育、多元化高端职业教育、职业培训、产学研园区、大学科技园、大学生创业园
	川派餐饮服务业	绿色餐饮、健康餐饮、智能餐饮、本地特产推广、融合发展营销
	医疗康养服务业	健康养老、健康医药、互联网＋医疗健康
	家庭社区服务业	商业服务、学习培训、休闲娱乐、家政品牌打造、医疗保健、体育健身、社区商业综合体

七、结论

结合上位规划，立足本地，确定服务业细分。针对不同的目标和要求，服务业分类有多种形式，并不存在统一的分类方法。各地区在进行服务业细分时需要根据上位规划和本地区情况综合考虑，摸清本地服务业资源要素和产品形态，并在此基础上，结合本地区项目情况和问题短板，明确服务业重点细分领域，形成发展机会清单，以指导服务业下一步专项规划或项目策划。

新业态新模式层出不穷，注重产业融合发展。从案例可知，德阳市大型装备制造业、通用航空产业发展突出，二三产业融合发展机会大，装备物流、工业物流、通用航空类高端职业教育等成为德阳市服务业融合发展突破口。纵观“4+6”服务业细分领域，“互联网+”“旅游+”“体育+”等融合型概念突出，“互联网金融”“互联网医疗”“乡村旅游”等融合型细分领域成为服务业发展机会领域，服务业融合发展模式将是各地区明确机会清单的重要关注点。

专题研究六：城市商业的评估研究

一、研究背景

进入 21 世纪以来，伴随着城市化进程的快速推进，我国的城市商业发展取得了明显成效：一是城市商业体系日趋完善；二是服务功能不断健全；三是供给品质大幅提升，商业中心、商业街区、商业综合体等城市商业载体日益增多。然而，商业发展质效不佳、发展不平衡不充分的问题仍然突出。一方面，由于许多城市忽略了自身的不足，制定了与自身实力不相匹配的商业开发体量，导致城市商业过剩现象，造成了用地资源浪费；另一方面，许多偏远地区的城市受自身条件所限，城市商业发展仍较为传统。另外，伴随着电子商务的飞速发展以及生活水平的不断提升，人们的消费习惯已发生了较大改变。因此，调整业态结构、转变经营方式、促进消费升级已成为许多城市的当务之急。

对城市商业进行评估，有助于摸清城市的商业发展状况、科学测算城市的商业容量①，为城市商业的提质升级、结构调整、优化资源配置等提供决策依据。本研究提出了一种城市商业的分类方式，并在此基础上确定了城市商业评估的指标体系和评估方法，明确了城市商业评估的步骤和技术路线，提供了各种商业业态市场容量的测算方法，并以 NJ 市中心城区为例进行完整的商业评估过程展示，为其他城市的商业评估提供可以参考的经验。

---

① 商业容量：保证一个城市实体商业良性发展允许建设的最大商业建筑面积。

二、城市商业的分类

本研究所说的城市商业仅指线下实体商业。商业分类方式较多，按经营方式，可以分为零售商业和批发商业；按商业网点类型，可以分为城市商业中心、片区商业中心、社区商业中心、商业街区、商业综合体、超市、便利店、农贸市场、商品交易市场等；按服务对象，可以分为生活服务类商业和生产服务类商业；按商业业态类型，可以分为购物、餐饮、休闲娱乐、居民服务等。

不同的分类方式对应不同的评估指标体系，采用的评估方法也存在较大差异。为了简化评估流程，降低数据获取的难度，同时也为了便于后续的分析评估，本研究从服务的对象出发，将城市商业分为生活服务和生产服务两大类。其中，生活服务类主要围绕城市居民的“吃、住、行、游、购、娱”等日常生活需求进行划分，包括购物服务、餐饮服务、休闲娱乐服务、居民服务和住宿服务；生产服务类主要从贸易和办公两个维度进行划分，包括商品交易市场和办公楼宇。需要说明的是，办公楼宇虽然属于商务服务业的范畴，但其用地性质属于商业用地，而楼宇本身也是商品的一种，因此也可以看作城市商业（见表6-1）。

表6-1　城市商业分类

一级分类	二级分类	三级分类
生活服务类	购物服务	购物中心、百货店、超市、便利店、专卖店、专业店等线下购物场所
	餐饮服务	中餐厅、外国餐厅、咖啡店、冷饮店、茶馆等
	休闲娱乐服务	影院、KTV、酒吧、健身房、舞蹈室、网吧、养生/按摩、棋牌娱乐等
	居民服务	维修、干洗、金融机构/ATM、通信服务、生活缴费、房产中介、药店/诊所等
	住宿服务	星级酒店、经济连锁酒店、青年旅舍等
生产服务类	商品交易市场	农产品批发市场、综合市场、专业市场等
	办公楼宇	写字楼

注：表中仅列出比较常见的商业业态，此种分类方式与网络可获取的数据资源相对应，更便于数据获取和做分析评估。

三、评估指标与评估方法

一个城市的商业发展是否良好，与该城市商业体量的大小、不同类型业态的占比、商业载体品质的高低[①]、商户经营状况的好坏、商铺空置的情况等密切相关。因此，可以从商业体量、业态结构、载体类型、商铺平效、空置率等多个维度对城市商业进行评估（见表6－2）。

表6－2　城市商业评估常用指标及评估方法

指标名称	指标说明	评估方法
商业体量	一个城市现有（包含已建和在建）商业建筑的总营业面积	通过与该城市自身的商业容量进行对比，超出自身商业容量则其商业体量过剩，反之则在合理范围
业态结构	购物服务、餐饮服务、休闲娱乐服务、居民服务等业态的占比	通过与事先确定的标的城市进行对比，寻找与标的城市之间的业态结构差异
载体类型	即建筑的形态，主要分为集中式（集中式商业街区、商业综合体、购物中心）和沿街式（住宅底商、裙楼底商）两种	一是比较自身集中式商业与沿街式商业的体量占比；二是与事先确定的标的城市进行集中式商业的数量、体量和占比的比较，寻找二者之间的差异
商铺平效	实体商铺单位面积的年营业额	可用全国或全省的平均平效作为参考，或者与其他城市进行对标，寻找差异
空置率	空置商铺面积占所有商铺总面积的比率	空置率一般在10%以内属于合理区间

注：表中仅列出比较常用的指标，不同的评估对象，其评估指标可能会有差异。

四、评估步骤与技术路线

第一步，明确评估对象。评估对象主要根据待评估城市的实际情况来确定，可以从上文中城市商业分类表里选取一种或多种来作为评估对象。

第二步，构建评估指标体系。不同的评估对象，所用评估指标不尽相同。如商品交易市场的评估指标主要是商业体量、商铺平效和空置率；办公楼宇

① 高品质的商业载体主要是指集中式商业建筑，如集中式的商业街区、商业综合体、购物中心等。

的评估指标主要是写字楼的体量和空置率；住宿服务的评估指标主要是酒店的体量和入住率；而购物服务、餐饮服务、休闲娱乐服务和居民服务的评估指标主要是商业体量、业态结构、载体类型、商铺平效和空置率。

第三步，收集数据。根据评估对象和评估指标收集所需的数据，数据来源方式多种多样，包括官方公布的统计数据、运用爬虫技术爬取的网络数据、抽样调查的数据和问卷调查的数据等。

第四步，测算评估标准值。根据不同的评估指标，通过测算或对标等形式来确定评估时使用的标准值。

第五步，得出评估结论。将测算的评估标准值与现状分析结果进行比较，得出评估结论。

第六步，给出发展建议。根据评估结论，提出适合待评估城市的商业发展建议（见图6－1）。

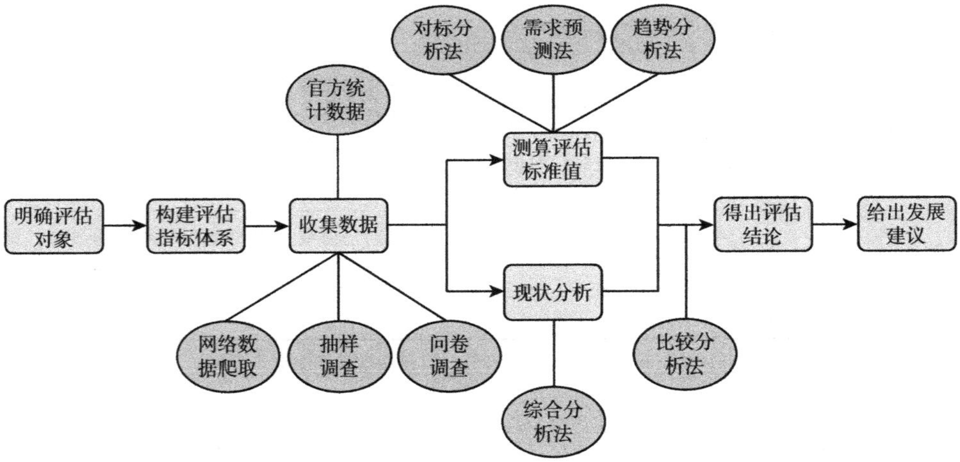

图6－1 城市商业评估技术路线

五、商业容量测算方法

（一）写字楼的市场容量测算方法

因国家对写字楼有专门的设计规范，根据《办公建筑设计规范（JGJ

67－2006）》要求，商务写字楼普通办公室人均使用面积不小应于4平方米。因此，可采用需求预测法来测算写字楼的市场容量①，即根据就业人口和人均办公室使用面积标准来进行计算，具体测算公式如下：

写字楼市场容量＝企业从业人员数×人均办公室使用面积÷平均得房率②

（二）酒店的市场容量测算方法

在测算酒店市场容量时，可采用需求预测和对标分析结合的方法，参照合理的入住率来进行计算，具体测算公式如下：

酒店市场容量＝酒店日均客房销售总数÷合理入住率×平均客房面积

由于酒店的入住率一般在70%左右最为合适，而普通酒店入住率达到50%便能自负盈亏，因此在测算酒店市场容量时，可以把入住率50%～70%作为标准值。

（三）商品交易市场的市场容量测算方法

商品交易市场的市场容量测算，采用对标分析和拟合分析相结合的方法，通过年交易额除以合理平效来计算，具体测算公式如下：

营业面积＝年交易额÷合理平效

合理平效可参考全省或全国的商品交易市场平效平均值，也可参考对标城市的商品交易市场平效。

（四）其他商业业态的市场容量测算方法

在测算购物服务、餐饮服务、休闲娱乐服务、居民服务等商业业态的市场容量时，既要考虑到本地消费者，也要考虑外来消费者，同时还要考虑电子商务的影响，因此可采用需求预测法，具体测算公式如下：

$$S_i = (Y_i + T_i) \div X_i$$

式中：i为预测年份；S_i为第i年的商业容量；Y_i为第i年实体店铺承载的本地居民消费总额；T_i为第i年实体店铺承载的旅游人群消费总额；X_i为第i

---

① 此处市场容量指的是建筑面积，下同。

② 平均得房率是指写字楼办公室面积之和与写字楼建筑总面积之比。

年实体店铺合理平效。

实体店铺承载的本地居民消费总额测算公式如下：

$Y_i = y_i \times \theta_i \times P_i$

式中：i 为预测年份；Y_i为第 i 年实体店铺承载的本地居民消费总额；y_i为第 i 年本地居民人均消费性支出；θ_i为第 i 年本地居民在实体店铺消费的金额占其消费性支出总额的比重；P_i为第 i 年本地常住人口。

实体店铺的合理平效测算公式如下：

$X_i = X_0(1+\lambda)^n$

式中：i 为预测年份；X_i为第 i 年实体店铺平效；X_0为基准年实体店铺平效；λ 为物价因子，一般在 2% ~5% （可根据居民消费价格指数进行计算）；n 为预测年与基准年的年份差值。

六、NJ 市中心城区商业评估案例

（一）案例背景

2016 年，NJ 市中心城区正面临老城区商业业态传统，新城区商业人气不足的发展不平衡矛盾，为摸清 NJ 市中心城区及各大商圈的商业体量、业态结构及商户经营状况，测算中心城区及各商圈未来 5 年内的商业容量，明确业态结构的调整方向，促进商业良性发展，进一步优化商业资源配置，需对 NJ 市中心城区及各商圈的商业发展情况进行科学评估。

（二）评估范围

本次评估的范围为 NJ 市中心城区全域（建成区 75 平方公里），重点为谢家河、高铁站、四方块及邱家嘴四大商圈（见图 6 - 2）。

（三）评估对象与评估指标

评估对象：本次评估的对象为购物服务业态①、餐饮服务业态、休闲娱

① 不含商品交易市场和农贸市场。

图 6－2　NJ 市中心城区四大商圈范围示意图

乐服务业态、居民服务业态、酒店、商品交易市场、写字楼。

评估指标：本次评估的指标为商业体量、业态结构、经营状况（含商铺平效和空置率）。

（四）商业容量及业态占比测算

1. 中心城区及四大商圈商业容量

根据测算，NJ 市中心城区商业容量如表 6－3 所示。

表 6－3　NJ 市中心城区商业容量一览　单位：平方米

业态	2016 年	2020 年
购物服务	355264	500000
餐饮服务	355264	500000
休闲娱乐服务	266448	375000
居民服务	291824	410714
酒店	669829～937760	1388971～1944560
商品交易市场	328562～479595	431430～573414
写字楼	335369	501749
合计	2602560～3021524	4107864～4805437

根据测算，NJ 市中心城区四大商圈商业容量如表 6 –4 所示。

表 6 –4　　NJ 市中心城区四大商圈商业容量一览　　单位：平方米

商圈	年份	餐饮服务	购物服务	休闲娱乐服务	居民服务	合计
谢家河	2016	54222	56308	47966	50052	208548
	2020	92510	96068	81836	85394	355808
高铁站	2016	49388	47559	43901	43901	184749
	2020	84262	81142	74900	74900	315204
四方块	2016	90158	97094	76288	79756	343296
	2020	109982	118442	93062	97292	418778
邱家嘴	2016	71970	74738	66434	63666	276809
	2020	87795	91172	81041	77665	337673

2. 中心城区及四大商圈业态占比

根据消费者问卷调查结果进行分析，NJ 市中心城区及四大商圈合理的业态占比见表 6 –5。

表 6 –5　　NJ 市中心城区及四大商圈的合理业态占比一览

区域	餐饮服务（%）	购物服务（%）	休闲娱乐服务（%）	居民服务（%）
中心城区	28	28	21	23
谢家河商圈	26	27	23	24
高铁站商圈	26	26	24	24
四方块商圈	26	28	22	24
邱家嘴商圈	26	27	24	23

（五）商业发展情况评估

项目按照评估要求，对 NJ 市商业从分区域的角度和分业态的角度分布进行了评估，主要包括商业体量评估、业态结构评估和经营状况评估。分区域上，评估对中心城区整体和四大商圈商圈分布进行了研究，分业态上，评估对购物业态、餐饮业态、休闲娱乐业态等分别进行了评估。本文以中心城区整体情况和购物业态发展情况的评估为例，向读者展示评估具体过程，并对评估结果进行介绍。

1. 中心城区商业发展情况评估

（1）商业体量评估。NJ 市中心城区共有商家 17230 家①，现状商业总面积②为 1171945 平方米，人均商业面积③为 1.64 平方米。

根据测算，NJ 市中心城区 2016 年的商业容量为 1268800 平方米，人均商业面积为 1.77 平方米；2020 年合理的商业体量为 1785714 平方米，人均商业面积为 1.79 平方米。

综上所述，中心城区 2016 年的商业体量尚在合理范围之内，且有一定上升空间，可按照《NJ 市城市总体规划（2014—2030）》的要求，结合实际情况，对中心城区的商业总体量及各商圈商业体量进行优化和调整。

（2）业态结构评估。除写字楼、酒店、商品交易市场外，中心城区其他商业业态现状占比分别为购物 52%、餐饮 22%、休闲娱乐 8%、居民服务 18%。

根据消费者问卷调查所得结果计算，中心城区合理的业态占比应为购物 28%、餐饮 28%、休闲娱乐 21%、居民服务 23%（见图 6－3）。

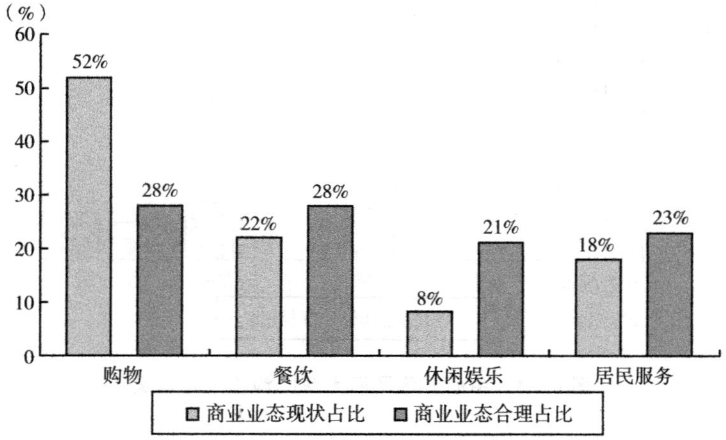

图 6－3　中心城区商业业态现状占比与合理占比

① 商家数量来自百度地图数据爬取，不包含写字楼、酒店和商品交易市场，下同。

② 现状商业面积：来自百度地图数据爬取和现场调研，不包含在建项目，亦不包含写字楼、酒店和商品交易市场，下同。

③ 人均商业面积：由商业总面积和人口数计算所得，人口数来自《NJ 统计年鉴 2015》。

因此，需大幅提高中心城区休闲娱乐业态比例，适当提高餐饮、居民服务业态比例，引导购物业态向其他业态转型，降低购物业态占比。

（3）经营状况评估。NJ 市中心城区商铺的月租金均价为 106.72 元/平方米，平均平效①为 7402.86 元/平方米，平均租金成本②为 17.3%。总体而言，绝大多数商户经营状况尚可。

2. 购物服务发展情况评估

（1）体量评估。从现状体量来看，2016 年中心城区共有购物服务商家 5936 家，建筑面积共 607252 平方米。其中，谢家河商圈共有购物服务商家 1054 家，建筑面积共 257219 平方米；高铁站商圈共有购物服务商家 1428 家，建筑面积共 111404 平方米；四方块商圈共有购物服务商家 1232 家，建筑面积共 101511 平方米；邱家嘴商圈共有购物服务商家 1035 家，建筑面积共 77754 平方米（见图 6－4）。

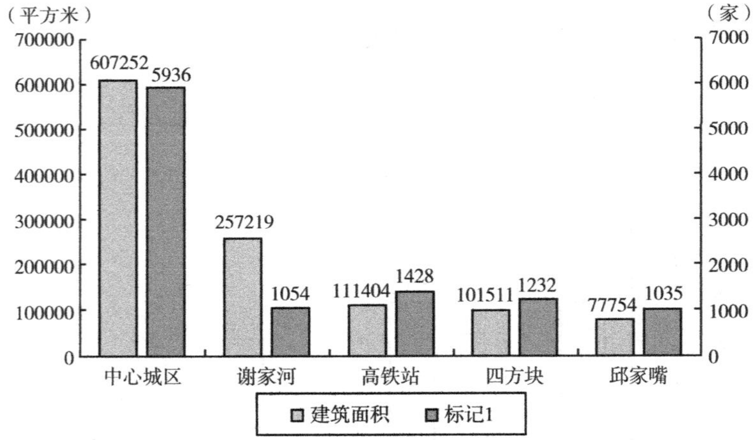

图 6－4　中心城区及四大商圈购物业态体量

从市场容量来看，中心城区购物业态 2016 年的市场容量为 355264 平方米，2020 年为 500000 平方米。谢家河商圈购物业态 2016 年的市场容量为 56308 平方米，2020 年为 96068 平方米。高铁站商圈购物业态 2016 年的

① 平效：是指终端卖场 1 平米的效率，即 1 平方米商铺营业面积 1 年可以产生的营业收入，公式为：平效＝年营业总额÷营业总面积，区别于台湾常用的坪效。

② 租金成本：即商铺租金占营业收入比重。

市场容量为47559平方米，2020年为81142平方米。四方块商圈购物业态2016年的市场容量为97094平方米，2020年为118442平方米。邱家嘴商圈购物业态2016年的市场容量为74738平方米，2020年为91172平方米（见图6－5）。

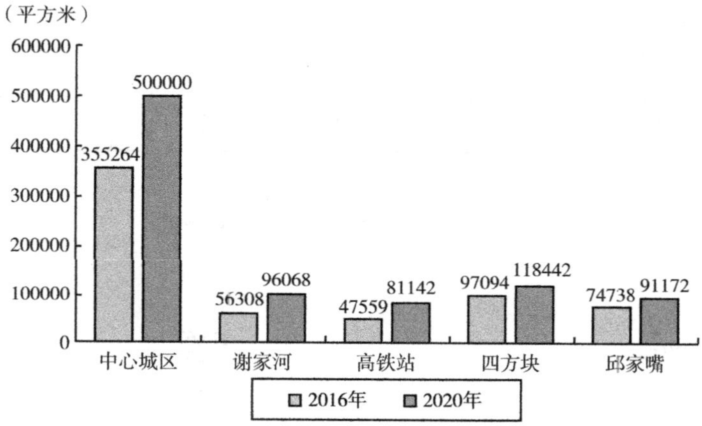

图6－5 中心城区及四大商圈购物业态2016年与2020年市场容量

综上所述，NJ市中心城区及四大商圈2016年的购物业态体量已经完全饱和。其中谢家河商圈与高铁站商圈从未来5年看仍然过剩，而四方块商圈和邱家嘴商圈短期内过剩，未来5年看尚有一定拓展空间。

（2）经营状况评估。从平效来看，中心城区购物业态平均平效为8919.67元/平方米，谢家河商圈购物业态平均平效为9230.77元/平方米，高铁站商圈购物业态平均平效为9081.48元/平方米，四方块商圈购物业态平均平效为7847.18元/平方米，邱家嘴商圈购物业态平均平效为9519.23元/平方米（见图6－6）。

从租金来看，中心城区购物业态平均租金为136.28元/平方米，平均租金成本为16.9%。谢家河购物业态平均租金为91.43元/平方米，平均租金成本为11.89%。高铁站购物业态平均租金为73.24元/平方米，平均租金成本为6.43%。四方块购物业态平均租金为215.67元/平方米，平均租金成本为32.98%。邱家嘴购物业态平均租金为114.23元/平方米，平均租金成本为14.4%（见图6－7）。

综上所述，高铁站商圈的购物业态平效最高且租金最低，经营情况最好；

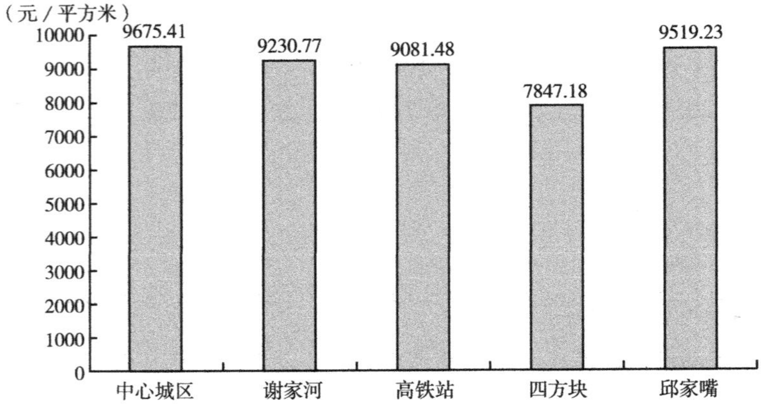

图 6－6　中心城区购物业态平均平效

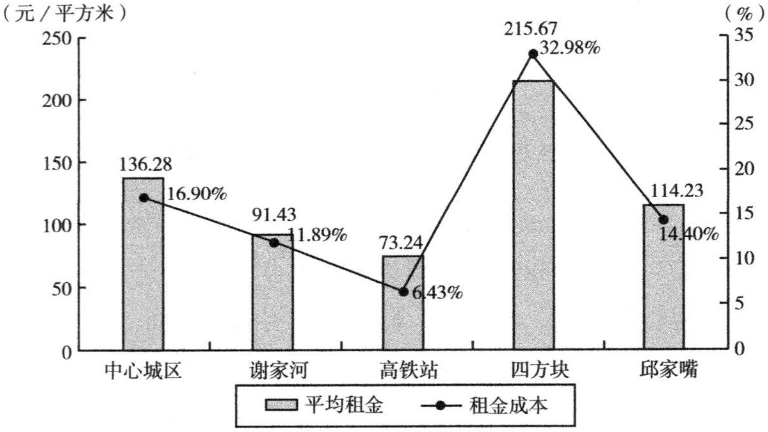

图 6－7　中心城区及四大商圈购物业态平均租金与租金成本

四方块商圈则平效最低且租金最高，经营情况最差。

总体而言，新城区购物业态经营情况好于老城区，主要原因是新城区商铺的租金成本低于老城区。

3. 评估结论

（1）空间上看区域性过剩。从总量上看，NJ 市中心城区现状商业体量尚在合理范围之内，但区域之间表现不均衡，新城区体量较大而老城区体量不足。其中，谢家河商圈与高铁站商圈商业体量已过剩，分别超出其目前市场容量 18.5 万平方米和 3.5 万平方米；而四方块商圈与邱家嘴商圈尚存较大拓展空间。

从人均占有商业面积来看，区域之间严重失衡。中心城区现状人均商业面积仅为1.64平方米/人，四方块商圈与邱家嘴商圈分别为2.88平方米/人和2.27平方米/人，而谢家河商圈和高铁站商圈人均面积均却分别高达7.95平方米/人和5.06平方米/人。

（2）时间上看阶段性过剩。从区域来看，高铁站商圈的商业体量已经饱和，但从未来5年期看，仍有较大拓展空间；而谢家河商圈从未来5年内的发展趋势看，其2016年的体量已超出2020年的市场容量，去化难度较大、周期较长，未来一段时间内需控制增量，谨慎发展。

从业态来看，存在阶段性过剩的主要是写字楼与商品交易市场。NJ市中心城区写字楼现状体量为449287.81平方米，已超出其目前市场容量约11万平方米；但从长期来看，至2020年仍可增加约5万平方米。NJ市中心城区商品交易市场现状体量为555800平方米，而其目前最大市场容量仅为479595平方米；2020年NJ市中心城区商品交易市场的最大市场容量为573414平方米，仅略高于其现状体量，因此需谨慎发展商品交易市场。

（3）业态上看结构性过剩。就中心城区而言，除写字楼与商品交易市场短期内已过剩外，购物业态现状体量也已过剩，且从未来5年的发展趋势看仍然过剩，而餐饮业态、休闲娱乐业态及居民服务业态则较为欠缺，因此需降低购物业态比例。至于酒店现状体量则已接近饱和，但从长远来看仍有不小进步空间，可随着旅游业的发展进行优化调整。

从四大商圈来看，谢家河商圈与高铁站商圈购物业态现状体量严重过剩，其中谢家河商圈已超其出目前市场容量约20万平方米，超出其2020年市场容量约16万平方米；高铁站商圈已超出其2020年市场容量约3万平方米。而四方块商圈和邱家嘴商圈购物业态体量则略微过饱和，各超出其目前市场容量3000～4000平方米，但从未来5年的趋势看仍在合理范围之内。

（4）业态结构亟须调整。从空间维度来看，NJ市中心城区及各商圈的现状业态结构仍较为传统，占比最大的均为购物业态，其次是餐饮业态，然后是居民服务业态，占比最小的是休闲娱乐业态。以中心城区为例，其购物、餐饮、休闲娱乐及居民服务四大业态的占比分别为52%、22%、8%、18%，若将其看作一个大的购物单元，则其购物、餐饮、休闲娱乐（含居民服务）

业态的比例组合与传统购物中心购物、餐饮、休闲娱乐“5:2:3”的黄金比例基本一致。

从购物中心业态组合来看，万达广场“购物、餐饮、休闲娱乐（含生活配套)”三者的业态占比为“37.5：32.5：30”，其餐饮、休闲娱乐等体验式业态的占比较大，比较符合新的商业发展趋势；而北京华联“购物、餐饮、休闲娱乐”业态的配比为“50：17：33”，仍遵守传统购物中心“购物、餐饮、休闲娱乐”业态“5：2：3”的黄金比例设置原则，不符合电商环境下的商业发展趋势。

从市场实际需求来看，根据消费者调查结果显示，无论是中心城区还是四大商圈，其购物业态的占比均需下调，而餐饮、休闲娱乐和居民服务等体验式业态和社区便民服务业态的比例需大幅提升。这正符合“个性化、多元化、品质化、体验式”的消费新常态，以及电商冲击下的实体商业发展趋势。

（5）经营能力参差不齐。从平效来看，新老城区好坏参半。其中高铁站商圈商铺平均坪效与邱家嘴商圈相当，均高于中心城区平均值；而四方块商圈与谢家河商圈平效相对较低，均低于中心城区平均值。新城区中谢家河商圈的商铺平均平效比高铁站商圈低1962.9元/平方米，而老城区中四方块商圈的商铺平均平效则比邱家嘴商圈低1350.44元/平方米（见图6-8）。

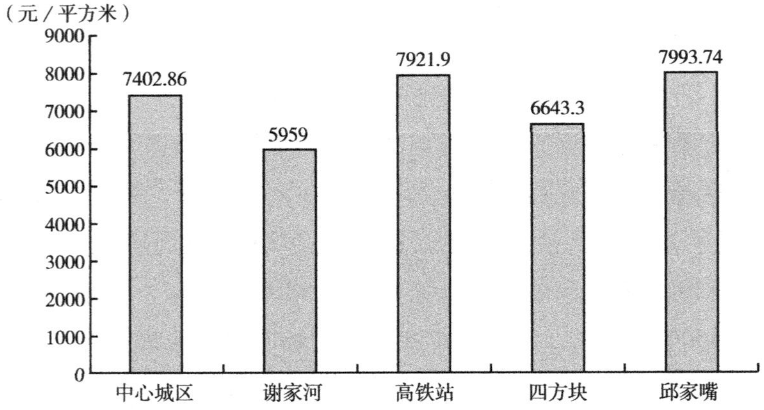

图6-8 中心城区及四大商圈平均平效

从租金来看，新城区商铺租金均低于老城区。四大商圈中四方块商圈商铺月租金均价最高，其次是邱家嘴商圈，谢家河商圈与高铁站商圈则依次排在第三和第四位。其中租金成本最高的是四方块商圈，已高达25.82%，商圈内商铺运营压力较大（见图6－9）。

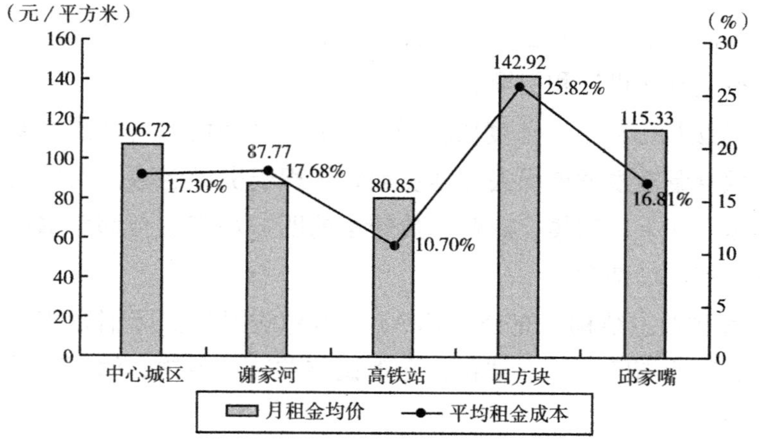

图6－9　中心城区及四大商圈商铺租金均价与租金成本

从购物中心及百货商场空置率来看，万达广场（不含金街）空置率为0，北京华联空置率为10%，而百扬购物广场为80%，其主力百货店摩尔春天已于2016年4月歇业退场。

总体而言，区域之间租金及平效不均衡，而企业之间经营能力参差不齐。市场竞争的规则本就是优胜劣汰，个别企业的亏损案例不一定与市场存量有关，多数皆由自身经营不善造成，或选址有问题、或经营模式存在短板。因此仅仅只是政府的规划引导远不够，企业自身也需要转变经营方式，创新商业模式、开发新型产品、提升服务意识，以适应消费新常态下的商业发展趋势。

4. 发展建议

（1）控制总量增速。坚持以市场需求为导向，控制中心城区商业总量增长速度。鼓励资本回归实体经济，理性看待房地产经济，充分吸取其他城市的经验教训，合理控制发展速度，减少盲目投资和无效供给。

商业总体量的增长要与人口增长、居民收入增长及GDP增长等相匹配。对于商业体量已经过剩或者即将过剩的业态，如购物业态、商品交易市场、写字楼和酒店等，需严格控制其增量，谨慎发展。

中心城区各商圈之间注重差异化。根据《NJ 市城市总体规划（2014—2030）》中各功能片区的产业定位、人口分布及相关规划要求，结合 NJ 市中心城区实际情况，对各城市商圈的商业功能进行差异化定位，以此确定和调整各商圈的商业总量，并在商圈网点布局、业态配置、品牌招商、商业形象等方面进行差异化设计和引导。

（2）暂缓局部供给。适度放缓局部区域尤其是谢家河商圈的商业用地供给速度，供给量需根据市场去化速度而定。积极引导老城区人口向新城区转移，尤其是居住人口密集、商业体量较小的四方块商圈与邱家嘴商圈，以扩大新城区消费人口基数。

（3）优化业态结构。充分了解 NJ 市本地居民的实际消费需求，优化各城市商圈、商业街区的业态结构，合理调整购物、餐饮、休闲娱乐和居民服务业态的占比。

大力发展社区便民商业，推动连锁化、品牌化企业进入社区设立便利店和社区超市，加强与电商、物流、金融、电信、市政等对接，发挥终端网点优势，拓展便民增值服务，打造一刻钟便民生活服务圈。

（4）加强规划建设管理。加强用地供给规划。要注重用地供给的科学规划，从源头上对商业体量进行管控。建立和完善城市总体规划、土地供应计划及产业发展规划之间的衔接机制，形成国土、房管、规划、建设、商务等部门共同参与的房地产市场调控市级部门联席会议制度，按照总量控制、区域管控、盘活存量、保障重点的原则，研究制定商务用地和商业用地的供给调控指标体系，合理控制供地节奏。

（5）健全统计监测机制。构建 NJ 市商业网点和楼宇经济统计及运行监测体系，加强对中心城区大型城市商业综合体、商品交易市场、写字楼等的存量、增量、空置率、租金水平、租售比、吸纳率和去化周期等市场数据的统计与分析，构建城市商业综合体、商品交易市场、写字楼等市场运行指数，每年进行一次商业评估，完善动态监测和市场预警制度。

第三篇

区域的服务业发展模式思考

专题研究七：市域服务业的发展思路

——以宜宾市为例

一、研究背景

随着经济全球化的蔓延，全球产业结构呈现出从“工业经济”向“服务经济”转型的发展趋势[①]。当前，我国正处于经济发展方式转变和产业结构调整的关键时期，服务业在经济增长中的贡献不断提升，对稳增长、调结构、促改革的作用愈益凸显，对产业提质增效升级的引领支撑作用明显增强，服务业的创新发展成为城市经济发展的重要引擎，也是彰显城市形象的重要载体，市域服务业的发展也成为政府重点关注的内容，探寻市域服务业发展路径越发重要。

二、市域服务业发展影响因素

服务业发展的影响因素较多，经济发展水平、城市化进程、人口密度、信息化程度、市场分工精细度、经济政策、研发创新能力等[②③④]都是服务业发展的重要影响因素。在市级层面，由于与周边地区在城市化进程、人口密

① 申玉铭，邱灵，任旺兵，等．中国服务业空间差异的影响因素与空间分异特征［J］．地理研究，2007，26（6）：10.

② 李江帆．中国第三产业发展研究［M］．北京：人民出版社，2005.

③ 李辉．我国地区服务业发展影响因素研究［J］．财贸经济，2004（7）：4.

④ 马虎兆，李春成．服务业发展影响因素的三维模型及实证分析［J］．经济问题探索，2009（11）：5.

度、市场分工等方面具有一致性，因此我们认为以下五项内容是影响市域服务发展的重要因素。

（一）产业规模

产业规模是市域服务业总量的重要体现，产业规模的扩大意味着更多的市场主体，更全面的服务类型和更强的服务能力，这些都是市域服务业提升区域竞争力的关键要素。同时，以产业规模为基础，能够在区域内形成规模效应和集聚效应，降低交易成本，提高效率，并且有利于提升区域知名度、打造服务品牌，吸引更多市场主体和消费者，从而提升市域服务业区域竞争力。

（二）产业能级

产业能级主要通过生产性服务业和高品质生活性服务业的发展水平体现，产业能级的提升意味着更新颖的服务业态、更独特的服务体验以及更优质发展要素的集聚。生产性服务业以服务于制造业为特征，包括研发设计服务、成果转化服务、知识产权服务、商务咨询服务等，由于生产性服务业对人才、技术等高端发展要素需求较高，通常已成为衡量市域服务业发展能级的重要指标。高品质生活性服务业以品牌化、智能化、多样化、便利化的生活服务为特征，包括品质商圈、特色商业街区、智慧旅游景区等，较为突出的高品质生活服务能力，能够吸引周围市（州）的居民前来消费，是扩大市域服务业的辐射范围的重要影响因素。

（三）产业协同

产业协同既包括服务业内部各领域之间的协同，也包括服务业与农业、工业之间的协同，摸清市域内服务业各领域以及相关产业的发展基础，有助于发现产业之间的关联性，充分发挥产业协同效应，构建产业体系，共同推动经济发展。一方面，服务业内部各领域需要协同发展，如商业贸易与文化创意之间的协同，文化旅游与特色餐饮、住宿服务之间的协同，生态旅游与健康养老服务之间的协同等，各领域之间相互支撑，相互赋能，从而形成独特的发展特色和优势；另一方面，服务业应积极响应农业、工业的服务需求，发展相应服务业态，形成协同效应，如特色农业与农村电商之间的协同，工业产品与现代物流之间的协同，科技创新与科技服务之间的协同等。在协同效应的带动下，服务业不仅是作为相关产业的依附，还能够成为激活相关产业发展动力的关键因素，共同实现高质量发展。

（四）区域协同

区域协同包括市域内老城区与新城区的协同，以及各区县之间的协同，各区域间既需要建立合作机制，又需要突出各自特色，实现差异化的发展。从市域整体协同发展的角度，对市域服务业进行“全局一盘棋”的统筹谋划，使各区域和谐分工，协同发展。老城区与新城区提供的服务应有所区别，老城区人口数量多密度大，能够支撑较大体量的生活服务，而新城区则需要突出生态、品质等不同于老城区的特征，才能吸引消费者集聚。各区县需根据自身的产业基础和区域特色，推动发展支柱产业，避免同质化竞争，形成错位竞争、良性互动、优势互补、协同发展的市域服务业发展格局。

（五）开放合作

在国内国际双循环、长江经济带建设等战略、“一带一路”倡议指导下，探索开放合作机制可促进服务业发展要素在更大区域空间中的流动，有利于吸收新鲜血液，增强发展动力。通过打通市场循环堵点、加强国内外市场对接，可有效扩大服务辐射范围，有利于本地产业能级提升，引导本地企业做大做强，形成区域竞争力。

三、宜宾市域服务发展思路

发展思路也就是发展目标实现的路径。下面我们以宜宾市服务业发展思路确定为例，结合上述发展影响因素，展示市域服务业发展思路从前期分析到目标提出，再到路径制定出的具体做法。

（一）宜宾市服务业思路前期分析

1. 宜宾市服务业规模分析

服务业发展规模分析一般包括服务业增加值、增速、产业结构和细分领域发展水平等，通过时间序列和与周边地区进行规模进行纵向与横向对比，明确地区服务业的规模水平。下面以宜宾市服务总体规模分析为例，展示分析过程。

从自身发展来看，2019 年宜宾市第三产业增加值首次跨越千亿元大关，2020 年第三产业增加值达 1108.27 亿元，攀升至全省第 3 位，是 2015 年的 1.9 倍。三次产业结构由 2015 年的 14.2：58.3：27.5，调整为 2020 年的 12.2：48.2：39.6，“十三五”期间，宜宾市服务业已成为经济增长的主力军（见图 7－1、图 7－2）。与其他城市对比来看，2020 年，宜宾市第三产业增加值位居川南经济区第 1 位、全省第 3 位，服务业增速 3.9%，高于全国 1.8、全省 0.5 个百分点。因此，宜宾市总体规模不断壮大，综合实力显著提升。

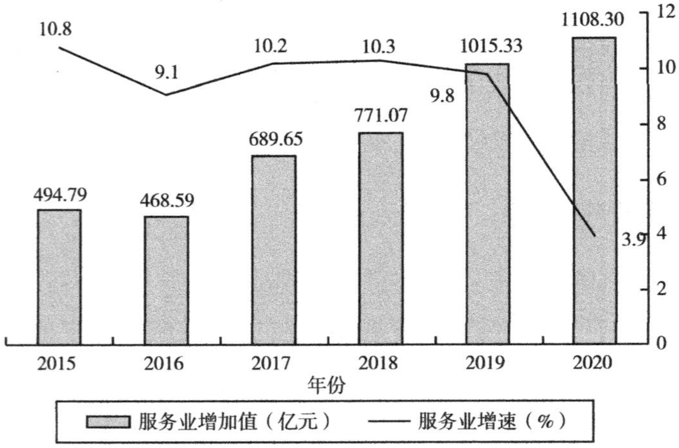

图 7－1　2015—2020 年宜宾市第三产业增加值及增速变化

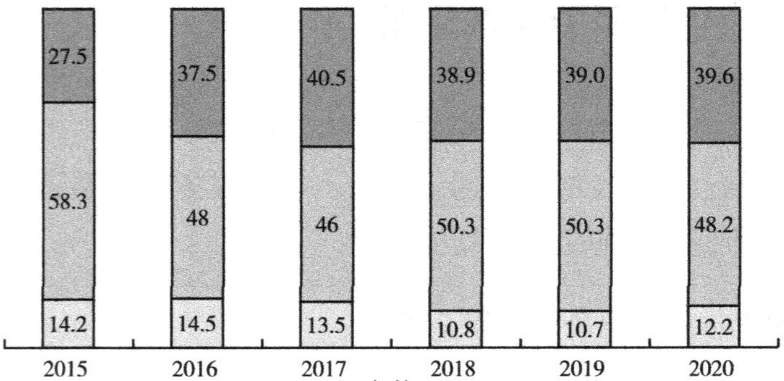

图 7－2　2015—2020 年宜宾市三次产业结构变化

2. 宜宾市服务业能级分析

产业能级分析一般通过与具有类似城市等级的周边城市或城市群内的城市进行对比分析得出，服务业能级分析可包括整体规模水平对比、细分领域发展水平对比、影响力辐射力的对比等。下面我们以宜宾市服务业总量为例，展现服务业能级分析过程。

与成都、遵义以及争创四川省经济副中心城市对比，2020 年宜宾市服务业增加值排名第 4 位，与排位第 5 ~7 位的南充、达州和德阳服务业增加值差异较小，相对容易被赶超，但与排位第 2 位、第 3 位的遵义和绵阳相比，服务业增加值较遵义少 506.56 亿元，较绵阳少 356.59 亿元，仅为成都的 9.5%，服务业发展规模有待进一步扩大。人均服务业增加值方面，宜宾市为 2.42 万元/人，排名第 6 位，仅为成都（5.56）的 43.5%、低于绵阳（3.01）、德阳（2.9）、乐山（2.83）、遵义（2.44）（见表 7 – 1）。

表 7 – 1　2020 年成都、遵义以及争创四川省经济副中心城市服务业发展比较

城市	服务业增加值（亿元）	排名	人均服务业增加值（万/人）	排名
成都	11643.00	1	5.56	1
遵义	1614.83	2	2.44	5
绵阳	1464.77	3	3.01	2
宜宾	1108.27	4	2.42	6
南充	1029.52	5	1.84	9
达州	1003.93	6	1.86	8
德阳	1002.73	7	2.90	3
乐山	890.02	8	2.82	4
泸州	862.67	9	2.03	7

注：人均服务业增加值中人口数是以第七次人口普查数据常住人口计算。

3. 宜宾市服务业产业协同分析

服务业的产业协同分析主要包括优势资源产业化分析和产业间协同分析。优势资源产业化分析是指是否形成与城市地位、交通区位、历史人文、自然景观、人口规模等优势匹配的服务业业态和服务业质量。产业间协同是指服务业自身如旅游和商业之间、旅游和康养之间，以及服务业与制造业或农业之间是否形成协同发展的趋势。因此，下文将通过宜宾市优势资源转化情况

和与产业间协同情况分析，展现产业协同分析过程。

（1）资源转化情况分析。宜宾地处金沙江、岷江、长江三江交汇处、川渝滇黔结合部核心区域，具有直接辐射吸纳3省8市3700万人的显著优势，是长江黄金水道的起点、南丝绸之路的重要节点，是西部陆海3条主通道、全国63个综合交通枢纽、50个铁路枢纽城市和66个区域级流通节点城市之一。但2020年宜宾市货物周转量完成108.18亿吨公里，位居全省第4位，物流产业仍有较大发展空间，区位交通优势尚未完全转化为物流产业优势。

宜宾素有“万里长江第一城”“中国酒都”“中国竹都”之称，是国家森林城市、中国优秀旅游城市、国家历史文化名城；目前全市已梳理认定文化类资源86659项、旅游类资源11144个，其中优良级旅游类资源3036个，但尚无国家5A级旅游景区、国家级旅游度假区等核心旅游品牌，文旅资源优势尚未转化为文旅产业发展优势。

（2）产业间协同程度分析。2020年宜宾市规上生产性服务业企业仅131家，只占规模以上工业企业总量的14.9%，生产性服务业从业人员仅为一、二产业从业人员总量的3.5%，全市R&D投入占比仅为1.2%，低于全省0.67个百分点，高端产业配套能力不足、产业链及产业生态尚未形成。生产性服务业主体不强。截至2020年末，四川省共发布100家瞪羚企业名单，宜宾仅1家四川省长江龙科技有限公司入选，远落后于绵阳。生产性服务业发展相对滞后（见图7－3）。

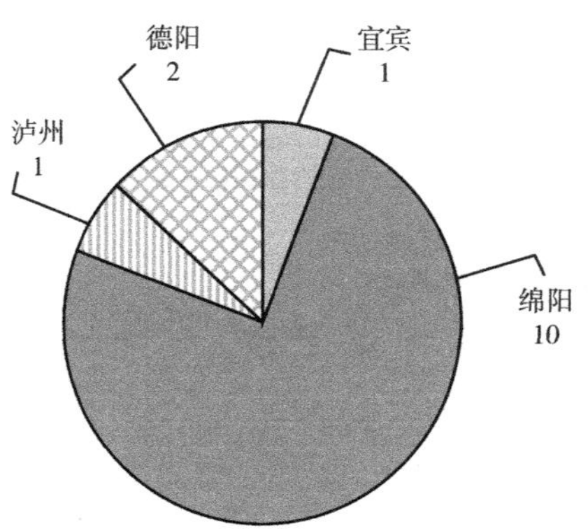

图7－3　2021年争创四川省经济副中心7市瞪羚企业数量对比图

白酒产业作为宜宾“一号产业”，2020 年产量、营业收入和利润总额排名均为全国各大产区第 2 位，产业基础雄厚，但宜宾市酒企发展观念还较为传统、对当地特色酒文化挖掘不够，目前仅发展了五粮液旅游景区 1 家国家 4A 级景区。宜宾尚未形成三产联动的酒庄经济，在打造白酒酒镇、酒庄的整体规划及酒庄标准化建设体系方面有所欠缺。制造业企业服务化发展水平低。

4. 宜宾市服务业区域协同分析

服务业区域协同主要分析政策文件和实施情况，包括各类国家、省、市区域规划、产业布局规划等，实施情况从合作政策、合作平台、合作项目建设等方面进行分析。下面从宜宾市区域协同政策和平台及项目建设情况，展现区域协同分析过程。

区域协同政策上，宜宾市重视市内各区县协同，已签署“宜宾三江新区管理委员会、长宁县人民政府推动区域协同发展的合作协议”等多项区域协同发展协议，重视落实省内“一干多支、五区协同”发展结构，与阿坝州签署战略合作框架协议，重视成渝双城经济圈之间合作，与成都和重庆分别签订“成都市人民政府、宜宾市人民政府推动成渝地区双城经济圈建设共建跨区域合作先行示范市合作协议”“重庆两江新区管理委员会、宜宾市人民政府协同发展合作协议”。协同载体建设上，宜宾应全面对接成渝、落实新定位要求，以综合保税区、产教融合示范区、自贸协同改革先行区等功能平台为载体，与成都共建高能级合作载体，加强与重庆沿江协同发展，促进渝宜两地物流、商贸、科技、教育、人力资源等要素流通，共筑长江上游生态屏障、共建沿江流域科创走廊，推动现代服务业高质量发展。从合作项目上看，宁德时代、时代吉利落户宜宾，标志着宜宾市与成都和重庆共建新能源汽车产业生态圈有重大发展，四川大学、电子科技大学、西南交通大学等成渝地区知名高校在宜宾建立校区或研究生分院，区域科技合作进一步升级。

5. 宜宾市服务业开放合作分析

服务业开放合作情况可以从开放合作的通道、平台、载体建设进行分析，例如保税区、自贸区、开放口岸的建设情况。

宜宾服务业发展应充分发挥宜宾作为长江首城、南丝绸之路起点和“一带一路”、长江经济带叠合部等区位优势，加快构建内联外畅的交通格局，加强区域内空间协同发展，深度融入川南经济区建设，加快建设中国（四川）自由贸易试验区宜宾协同改革先行区，打造新时代内陆开放新高地。

（二）宜宾市服务业发展目标

1. 宜宾市服务业发展定位

服务发展定位是对服务业的区域地位和未来发展重点方向的定性描述。在前期分析基础上，通过总结未来发展要求，进行概况性的表达。宜宾市服务业发展定位，是基于宜宾市发展基础和优势条件，满足未来大力重点发展商贸流通、现代物流、现代金融、文化旅游、商务会展和大数据“5 +1”现代服务业的需要而设定的。

宜宾市服务业发展定位为“151”发展定位，即“1”个总体定位，长江上游区域现代服务业中心，“5 +1”支撑定位，包括川渝滇黔区域消费中心、川渝滇黔区域现代物流中心、川渝滇黔区域金融中心、川渝滇黔区域文化旅游中心、川渝滇黔区域会展中心和长江上游区域大数据中心（见图7 -4）。

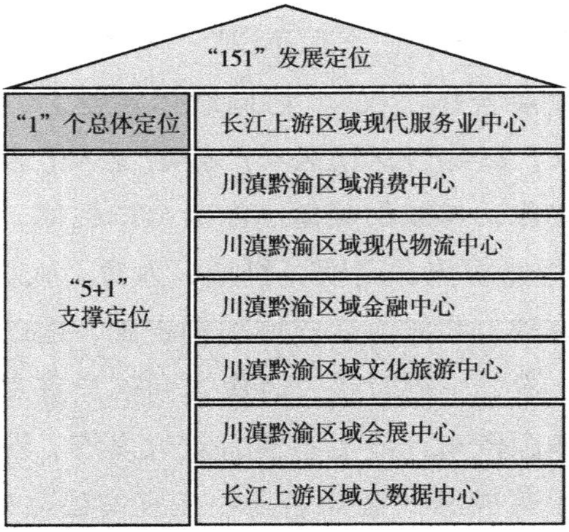

图7 -4　宜宾市“十四五”服务业发展定位体系图

2. 宜宾市服务业发展目标

发展目标是在发展定位的基础上进一步提出的定性目标和定量目标。服务业的目标一般包括增加值总量目标、增加值占比目标、产业结构目标、产业空间布局目标、集聚区建设目标等。

规模持续提升。到2026年，服务业综合竞争力持续增强，建成区域金融中心、区域消费中心、区域现代物流中心、区域会展中心、区域文化旅游中心和区域大数据中心“5+1”区域中心，服务业增加值总量实现2320亿元以上，服务业占地区生产总值的比重达40%。

结构显著优化。到2026年，服务业产业结构显著优化，新技术、新业态、新模式、新产业集中涌现，产业体系不断健全，供给质量明显提升。

空间更加合理。到2026年，形成“一核一带两区四廊”的现代服务业发展空间格局，突出中心城区示范引领作用，促进沿江现代服务业发展带联动发展，推动西南商贸物流发展区和东南旅游商贸发展区形成重点明确、特色突出、百花齐放的良好发展局面，形成四向开放走廊推动服务业全域外向拓展。

集聚度明显提升。到2026年，建成一批具有标志性、影响力的服务业重点项目，建成三江口金融中心金融集聚区、临港科技服务业集聚区等一批有影响力的服务业集聚载体，力争新创建省级现代服务业集聚区5~8个，市级现代服务业集聚区30个。

（三）宜宾市服务业发展路径

发展路径具有较高的问题针对性，是在明确前期分析中的发展问题和发展定位与目标中的发展方向之间的差距后提出的，是发展思路的细化表达。宜宾市服务业发展路径从产业规模、产业动力、产业竞争力、产业生态建设等多方面提出发展路径。

1. 项目突破，激发宜宾城市新活力

充分挖掘宜宾自身资源禀赋和产业发展潜力，围绕服务业重点领域，抢抓政策机遇，顺应社会、经济、科技、文化等发展趋势，围绕重点服务业产业超前谋划、引进一批有亮点、突特色的标志性项目。加强招商引资力度，建立动态调整、滚动推进的机制。通过亮点项目建设，以点带面，发挥示范作用和带动效应，推动宜宾服务业高质量发展，提升城市的吸引力和活力。

2. 集聚发展，提升产业规模影响力

围绕转型发展、能级提升和功能升级的需求，聚焦服务业重点领域，规划建设一批服务业集聚区，引导空间集聚、产业集群、服务集成。按照“统一规划、推动建设、逐级申报、专门管理”的模式，加大对服务业集聚区的培育力度，通过深化推进政府职能转变，技术、模式、业态创新，坚持“优中选优”的原则，积极打造一批品牌效应明显、产业特色鲜明、业态高端复合、高端要素集聚、配套功能完善的省级服务业集聚区，积极培育一批区域示范效应明显，主导产业突出的市级集聚区。通过创建集聚区，促进产业间协同互动，努力培育一批成长性好、创新性强、发展潜力大的新兴服务业行业，集聚一批主业突出、具有区域竞争力和影响力的服务企业，推动各类要素资源集聚。

3. 创新赋能，提升持续发展策源力

（1）打造高质量创新平台。积极推进大学城建设。提升大学城办学水平，提升发展高教园区，高标准建设高职园区。增强科创城创新能力。持续加强与国内外科研院所合作，共建一批国家级和省级重点实验室、大学科技园、院士工作站；深化政产学研用协同融合。加快布局高端研发平台。加快推进名优白酒产业创新中心、四川新能源汽车技术协同创新中心、成渝竹产业协同创新中心、成渝茶产业协同创新中心建设。搭建产教融合平台。组建白酒、智能终端、新材料、数字经济等行业产教联盟。

（2）推进服务业数字化。推动生产服务数字化。以智慧城市建设为着力点，实施工厂数字化、网络化、智能化改造。探索建设智慧化会展场馆，促进智慧物流发展。加强金融数据的交换共享和协同流动，为金融大数据分析与智能决策提供支撑。推动生活服务数字化。打造文化旅游、零售消费、生活服务等行业的数字化应用。整合“智慧宜宾”平台和宜宾市旅游信息中心资源，实现“一机一码”游宜宾。加快莱茵、临港智慧商圈建设，发展无现金支付、无接触消费、智慧超市等新型服务方式，打造区域数字化消费服务新地标。

（3）推动服务业绿色发展。推动生产服务绿色发展。积极发展科技信息服务业，做好生产绿色化改造。积极发展绿色信贷、绿色债券、绿色基金、绿色保险等绿色金融产品。积极发展节能环保服务，促进资源再生、节能环保、污染防治等业务。推动生活服务绿色发展。开展绿色商场、绿色酒店、绿色景区、绿色餐厅等创建活动，弘扬绿色低碳的消费理念。培育“公园+”消费模式，推动绿色空间与消费商圈无缝连接、生态价值挖掘与消费业态创新交互融合。推动流通服务绿色发展。推广绿色低碳理念，促进形成“新商品—废弃商品—二手商品”循环流通的新型发展方式。大力发展绿色物流。加强再生资源回收利用，规范发展废旧家电、报废机动车等回收处理。

4. 生态涵养，提升产业核心竞争力

（1）建设高质量产业生态圈。加快完善金融组织体系建设，加大金融机构招引力度，完善多层次资本市场，大力发展科技金融、供应链金融、绿色金融等新金融业态，完善关联配套产业，积极构建金融产业生态圈。瞄准内外市场、线上线下、产业链上下游、文商旅体场景、区域流通一体化，着力推动商贸流通创新管理体制、创新发展模式、提升流通效率，高质量建设现代商贸产业生态圈。围绕“吃住行游购娱”，聚焦旅游餐饮、旅游住宿、旅游出行、旅游游览、旅游购物、旅游娱乐，持续拓展宜宾旅游新领域，推动文旅产业特色化体验式发展，大力建设文旅产业生态圈。着力强化临港国际物流园、象鼻公铁物流园功能，完善供应链载体、市场支撑，培育壮大市场主体，形成稳定高效的供应链服务体系，培育建设现代物流产业生态圈。完善以组展、主场服务、会议服务、翻译等为代表的上下游产业链配套，完善商业旅游、金融保险、创意设计、会展物流等配套关联服务，探索建设会展产业生态圈。

（2）推进产业深度融合发展。推进现代服务业与先进制造业深度融合。积极发展高端科技服务、个性化定制服务、现代供应链、智能制造与运营管理、工业互联网等新业态新模式，深化拓展业务关联、链条延伸、技术渗透，先行先试，推动先进制造业和现代服务业相融相长、耦合共生。促进现代服务业与现代农业深度融合。着力提升农业生产服务各环节专业化程度和服务市场化水平，积极拓展产前、产中、产后等全产业链相关服务，提供拓展农资服务、技术服务、销售服务、信息服务等农业农村经济服务新领域。优化完善农村金融服务体系，发展农业保险。推动服务业内部行业深度融合。推动文化旅游、商贸流通、科技服务、大数据等现代服务业重点行业相互融合发展，积极鼓励新兴产业、业态、模式创新。融合文化旅游、商贸流通，打造一批商旅文高度融合的特色商业街；融合商贸流通、科技服务和大数据，培育发展无人商铺、智能交通、智能物流等智慧消费业态，推动传统商贸载体数字化改造。

（3）提高宜宾服务供给质量。推进服务标准化。鼓励本土龙头企业制定和实施高于国家标准或行业标准的企业标准，参与服务业标准领航工程，开展省级服务标准试点示范工作。推进服务质量水平提升。持续加强公共服务、生产服务和生活服务等领域服务质量检测，促进服务业中小微企业进行质量管理体系认证，积极创建质量认证示范区（点）。打造宜宾服务品牌。推动智慧物流、服务外包、医养结合、远程医疗等新业态品牌化发展；打造一批地理标志保护产品、中华老字号、农产品“三品一标”等质量品牌。

5. 消费升级，提升品质消费供给力

打造具有区域影响力的消费场景。打造品质商圈时尚乐购场景、街巷雅聚潮购悠游场景、文旅交融休闲漫游场景、智能智慧沉浸体验场景、舌尖意境寻香拾味场景、田园雅居闲逸康养场景和绿色健康体育潮玩场景。挖掘夜间经济增长动能。点亮宜宾城市夜景；建设夜间消费场景；丰富夜间消费活动；完善夜间消费保障。优化新型消费多元供给。培育壮大在线教育、在线文娱、互联网健康医疗服务等消费新模式新热点；重点培育体验消费、共享消费、定制消费、跨境消费等新业态；大力发展首店经济、小店经济、夜间经济等新消费模式。

6. 开放合作，提升资源要素运筹力

主动融入成渝经济圈。以三江新区建设为先导，探索区域协同发展新机制，大力发展现代服务业，培育高端、新兴服务业，做好产业转型升级，打造成渝地区双城经济圈南向开放先行区。高水平建设综合保税区。积极申建海关特殊监管区域（场所），支持在综合保税区内发展服务贸易、物流分拨、检验检测、研发设计、销售服务、维修服务，培育壮大跨境电商、商贸流通服务、融资租赁等新业态、新模式。高水平建设开放口岸。加快五粮液机场航空口岸基础和监管设施建设，持续实施宜宾临港临时开放口岸提效降费工程，积极申报口岸开放，推进建设服务西南地区的大宗货物进出口集散中心。高水平建设四川自贸试验区协同改革先行区。全面推动中国（四川）自贸区宜宾协同区在产业协同、平台协同、制度对接三大版块34项改革计划落地实施，创建智能终端产业国家外贸转型升级基地、国家跨境电商综合试验区，争取纳入川渝自贸试验区协同开放示范区。

专题研究八：县域服务业的发展思路

——以双流县为例

一、研究背景

服务业作为地方经济增长的主要增长点和动力，对经济发展的带动作用日渐明显。随着互联网等新一代信息技术的发展，传统服务业不断改造升级，涌现出一批附加值更高的服务业态，以知识密集型为特征的现代服务业应运而生，为服务业的发展赋予了新的生机和活力，从而推动了整个经济社会的快速发展。作为县级行政区划型区域经济，如何找准自身发展定位，释放资源优势，加快传统服务业升级转型，形成服务业的特色化、产业化发展，已成为关注焦点。

二、县域服务业发展特点

（一）服务业发展不均衡

新型服务业发展较缓慢。县级行政区域由于在人口、资本等要素集聚方面优势不强，高层次服务人才短缺，导致科技服务、金融、电子商务、中介咨询等知识密集型、高附加值的现代服务业发展相对缓慢，拉动经济发展能力较弱，规模化、产业化水平较低。传统型服务业占比过大。从服务业内部结构看，批发和零售、交通运输和住宿餐饮业等传统服务仍占主导地位。但传统服务业普遍存在个体经营占主导、网点分布散乱、产业链条短等问题，在满足当地居民一般生活服务需求后，难以实现突破发展，难以成为支撑经济持续高质量发展的动力。

（二）优势资源转化不足

区位交通优势尚未转化为物流产业优势。虽然公铁水运立体交通网络已具雏形，但物流运输方式仍以公路为主，铁路运输占比不高，铁路货运配套基础设施较为薄弱，多式联运存在“连而不畅”“连而不接”等问题。载体建设优势尚未转化为产业优势。县域服务业发展容易出现重载体建设，轻后续运营的问题。如建设了一批金融中心、商业中心等标志性载体，但在金融业存贷款余额、社会消费品零售总额等衡量产业发展水平的指标上却表现平平。特色资源优势尚未转化为经济发展动力。如临空资源优势，若充分利用可带动县域经济进入快速发展通道，但在实际中，除空港相邻区域外，临空经济区内其他大部分区域的服务业发展基本未受到机场的辐射和影响，产业之间缺乏有效互动，空港对服务业和经济发展的带动作用还有待提高。

（三）发展能级有待提高

缺少高能级企业主体。县域服务业企业通常实力较弱，能级较低，覆盖领域不够全面，缺少发展模式先进、具备产业带动力的引领性企业，难以通过本地企业吸引上下游主体聚集，联动发展，实现规模效应和产业化。示范性项目较少。一方面本地企业实力有限，难以独自投资大型服务业项目；另一方面受限于当地政府财力能力，缺乏专项资金财力支撑，用于服务业基础设施改造和服务业发展的资金相对匮乏，导致服务业重大项目难以落地，甚至出现建设多年无法投运的情况。品牌效应尚未显现。本地服务品牌培育不足，对自身旅游资源、特色餐饮、生态环境等宣传力度不足，没有形成品牌号召力。消费品牌档次较低，缺乏区域首店、品牌旗舰店、本地特色小店，未形成独特的品牌效应，对消费者的吸引力较弱。

三、县域服务业发展思路

（一）对接上位要求，找准发展定位

县域服务业发展需根据国家、省域、市域服务业发展要求，顺应现代服务业发展趋势，探索自身高质量发展路径。一方面，要充分利用成渝地区双城经济圈建设、“一带一路”倡议，借势培育自身发展强大动能，强化招商引资，联动区域发展，充分释放国家战略发展红利，实现突破发展；另一方面，积极对接省市层面的发展要求和重点发展方向，与省市层面的政策引导和支持形成合力，同时，根据省市层面的区域协调发展战略，结合发展基础，找准自身在区域发展中战略定位，并在此发展定位的引领下，探索县域服务业发展重点方向和重点任务。

（二）释放资源优势，突出自身特色

充分识别、挖掘、利用县域服务业发展优势资源，形成差异化、特色化、品质化的服务业发展格局，以此吸引更多消费者，吸引更多资金、人才等发展要素，吸引更多发展主体前来投资，将资源优势转化为产业发展优势。挖掘文化要素、自然风光、人文景观等旅游资源，有助于形成文化旅游产业特色，并通过与商贸、餐饮等产业间的融合互动，营造消费场景，打造人气聚集地。释放特色农业、优势工业的资源优势，培育特色农产品电子商务、直播电商等新型服务业态，围绕优势工业基础，培育相关科技服务业，在助力相关产业发展的同时，打造本地特色品牌，塑造本地发展形象。

（三）重大项目引领，带动产业发展

县域服务业发展需重视重大产业项目所带来的引领带动作用，标杆性项目的顺利实施有助于提升本地服务业发展能级和品牌形象。一方面，在梳理本地服务业重点发展方向的基础上，大力引进重点细分领域的产业项目，以此激活服务业重点领域的发展活力，助推重点领域做大做强，形成区域竞争力；另一方面，注重引进新型服务业产业项目，如科技服务、生态康养、家政服务、智慧物流、电子商务等产业项目，在产业融合、数字化转型等方面

探索实现路径，树立示范典型，带动促进本地其他项目转型升级，引领县域服务业整体发展层次提升。

（四）政策支持引导，保障要素支撑

制定相关政策指导县域服务业高质量发展，引导各类发展要素向服务业发展重点领域、重点方向集聚，并在鼓励投资、鼓励创新、培养引进高层次人才、项目资金争取等方面提高支持力度，促进县域服务业健康快速发展。强化财政支撑，设立服务业专项发展资金，重点支持服务业重点行业、关键领域的发展。强化水电支撑，落实国家鼓励类服务业用水与工业同价政策，鼓励符合条件的服务业企业参加电力市场化交易。强化用地支撑，保障服务业重点项目新增建设用地指标，积极探索灵活多样的用地供给模式，提高用地兼容性。聚焦企业和项目办事“痛点”“堵点”“难点”，纵深推进“放管服”改革，提升政务服务水平和效率，营造良好营商环境。

四、双流县[①]现代服务业发展总体定位研究

通过梳理和研究影响双流县服务业发展的内部因素和外部因素，一方面可以摸清双流县现代服务业发展的基础、现状特点、发展趋势和竞争力；另一方面可以判断双流县现代服务业发展所面临的环境与形势，机会与潜力。在此基础上，依据现代服务业总体定位的四维分析方法，确定双流县现代服务业发展的总体定位和主要思路（见图 8 - 1）。

（一）发展基础

1. 服务业主体地位日益突出

双流县服务业增加值在 2009—2013 年持续上涨，到 2013 年达到 327.87 亿元，且双流县服务业占 GDP 比重一直保持在 40% 以上。2014 年，新双流较 2013 年双流的面积减小了一半以上，服务业增加值仅为 211.83 亿元，但仍占 2013 年服务业增加值的 64.61%；另外，由于面积的减少，服务业的

① 2015 年 12 月双流县改置为双流区，本研究案例是改制前进行的，故沿用“双流县”名称。

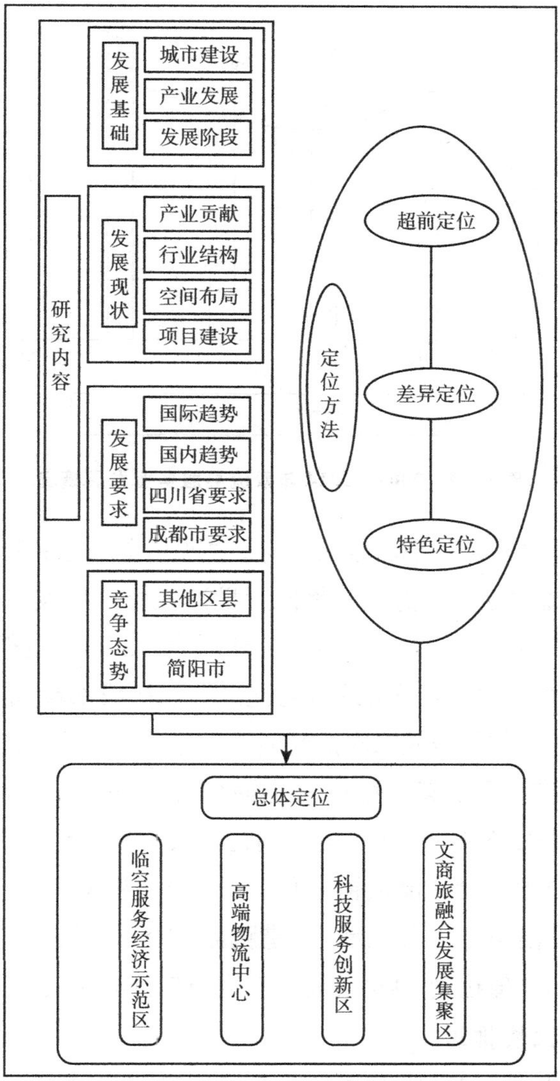

图 8-1 技术路线图

GDP 占比有所下降，但整体来说新双流服务业基础较好，随着经济发展、城镇化进程加快，其主体地位将日益突出（见图 8-2）。

2. 重点集聚区建设有序推进

2013 年，双流县服务业重点集聚区规划面积共计 70 平方公里以上，基础设施及公共服务配套能力进一步加强，承载能力和吸聚能力进一步提高。其中，航空枢纽综合功能区。新开通成都至墨尔本、法兰克福等 6 条国际直飞

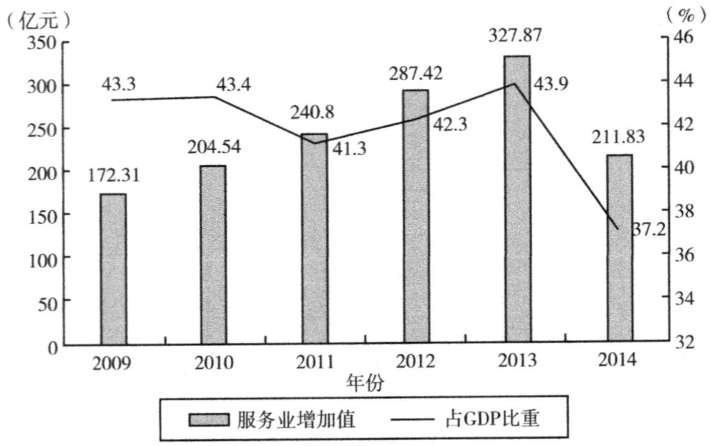

图 8-2　2009—2014 年双流县服务业发展情况

客运航线，实行"7×24"小时通关服务，"四川全域通关物流体系"正式运行，空港保税物流中心已经海关总署同意批准设立。积极完善口岸保税物流、快件、进境水果指定口岸、电子商务等功能平台，加快推进航枢大厦、国际货运村等重大项目建设。临空经济综合功能区。依托成都现代商贸集中发展区，通过优化基础配套和鼓励企业二次招商项目，有力促进时代奥特莱斯、金恒德、元瑞等 45 个现代商贸项目高速发展，品牌服饰、汽贸汽配、家具家居产业集群初具规模。实现总部经济及现代商贸业销售收入 198 亿元，增长 29.4%。双流综合保税区。进口酒（食）品展销中心已开业并入驻厦门优传、重庆康爵等 5 家企业，新签约普洛斯、四川国际、香港鹏盈 3 个重大项目、协议总投资约 19 亿元。园区进出口总值达到 40 亿美元（其中出口创汇 30 亿美元）。

3. 重大项目加快推进

"十二五"期间，双流县服务业发展重大项目投资总量较大，且主要集中在航空物流、商贸、旅游等行业，共计 106 个，总投资 678.97 亿元。其中，中国西部美国城一期、双流蓝光空港总部基地项目（IBP）、成都空港保税物流中心（B 型）等 39 个项目投运建成，新地物流园二期项目、四川航空配餐服务中心、西南联合商业广场二期等 22 个项目加快建设，普洛斯双流国际物流园项目、公务机 FBO 项目、双流县四川恒荣国际货运物流中心等 22 个项目促进开工，飞瑞通用航空成都基地、国际数字新媒体产业园、丰尚高科产业新城项目等 23 个项目正积极跟踪洽谈。

（二）资源优势

1. 临空服务业发展有基础

双流机场是重要的交通枢纽。1956 年 12 月中央军委总参谋部批准将“双桂寺机场”划归民航使用，后更名为双流机场，通过 60 余年的运营，双流国际机场已发展为国家第五大区域性中枢机场，是成都、四川乃至西南对外开放的窗口，连接欧亚大陆桥的枢纽性桥梁。双流国际机场现已开通国际国内航线 160 余条，国内通航城市 80 多个，国际通航城市 37 个，形成了较为完善的航线网络。双流机场飞机架次、客货流量逐年上升。

双流县临空服务业重点集聚区已见雏形。航空枢纽综合功能区、临空经济综合功能区和双流综合保税区相继投入运营，运营发展情况良好。航空枢纽综合功能区已汇聚了 228 家企业，其中航空类 33 家、贸易类 89 家、物流类 76 家，全球、全国物流 100 强企业分别为 13 家、10 家，航空枢纽功能区年主营业务收入达 570 亿元，临空特色产业集聚态势明显；临空经济综合功能区促进了时代奥特莱斯、金恒德、元瑞等 45 个现代商贸项目高速发展，品牌服饰、汽贸汽配、家具家居产业集群初具规模。实现总部经济及现代商贸业销售收入 198 亿元，增长 29.4%；双流综合保税区进口酒（食）品展销中心已入驻厦门优传、重庆康爵等 5 家企业，新签约普洛斯、四川国际、香港鹏盈 3 个重大项目、协议总投资约 19 亿元（见图 8 – 3）。

2. 科技创新能力较强

《成都市区域创新发展监测评价报告（2013 年）》基于成都市 20 个区（市）县科技发展监测数据，评估出 2013 年各区（市）县创新发展总指数及排名。2013 年双流县创新发展总指数为 25.88，位居全市第 3 位，二圈层城市第 1 位[①]。近年来，双流县政府对科技创新工作重视程度较高，在创新管理政策制定和落实方面做了大量工作，为双流县科技创新发展提供良好的软环境。同时，双流县高度重视高新技术产业培育，县域内拥有的创新创业载体规模仅次于高新区，并通过加强与各高校及科研院所合作，共同搭建产学研协同创新平台，为今后进一步提升科技创新发展水平打下坚实基础，也为发展科技服务业奠定了基础。

---

① 资料来源：成都市科技局。

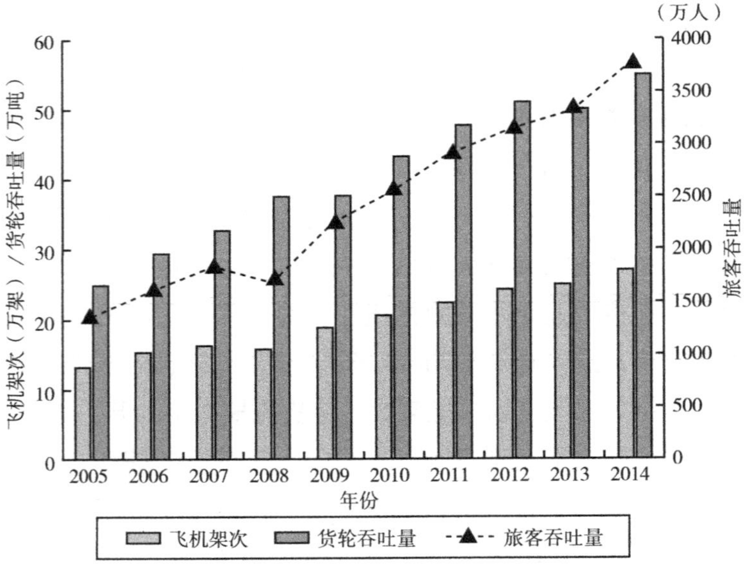

图 8－3　2005—2014 年双流机场飞机架次、客货流量情况

3. 市场需求扩大

双流县城镇化进程不断加快，2013 年底，城镇化率达到 64.18%，预计到 2020 年，双流人口规模将突破百万，城市人口的增加将进一步促进批发和零售业、住宿和餐饮业、文化旅游业、房地产业等民生性服务业需求的扩大。此外，为了更快更好地做强新兴电子信息核心产业，壮大新能源、生物医药和高端装备制造三大主导产业，对生产性服务业的需求都将极大拓展，同时重大制造业项目落户双流产生的巨大带动效应，将为服务业发展注入强劲动力，尤其是高端物流仓储、电子信息、金融保险业、检验检测、租赁和商务等生产性服务业将快速发展。

4. 区域竞争优势

在成都市范围，交通运输、仓储及邮政业竞争优势明显。2013 年双流县交通运输、仓储及邮政的区位商①为 4.16，表明双流县交通运输、仓储

① 区位商（Location Quotient，LQ），又称区域规模优势指数或地方专业化指数，它是建立在比较优势上的，是衡量某一产业的某一方面在某一特定区域的相对集中度的指标。当区位商大于 1 时，表示该地区该产业具有比较优势，且区位商值越大竞争力越强；当区位商等于 1 时，表示该地区该产业水平一般；当区位商小于 1 时，表示该地区该产业处于比较劣势，且区位商值越小竞争力越弱。

及邮政业在成都市具有绝对优势；住宿餐饮业的区位商为1.07，表明其住宿餐饮业在成都市有相对优势，而批发零售业、房地产和金融业在成都市内处于相对劣势的地位。与二三圈层城市相比，服务业发展总体水平较高。2013年，双流县服务业增加值为327.87亿元，远超过其他区县；服务业增加值占地区生产总值的比重为43.95%，仅次于都江堰市（见图8-4、图8-5）。

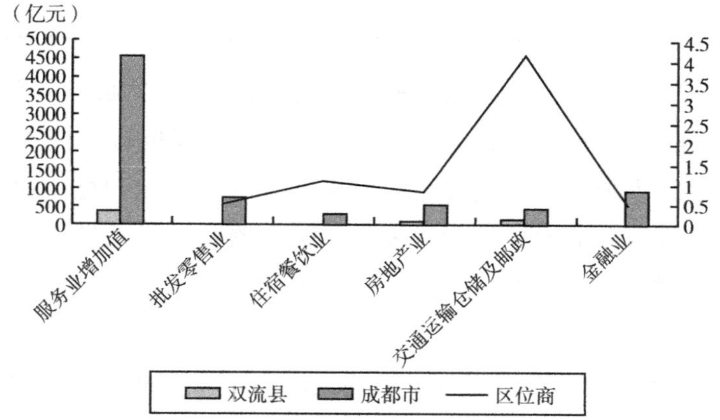

图8-4 2013年双流县服务业重点行业在成都市的区位商分析

数据来源：《成都统计年鉴2013》《双流统计年鉴2013》。

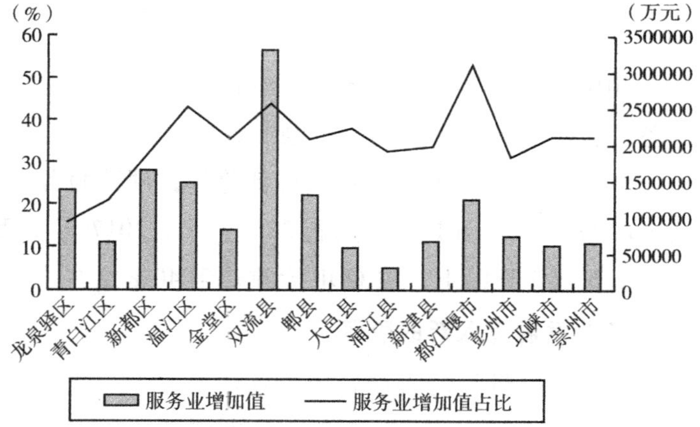

图8-5 2013年成都市各区县服务业增加值及其占比分析图

（三）发展环境

1. 国内外服务业发展趋势

当前，服务业已成为国际化城市的主导产业和经济发展的增长点。国际化城市的服务业占 GDP 的比重高达 80% 左右，服务业发展呈现高端化、集聚化的特征，高附加值的生产性服务业高度发达，制造业服务化倾向日趋明显。我国服务业也呈现出以下主要发展趋势：中国经济发展模式也正向服务经济转型。到 2014 年底，我国第三产业增加值 306739 亿元，增长 8.1%，占 GDP 比重达到 48.2%。第三产业增加值的增速也快于第二产业的 7.3% 和第一产业的 4.1%。技术进步和科技创新与服务业发展相互促进。技术进步和科技创新在我国经济发展中具有重要地位，主要体现在文化创意产业领域、信息服务业、生产性服务业领域、创业投资和孵化器服务等领域。生产性服务业将独领风骚。过去，我国的生产性服务业发展面临多种制约，随着我国工业化进程的加快，为生产性服务业提供了广阔的发展平台。服务业对外开放程度不断提升。1982 年我国的服务贸易的全球占比仅为 0.6%，2012 年该比例已达到 11.5%，服务业成为对外贸易的新增长点。

2. 四川省服务业发展方向和重点

近年来，四川省服务业发展势头良好，服务业占 GDP 比重比续 3 年提升，在 2014 年达到 36.7%，增速超过了 GDP 增速。2014 年，四川省也先后出台了《四川省五大新兴先导型服务业发展工作推进方案》《四川省服务业发展四年计划（2014—2017 年）》等促进服务业发展的一系列政策措施，着力推进电子商务业、现代物流业、现代金融业、科技服务业、养老健康服务业五大新兴先导型服务业。到 2016 年将实现新跨越，预计服务业增加值增速超过西部地区平均增速，占 GDP 比重达到 38% 以上；2017 年将迈上新台阶，预计服务业达到 1.6 万亿元以上，占 GDP 比重达到 40% 左右。

3. 成都市服务业发展迈入新的阶段

成都市“五大兴市战略”的实施，为加快服务业发展创造了有利条件。“交通先行”巩固和提升成都国际物流信息枢纽和商贸、金融、科技中心地位；“产业倍增”为服务业快速倍增奠定坚实基础；“立城优城”“三圈一体”有助于统筹提升全市服务业发展承载能力，进一步优化服务业发展空间布局；

“全域开放”充分利用两个市场、两种资源，将服务业现代化、国际化水平提升到一个新的高度。

成都“世界现代田园城市”建设带来突破性机遇。近年来，成都高度重视现代服务业的发展，制定和实施了《成都市服务业发展规划（2008—2012）》，出台了《成都市人民政府关于加快服务业发展若干政策的意见》，召开了全市服务业大会，把服务业发展提到更加重要的战略位置，将服务业置于建立现代产业体系的核心地位，加以大力发展。

4. 临空经济发展机遇

四川省提出“一枢纽、三中心、四基地”发展战略，特别是建设以成都为中心的西部综合交通枢纽，使成都在西部的战略高地和综合交通枢纽地位明显提升，内外交通通达度将显著提高。双流国际机场作为航空枢纽，在省、市政府的大力支持下，临空经济依托航空产业、将有利于双流经济发展实力进一步增强，更利于服务业的发展。

5. 天府新区获批和简阳第二机场开建对双流的影响

四川省“天府新区”战略构想带来重大发展机遇。为充分发挥四川资源优势，有效承接东部产业转移，省委、省政府提出打造“天府新区”的宏伟战略构想，在2000平方公里地域上，再造“产业新成都”，建成后天府新区GDP将达6000亿元。天府新区获批后，双流县版图缩小为原来的一半，服务业发展的空间范围将缩小，使土地资源更为紧张。简阳第二机场较双流机场将更具规模，简阳未来将成为西南地区又一个重要的航空城。因此，简阳第二机场的开建将对现有双流县独拥的空港资源优势产生影响。双流和天府新区直管区、简阳都将形成新的竞合关系。

未来双流将以科技创新和临空经济作为抢占先机和继续领跑的“驱动轮”。以科技创新为先导，以空港资源为依托，以发展高附加值的现代服务业为突破，充分彰显双流城市“个性标签”，加快培育双流经济“新的极核”。

（四）总体定位

1. 确定总体定位的方法和思路

确定双流县现代服务业总体定位，就是通过现代服务业发展对整体县域经济发展和城市建设的作用的分析，正确判断现代服务业在县域经济发展中，在成都市服务业发展中的位置，以及科学确定现代服务业发展的重点方向。一是正确判断未来一段时期现代服务业在双流县经济建设中，在产业发展中的位置；二是正确判断未来一段时期双流县现代服务业在成都市现代服务业发展中的定位问题；三是正确判断双流县现代服务业重点行业在成都、四川乃至西部和全国的定位问题。本部分研究采用四维分析法来确定双流县现代服务业的发展定位。同时，在确定双流县现代服务业发展定位时，采用超前定位、差异定位、特色定位的思路。

超前定位：双流县现代服务业总体定位应具有超前意识，有助于实现地区的跨越式发展。按照成都市以及双流县未来10年的发展方向和目标，顺应成都市及双流县城市建设、经济结构调整、对外开放的有利时机，以及经济、消费新常态的，超前谋划、明确双流县现代服务业的总体定位，尤其是明晰双流县现代服务业在双流县域经济中的发展定位和阶段定位。

差异定位：根据双流县与成都其他区县的差异，与天府新区的差异，与第二机场所在地简阳市的差异，与国内其他空港型城市的差异，找准自身竞争优势来进行定位。

特色定位：双流县要发展现代服务业，必须要找准双流县的特色，把特色产业、特色区位、特色文化、特色城市建设转化为现代服务业的发展优势，形成整体发展氛围。

确定总体定位的四维分析。通过分析成都市服务业对双流县现代服务业发展的功能要求、双流县对现代服务业的发展要求、双流县现代服务业的竞争态势，以及双流县现代服务业的基础四个维度，形成双流县现代服务业在双流县经济发展中的定位，双流县现代服务业在成都市服务业发展中的定位，以及双流县现代服务业发展的产业定位。

（1）成都市服务业对双流县现代服务业发展的功能要求。成都市在2008年发布的《成都市服务业规划》中，对双流县服务业的空间定位主要包括科技商务、会议展览、软件及服务外包、金融后台和空港物流，拟将双流建成西部最大的航空物流枢纽和科技商务服务功能区。对双流县鼓励发展的行业包括物流业（航空物流）、商务服务业、商贸业。2009年，成都做出“世界现代田园城市”的新战略定位，全面启动产业功能区建设，13个市级产业功能区中，全部或重点发展现代服务业的功能区多达9个，其中，天府新区、

“198”、国际航空枢纽功能区等产业功能区布局双流县，必将全面辐射带动双流服务业发展。在2012年出台的《成都市服务业发展“十二五”规划》中，成都市对双流县服务业的发展定位主要包括，作为天府新区的组成部分，集聚发展高端服务业，包括商贸物流、金融服务业、研发设计、会展博览及文化旅游等；同时作为龙泉山旅游发展带的组成部分，发展度假休闲旅游；最核心的发展内容包括作为国际航空枢纽综合功能区，中西部最大航空港的战略资源，大力发展总部经济、保税物流、临空商业、航空物流、空乘培训、时尚休闲等空港服务业，加快建成“西部第一、国内前茅”空港综合服务经济区。

（2）双流县对现代服务业提出的发展要求。近年来，我国经济发展模式已经向服务经济转型，发展现代服务业成为衡量一个区域的经济发展水平的重要指标，也是实现经济创新发展的重要途径，发展现代服务业还将有助于城市建设，提升城市的宜居性。

现在，双流县面临着发展现代服务业的机遇和压力。成都市现代服务业发展良好态势，政策导向，以及双流县所处的经济阶段，都成为双流县发展现代服务业的重要驱动力；现阶段下，低碳、智慧、跨境商务等新的现代服务业发展理念的引入，使双流县需要考虑到现代服务业的发展模式问题；双流县光伏电子、机械制造等优势产业也为现代服务业的发展创造了良好条件，而现代服务业的发展也深刻地影响着其他产业的发展，影响双流县城市建设的进展。

同时，也需要意识到，双流现代服务业发展也面临一些局限和调整，一方面天府新区成都直管区和简阳第二机场的开建，双流县现代服务业发展的优势将在未来某一时点相对减弱；另一方面双流县现代服务业发展也面临现有空间受限，而现代服务业用地绩效不高，项目推进缓慢，临空经济的优势发挥范围有限等问题。双流县城市总体规划提出，双流县作为成都市中心城双核之一，是天府新区金融、商业、行政和科研中心；国际航空枢纽，天府新区空港高技术产业功能区，以临空产业为主导的卫星城。2014年，根据成都市建设7个卫星城的要求，双流县进一步出了“天府科技卫星城，国际空港自贸区”城市发展定位，对现代服务业发展提出了更高的要求，包括丰富服务业业态、壮大服务业规模，推动产业转型升级，促进重大项目聚集发展等。

(3) 双流县现代服务业的发展基础。发展基础是未来发展定位之本，双流县现代服务业发展的现状、优势、问题以及面临的制约都是决定双流县现代服务业发展如何定位的基础性问题。总的来说，从现代服务业发展的角度看，双流县具有的最大区位优势目前仍然是围绕航空港而形成空港经济形态。从资源角度来看，双流有较为丰富的休闲旅游资源以及文化旅游资源。从产业发展优势来看，在成都乃至全省内具有较大优势的是以空港物流为核心的现代物流业；另外，近年来双流县多个科研院所、各类研发机构、知识产权西南中心等科技相关项目的建设和运营日益显示出科技服务业发展的强劲动力；而随着一批大型商业项目的运营和筹建，双流县现代商贸集聚区也较具规模，并吸引了区域外的消费者。

同时，根据分析得出双流县目前处于“工业化后期，以服务经济为主导的发达经济初级阶段”的结论，一方面意味着工业逐渐向高新技术产业方向发展，服务业进入快速、平稳、跨越式发展的阶段；而另一方面也需要认识到服务业在这一阶段内还未能完全作为支撑双流县经济发展的主导型产业。

(4) 双流县现代服务业发展的竞争态势。双流县的竞争态势是差异化定位的核心。根据前面研究，双流县现代服务业发展的主要竞争态势包括以下特征，一是在大成都范围内，交通运输、仓储及邮政业竞争优势明显，发展物流业有明显优势；二是与第二机场所在地简阳市相比，服务业发展的整体实力现阶段不在一个竞争层级上，从临空服务业的发展来看，在一段时期内仍可以保持先动优势；三是从科技服务业、商贸服务业、高端地产业发展来看，虽然双流县比中心城区，尤其是相邻的高新区并不具备发展基础优势和政策优势，但双流相对而言更有拓展性优势，包括用地、项目引进成本等，因此在未来一段时期有较强的发展潜力；四是从文化旅游资源来看，双流相对成都市其他区县而言，具有基础建设起步早、旅游资源类别齐全、集中度高的优势。

2. 总体战略定位

基于前面的分析，本文认为双流县现代服务业的总体定位可以从以下三个层次来进行战略考虑。一是双流县现代服务业在双流县经济发展中的总体定位为：近期（近 5 ~ 10 年）作为支撑性产业，中远期（10 年后）发展为支柱性产业。二是对双流县现代服务业在成都市服务业发展中的总体定位：全市现代服务业的创新发展示范区，二三圈层的现代服务业发展先导区，空港服务业的集中区。三是双流县现代服务业中重点方向的总体战略定位：为“全国临空服务经济示范区、西部高端物流中心、全川科技服务创新区，文旅商融合发展集聚区”。在前面三个层面的战略定位的基础上，双流县现代服务业发展的总体思路为：围绕城市建设和产业发展的定位目标，以空港特色为依托，以集聚、创新、融合式发展为核心，通过加大现代服务业的投资力度、项目建设和主体培育，力争在“十三五”期间取得突破式发展，在经济绩效、产业结构优化、形象塑造上大幅提升，加快形成以服务经济为主导的产业发展模式。

重点发展方向：

(1) 临空服务经济示范区。依托双流县国家空港自贸区的建设，充分发挥双流县临空区域特色，发挥各类政策特殊监管区和保税区的平台优势和政策影响力，大力发展临空服务业，在空港范围内形成具有较高服务业产出价值，现代服务业全面发展，以及和城区建设、产业发展协调发展的服务经济生态圈，打造全国临空服务经济发展的示范区（见表8-1）。

表8-1　临空服务经济示范区的战略定位

战略定位	临空服务经济示范区
区域定位目标	全国
形象关键词	空港、自贸、吸引力
发展载体	空港高端商圈
	空港物流中心
	空港自贸区
	空港住宅中心
	汽车展贸集中区
	跨境电子商务
发展模式	集聚发展、创新发展、政策导向、引领式发展
主要产业绩效体现	提升城市吸引力，促进消费 促进对外贸易，加大贸易增长额

(2) 高端物流中心。依托双流县现有的现代物流业发展基础和临空区位优势，采取与成都新都区、四川其他市州物流业差异化发展策略，重点打造西部地区最有影响力的高端物流中心。服务于成都市、四川省以及西部地区的高端产业，发展以物流咨询策划和培训业、物流金融业、特种物流运输、特殊仓储及配送、高端物流设备制造和贸易、精密包装等为核心的高端物流业。通过高端物流业的发展，进一步扩大双流县在物流行业的影响力，提升物流用地的绩效水平，成为物流高端人才的集散地（见表8－2）。

表8－2　高端物流中心的战略定位

战略定位	高端物流中心
区域定位目标	西部
形象关键词	高端、精密、专业
发展载体	物流咨询策划和培训业
	物流金融业
	特种物流运输业
	特殊仓储及配送
	高端物流设备集散地
	精密包装业
发展模式	差异化发展、高端化发展、专业化发展
主要产业绩效体现	扩大双流县物流行业影响力； 提升物流行业科技发展水平； 降低物流成本； 提高物流行业利润水平； 为高端物流需求企业提供发展支撑； 培养高级物流人才； 提高物流行业产值

(3) 科技服务创新区。依托双流县众多的科研院所、研发机构、高新技术企业、国家知识产权局四川审查协作中心等丰富的科技服务资源，以及近年来已经初步奠定的科技创新发展基础，顺应经济创新驱动的发展趋势，大力发展研发服务、科技交流及推广服务、科技专业咨询服务等科技服务业，并将科技服务业应用推广至双流县及成都市的优势产业，将双流县培育为四川最具影响力的科技服务业发展的核心区（见表8－3）。

表 8－3　科技服务创新奇的战略定位

战略定位	科技服务创新区
区域定位目标	四川省
形象关键词	研究所、科技创新、知识产权
发展载体	科技服务公共平台
	科技咨询服务 CBD
	科研机构集聚区
	科技孵化集中区
	研发机构集中区
	知识产权高端服务集聚区
发展模式	集聚发展、创新发展、协同发展、引领式发展
主要产业绩效体现	提高科技成果转化效率，促进产业发展 推动新产品产出，提升产业能级 扩大科技影响力，吸引资金就地投入 提升科技服务业市场能力，形成科技服务创新产出

（4）文商旅融合发展集聚区。在保护自然生态的前提下，深入挖掘双流文化形态和文化内涵，依托龙泉山旅游资源，以及黄龙溪、胜利镇等休闲旅游及美食资源，充分把握消费新趋势和新的商业模式，推动旅游、文化、商业的发展，并着力促进文化、旅游和商业的融合式发展。通过升级改造、引进和建设一批文化、旅游、商业融合发展的项目，包括文化特色商业街区、大型商业休闲综合体、旅游特色商业镇等，形成以镇落旅游为商业节点、文化为商业元素的文商旅发展城，打造成都市具代表性和示范性的文旅商集聚区（见表 8－4）。

表 8－4　文旅商融合发展集聚区战略定位

战略定位	文旅商融合发展集聚区
区域定位目标	成都市、双流县周边区域
形象关键词	休闲旅游、镇落文化、美食、商业
发展载体	特色商业街（区）
	休闲旅游镇群
	高端住宅生活配套
	大型体验式商业综合体
发展模式	产业融合发展、模式创新发展、智慧运营管理

续表

战略定位	文旅商融合发展集聚区
主要产业绩效体现	促进城市建设，打造宜居卫星城 提升商业吸引力，增加旅游消费 提升别墅配套，提高地产价值，促进高端消费

3. 主要任务

（1）突出现代服务业发展重点，加快形成竞争优势。应进一步确定现代服务业发展方向，确定现代服务业重点行业，在未来一段时期内，工作重心向这部分行业倾斜，以确保双流县现代服务业竞争优势的形成。一是加快制定双流县“十三五”服务业发展规划，进一步明确现代服务业发展方向和重点，并就服务业重点行业、重点领域、重点集聚区做好专项规划和工作推进方案；二是加快形成重点行业的招商引智目录，通过重点行业方向的项目引进、人才引进来促进重点行业的加快发展；三是对重点行业的新建项目和新入企业，一方面高标准建设，另一方面大力扶持；四是加强重点行业的基础设施建设，形成重点行业的良好发展环境。

（2）优化现代服务业空间布局，增加用地绩效。应在目前产业布局的基础上，考虑现代服务业的土地产出绩效，进一步优化现代服务业的空间布局。由于目前双流县服务业发展的空间资源仍然是有限的，更需要把有限的资源用在能够带来较大价值的重点行业上。一是在有较高价值的中心地块发展能带来较高产能的现代服务业；二是空间布局应结合行业发展特征进行和交通状况；三是空间布局应尽量考虑全产业链，以及产业的融合发展。

（3）加大现代服务业和“城镇化”“工业化”的互动发展。通过现代服务业与“城镇化”“工业化”的互动发展来促进现代服务业的发展。一是现代服务业应结合双流县的特色工业发展，应围绕双流县的电子信息核心，新能源、生物医药和高端装备制造，发展相应的高端物流、科技服务、商务服务和园区商贸等；二是结合现代服务业发展应和城镇化互动发展。在空间布局上保持和城市总体规划的一致性。在发展时序上，保持和城市总体规划建设时序相统一。在发展形式上，通过文创商的融合发展，促进双流县各个城镇，尤其是休闲旅游镇的建设。在商贸、物流、电子商务的发展上，重点关注城镇建设的重点区域和建设模式。

专题研究九：考虑区域协同的服务业发展思路

——以雅安川藏物资贸易集散地研究为例

一、研究背景

雅安地理区位独特，素有“西藏门户”之称，是全国进出藏最近最快的节点城市，是成渝地区西向门户枢纽，成渝地区物资进出藏区的重要集散地，是川西的咽喉要塞，对接四川藏区的门户城市。雅安与藏区文化交流联系紧密，拥有汉藏交融的独特文化。雅安与藏区贸易往来频繁，是藏区农副产品和藏茶的重要保供基地。随着川藏铁路雅林段（雅安至林芝）动工建设，雅安迎来了川藏铁路建设的重大机遇，雅安可为川藏铁路建设提供建可靠物资保障，一旦川藏铁路建成通车，雅安的区位优势将更加明显，与藏区的贸易联系将更加紧密，有望建成成渝地区西向门户枢纽、川藏物资贸易集散地。本文为雅安抢抓川藏铁路建设重大机遇，建设成渝地区西向门户枢纽、川藏物资贸易集散地开展课题研究，系统分析“十四五”期间雅安市建设“进藏物资集贸易散地”的现实基础、存在的问题以及发展趋势，提出“十四五”期间雅安市建设“川藏物资贸易集散地”总体思路和举措建议。

二、川藏物资贸易集散地的概念研究

本文所说的雅安建设川藏物资贸易集散地是指以川藏为主要辐射范围，

集通道、仓储、货物流通、商品交易、信息服务、金融服务六大功能于一体的物资贸易承载地。下文将厘清川藏的范围，研究整理进出藏区的物资类型，分析贸易集散地功能。

（一）川藏范围

川藏范围包括四川省全域和藏区（西藏全域以及云南、青海、甘肃三省藏区）。

（二）物资类型

本文的物资是指川藏贸易往来的各类物资，包括藏区所需的物资和藏区产出的物资（见图9-1）。

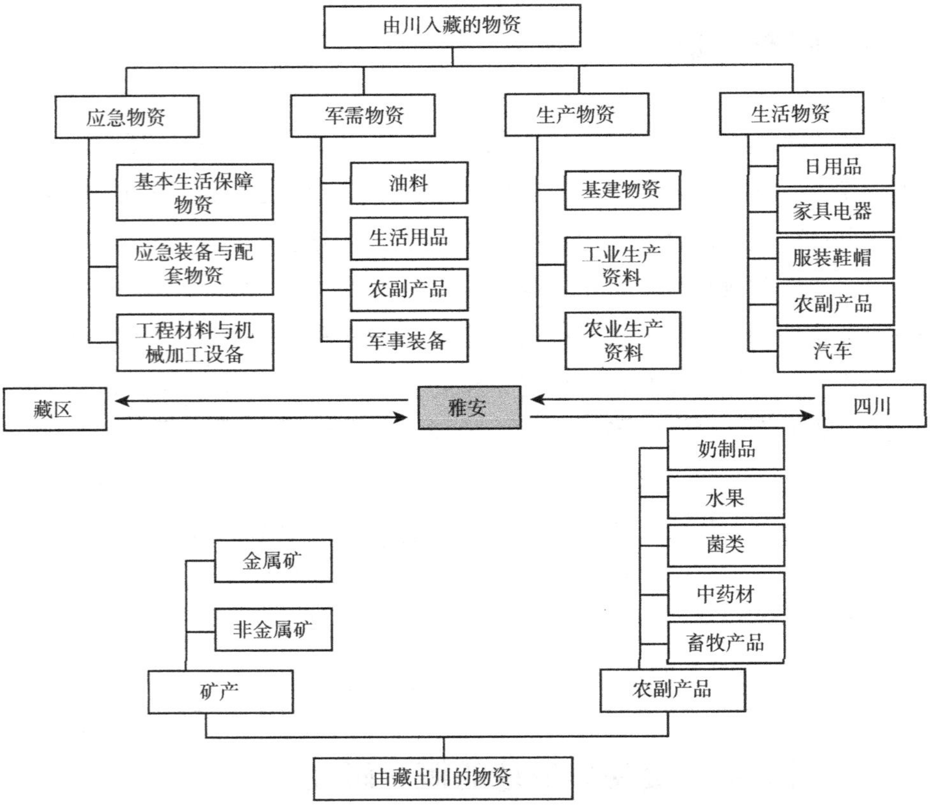

图9-1　川藏贸易往来物资类型示意图

由川入藏的物资主要是与藏区战略保障、国防安全、生产、生活密切相关的物资，包括应急物资、军需物资、生产物资、生活物资四大类。应急物资包括三大类：一是基本生活保障物资，主要指粮食、食油、水和蔬菜等；二是应急装备及配套物资，主要指针对少数特殊事故处置所需特定的物资；三是工程材料与机械加工设备，主要指处理危机过程中专业人员所使用的专业性物资。军需物资包括油料、生活用品、食品和军事装备等。生产物资包括基建物资、工业生产资料、农业生产资料等。生活物资包括日用品、家具电器、服装鞋帽、农副产品、汽车等。

由藏出川的物资主要是藏区的特色资源，包括矿产、农副产品等。藏区的矿产包括铜、铬、铅锌银多金属、钼、铁、锑、金、盐湖锂硼钾矿等金属矿，石灰岩、白云岩、蛇纹岩、花岗岩等非金属矿。藏区地处高原，农副产品极具特色，藏区的农副产品包括冬虫夏草、藏红花等中药材，牦牛肉、藏香猪等畜牧产品，嘎啦苹果、昌都醉梨、人参果等水果，松茸、灵芝、鸡油菌等菌类，以及藏区特色的奶制品等。

（三）贸易集散地功能

川藏物资贸易集散地应具备六大功能，即通道功能、仓储功能、货物流通功能、商品贸易功能、信息服务功能和金融服务功能（见图9－2）。

通道功能：以物流通道为依托，包括公路运输、铁路运输、航空运输、水路运输等交通运输方式。建设川藏物资贸易集散地将形成“东集西散”的大物流通道，主要依托公路、铁路运输。

仓储功能：包括储存和保管功能。雅安建设川藏物资贸易集散地主要考虑建设平战结合的应急物资仓储基地和军需物资仓储基地，以及为进出口贸易服务的保税仓。仓储可布局在物流节点内，也可作为特殊的用途单独布局、专门建设。

商品贸易功能：包括展示和销售功能。专业市场是承载商品贸易功能的主要载体，商品交易会、展会可以作为商品贸易载体的重要补充。雅安建设川藏物资贸易集散地要结合本地的资源及进出藏需求培育特色专业市场和会展品牌。

货物流通功能：包括运输、配送、装卸、搬运、存储、加工、包装等功能。物流节点则是承载以上功能的载体，而雅安建设川藏物资贸易集散地主要依托规模较大的物流节点，如物流园区和物流中心。

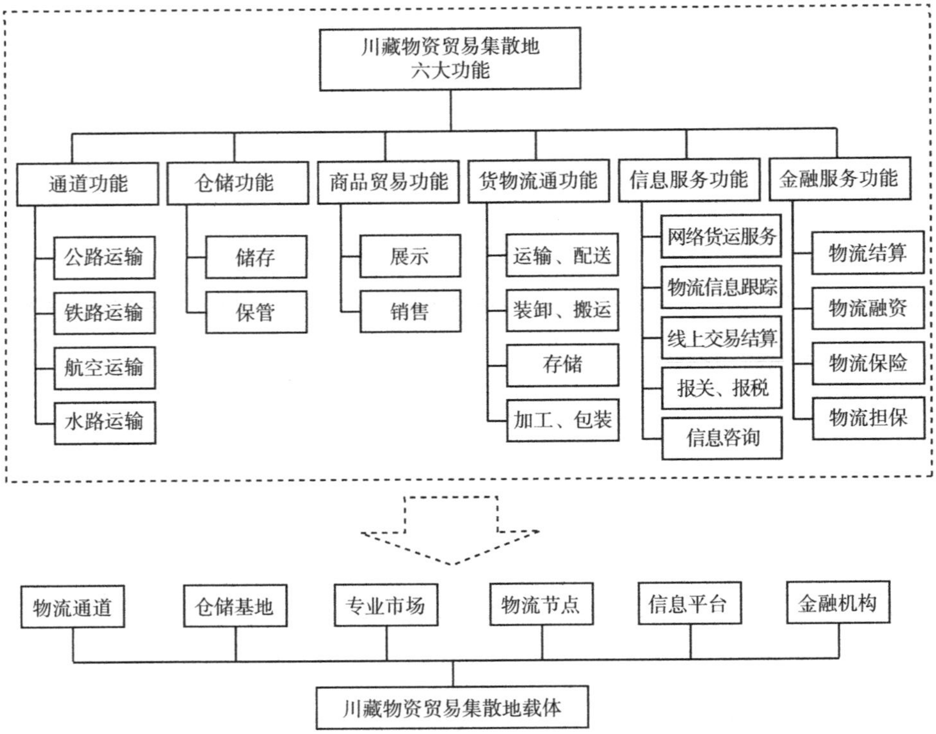

图 9-2　川藏物资贸易集散地功能及载体示意图

信息服务功能：包括网络货运服务、线上交易结算、物流信息跟踪、报关、报税、退税、信息咨询等功能。雅安建设川藏物资贸易集散地应依托全市物流大数据信息平台，搭建进出藏物流大数据信息平台，与企业物流平台形成互联互通。

金融服务功能：包括物流结算、物流融资、物流保险、物流担保等服务功能。雅安建设川藏物资贸易集散地应充分利用信贷市场和资本市场，开发服务于物流产业的金融产品。

三、雅安建设川藏物资贸易集散地的意义

（一）是贯彻中央第七次西藏工作座谈会精神的创新实践

2020 年 8 月 28—29 日，中央第七次西藏工作座谈会在北京召开，习近平

总书记以“十个必须”全面阐释了新时代党的治藏方略，其中包括“必须坚持治国必先治边、治边先稳藏的战略思想”，以“五个要”概括了新时代西藏经济社会高质量发展重要部署，其中包括“要围绕川藏铁路建设等项目，推动建设一批重大基础设施、公共服务设施，建设更多团结线、幸福路”。雅安市素有“西藏门户”之称，紧邻我国第二大藏区——甘孜藏族自治州。未来，随着川藏铁路建成通车，雅安“稳藏安康”的战略地位将更加突出。雅安市建设川藏物资贸易集散地符合国家“治藏安藏”“稳藏安康”的总体方略，是贯彻中央第七次西藏工作座谈会精神的创新实践。

（二）是新时代构建全国进出藏区大流通体系的迫切需要

2020 年 9 月 9 日习近平主持召开中央财经委员会第八次会议，研究畅通国民经济循环和现代流通体系建设问题，会议指出，建设现代流通体系对构建以国内大循环为主体、国内国际双循环相互促进的新发展格局具有重要意义，在社会再生产过程中，流通效率和生产效率同等重要，是提高国民经济总体运行效率的重要方面。会议强调，要建设现代综合运输体系，形成统一开放的交通运输市场，优化完善综合运输通道布局，加强高铁货运和国际航空货运能力建设，加快形成内外联通、安全高效的物流网络；要完善现代商贸流通体系，培育一批具有全球竞争力的现代流通企业，推进数字化、智能化改造和跨界融合，加强标准化建设和绿色发展，支持关系居民日常生活的商贸流通设施改造升级、健康发展。雅安建设川藏物资贸易集散地是国家建设现代流通体系的重要实践，是新时代构建全国进出藏区大流通体系的迫切需要。

（三）是抢抓成渝地区双城经济圈发展机遇的重要切入点

成渝地区双城经济圈建设是习近平总书记亲自谋划、亲自部署、亲自推动的国家重点区域发展战略。2020 年 7 月 30 日，中共雅安市委四届八次全体会议审议通过了《中共雅安市委关于深入贯彻省委十一届七次全会精神积极投入成渝地区双城经济圈建设的决定》，明确提出雅安在成渝地区双城经济圈中建设“四基地一枢纽”的目标定位，其中一枢纽为成渝地区西向门户枢纽。因为雅安是成渝地区双城经济圈中唯一与甘孜、阿坝、凉山三州接壤的市，是成渝地区双城经济圈连接全国最大彝区和藏区的重要节点，也是成都—雅安—云南—缅甸和成都（重庆）—雅安—西藏—印度两条国家南向开放通道的重要节点，雅安建设川藏物资贸易集散地是积极融入成渝地区双城经济圈建设的重要切入点。

（四）是助力雅安市加快融入西部陆海新通道的重要举措

2019年8月15日，国家发展改革委印发《西部陆海新通道总体规划》，把西部陆海新通道建设上升为国家战略。西部陆海新通道位于我国西部地区腹地，涵盖重庆、广西、贵州、甘肃、青海、新疆、云南、宁夏、陕西、四川、内蒙古、西藏等西部12省区市以及海南省和广东省湛江市，北接丝绸之路经济带，南连21世纪海上丝绸之路，协同衔接长江经济带，在区域协调发展格局中具有重要战略地位。雅安建设川藏物资贸易集散地是融入西部陆海新通道的重要举措，通过物流枢纽、运输通道的完善，强化雅安无水港的多式联运功能，有效降低物流和贸易成本，并依托重庆和成都两大重要枢纽，连通北部湾港口群，起到通江达海的作用。

（五）是新时期推动雅安商贸流通业跨越发展的引擎抓手

雅安市正全力实施“东融西拓、南链北畅，打造‘一带一路’西部陆海新通道次枢纽和开发开放新高地”的交通战略，重点保障川藏铁路雅安至林芝段顺利建设，依托雅叶高速打通连接西藏、面向印巴的开放大通道，雅安物流产业将迎来巨大发展机遇。建设川藏物资贸易集散地是雅安商贸流通业错位发展、提能发展、跨越发展的关键突破口和引擎抓手，将有力推动雅安物流园、川藏物流（旅游）产业园、中国供销川西农副产品物流园（川西农博城）、川滇物流园（西康汽贸城）、雅安无水港（物流分拨中心、凤鸣综合物流园、多式联运中心）等重点商贸流通设施建设，积极发展公铁水空多式联运模式，提升雅安物流服务能力和运行效率，推动物流降本增效、形成优势。

四、雅安建设川藏物资贸易集散地的优势条件

（一）优越的区位交通优势

1. 交通优势

雅安是全国进出藏的重要门户。雅安与甘孜州相连，甘孜州又分别与西

藏、青海藏区、云南藏区为邻，由雅安可进入全国藏区，雅安市是川藏结合部产业体系最为完备的区域。未来，随着川藏铁路、雅叶高速的全面建成通车，雅安进出藏区的速度将得到大大提升。

川藏铁路是国家世纪工程，也是“一带一路”的重要通道。川藏铁路东起四川省成都市、西至西藏自治区拉萨市，为中国国内第二条进出藏铁路。川藏铁路成都至雅安段于2018年12月开通运营，林芝至拉萨段于2021年6月开通运营，工程最复杂的雅安至林芝段于2021年12月全面开工，预计工期10～12年，川藏铁路建成通车后，进出藏时间将由36小时缩短至12小时左右①，将是全国进入西藏路程最短且耗时最短的首选通道。

雅叶高速为国家重大工程，是横贯东西的快速通道。雅叶高速公路全线分为四川段、西藏段和新疆段，线路起于四川省雅安市雨城区均田村草坝枢纽，终至新疆维吾尔自治区喀什地区叶城县，跨越3个省级行政区，设计时速在80～100公里，按照双向4～6车道标准建设，经过的主要地点有雅安、天全、泸定、康定、理塘、巴塘、芒康、八宿、林芝、拉萨、日喀则、噶尔和叶城。雅安至康定段、林芝至拉萨段已贯通运营，噶尔至叶城段是远期规划线路，所以新疆境内段目前还未动工。随着雅叶高速公路各路段的逐渐开工、陆续开通和后期的全面建成，雅安和西藏的联系更加紧密（见图9－3、表9－1）。

专栏1：全国进出藏物流通道比较分析

全国进出藏的物流通道总共有4条：分别是川藏线、青藏线、滇藏北线、新藏线。

青藏线：目前内地物资进入西藏主要通道，走青藏铁路从西宁至拉萨耗时20个小时，走青藏公路耗时31个小时，青藏铁路承担70%左右进藏物资运输，从内地进入西藏的物资有农副产品、生活用品、应急物资和军需物资。

川藏线：成渝地区的物资进入西藏的通道。除川藏线，成渝地区还会选择青藏线，从成渝地区进入西藏的物资有农副产品、生活用品、应急物资和军需物资。

---

① 川藏铁路雅安至林芝段今年开建，建成通车后从成都到拉萨只需12小时左右．［EB/OL］https://www.sohu.com/a/378807987_120052783.2020－3－9.

滇藏线：云南、贵州的物资进入西藏走滇藏线，从昆明至拉萨耗时36～46个小时。

新藏线：新疆的物资进入西藏走新藏线，从叶城至拉萨耗时43个小时。

目前全国大部分物资走青藏通道进入西藏，如果川藏铁路全线修通，将比青藏线节约7个小时，可以预见，未来川藏线是进入西藏的主要通道。

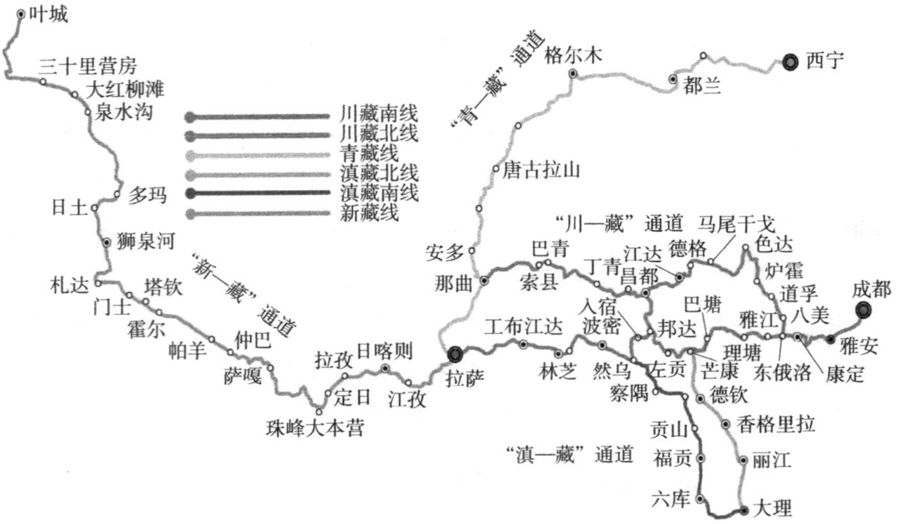

图9－3　全国主要进出藏通道示意图

表9－1　　全国主要进出藏通道一览

主要进出藏通道	主要线路	全长（公里）	一般通行时间（小时）
“川—藏”通道（成都—拉萨）	川藏公路北线	2412	40
	川藏公路南线	2146	36
	川藏铁路（建设中）	1838	12
	雅叶高速雅安到拉萨段（建设中）	—	—
“青—藏”通道（西宁—拉萨）	青藏公路	1937	31
	青藏铁路	1956	20
“新—藏”通道	新藏公路（叶城—拉萨）	2500	43
	雅叶高速叶城到拉萨段（远期规划）	—	—
	新藏铁路（和田—拉萨，规划中）	2010	—

续表

主要进出藏通道	主要线路	全长（公里）	一般通行时间（小时）
“滇—藏”通道（昆明—拉萨）	滇藏公路北线	2551	46
	滇藏公路南线	2217	36
	滇藏铁路（建设中）	1914	16

2. 区位优势

雅安位于四川盆地西缘，西接民族三州：甘孜、阿坝、凉山，东邻成都、眉山、乐山，距离成都120公里。雅安是四川盆地唯一一个同时与川西民族三州交界的市，也是距离川西民族三州最近的市，因此有川西咽喉之称。同时，雅安是成都、攀西、川西北三个经济区的交汇枢纽，是攀西富集资源出入四川其他地区的重要门户。雅安紧邻成都都市圈，属于成渝地区双城经济圈双城极核拓展区范围，是成渝地区双城经济圈链接全国最大彝区和藏区的重要节点，也是成都—雅安—云南—缅甸和成都（重庆）—雅安—西藏—印度两条国家南向开放通道的重要节点（见图9-4）。

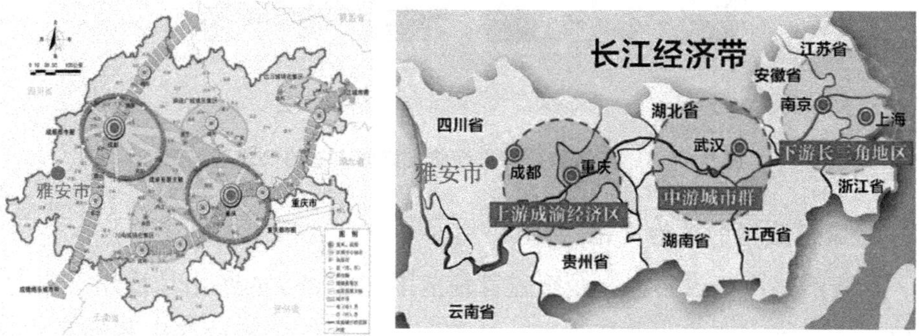

图9-4 雅安在成渝地区双城经济圈及长江经济带中的位置示意图

（二）汉藏交融的文化优势

雅安和藏区的文化交流联系紧密，有历史的渊源也有地理区位因素，汉藏交融的文化将有利于营造藏民到雅安购物的良好氛围，从而推动川藏物资贸易集散地建设。

1. 雅安和拉萨缔结友好城市

2019 年 5 月 10 日，雅安市人民政府与拉萨市人民政府缔结友好城市，友好城市合作关系的正式确立，有助于雅安和拉萨两市交流合作、互利共赢，有助于两地政府、企业和民间组织之间的信息互通、资源互享，有助于全方位、多层次、宽领域拓展项目合作，有助于推动雅安川藏物资贸易集散地的建设（见图 9－5）。

图 9－5 雅安市和拉萨市缔结友好城市签约仪式现场图

2. 康巴藏区的政治文化

雅安曾是西康省省会，西康省管辖范围包括如今的四川甘孜州、凉山州、攀枝花市、雅安市及西藏昌都市、林芝市，雅安作为曾经的康藏地区的政治文化中心，至今还保留着藏文化的遗风遗迹。

3. 茶马互市的交易文化

雅安自古就是内地沟通西藏、云南和攀西地区的物资贸易中心，南丝绸之路的门户和必经之路，曾经的茶马古道、茶马互市的商贸繁盛之地，茶马互市的交易文化是重振雅安商贸繁荣的动力之源。“茶马互市”起源于唐代，是我国西部历史上，汉藏民族间一种传统的以茶易马或以马换茶为中心内容的贸易往来。如今，新开店、茶马司及与其相连的川藏茶马古道（雅安段）

上保存的45处遗址[①]，见证了曾经茶马古道、茶马互市的繁荣盛景。

4. 历久弥新的藏茶文化

藏茶是游牧民族的生命之饮，是西藏人民生活中不可缺少的必需品之一，在西藏，约占80%的藏茶是雅安生产的[②]。雅安藏茶也称边销茶，有着悠久的历史，雅安藏茶从唐代开始传入西藏，距今已有1300多年的历史，最早藏茶加工茶号可追溯到明嘉靖年间，到清末雅安全市藏茶茶号有200多家，现有雅安茶厂、荥经茶厂、天全茶厂、名山茶厂等国字号茶厂。

（三）川藏贸易的产业优势

1. 农业优势

雅安市农副产品丰富，拥有茶叶、蔬菜、中药材、水果、水产品、畜（禽）产品等特色农产品，归集为雅茶、雅竹、雅果、雅药、雅鱼“五雅”特色商品。“五雅”中以雅茶特色最为突出，雅安是全国藏茶最大的供应基地，雅安藏茶（也叫雅安边茶）在藏区销量占藏区茶叶总销量达80%以上[③]。近年来雅安藏茶推陈出新，以“边茶内饮”“藏茶汉饮”的产销思路，促进藏茶产品的革新和营销理念的转变，不仅继承了藏茶特有的传统口感、风味、功效和内含物质，而且在品种、包装、饮用方式、收藏、装饰等方面，更加适合现代都市人的生活需求，产品销往北京、广州、西藏等全国各地，还间接销到了美国、加拿大、肯尼亚、俄罗斯等国家和地区。

2. 工业优势

雅安的民爆、水泥、水电等产业优势突出，可为川藏铁路建设提供强有力的支撑。民爆方面，雅化集团是中国领先的民爆产业集团，在成雅铁路建设中，雅化集团承担了所有民爆产品提供及爆破服务，雅化集团的民爆产品和爆破服务可继续为川藏铁路建设提供有力支撑。水泥方面，四川西南水泥有限公司重大项目签约四川天全县，该项目预计投资13亿元，新建一条日产4500吨新型

---

① 雅安藏茶 传承千年的国家级非遗品牌［EB/OL］. http：//www. yaan. gov. cn/xinwen/show/d43ef48d - 1dbc - 41ad - a44c - ee13d0e36740. html. 2019 - 4 - 8.

② 陈书谦．雅安的前世今生：藏茶［M］.

③ 藏茶［EB/OL］. http：//www. yayc. gov. cn/xinwen/show/5ce2392a - f68e - 4335 - bee8 - 9fb73cfa16ba. html. 2019 - 6 - 24.

干法水泥生产线，配套建设9MW余热发电工程项目，年产300万吨砂石骨料生产线项目，该项目将全力支持川藏铁路建设。水电方面，天全县雅安小河220千伏输变电工程项目将有力保障川藏铁路雅安至林芝段施工及牵引站可靠供电，为东辰科技、西南水泥等用电客户提供更加优质、安全、可靠的电力供应。此外雅安围绕保障川藏铁路建设谋篇布局，积极推进先进有色金属材料、新型能源材料、优质钢铁及铁合金、先进矿物功能材料等产业。

五、雅安市建设川藏物资贸易集散地的现状

（一）物流通道：以公路通道为主，成雅铁路货运功能尚未开通严重制约大宗进出藏物资在雅安集散

雅安市高速公路通车里程为341公里[①]，铁路总里程52公里[②]，高速公路里程与铁路里程相差较大。其中，到西藏的通道——川藏公路（国道318），到甘孜藏区的通道——川藏公路及雅康高速以及到阿坝藏区的通道——国道351线皆为公路，入藏铁路通道皆未形成。成雅铁路货运功能，是将川藏通道大宗进出藏物资集散功能从成都前移至雅安的前置条件。作为川藏铁路起点段的成雅铁路在硬件上具备客货运输的条件，但现只开通了客运班次，致使川藏通道中采购量大、运输需求多且运输周期长、适合铁路运输的大宗进出藏物资需在成都进行集散并直接转运藏区。如果成雅铁路开通货运功能，进出藏区的物资在雅安集散，将缩短路程约150公里，可以大幅缩减公路段的运输成本。同时，雅安作为藏区出入口，是川藏通道中距离藏区最近的城市，能对藏区需求做出更快的反应和更高效的调度，更适合作为藏区物资的战略保障地。

（二）战略仓储：部分战略仓储在建，建设川藏物资贸易集散地尚未取得国家政策支持的突破，战略地位难以凸显

目前雅安市有1个战略仓储设施在建，即天全县粮食和冷链物流中心，

① 《雅安市2020年国民经济和社会发展统计公报》。

② 《雅安市“十四五”综合交通发展规划》。

占地面积 150 亩，主要建设粮食储存的平房仓（长期储存，包括冷链仓储）、周转仓以及多功能仓（短期储存），可储备 2000 吨物资。规划建设的战略仓储设施共有 5 个，4 个未建，包括边销茶中央储备库、天全成品油储备库、军用战略物资储备库、成品油储备库。虽然早在 2016 年《成都平原经济区“十三五”发展规划》就已将雅安纳入成都平原经济区并提出打造川藏物资贸易集散地，雅安市委市政府也高度关注并大力推进川藏物资贸易集散地建设，编制了《雅安市建设川藏物资贸易集散地发展规划（2017—2030）》，并积极争取国家陆港型物流枢纽，但截至目前尚未取得突破。而在全国进出藏主要节点城市中，与雅安相同能级的格尔木市是全国性综合交通枢纽、陆港型国家物流枢纽承载城市，大理市是商贸服务型国家物流枢纽承载城市，而雅安在全国进出藏全局下的战略地位和重要性被成都市所掩盖，致使雅安市外部资源获取难度较大，各项任务进展缓慢（见表 9－2）。

表 9－2　全国进出藏主要节点城市在国家层面的战略地位一览

序号	进出藏通道	重要节点城市	战略地位
1	“青—藏”通道	格尔木市	全国性综合交通枢纽 陆港型国家物流枢纽承载城市
2	“川—藏”通道	成都市	国际性综合交通枢纽 国家物流枢纽承载城市 全国性综合交通枢纽
3		雅安市	—
4	“滇—藏”通道	大理市	商贸服务型国家物流枢纽承载城市
5	“新—藏”通道	叶城县	—

（三）专业市场：尚处在招商提能阶段，现有市场不能满足进出藏物资交易的需求

雅安市现有 8 个专业市场，除国盛·雅安国际商贸城发展较为成熟、商户相对稳定外，其余市场入驻率不高，还在招商阶段，如川西农博城总摊位约 1400 个，现有出租摊位约 500 个，仅 1/3 的摊位在营业。雅安市的专业市场还不能满足川藏物资贸易集散地的交易需求，目前在运营且相对较大的是川西国际农博城，其日均交易量只有 300 吨，而同样作为区域农产品集散地

的成都濛阳市场，其日均蔬菜为8000吨，两者相差约26倍[①]。雅安市现状及规划建设的市场中，除川藏物流产业园外，其余市场均分散分布，且单个市场规模均不大，没有通过集聚实现规模效应（见表9－3）。

表9－3　　雅安市专业市场现状一览

序号	市场名称	市场位置	市场类别	经营状况	占地面积
1	世界茶都茶叶交易市场	名山区蒙顶山大道	专业农产品市场	在运营	101亩
2	茶马古城蒙顶山茶叶市场	名山区蒙顶山大道	专业农产品市场	在运营	117亩
3	雅安首佳汽车城	名山区同贯路	汽车、摩托车及零配件市场	在运营	15.5亩
4	国盛·雅安国际商贸城	雨城区亚洲大道、熊猫大道和爱国路交汇处	家具、五金及装饰材料市场	在运营	290亩
5	润联·美家居建材城	雨城区草坝镇	家具、五金及装饰材料市场	在运营	—
6	川西国际农博城	雨城区大兴镇中国供销农副产品物流园区内	农产品批发市场	在运营	318.8亩
7	西康汽车商贸园	雨城区川滇藏商贸物流园内	汽车、摩托车及零配件市场	部分运营	—
8	川九襄农产品专业批发市场	汉源县	农产品批发市场	未运营	272亩

（四）物流节点：大多处于在建状态，建设推进工作滞后，已建物流节点运营不佳

雅安市现有物流节点（园区）7个，其中已建3个、在建4个，通过实地走访了解到大部分在建节点皆预计在2025年左右建成投运。在7个物流节点中，全部运营1个，部分运营4个，未运营2个。现已部分运营的川滇商贸物流园区和中国供销川西农副产品物流园，其主要运营部分分别为川西国际农博城和西康汽贸城两个专业市场，以贸易功能为主，尚未引入专门的物流企业，物流功能尚不健全（见表9－4）。

① 2019年调研走访川西国际农博城时获取的数据。

表9－4　　雅安市物流节点建设运营情况一览

序号	名称	所在区域	建设状况	占地规模（亩）	运营情况	现运营状况
1	雅安无水港	雅安市雨城区、经开区	在建	1100	部分运营	一期物流分拨中心已建成，占地100亩，已入驻企业20余家，设立“中铁联合国际集装箱智慧物流成都有限公司雅安站外站”；设立“宜宾港·雅安无水港”及业务受理中心 二期凤鸣综合物流园在建，占地500亩 三期多式联运中心未建，规划占地500亩
2	川藏物流产业园区	天全县始阳镇	在建	1200	部分运营	招商中心已于2020年10月营运
3	中国供销川西农副产品物流园	雨城区大兴镇	已建	318.8	部分运营	主要以川西国际农博城为主体，进行农产品销售，入驻商家300余家、摊位500余个，年吞吐量约20万吨。农产品类型包括蔬菜、水果、干调、粮油、冻品海鲜、水产、鲜肉禽蛋等20余类业态
4	川滇商贸物流园区	雨城区对岩镇、八步乡	在建	6000	部分运营	现引入雅安市车管所、驾考体验中心、机动车检测站三个项目，成功引进四家汽车及配套企业，主要提供汽车及二手车贸易、车辆检测、驾考培训等服务
5	汉源物流中心	雅安市汉源县九襄镇	在建	1200	未运营	—
6	川西茶叶仓储物流中心	名山区	已建	197	未运营	—
7	西蜀·雅安现代智慧物流园	雨城区	已建	59	全部运营	现入驻企业20余家，年货运吞吐量300余万吨，覆盖农资、农产品、生活品、家装建材运输等，包括川西电商农产品运营中心、供销e家B2B双向配送中心、西藏（拉萨）农产品（生产生活用品）保供线上采购中心、中国藏茶储备中心

（五）信息平台：现有平台为企业自建小物流信息平台，缺乏政府主导的全市大物流信息平台

雅安市现有物流平台2个，即华峰网络货运平台（SMG大宗物资运输监

管系统）和雅安市物流大数据平台。雅安市物流大数据平台由雅投公司承建，现还未正式投运。目前唯一在运营的华峰网络货运平台是由企业建设、企业运营的盈利性平台，相对于政府主导的物流信息平台，其影响力、吸引力以及公益性不强，导致其用户群体对本地物流企业的覆盖率还不足，无法满足对全市物流统筹整合、信息发布、数据分析等需求，更不足以为川藏物资贸易集散地提供支撑；其物流信息平台的规模还有待提升，华峰网络货运平台企业用户数量有200余家，年货运量约30万吨，相较于全市5325.6万吨的货运量，平台规模偏小。对标川藏物资贸易集散地建设目标，远期集散全国80%以上的进出藏物资，单以青藏铁路2018年进藏货物运输量（3400.3万吨）来看，雅安市现有物流信息平台的物流覆盖率与川藏物资贸易集散地的建设要求还存在指数级的差距。①

六、国家物流枢纽承载城市经验借鉴

（一）格尔木市

格尔木市地处青海省中西部、青藏高原腹地，是我国西部地区连接甘、新、青、藏四省区“十字形”交通枢纽的重要节点。2019年，格尔木市货物运输总量达到3794万吨，增速达7.5%。从2006年青藏铁路通车以来，格木货运总量从2005年的808.7万吨到2019年的3794万吨，翻了4倍多。

格尔木市建设陆港型国家物流枢纽承载城市的经验主要体现在以下三个方面：

1. 向上要政策——充分利用自身战略地位，争取国家政策支持，获得中央资金补助

格尔木市凭借进出藏门户、四省通衢的重要位置，积极融入国家交通物流规划，2017年在国务院印发的《“十三五”现代综合交通运输体系发展规划》中被列入全国性综合交通枢纽；2018年在国家发改委制定的《国家物流枢纽布局和建设规划》中被列入全国41个陆港型国家物流枢纽承载城市之

① 2019年调研走访华峰网络货运平台时获取的数据。

一；格尔木至成都、大理至格尔木铁路也被列入国家中长期路网规划，其建成后将拥有4条国家Ⅰ级铁路。同时，格尔木市通过开展“项目生成年”等活动，积极争取中央财政支持，2018年争取中央预算内投资项目37个，中央预算内资金5.26亿元[①]，2020年上半年争取中央预算内投资项目19个，中央预算内投资3.3亿元[②]。2019年成功争取中国陆港与物流枢纽论坛在格尔木召开，持续强化其在国家战略中的重要地位。

2. 对外扩开放——积极融入“一带一路”，开通国际班列，拓展国际市场

2017年格尔木成功开行至俄罗斯彼尔姆中欧班列，2018年格尔木市首发青海省南向通道国际铁海联运班列，有机衔接“一带一路”的国际陆海贸易新通道，扩大向西开放、发展外向型经济。同时格尔木正积极推进自由贸易区、综合保税区、青藏新国际陆港及中印尼国际物流通道规划布局，加快中巴经济走廊、中印尼缅经济走廊建设，与“一带一路”沿线国家开展经贸交流，努力将格尔木建设成为丝绸之路经济带上的“新起点”和“桥头堡”（见图9-6）。

图9-6 格尔木中欧班列

① 历年新高！今年格尔木市争取中央预算内资金5.26亿元！［EB/OL］https：//www.sohu.com/a/234671873_100012571.2018-6-8.

② 格尔木市争取中央预算内资金3.3亿元.［EB/OL］http：//qh.people.com.cn/n2/2020/0701/c381851-34125901.html.2020-7-1.

3. 对内强基础——建设商贸流通设施，构建区域性现代物流中心，做实枢纽城市定位

格尔木市正按照大产业、大物流、大商贸的思路，通过推动格尔木陆港型国家物流枢纽城市建设，形成援藏、援疆及集运、转拨、加工、包装、仓储和配送于一体的青藏高原区域性现代物流基地，促进资源要素向格尔木集聚，促进物流和产业融合、商流与物流融合，使格尔木成为我国西部地区独具特色的物流节点重镇。

专栏2：格尔木市重点商贸流通基础设施建设情况

1. 6.5亿元强势推进格尔木青新藏陆港商旅物流中心项目建设

2020年6月10日，格尔木市举行格尔木青新藏陆港商旅物流中心项目融资签约仪式，6.5亿元资金获得批复，格尔木青新藏陆港商旅物流中心项目是该市全力打造的重点陆港商旅物流项目，项目位于格尔木市区以南，总投资9.98亿元，用地面积约500亩，货车停车位344个。项目为整个南郊综合物流园区企业提供服务平台，主要包含四大服务功能。一是提供行政服务，包括海关、税务、市场监管、公安、水务、邮政等部门入驻园区；二是金融配套服务，包括金融、保险等服务网点布置；三是信息服务，包括物流信息平台、应急呼救等功能的建设；四是生活配套、车辆辅助、仓储服务等平台。项目立足青海辐射西北，力争打造青新藏三省的公路物流服务中心，服务区域经济产业发展，是格尔木物流园区的中枢及地标性建筑，是青海省和格尔木市全面贯彻落实"一带一路"倡议的重要载体之一，对于加快实现青海省打造面向中亚、南亚、西亚国家的通道、商贸物流枢纽、重要产业和人文交流基地意义重大①。

2. 格尔木昆仑物流园纳入全国重点支持的物流园区建设项目库

格尔木昆仑物流园，由格尔木昆仑物流运业有限公司于2017年开工建设，2018年初步建成一期工程并投入试运营，是一座拥有物流仓储、零担专线、货物信息、汽配汽修、停车住宿、加油服务等全方位配套服务的现

① 6.5亿元强势推进格尔木青新藏陆港商旅物流中心项目建设［EB/OL］https://baijiahao.baidu.com/s?id=1669095140299028232&wfr=spider&for=pc.2020-6-10.

代化自生态综合集散型货运枢纽，是青海省重点物流园区项目，2018 年经交通运输部“十三五”规划中期调整，进入全国重点支持的物流园区建设项目库。昆仑物流园作为格尔木市综合物流园区中的重点支撑项目，受到了交通运输部、省交通运输厅的高度关注和大力支持，并在省交通厅的积极协调指导衔接和海西州、格尔木市党委政府以及交通部门的帮助下，物流园主动融入“一带一路”建设，以互联网平台、仓储物流、停车甩挂、冷链物流为基础，以产业互动、集约发展、专业运作为导向，着力打造承东启西、连接南北、“辐射青藏疆，贯通中亚”的“一带一路”现代物流集散地。目前园区入驻商户达 400 余家，日进出货运车辆达 2000 余辆，年货物吞吐量近 1000 万吨①。

（二）遂宁市

遂宁市地处成渝腹地，居川渝中心，是成渝经济区和成都平原经济区的重要成员，也是四川省第二大综合交通枢纽。2019 年，遂宁市全市实现公路货运周转量 60.9 亿吨公里，水运货运周转量 372.5 万吨公里②。

遂宁市建设陆港型国家物流枢纽承载城市的经验主要体现在以下四个方面：

1. 创建一批高含金量的“国字号”物流名片，提高遂宁枢纽地位

遂宁市已建成拥有 20 平方公里核心区的中国西部现代物流港，货运能力 500 万吨的公路物流港，货运能力 800 万吨的铁路物流园，日处理快件量 40 万件的快递集散处理中心，拥有 240 万余平方米的仓储面积。并以此为基础先后创建了全国首批示范物流园区、中国物流示范基地、全国优秀物流园区、全国流通领域现代物流示范城市、国家现代服务业物流产业化基地、全国智慧物流配送示范基地等 6 张国家级名片。2018 年，遂宁被列入陆港型国家物流枢纽城市，2020 年，又成为全国城乡高效配送试点城市。

① 格尔木昆仑物流园项目通过交通运输部评估．[EB/OL]．https：//3g.163.com/local/article/EAAMHIBS04288PRJ.html.2019 -3 -15.

② 《2019 年遂宁市国民经济和社会发展统计公报》。

2. 举办一批有影响力的全国性物流展会，打响了遂宁物流品牌

遂宁市2014年、2016年相继举办了中国（四川）国际物流博览会，2016年举办中国物流发展大会，2017年承办了中国物流园区工作年会、中国仓储与配送协会企业家年会，2018年举办了“一带一路”与内陆自贸机遇（遂宁）论坛、中国（四川）国际物流博览会暨南向通道枢纽建设高峰论坛，中国物流与采购联合会、中国交通运输协会在遂宁分别设立“中国物流采购论坛会址”和“中国物流论坛会址”。

3. 出台一批落地性强的物流扶持政策，助力物流企业降本增效

遂宁市出台了《遂宁市鼓励现代物流业发展十条措施》《遂宁市推进物流降本增效促进实体经济发展实施方案》等措施，在市级现代服务业发展专项资金中列支500万元物流产业发展专项资金，用于物流、快递产业及通道建设，采用投资补贴、贴息等方式支持重大物流项目建设和重点物流企业发展。

4. 发布一批高适配性的物流行业标准，提升遂宁物流标准化水平

依托“全国物流标准化试点城市”建设，遂宁市物流行业协会会同西南交通大学专家和部分物流龙头企业负责人，在充分调研的基础上，编制了《冷链物流团体标准》《公共仓储团体标准》《快递服务团体标准》《商品配送团体标准》4个行业标准。标准于2017年发布实施，并以遂宁市质监局牵头，指导市物流协会开展新标准的信息反馈和评估，不断优化、提升团体标准水平，积极构建高水平物流标准体系，加强企业的标准化管理和技术人员进行理论和实践培训，着力培养一批懂技术、懂管理、懂标准的复合型人才，用标准化手段来提升物流服务质量和能力。

（三）遵义市

遵义市位于贵州省乃至西部地区联通南北、承东启西的枢纽位置，是连接黔中经济区和成渝经济区的经济走廊，是全国综合运输大通道包头至广州通道的重要节点，也是西南地区出海物流通道的重要节点。2019年公路货运周转量692.98亿吨公里，水运货物周转量121469万吨公里①。

---

① 《2019年遵义市国民经济和社会发展统计公报》。

遵义市建设陆港型国家物流枢纽承载城市的经验主要体现在以下三个方面：

1. 借力“一带一路”建设，发展内陆开放型物流

2015年5月，在商务部等10部门联合印发的《全国流通节点城市布局规划（2015—2020年）》中，遵义市被列为全国66个区域级流通节点城市之一，2018年被列入陆港型国家物流枢纽承载城市。遵义市一是充分发挥其在国家层面的重要性，借力“一带一路”建设，将“渝新欧”物流专线从重庆延伸到遵义，创建“黔新欧”物流专线，开通中欧班列；二是建设占地9400亩的贵州黔北现代物流新城（包括B型保税物流中心、国家一类铁路口岸、公铁联运示范基地、国家级物流标准示范企业等），依托大型物流设施及集群化物流企业，打造西部内陆物流开放新高地（见图9－7）。

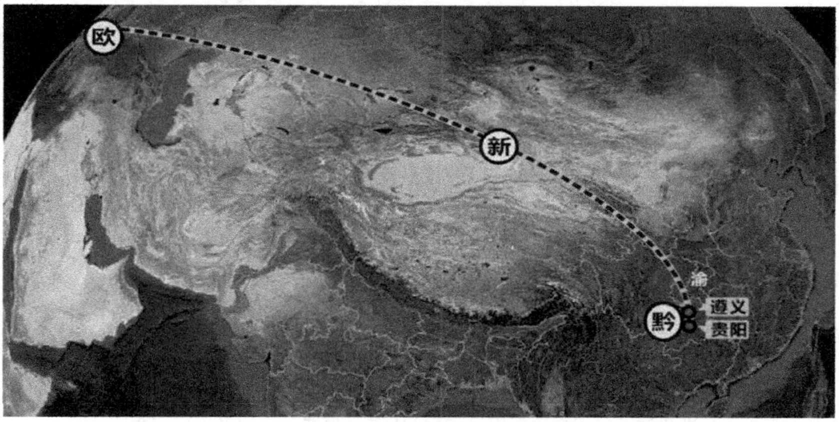

图9－7 黔新欧物流专线空间示意图[①]

2. 借力全国物流标准化试点，探索形成“遵义模式”

以全国物流标准化试点城市为契机，制定项目准入机制、项目月度巡查机制、项目风险评估机制以及向项目淘汰机制四个物流标准化试点项目管控机制，并聚焦遵义市特色产业供应链转型升级、农商旅融合发展与城乡高效配送，冷链物流基础建设，“黔货出山”“遵品入沪”等方面，探索形成

① 遵义在“互联网＋高效物流”长征路上的新起点［EB/OL］. https://www.sohu.com/a/117082045_390546. 2016－10－25.

“54321 遵义模式”①，实现物流标准化与“大扶贫、大数据、大生态”战略融合，与特色产业及其产业链、城乡高效配送体系建设、冷链物流体系建设等的深度融合。截至 2019 年遵义市物流标准化建设共计投资 4.18 亿元，拉动社会资金投入 30 亿元以上，开辟带板/箱运输线路达到 44 条，完成带板运输业务量 7.7 万板次以上，带箱运输业务量 58.2 万箱次以上。

3. 融合新一代信息科学技术，创新发展“云上物流”

一是建立物流大数据中心，投资 5.8 亿元在贵州黔北现代物流新城内打造“云上物流”②，充分利用“互联网+”、云计算等现代信息技术汇集区域物流信息资源，打造西部物流大数据中心、国家物流大数据枢纽；二是围绕 2015 年贵州发改委发布的《贵州省“互联网+”高效物流专项行动计划》以及 2016 年国家发改委发布的《“互联网+”高效物流实施意见》政策，探索“互联网+高效物流”模式，举行“互联网+高效物流”峰会，并依托大数据中心，建设“互联网+高效物流”信息平台，服务物流行业，提供线上物流信息、物流金融、物流大数据、电子商务等衍生服务。

七、雅安建设川藏物资贸易集散地总体构想和建议

基于对川藏物资贸易集散地概念研究，雅安建设川藏物资贸易集散地意义、优势条件及发展现状的分析，借鉴 3 个国家物流枢纽承载城市的发展经

① 遵义市物流标准化试点城市成功探索出“54321 遵义模式”. [EB/OL] http://www.gzw.net/mshow-100-100-1336164.html. 2019-1-27. “5”是指具有遵义特色的五项“深度融合”。一是物流标准化与贵州省“大扶贫、大数据、大生态”三大战略深度融合。二是物流标准化与遵义市特色产业及其产业链的深度融合。三是物流标准化与遵义市特色单品供应链体系深度融合。四是物流标准化与遵义市农、工、商、旅等产业协同发展深度融合。五是物流标准化与遵义市城乡高效配送体系及冷链物流体系建设深度融合。“4”是指四个物流标准化试点项目管控机制。在各项管理制度中，建立了 4 个涉及试点项目全过程管理的管控机制：一是试点项目准入机制。二是第三方专业机构月度巡查机制。三是试点项目综合风险评估机制。四是试点项目淘汰机制。“3”是指试点项目推进实施 4 个发展阶段。对物流标准化试点城市建设按基础设施标准化改造（新建）、标准托盘（周转箱）应用模式探索、标准托盘（周转箱）应用推广三个阶段进行规划，并对不同阶段的试点项目进行分类管理和分类指导。“2”是指两个试点项目推动实施管理机构。遵义市物流标准化试点城市工作领导小组办公室负责行政统筹管理，第三方评估评审机构负责日常项目管理与专业技术指导管理。“1”是指一份三方共同签署的目标责任书。遵义市物流标准化试点项目实施企业与遵义市物流标准化试点城市工作领导小组办公室（市商务局）、第三方评估评审机构联合签署了《遵义市物流标准化试点项目目标责任书》，压实了各方主体责任。

② 回归本源的变革与重塑. [EB/OL] https://www.sohu.com/a/195150195_704434. 2017-9-28.

验，提出雅安建设川藏物资贸易集散地总体构想和建议：

雅安市应抢抓“一带一路”建设、新时代西部大开发、成渝地区双城经济圈建设、长江经济带发展等国家重大战略机遇，充分发挥雅安市区位、交通和特色产业优势，积极承接川藏铁路基建物资的供应及集散和进出藏物资贸易集散功能，全力争取国家政策支持，做强做优六大集散功能，创新物资贸易集散组织方式，强化物资贸易集散要素配置，提升雅安市西向对接藏区的物资贸易集散能力，力争将雅安市建成川藏物资贸易集散地、成渝地区西向物资中转枢纽和川藏铁路建设物资供应地。

（一）积极争取国家政策支持，推动川藏物资贸易集散地建设实现关键突破

1. 全力争创国家物流枢纽承载城市

贯彻中央第七次西藏工作座谈会精神，落实四川涉藏工作部署，结合雅安融入成渝地区双城经济圈建设总体要求，为建成成渝地区西向门户枢纽，雅安应全力争取纳入以商品交易、物流运输、交通集散、战略储备、应急仓储等为主导的国家物流枢纽承载城市。同时，积极争取国家物流枢纽建设中央投资专项资金，支持枢纽铁路专用线、多式联运转运设施、公共信息平台、军民融合物流设施以及内部道路等公益性较强的基础设施建设；并争取国家层面对进出藏物资运输企业的税收减免政策和进出藏物资运费补贴政策，降低进出藏物资物流成本。

2. 全力争取建设保税物流中心（B型）

建议雅安经济开发区争取建设保税仓，发展转口贸易和国际中转，申请获得保税物流中心（B型）税收优惠政策，方便雅安本地企业能够较快地办理进出口贸易和出口退税，提升雅安对外开放水平，也为藏区提供进出口物资集散服务。

（二）做强做优六大集散功能，加快建设一批标杆性川藏贸易集散载体

1. 建设“东集西散”进出藏物流大通道

依托综合交通运输通道，以物流需求为导向，构建“东集西散”的进出藏物流大通道。“东集”指物资主要由东向雅安汇集，依托成都青白江国际

铁路港、宜宾港、重庆港、广西钦州港加强与全球、全国、全省的物资流通。“西散”指物资由雅安向藏区输送，主要依托川藏线、青藏线、川滇线与藏区构建进出藏物流通道，经康定进入四川藏区及西藏，经马尔康进入青海藏区，经汶川进入甘肃藏区，经攀枝花进入云南藏区，推动生活物资和生产物资进入藏区，藏区农特产品、矿产运到雅安集散。近期，争取开通成雅铁路货运专线，推动生活物资、生产物资、川藏铁路基建物资在雅安汇集。远期，依托川藏铁路、雅叶高速保障藏区应急物资、军需物资、生产物资和生活物资供应。

2. 建设军地融合的保藏仓储基地

雅安作为西部战区重要的驻地，承担着西南边陲战备保障的重要任务，应高度重视军地融合发展，积极规划新建军粮储备库、军民融合油料储备库，并依托在建的川藏物流园，建设国家军需物资储备基地，保障驻藏部队军需物资需求和战略储备。同时，可依托雅安物流园区、川滇商贸物流园区、川藏物流园、雅安无水港、汉源物流中心建设应急储备库，建设国家防灾减灾应急物资集散地，保障自然灾害应急物资供应。

3. 建设川藏特色的专业市场集群

可依托雅安市本地农副产品资源和现有的市场资源，打造大型农副产品专业市场和生活用品专业市场。可依托四川雅安国家农业科技园区、川西国际农博城，培育形成大型农副产品市场群，并尝试与四川濛阳国际农产品交易中心形成价格联动机制，同时，新建农副产品物流仓储设施尽量布局在四川雅安国家农业科技园区附近，引导形成农副产品市场规模效应。可依托西康汽贸城，培育形成大型生活用品专业市场，包括汽摩及配件专业市场和日用百货专业市场。鼓励企业建设藏区物资（农产品、生活用品）线上交易平台，整合雅安和藏区的商贸资源、物流资源，推动形成常态化的商品交易和货物运输。加强雅安与藏区多地市场的链接，推动相关产业密切联动，积极建立与重要贸易商、制造商的合作关系。

4. 建设川藏物流节点体系

加快“一园一港四中心多点”物流节点建设。一园：雅安物流园（规划），依托成雅铁路名山站，打造国家进出藏服务基地、川西物流总部基地，重点集散进出藏区的生产物资、外部川藏铁路基建物资、军需物资等。一港：

雅安无水港（在建），打造“东集西散”的多式联运物流枢纽，重点集散大宗物资。四中心：川藏物流园（在建）、中国供销川西农副产品物流园（川西国际农博城）、川滇物流园、汉源物流中心。川藏物流园区，打造进出藏区物资中转枢纽，重点集散雅安本地供应的川藏铁路基建物资、应急物资、大宗粮油、藏文化用品等；中国供销川西农副产品物流园（川西国际农博城），打造进出藏区农副产品商贸物流园，为保障藏区、川藏铁路建设生活需求；川滇物流园，打造进出藏区的生活用品商贸物流园，培育形成日用百货专业交易市场和汽摩配专业市场。汉源物流中心，打造农产品物流集散中心，汇集本地和攀西地区农产品，为藏区提供优质可靠的生鲜农产品。多点为川藏物资集散联系点，包括荥经物流中心、名山物流中心、石棉物流中心、芦山物流中心、宝兴物流中心。

5. 建设川藏物流大数据信息平台

建议依托雅安市物流大数据信息平台，建设云计算和物流大数据中心，建成集电子政务、税务、金融服务和物流公共服务功能于一体，满足政府管理部门、物流、制造、商贸企业需求的进出藏物流综合管理信息平台。推进物流企业物流管理信息化建设，鼓励生产企业、物流企业使用物流综合管理信息平台，共享采购、生产、运输、存储和销售数据，提高企业的物流信息化管理水平。建设市域互联共享的智能仓储网络，推动全市物流园区信息互联互通。建设智慧物流园区，鼓励现物流园区、物流中心广泛应用物联网技术，支持货运车辆加装智能设备，支持配置“信息系统 + 货架、托盘、叉车”的仓库技术等。

6. 建设川藏物资贸易集散金融生态圈

建议组建雅安市川藏物资金融服务公司，吸纳大型商贸企业、物流企业、物流园区及新型金融服务机构作为股东，开展支持商贸流通发展的金融业务，重点实施商贸流通企业对藏业务信贷扶持计划。吸引 UPS 等国际知名物流金融企业和中储股份、中远、怡亚通等国内标杆物流企业到雅安开展业务，提升雅安商贸流通金融服务水平。完善贷款担保体系，探索发展“贷款平台 + 担保平台 + 商贸流通企业”联动模式，鼓励各类担保资金向商贸流通企业倾斜。鼓励符合条件的金融机构或大型商贸流通企业等发起物流产业发展投资基金，按照市场化原则运作，加强重要川藏特色专业市场和川藏物流节点设施建设。支持符合条件的商贸流通企业发行各类债务融资工具，拓展市场化主动融资渠道，稳定企业融资链条。

（三）创新物资贸易集散组织方式，为川藏物资贸易集散地建设不断注入新动能

1. 着力培育川藏会展品牌

建议策划和包装川藏商品交易会，打造区域知名会展品牌，近期依托四川雅安国家农业科技园区、川西国际农博城，定期举行川藏商品展销会，如农产品展销、藏文化用品展销、边销茶展销、藏历年货展销等。探索发展智慧会展、云展览等新业态。依托文化旅游资源，积极策划和培育包装川藏文化论坛、旅游展览会。

2. 大力发展网络货运

推动本地物流企业开发建设网络货运平台，鼓励雅安无水港开发物流信息平台，支持华峰物流“网络货运平台”升级服务和产品，鼓励有条件的物流企业申请“网络平台道路货物运输经营许可证”、申请国家网络货运平台A级企业资格。利用网络货运平台赋能物流园区，通过网络货运平台集合物流园区的运输信息、交易撮合、金融通道、金融服务、保险服务、大数据应用等功能，助推物流园区智慧化升级。通过线上线下结合，完善揽货服务体系，线上依托华峰物流“网络货运平台”、雅安无水港信息平台，实现藏区和雅安两地物资车货匹配；线下依托全市大型物流企业，建设藏区揽货服务网点，强化回程货源集结功能。

3. 争取国家公铁水多式联运示范工程

依托雅安无水港，争取实施公铁水多式联运示范工程。加快雅安无水港多式联运中心建设，配备现代化的中转设施，建立多式联运信息平台。积极参与“一带一路”建设和西部陆海新通道建设，深化与成都青白江国际铁路港、乐山港、宜宾港、泸州港、重庆港、广西钦州港、北部湾港口群等合作共建公铁水多式联运通道。大力推广应用集装箱、厢式半挂车等标准化运载单元和货运车辆。支持物流企业加快多式联运运载单元、快速转运设备、专用载运机具、长距离带式输送机等升级改造，促进集装化、厢式化、标准化装备应用。

4. 创建全省物流降本增效改革示范区

在全省率先开展市级物流降本增效综合改革试点工作，立足雅安市物流发展的基础优势，聚焦物流业降本增效突出问题，以多式联运、智慧物流为物流降本增效综合改革的突破点，加快培育4～6家多式联运、智慧物流、供应链管理、城市绿色货运配送市级试点单位，完善物流创新发展体制机制，有效推动雅安市物流业降本增效，进一步促进物流业高质量发展。

5. 大力发展物流总部经济

重点依托雅安物流园、雅安无水港，围绕建设川西物流中心、进出藏物流集散基地为目标，大力引进物流总部经济，着力引进国内外货运代理、快递、金融服务等管理型、运营型企业总部，打造总部经济聚集区，引领物流业跨越发展，把雅安建成西南地区重要的物流中心。出台一系列措施和政策，如出台纳税奖励、车辆购置补贴和固定资产投入的补贴等政策措施，优化服务，促使物流企业注册回归、税收回归、统计回归，降低企业物流成本，支持本地物流企业做大做强。

（四）强化物资集散要素配置，为高质量建设川藏物资贸易集散地提供保障

1. 强化领导统筹协调

充分发挥全市现代物流业发展领导小组统筹协调作用，建立建设川藏物资贸易集散地联席会议制度，协调各相关部门工作，加强统一指导和管理，统筹推进招商引资、项目建设、企业培育、物流运行等重点工作，及时研究解决建设过程中的重大问题，确保各项任务落到实处，切实推动川藏物资贸易集散地建设。

2. 创新土地支持政策

加强商贸物流设施建设用地保障，将川藏物资贸易集散地建设项目（尤其是雅安物流园）纳入雅安市国土空间规划。利用现有载体和多种渠道整合盘活存量闲置土地资源，用于物流用途。探索政府负责土地平整并建设道路、管网等基础设施，企业负责建设经营性物流基础设施，约定土地物流用途并长期租赁的新型物流用地供应保障模式。支持依法适用农村集体建设用地发

展流通业。鼓励旧厂房、闲置仓库等建设符合规划的流通设施，涉及原划拨土地使用权转让或租赁的，经批准可采取协议方式供应。对企业利用原有土地进行物流基础设施建设的，在办理规划条件、规划许可等方面予以支持。

3. 加强物流主体培育

培育引领性的龙头企业，鼓励现有物流企业通过参股、控股、兼并、合资、合作等多种形式进行重组，扩大经营规模。大力引进骨干物流企业，抓住川藏铁路建设契机，积极引进国内外知名物流企业、物流投资商和快递企业来雅安设立区域性物流分公司、物流分拨中心、配送中心。引导企业积极申报国家 A 级物流企业，鼓励重点物流企业按照国家 A 级物流企业申报要求规范经营、提升服务水平、扩大经营规模。

专题研究十：高铁对区域服务业发展的影响和对策研究

——以宜宾市为例

一、研究背景

2008年，我国第一条时速350公里，里程120公里的京津城际铁路客运专线开通运营，截至2019年，全国铁路营运里程139000公里，高铁营运里程达到35000公里[①]，占全球高铁总营运里程的60%以上，居世界首位。根据国家《中长期铁路网规划》，到2025年，铁路网规模将达到175000公里左右，其中高铁38000公里左右，网络覆盖进一步扩大。到2030年，基本实现内外互联互通、区际多路畅通、省会高铁连通、地市快速通达。高铁作为一种高效的交通基础设施，以其快速便利、安全舒适的特性飞速发展，其迅猛发展势必对城市建设和服务业发展带来新的市场和机遇，不仅能促进服务业集群形成，还能为服务业发展提供新的动能。

因此，在高铁迅速发展的背景下，开展高铁对城市服务业发展的影响研究，对明确城市如何扬长避短、抢抓机遇实现服务业高质量发展，显得尤为迫切和重要。

① 2019年交通运输行业发展统计公报。

二、高铁对服务业发展影响的理论

（一）高铁经济发展的显著特征

高铁的建成为城市发展带来了巨大的发展优势和发展机会，有效地缩短了时间与空间的距离，提高了客运和货运的效率，最大幅度地起到了交通基础建设在连接区域、连接城市之间的桥梁作用①。以时间为轴线，高铁经济在高铁建设运营的不同阶段将呈不同特点：

在高铁建设期间，主要呈现拉动效应。高铁投资规模大，产业链长，涉及轨道装备制造、土木建筑、建筑材料、电子信息等，将直接拉动这些行业和产业链以及高铁沿线区域经济发展。据不完全统计，铁路投资总额的40%左右，将直接通过材料费、人工费、人员消费、税收等方式留在当地，铁路建设每投资1亿元，可消耗3000吨钢材和1.2万吨水泥，创造就业岗位600个。

在高铁开通初期，高铁在沿线形成了点—轴空间，扩大了区域可达性、串联性，大幅提升设站城市的经济活动范围，设站城市的增长极效应②明显。高铁沿线城市尤其是核心城市在高铁开通后区位优势得到进一步增强，经济区域内组织协调发展的集聚功能进一步提升，即呈现集聚效应；但与此同时，有些原本就处于弱势地位的城市，可能面临人力、技术、信息、资本等经济要素仅在沿途经过甚至向核心城市单方向转移的现象，呈过道效应甚至虹吸效应。

在高铁开通中后期，高铁促进经济要素在相邻地区或更宽阔的区域空间内进行合理分配，在地缘区位之间产生出更宽泛的“经济圈”，城市边界趋于模糊，使中心城市的人力、技术、信息、资本等要素能够更畅通地向周围

---

① 杜纯布．我国近年来“高铁”与“高铁经济”发展问题论析［J］．新乡学院学报（社会科学版），2011（4）：36－41．

② 增长极理论认为，一个国家要实现平衡发展是一种理想，在现实中是不可能的，经济增长通常是从一个或数个“增长中心”逐渐向其他部门或地区传导。因此，应选择特定的地理空间作为增长极，以带动经济发展。

扩散、梯度转移，呈同城效应、扩散效应。但在这个发展过程中，涓滴效应[①]与极化效应共同作用，通过竞争和合作，有些城市能抓住机遇发展成为经济增长次中心，而有些城市发展劣势则会进一步放大，使“核心—边缘”的城市差异更为突出。

（二）高铁对服务业发展的影响机理

高铁的开通使城市间的小时可达范围不断扩大，中心城市、非中心城市产业互动增强与要素流动加快，推动劳动力、资本、信息、技术等要素流动，进而促进服务业升级转型，重构服务业的发展与空间格局，高铁对服务业发展影响的内在机理主要表现为以下几个方面：

1. 时空压缩机制

高铁的时速是普铁的 2～3 倍，高铁的开通，一方面提高了城市的通达性，产生可达性提升效应；另一方面加速了要素流动，产生要素流动效应，节约了要素流动的时间成本，使城市之间的要素流动不再受制于时空。

（1）可达性提升效应。城市间的通达性很大程度上取决于城市间的通达时间。我国高铁建设从单条线路到横纵再向网状布局发展，使城市之间的通达程度、便捷程度逐步提高，小时可达范围不断拓展。劳动力、市场等要素基于可达性的提升效应使相应的消费、居住、生活等发生变化。可达性提升效应是高铁开通并对服务业发展产生一系列影响的起点，也是关键点。

（2）要素流动效应。高铁高频次、高速度的运转不断推动人力等要素的高效流动，进而产生劳动力池效应、市场结构效应以及知识溢出效应，影响企业的区位选择和劳动力的就业选择，影响服务业发展格局。

劳动力池效应，是指劳动力聚集在一个特定区域会形成劳动力池，有利于提高劳动供给和需求匹配概率，既节省了企业与劳动者相互匹配的成本，又有效降低了劳动者的失业时间和失业率，对企业和劳动者均有益处。

从劳动力供给而言，高铁的开通降低劳动者流动成本，提高了就业可达性，使劳动者可通过增加通勤距离的方式寻找到更好的工作，扩大了劳动者

---

① 涓滴效应又称渗漏效应，指在经济发展过程中并不给予贫困阶层、弱势群体或贫困地区特别的优待，而是由优先发展起来的群体或地区通过消费、就业等方面惠及贫困阶层或地区，带动其发展和富裕。

就业范围。同时劳动者会更多地将生活成本和周围环境基础设施等因素纳入考量，而高铁城市往往会逐步完善居住生活基础设施，提高居住的舒适性和便利性，吸引部分家庭从其他相对不发达地区搬迁至此，也会吸引部分劳动者在不改变现有工作的情况下从大城市搬迁至此，以便获得更大的居住空间、更低的价格和更好的周边环境。

从劳动力需求而言，高铁开通缩短了区域间的旅行时间，降低了运输成本，企业为增加服务产品的有效供给，会相应地扩大对劳动力的需求；交通成本降低有利于企业充分利用服务更大市场范围的优势，获得之前由于较高的采购成本而没能获得的利益，从而吸引更多的企业入驻，与此同时，也必然带来劳动力需求的增加。此外，高铁开通压缩时空距离，使企业可以接近更大范围内的劳动力市场，降低了招聘成本，提升了劳动力素质技能与工作岗位职责匹配的概率，从而实现劳动力的快速流动以及劳动力市场集聚扩张。

市场结构效应，是指由于市场竞争格局、产品结构以及新企业进入行业难易程度等因素的改变而对产业发展产生的效应。

高铁的开通，对市场而言意味着更多面对面交流的机会以及更低的沟通成本和交易成本，通常情况下，高可达性区域的人与物流动更加频繁，会带来更大的市场。一是随着高铁的发展，促进了本地市场与外地市场的一体化，使过去更多依赖于本地市场的服务业企业扩展了服务的空间影响范围，市场垄断状况被打破，使产品质量和生产效率逐步提升，高可达性区位中的企业获得了更大的市场潜力；二是潜在的供给主体进入高铁城市，与本地市场主体展开竞争，市场竞争格局发生改变；三是服务业企业进行区位选择时会考虑靠近消费群体，高可达性区位往往意味着巨大的市场规模，有利于企业充分把握市场需求，精准把握市场需求，提供差异化的服务产品，这往往也是服务业存在和繁荣发展的内在驱动力。

知识溢出效应，是指知识接受者或者需求者在知识学习、消化以及创新的过程中同时促进了产业的增长并由此产生的关联效应。知识溢出产生的机制主要分为对人才交互、联合研发以及创业活动的影响。

高铁使知识和专业技术水平较高的团体更容易接近，提升了人才交互的频率，有利于传播不容易明确表达的隐性知识，提高知识和技术的易得性，促进了知识交流；高铁改变了区域联合的结构与模式，有利于高校、研究机构与相关企业实现更大范围内的联合研发，促进新知识创造，提高企业的研发效率和生产效率，进而提升企业的核心竞争力；高铁为商务人群节约了出行时间，诱发潜在客流出行，使创新创业者活动空间转换与出行频率增加，从而对创新创业者的活动空间产生影响。

2. 资源整合与空间重塑机制

基于要素流动效应，高铁对城市服务业的影响进一步表现为对服务业发展资源的整合与空间的重塑。高铁站点城市具有明显区位优势和区位吸引力，能吸引更多的企业、人流，从而实现资源的重新整合，推动该地区服务业发展水平整体提高，在空间中则表现为服务业的集聚与扩散。

（1）增长效应。高铁带来的服务业增长效应，一方面是高铁城市自身可达性的提升、区位优势显现、城市吸引力上升，带来的服务业产出效率的提升；另一方面是城市借力高铁走廊，承接更为发达城市的溢出效应，促进自身服务业的发展。高铁的建设在很大程度上能强化和提升站点城市的区位条件，促进区域服务业发展，但这种区位优化效应是否存在，要根据区域整体的发展、结构来确定，包括节点本身的资源、劳动力等自身多种因素。

（2）产业集聚与扩散效应。由于服务业自身发展的特点，服务业发展水平较高的地区多为信息、技术等要素较为发达的地区，通过高铁这一高效的交通工具，越来越多的高质量人才、信息流等要素集聚到发达地区，相关服务业的活跃程度逐渐提升，产业集聚发展，集聚区内生产效率不断提高，促使服务业高度发展；与此同时，在服务业内部细分行业中，部分行业由于高铁开通产生的空间重构作用，会产生不同程度的扩散效应，如一些消费娱乐行业，高铁的开通使人们的活动范围扩大，因而促进该类细分领域扩散而非集中。

3. 产业优化与合作机制

高铁网络的不断完善与拓展，一方面，促使高铁城市吸引更多的以信息技术、高科技为基础的服务企业与相关高端劳动力流入，促使服务业不断发展，结构优化效应明显；另一方面，高铁促使沿线城市就业者、旅客流动速率加快，促使高铁城市依据产业发展要素，确定其区域发展定位，促进其服务业发展的专业化、多样化分工更加明确。

（1）结构优化效应。一方面，根据传统产业结构演变理论，产业发展演变规律为第一产业向第二、三产业转变；另一方面，根据服务业内部产业的演变规律，传统服务业将向以现代商贸、文体旅游、现代金融、科技服务等为代表的更高水平的现代服务业发展。当前我国高铁为客运专线，基于乘客角度进行分析，乘坐高铁的乘客多属于商务人员、专业技术人员、游客等，乘客所在或拟进行消费的行业多分布于现代服务行业。这表明高铁带来的更多是现代服务业生产要素流动的加快，能有效地促进服务业结构优化。

（2）专业化与多样化效应。高铁推动要素流动的一个结果是使高铁沿线城市之间的产业分工更高效，产业发展更专业化和多样化。高铁提升了城市间的可达性，进而使区域之间更加接近，交换成本费用降低，最终实现不同规模等级城市之间合作发展的城市群服务业发展体系，产业分工进一步提升城市内部服务业发展的专业化水平。

高铁在促进城市之间服务业专业化发展的同时，对于产业内部细分行业则可能存在着产业化与多样化两种效应。对于科技信息服务、教育业等细分行业，因为产业对外部信息、交通等具有较强的依赖性，高铁的开通在空间上对其可能会有集聚作用，产业发展倾向专业化。而文体旅游、商业贸易等产业可能会随着高铁的开通降低在空间上的集聚需求，使该类行业可以不受地域限制，更多地关注特色化发展，增强自身竞争力，因而该类产业在空间上可能表现为扩散、多样化发展。专业化使区域内产业的生产效率更高，多样化则是利用高铁的快速、便捷性，打破地域限制发展特色产业。

综上所述，高铁影响服务业发展的内在机理实质上是通过时空压缩机制所产生的可达性提升效应、要素流动效应，提高了城市的可达性和要素流动速率，进一步提高了城市的区位优势，同时降低了产业发展成本，使要素重新进行配置和空间重构，进而促进服务业发展与服务业细分行业在空间上的集聚与扩散。此外，伴随着高铁网络的不断完善，更多的要素流向科技含量高的现代服务业，优化了服务业产业结构，同时高铁带来的节点区位优势能够吸引更多的人才、信息资源，加速相关产业的集聚，也能打破地域限制，让更多的产业能依托自身特色竞争优势发展，促进相关产业的扩散，使高铁城市利用高铁实现更好的“核心－外围”城市的合作，定位好自身的产业发展方向，利用高铁带来的时空压缩效应，优化产业分工，实现更多的资源共享与合作，进而促进服务业发展、结构优化、产业集聚、专业化水平的提升(见图 10－1)。

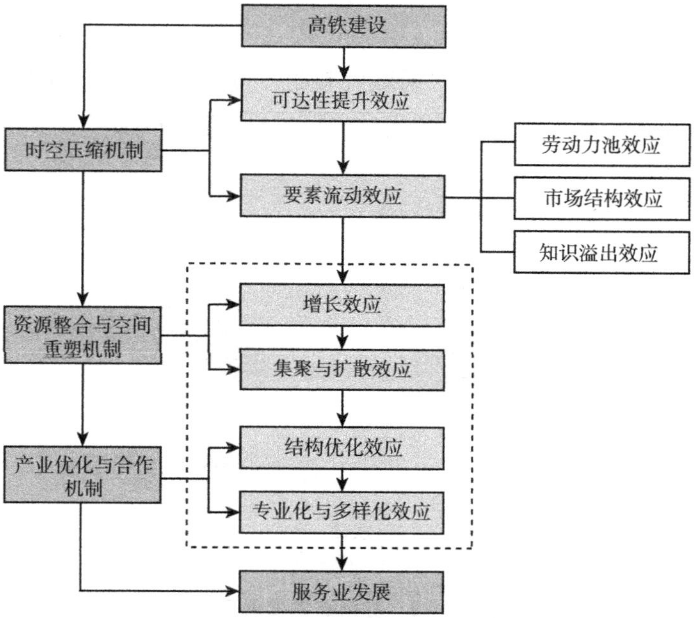

图 10－1　高铁对服务业发展的影响机理图

三、国内典型高铁城市服务业发展经验

（一）苏州案例研究

1. 基本情况

苏州是长三角重要中心城市之一，目前已开通了沪宁城际铁路和京沪高铁两条高铁线路，正在建设沪通高铁，并且规划了沪苏湖铁路，未来将有 4 条高铁线路经过苏州。苏州依托其在长三角的重要战略地位，借力高铁的建设，积极发展高铁经济，是国家高新技术产业基地和国家历史文化名城和风景旅游城市。

2. 发展历程

第一阶段：萌芽期。苏州于 2010 年 7 月 1 日开通了第一条高铁——沪宁城际铁路，联通了上海、无锡、常州、南京等重要城市。

第二阶段：起步期。2011 年 6 月 30 日京沪高铁的开通使苏州与上海、无锡真正实现了同城化，加快了信息技术以及人的流动。2012 年，苏州开始打造高铁新城。

第三阶段：快速成长期。沪通城际铁路、沪苏湖铁路开工建设。未来苏州将成为 4 条高铁线路通过的重要枢纽节点（见图 10－2）。

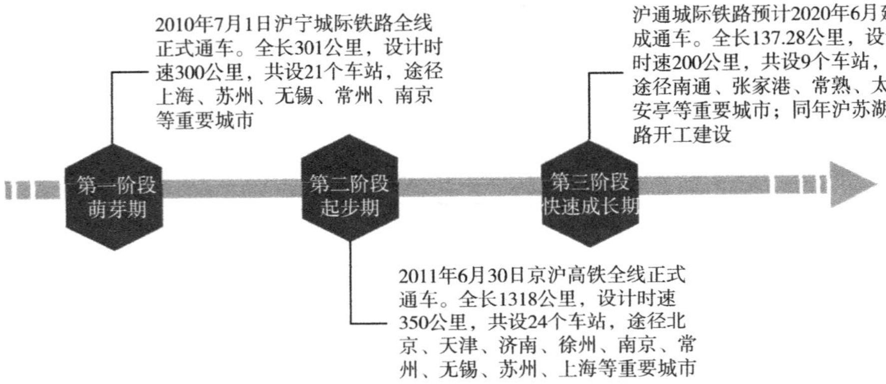

图 10－2　苏州高铁发展历程

3. 主要影响

（1）大力发展高铁新城。随着 2011 年 6 月京沪高铁的通车，联通南北经济的“黄金走廊”正式打通，苏州迎来了重新整合资源、加速发展的机遇。2012 年苏州开始大力打造高铁新城，高铁新城位于苏州“十字”发展带的北端，是苏州“一核四城”的重要组成部分。苏州高铁新城以发展科技研发、科技金融、文化创新为主，已发展成为苏州北部核心板块，众多高端商务载体、高新技术企业以及生活功能配套在高铁新城集聚，高铁新城已成为了苏州新的高端产业集聚地。

（2）与高铁沿线城市交流更加密切。高铁的开通缩短了苏州与上海、无锡、常州、镇江、南京等城市的时间与空间距离。2011 年沪宁高速铁路开通后，无锡、上海、常州在苏州半小时经济圈内，镇江、南京在苏州一小时经济圈内。特别是与无锡、上海的关系愈加密切，经济联系强度呈迅猛增长趋势，形成了比较密切的沪—苏—锡经济圈与旅游圈，同时苏州与常州、镇江、南京的经济联系强度也增长迅速，苏锡常都市圈成为沪宁发展轴上的重要板块。

专栏1 苏州与上海的同城化效应

2011 年沪宁高铁的开通使苏州与上海真正实现了同城化，苏州与上海随即展开了多方面合作。

苏州与上海青浦区签订区域联动发展全面战略合作框架协议。明确两地以规划为引领，以基础设施建设为突破，以产业合作为基础，以创新社会治理为重点，以共守生态安全为前提，聚焦青浦、昆山、吴江毗邻区域，通过建立战略合作关系，促进区域的联动、协同、错位、共赢发展，加快形成开放型、一体化发展格局。经过前期对接，昆山联合青浦、吴江开展了 63 项合作，包括规划布局合作 5 项、设施建设合作 17 项、产业发展合作 11 项、公共服务合作 9 项、社会治理合作 12 项、生态环境合作 9 项。

苏州与上海证券交易所签署全面战略合作协议。双方将构建上交所资本市场服务区域经济新平台，共同推进“培育扩大资本市场，推进区域经济发展”研究课题，共同设立上交所苏南基地，研究设立上交所（苏州）技术研发中心，协力合作以实现交易所、地方政府、企业多方共赢和社会经济协调发展，通过改革创新、先行先试，为企业融资探索新路径、积累新经验。

苏州与上海嘉定区共建嘉昆太协同创新核心圈。全面加强与嘉定区沟通交流，充分发挥嘉昆太在科技、产业、资源、市场、人才等方面的比较优势，有重点、有针对性地开展科技创新、产业升级、城市建设、公共服务、文化繁荣、生态保护、社会治理等方面的交流与合作，重点以科技创新领域的合作共赢为突破口，共同构建嘉昆太协同创新核心圈，努力把嘉昆太协同创新核心圈打造成为长三角一体化协同创新发展的先行示范区。

苏州与上海虹桥商务区签订战略合作协议。明确双方以促进长三角一体化改革为路径，积极对接国家重大战略发展，做好招商引资和重点项目对接服务。根据合作协议，双方以共同推动长三角区域国际贸易展示全方位发展为抓手，加快建立虹桥商务区与苏州城市区域间联动模式，促进上海与苏州互联互通及服务功能延伸互补，形成联动模式，促进一体化发展。

（3）产业结构进一步调整。高铁带动苏州服务业迅速发展，高铁开通以前苏州主要以第二产业为主，2010 年三次产业的比例为 1.7：56.9：41.4，

2010 年 7 月高铁开通以后，短短几年时间苏州第三产业比重就超过第二产业，成为第一主导产业，到 2019 年苏州服务业比重已经达到 51.51%。

高铁开通以前，苏州服务业主要以现代物流业、旅游业为主，而科技服务、商务服务、金融服务等新兴服务业尚处于起步阶段。高铁的开通进一步加强了苏州旅游业的发展，同时加速带动了苏州新兴服务业的发展，特别是科技服务业表现突出，已成为苏州服务业的重要增长极。

（4）聚焦科技服务业与旅游业的发展。科技服务业成为服务业重要增长极。苏州借助高铁带来的技术交流便利性，围绕新一代信息技术、生物医药、纳米技术、人工智能四大先导产业，大力发展科技服务业，2018 年成为首批国家服务型制造示范城市。苏州打造的高铁新城以科技研发、科技金融、文化创新为三大主导产业，已成为苏州科技服务业产业的重要集聚地。

专栏 2　苏州“高铁新城”科技服务业发展

借助上海资源，引进科研院所。高铁进一步增强了苏州与上海的距离优势，高铁新城利用这一优势，引进上海的研究所、研发公司。现已引进研究所近 10 家，京东智谷、新松机器人、紫光云引擎、集萃微纳等高端研发公司 20 家。目前苏州高铁新城科技研发能力出众，创新生态企业众多。

打造科技交流平台，鼓励科技交流活动。苏州高铁新城充分利用高铁带来的人才短期交流的便利性，通过打造科技交流平台，政策鼓励科技交流活动等方式，加强与市外科技人才的技术沟通。例如苏州高铁新城正在打造中国计算机学会（CCF）业务总部及学术交流中心，用于在苏州开展学术和技术交流活动，包括但不限于学术年会、报告会、论坛、工作会议、培训、竞赛、认证、咨询等；出台《苏州市科技合作与交流活动资助实施细则》，对组织的国际性或全国性科技合作与交流活动以及企业、产业联盟、新型研发机构、行业协会等发起组织的技术研讨和对接交流活动进行奖励。

开展国际产业合作，落地创新载体。苏州高铁新城积极开展对外合作，与国外先进国家进行产业合作、引入创新载体，推动新城产业快速发展。

目前苏州高铁新城已与美国、荷兰、奥地利、芬兰、德国、日本等近10个国家和地区开展产业合作，跨国项目数量达12个；与荷兰当地知名公司苏科思集团签约，为高科技企业提供该软件技术研发及系统开发服务；引入全球知名催化剂企业丹麦托普索国内第一所联合研发中心、中奥智能驾驶创新中心、苏州（相城）中日智能制造协同创新区“智力支持翼”等国际领先载体落地苏州高铁新城。

重视平台载体，做好双创服务。苏州高铁新城通过引进和打造平台载体，如双创示范基地、科技孵化器、众创空间等，营造优良的创新创业环境。如苏州高铁新城人工智能产业园是江苏省大数据产业主题的省级双创示范基地，以主打人工智能与大数据板块的产业平台，已成功引培100余家企业、机构；苏州高铁新城目前有10个科技孵化器，省级以上2家，国家级1家。其中，紧邻高铁站的国家级众创空间“苏州新门户·创客空间”自2015年7月运营以来，已成功孵化各类互联网+中小企业百余家。

制定产才政策，保驾高层次人才。除了省市各级人才政策以外，苏州高铁新城还制定了“环秀湖”品牌产才政策，涵盖产业、人才、居住、知识产权等19个方面，其中重大双创团队补贴最高可达2000万元。目前近万名就业人口中，有2000名左右拥有硕士及以上学历。

旅游业主导地位更加凸显。苏州处于交通线路上的节点城市，相较于上海、南京这样的端点城市更具有集散优势。高铁的开通一方面使更多更远的旅游者到苏州旅游更加便捷，另一方面为周边的旅游者周末短途旅游提供便利，因而对餐饮业、交通运输业、商业贸易、文化产业、娱乐业等产业具有强大的带动作用，更夯实了苏州旅游的龙头和支柱地位。

（二）温州案例研究

1. 基本情况

温州是长江三角洲中心区27城之一，是中国东南沿海重要的商贸城市和区域中心城市。目前，温州已开通运营甬台温铁路、温福铁路、新金温铁路和金丽温高铁四条高速铁路，2022年杭温高铁即将通车，高铁将温州高效地接入全国主要铁路运输系统，进一步推动温州打造全国性综合交通枢纽。

2. 发展历程

第一阶段：孕育期。2009 年 9 月 28 日，温州开通了甬台温铁路、温福铁路两条高速铁路，温州进入“动车时代”。2015 年 12 月 26 日，新金温铁路正式通车，温州的动车线路网再次扩张。

第二阶段：起步期。2016 年 1 月 10 日，金丽温高铁正式开通，打通了与杭州和上海的快速通道，温州开始从“动车时代”迈入“高铁时代”。

第三阶段：快速发展期。预计 2022 年，杭温高铁将通车，甬台温高铁、温武吉铁路、温福高铁将相继启动建设，温州经济发展将迎来一个新的重大机遇期（见图 10－3）。

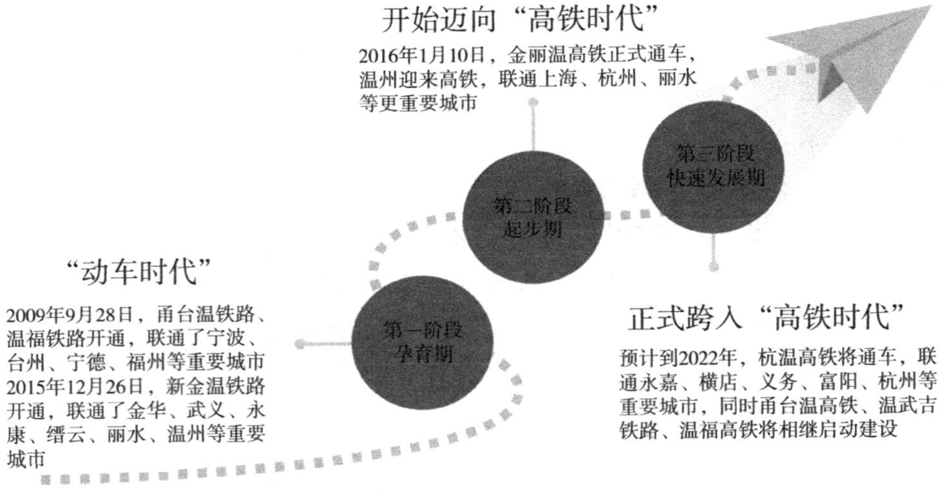

图 10－3　温州高铁发展历程

3. 主要影响

（1）积极打造高铁新城。2016 年，金丽温高铁正式通车以后，温州以“吸引人”为着眼点，优化城市空间布局，开始着手打造温州“高铁新城”。温州高铁新城是依托高铁南站重点打造的枢纽型城市新区，位于瓯海区西部的城乡结合部，高铁开通以前，该区域人口基础较薄弱，消费人群较少。高铁以后，依托高铁新城的建设，多项开发建设项目启动，高铁新城已成为温州“5＋2”亮点区块之一。

专栏3 温州“高铁新城”

温州高铁新城以温州铁路南站为中心，以综合交通枢纽为重点，以现代物流、高端商贸、旅游集散为主导产业，是一座集创意、时尚、金融、生态、人居和网络经济为一体的温州高铁经济集聚区和高端商贸新中心。

形成政府—企业合作建设管理体制。温州高铁新区实行政企联合建设管理的模式，成立了高铁新城建设管理委员会，下设高铁新城建设管理办公室，与铁路南站综合管理办公室合署办公。通过整合区铁路建设办力量，组建高铁新城投资开发有限公司，形成以建设管理委员会领导下的新城建设管理办公室为主导、国有企业为主体、市场化运作为主要模式的建设管理体制，举全区之力推进高铁新城建设。

重视产城融合发展，营造良好就业居住环境。温州高铁新区通过大投入大建设，大力推进产城融合。温州铁路南站综合管理办公室与中交投资联合体共同签署“温州高铁新城产城融合 PPP 项目合同”，推动高铁新城产城融合建设；加大教育、卫生、文化、体育等公共服务设施投入，加快提供优质公共服务资源，提升城市品质；建设学校、卫生服务中心、旅游集散中心等公建配套；推动智慧城市建设，包括智慧停车、智慧交通、智慧社区等；重视生态绿化工程，利用生态资源、激活城市水岸空间，完善绿道体系。

联动商贸城，引导商贸业集聚发展。温州在差异化竞争发展高铁新城商圈的同时，通过联动已有商贸城，引导商贸业在温州高铁新城集聚发展。温州政府充分发挥“高铁”效应，凸显温州价值，通过联通商贸城，帮助商户深度合作，打通更佳渠道，对接更优品牌，向多元化、立体化、体验化、智慧化转变，引入“时尚＋商业”“滨水＋商业”“旅游＋商业”等特色商业模式，有效有针对性地引导产业集聚。

完善市政交通，连接高铁新城与温州全域。温州高铁新城十分重视市政交通的建设，将高铁新城和温州其他区域紧密连接起来。目前高铁新城已经形成了四通八达的交通网络。温州还将构建“交通双环”，改善区域交通条件，通过完善公路外部主干道、优化内部路网、拉开高铁新城区域交通、构筑高铁新城快捷网等方式进一步将高铁新城与温州其他区域紧密连接。

（2）改变温州区域竞合格局。高铁的通车革命性地改变了温州在区域中的竞合格局，温州能实现5小时通达京津冀、珠三角、长江中游等城市群的核心城市，2小时通达长三角和海西城市群核心城市，1小时通达全省四大都市区以及浙南闽北东主要城市。高铁网建成后，将推动温州更加高效地接轨大上海、融入长三角、联动海西区，进一步增强温州与周边城市的经济联系，形成“同城效应”。

（3）推动旅游业高质量发展。温州坐拥丰富的旅游资源，高铁的开通为旅游业的发展提供强大助推力，周边城市的游客乃至更远客源地的游客有了更为方便的来温路径，使以往的中长线游变成了短线游，使温州的旅游客源市场结构逐步优化，客源地半径不断扩大，从辐射周边城市到辐射全省甚至全国。自2015年以来，温州的旅游人数和旅游收入一直保持16%和19%左右的高增速，表现突出。

专栏4 温州旅游发展举措

全域一体化发展战略，居民游客资源共享。温州通过推出精品旅游路线、积极创建高能级旅游品牌、与多产业融合发展等方式，大力推动全域旅游发展。如谋划推出温州自驾旅游精品路线5条以上；将生态旅游与红色革命、互联网、工业结合，推出了层出不穷的旅游产品；发挥温州生态优势，打造生态悠闲旅游度假目的地；培育一批“古色”文化旅游产品，大力发展革命圣地旅游；积极创建申请省级、国家级景区。

举办推广推介活动，加强城市宣传。相继举办“旅游大篷车·新春万里行”“金秋万人游温州”“自在畅游·智驾温州”等旅游营销与品牌推广专项活动。国际上举办30多场境外旅游推介会，与境外多家机构建立战略合作关系。“时尚之都·山水温州”旅游形象得到广泛传播，旅游品牌与知名度显著提升。

旅游新业态全面发展，提升游客体验感。温州通过大力发展新业态旅游，全力推动旅游产业由以往的观光式旅游向体验式旅游发展。例如推出以游艇邮轮旅游、低空航空旅游、文化创意旅游、研学旅游、中医药文化养生旅游为代表的新兴旅游业态，丰富游客的旅游选择的同时增强游客的体验感。

引领智慧旅游发展，强化公共服务。温州是国家首批智慧旅游试点城市及浙江省智慧城市示范试点，通过推动智慧化旅游的发展，提升服务游客的能力。温州积极推进智慧旅游“一平台、多系统、泛终端”建设，启用温州旅游电子合同签约系统、同业分销系统、地接统计系统等多个系统，建成多终端一体化的全媒体平台。实现温州3A级以上景区和星级饭店WIFI全覆盖，实现景区全方位智能化服务。

（三）徐州案例研究

1. 基本情况

徐州自古便有“五省通衢”之称，是淮海经济区的中心城市和徐州都市圈核心城市，也是在新一轮江苏省域城镇体系规划中提出的省级城市，京沪高铁、郑徐高铁、徐苏淮盐高铁等多条高铁汇集徐州，高铁的建设实现了徐州的东西跨越，造就了徐州今天的国家级经济技术开发区。

2. 发展历程

2011年6月，京沪高铁通车，是经过徐州的第一条高铁，连通了北京、天津、济南、徐州、南京、常州、无锡、苏州、上海等重要城市，徐州成为最先进入高铁时代的一批城市。

2016—2019年，郑徐高铁、徐兰高铁、徐盐高铁相继开通，进一步打通徐州与周边城市的时空距离；徐连高铁通车，有5条高速铁路经过徐州（见图10-4）。

3. 主要影响

（1）创新建设高铁生态商务区。高铁建成后，徐州以高铁枢纽站区为中心，以综合交通枢纽为重点，打造了高铁生态商务区，现在已经成为徐州开展新兴产业以及现代服务业的首要区域。依据各自功能定位，高铁生态商务区与徐州各城市组团形成了协调发展的关系：与老城区（中心商圈）为外溢与承载的关系；与徐州经济技术开发区（产业基地）为配套与提升的关系；与吕梁山风景区（旅游区）为保护与协调的关系；与徐州新区（商务办公）为错位与联动的关系。高铁生态商务区与现有城市组团共同构建了新的城市发展格局，协力推动徐州发展。

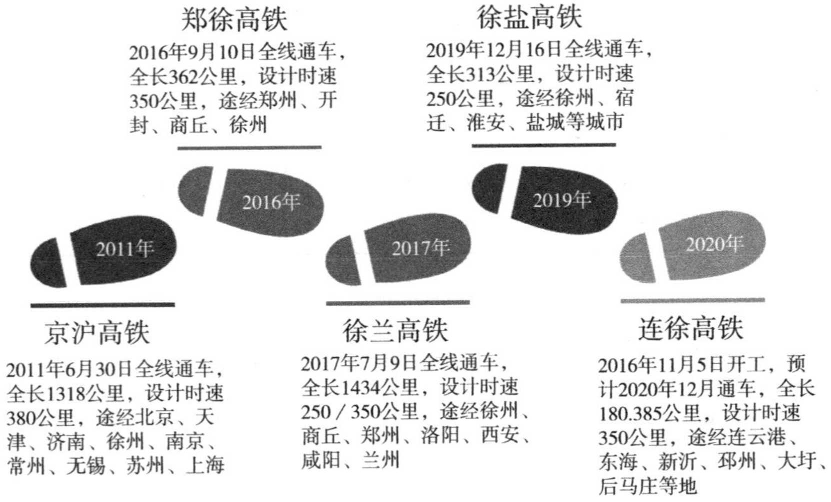

图 10－4　徐州高铁发展历程

专栏 5　徐州“高铁生态商务区”

徐州以高铁枢纽站区为中心，打造高铁生态商务区，总规划面积 50 平方公里，分为创新研发中心区、现代物流商贸区、生态宜居新城区和生态休闲旅游区四大功能板块，是以科技服务、电子商务、金融服务、现代物流、软件开发等产业为主的高端服务业聚合区，为徐州重要的经济增长点之一。

重点发展高端服务业，完善产业配套功能。高铁生态商务区根据高铁带来的高层次人流与产业资源的特征，重点发展科技服务业、高端商务、金融业、高端酒店等高端服务业，大力发展总部经济，将商务区发展成为汇聚高端服务业和高科技企业的一流载体。高铁生态商务园多个高端商务载体、总部主体、高端酒店、金融大厦等；同时将商务区划分为企业孵化、服务外包、文化创意、研发中心、展销中心、人才公寓等六大功能，为商务区提供完备的配套服务。

完善交通路网，加强高铁经济辐射度。徐州通过打通、改造高铁生态商务区与新城区和老城区之间的道路系统、轨道交通系统、城市公交系统，将新老城区与高铁生态商务区相互串联起来，将高铁带来的资源流向徐州全域的同时，链接老城区的商业、金融和旅游资源，发挥新城区行政、市级功能。

借助高铁片区关联效应，向周边城市辐射优势产业。徐州高铁生态商务区充分发挥自身优势产业，借助高铁和城市之间差异化发展特征，向周边城市产生经济辐射。规模化的新能源产业集聚是徐州的优势产业之一，高铁的开通推动了徐州新能源产业与京津唐、长三角地区的新能源产业关联发展。

（2）融入周边城市经济圈。高铁对城际“时空压缩”的作用改变了徐州发展的空间格局，增进与周边城市的交流与合作。高铁时代的来临使正处于京沪线几何中心的徐州融入长三角和环渤海“3 小时经济圈”，扩大徐州经济发展腹地，成为“经济洼地”：向北可借力北京，向南可依托上海，向东西可联动淮海经济区，由此为徐州智力资源、技术资源、生产资源和市场间的优化组合提供便利。

（3）进一步提升徐州的产业层次。长三角区域是我国经济发展速度最快、经济总量规模最大和最具有发展潜力的地区。经过多年发展，徐州的产业基础和发展环境已经与长三角区域形成了相对稳定的互补性对接。与周边地区相比，徐州的区位、资源优势更加突出。京沪高铁建成后，很大一部分苏南资本选择在徐州投资，带来技术、资金、人才、信息等要素资源，为徐州接受产业辐射、提升产业层次提供重大的历史契机，徐州将逐渐成为长三角区域经济社会发展的腹地，为完善徐州产业布局和产业发展升级换代提供动力引擎。

（4）促进徐州旅游业发展。高铁开通以来旅游业逐步成为徐州国民经济新的增长点。一是高铁影响徐州城市旅游格局。徐州与周边城市的空间距离缩短，意味着旅游资源吸引力范围的扩张，城市次级旅游资源的吸引力范围扩大了，增加了城郊休闲旅游的需求，2018 年徐州全年接待外地游客 8122 万人次，同比增长 18%，其中来自外省的游客占 75.1%，省外游客占游客总量的比重居江苏省第一位。二是影响区域旅游格局。高铁的开通极大地促进了徐州与上海、南京、无锡、常州、苏州等城市的客流互动，“长途游”变成了“短线游”，“黄金周”出游的散客化、同城化、区域化趋势更加突出。公众更愿意利用周末进行城市旅游或区域旅游，这种同城效应极大地增大了徐州潜在的客源市场。

四、高铁对服务业发展的影响和对策研究——以宜宾为例

（一）宜宾市高铁规划建设现状

目前成贵高铁已建成投运，根据规划未来宜宾市将陆续建成渝昆高铁、蓉昆高铁、川南城际铁路、绵遂内宜铁路和宜西铁路，形成6条高铁线路。目前宜宾市已开通5个高铁站点，即宜宾西站、兴文站、长宁站、屏山站及泥溪站，相关高铁线路和站点基本信息见表10－1、表10－2。

表10－1　　宜宾高铁线路基本信息统计表

高铁名称	里程数（公里）	经停城市	设计时速（公里）	车站数	投资额（亿元）	开工时间	（拟）开通时间	建设状态
成贵高铁	179.6（宜宾段）	翠屏区 叙州区 长宁县 兴文县 屏山县	250	5	232	2013.10	2019.06	已建成
渝昆高铁	143.5（宜宾段）	南溪区 临港经开区 叙州区 高县 筠连县	350	5	216	2020.12	2024.12	拟建
蓉昆高铁	49.27（宜宾段）	南溪区 临港经开区 叙州区	自贡至宜宾段350公里	3	86	2019.3	2022.12	在建
川南城际铁路①	49.27（宜宾段）	南溪区 临港经开区 叙州区	自贡至宜宾段350公里	3	86	2019.3	2022.12	在建
绵遂内宜铁路②	49.27（宜宾段）	翠屏区 南溪区 临港经开区 叙州区	自贡至宜宾段350公里	3	86	2019.3	2022.12	在建
宜西铁路③	—	—	350	—	—		—	拟建

① 自贡至宜宾段与蓉昆高铁自贡至宜宾段共线。

② 自贡至宜宾段与蓉昆高铁自贡至宜宾段共线。

③ 凉山州正在委托设计单位编制预可研报告，截至2020年4月线路方案、投资等未确定。

表 10－2　　　　宜宾开通高铁站点基本情况表

站名	站点位置	高铁站房面积（平方米）	站台规模	车站等级	总投资额（亿元）	日均客流量			预估2020年客流总量（万人次）
						流入（人次）	流出（人次）	总量（人次）	
宜宾西站	叙州区赵场街道	11993	3台7线	—	1.376	9380	6684	16064	586.3
兴文站	兴文县古宋镇同心村	3500	2台6线	三等站	—	1110	900	2010	73.4
长宁站	长宁县长宁镇大坪村	7798	2台4线	三等站	—	1211	745	1956	71.4
屏山站	屏山县新发乡月亮湾村	3500	2台4线	三等站	0.336	348	234	582	21.2
泥溪站	叙州区泥溪镇	3383	2台4线	—	0.442	334	234	568	20.7

（二）高铁对宜宾市服务业的影响

1. 高铁为宜宾市服务业发展带来的机遇

（1）拉动宜宾经济增长，形成以服务业为主导产业的新经济格局。一是拉动宜宾市经济总量加速增长，高铁的开通能加速人员的流动，能为旅游、商业贸易、科技服务等领域添加新的经济增长点和创新支撑点，促进区域经济形态、城市功能和社会建设水平的全面提升，加速宜宾市经济总量的增长。二是促进宜宾市产业结构更加优化，高铁的开通有利于刺激宜宾市消费，带动技术转化，将促进宜宾市围绕高铁建设优化现代服务业、制造业等产业发展格局，最终将形成以服务业为主导的新经济格局。三是促进服务业发展模式进一步转变，随着高铁网络的不断完善，高铁站点城市服务业发展模式会逐渐形成“高铁＋服务业”的发展模式，实现资源配置优化，进一步加速服务业的发展。

（2）促进城市格局优化，形成以交通为先导的全国铁路枢纽城市。一是交通枢纽地位显著提升，未来6条高铁全部开通后，宜宾将初步形成北接成都、东连重庆、南出贵阳和昆明的“四向”开放格局，进一步巩固宜宾市“国家铁路枢纽”的地位，牢固宜宾区域中心城市的定位。二是城市化水平加速提高，一方面，高铁增强了宜宾市中心城区对周边区县及市外人口的吸引力，使更多人口向宜宾市中心城区集聚；另一方面，对于宜宾市统筹城乡发展、促进城市功能完善，推进公共交通服务水平均等化起到明显作用。三是城市空间进一步拓展，推进高铁站点周边区域的开发建设将拓展城市空间，目前宜宾市已经开始打造“南部新城”“三江新区”等城市发展新重心，兴文县着力加速“空铁湖区”城市组团建设，随着更多的高铁站开通，宜宾市的城市空间将进一步拓展。

(3) 提升服务业产业层次，形成以“5+5”体系①为支撑的现代服务业强市。文化旅游业方面，高铁开通后省内外游客明显增多，客源更加多元化，带动旅游产品和服务进一步丰富，出行方式的改变也促使宜宾旅游环线的公共交通、汽车租赁服务更加完善。商业贸易方面，大量的客流带来消费需求刺激社会消费品零售总额持续上升，成都等地的新兴消费模式引入客观上要求宜宾企业进行商业模式创新，带动宜宾消费业态品质、体验型提升。科技服务业方面，高铁加强了沿线站点间的联系，增强了交流合作的便利性，通过高端人才、科研院所、创新平台的引入，能加速宜宾市科技服务业的发展。人力资源与教育培训业方面，高铁的开通有力地促进沿线城市同城化，依托大学城、南溪高职园等建设机遇，加速推动学校资源、教育平台的引入，加强人才学术交流，迅速推动人力资源与教育培训业的发展。商务会展业方面，高铁为宜宾市发展知名展会的辐射力，促进新的展会发展，提升打造商务总部品牌提供了新的动力。其他服务业方面，高铁还将推动宜宾市医疗卫生服务、健康养老服务快速提质，增强特色餐饮辐射力，促进金融服务能级提升。

2. 高铁为宜宾市服务业发展带来的挑战

一是区域发展竞争更加激烈。成贵高铁把沿线14个区市县带入川黔“3小时经济圈”，各地都在抢抓高铁时代的机遇，随着高铁网络的逐步完善，川南城市群之间的竞争将更加激烈。二是存在生产要素流出风险。高铁开通也会促使资金、人才、信息、技术向发展环境优越、行政效能高的区域聚集。

---

① 《关于加快构建“5+5”现代服务业体系推动服务业高质量发展的意见》中提出要推动商贸流通业、物流快递业、现代金融业、文化旅游业、商务会展业五大支柱型服务业提质增效，促进科技服务业、人力资源与教育培训业、医疗康养业、特色餐饮业、大数据业五大成长型服务业提速增量，建设现代服务业强市。

虽然宜宾有良好的发展基础，也应该提前重视高铁可能带来的负面“虹吸效应”。三是基础设施配套要求更高。随着高铁的开通，与成都、贵阳等高铁沿线相对发达地区的人员流动加强，影响本地居民和外来游客的消费体验，消费者对宜宾的基础设施配套提出了更高的需求。

（三）依托高铁发展宜宾服务业的建议

根据上述研究分析，结合宜宾高铁发展的实际情况，认为依托高铁发展，宜宾市服务业发展定位为高铁导向型成渝地区双城经济圈区域性服务业中心城市，通过抢抓高铁时代新机遇，弥补城市建设等功能短板，着力放大高铁经济效应。

1. 第一阶段：明方向，补短板

（1）明确站点城市服务业方向，科学制定相关规划。一是结合高铁站点对区域的影响及高铁站点所在区县的基础优势，明确高铁站点城市服务业发展方向；二是充分考虑高铁因素，提前谋划、组织编制《宜宾市服务业“十四五”发展规划》，并策划一批具有引领性、标志性和前瞻性的“高铁＋”服务业项目，为宜宾市及高铁站点城市的建设，科学制定相关城市、产业发展规划提供方向和依据。

（2）高标准规划设计高铁站区，加强服务基础设施配套。一要加强高铁站区开发建设，以三江新区、南部新城高铁片区为重点，加快中心城区高铁新区开发建设，以兴文县空铁湖区为试点，分阶段、分步骤有序推进区县高铁周边区域开发建设；二要加强基础设施建设，不断完善交通、生态、文化、商贸等城市功能，尽快提出并推进会展中心、康养中心、总部基地、旅游服务中心、美食城等改善城市基础设施和旅游配套设施的项目；三要尽快提升城市消费品质，分阶段有重点地构建宜宾市服务业消费新场景；四要加快提升服务业消费层次，通过拓展旅游类项目，引进国内外品牌，鼓励企业应用新型服务等方式，增加消费内容，提升消费品牌，创新消费方式。

2. 第二阶段：抓机遇，促融合

（1）创新服务业发展模式，促进服务业内部结构优化。高铁站区是未来城市人流、商贸的重要集散地，是城市扩容提升的重点方向和区域。充分利用高铁带来的新客源和更多的人流，创新运用“高铁＋”服务业的发展模式，推动文化旅游、商业贸易、科技服务、人力资源与教育培训、商务会展、医疗康养、特色饮食、金融、城市品质化与高铁快速融合，助力宜宾市服务业发展。

（2）着力服务提质形象提升，推动服务业招大引强。一是围绕高铁站点建设，从“引入爆点”+“弥补短板”两个角度策划包装一批服务业项目，采取“发布清单”+“精准招商”的方式，全力推进服务业项目招商工作；二是稳定与高铁相关的服务业发展要素，通过完善现有市场准入、监管等政策，探索跨区域制度创新，加强土地、资金、人才等要素的保障等方式，优化宜宾市服务环境；三是利用宜宾优势特色资源，如五粮液、蜀南竹海等，多渠道、多方位、多层次地塑造、识别、宣传宜宾城市形象。

3. 第三阶段：促交流，扩影响

一是加速融入成渝地区双城经济圈，以三江新区建设为先导打造成渝地区双城经济圈南向开放先行区，以教育科技为切入点打造成渝地区双城经济圈中的区域性科教中心，以成宜合作为契机，打造成渝地区双城经济圈跨区域合作先行示范区；二是设立发展论坛，主动与省政府对接，申请支持宜宾举办首届“成都—川南城市群”现代服务业合作与发展论坛，聚焦服务业协同发展、重大项目跨区域合作等问题，就文化旅游、川派餐饮、商业贸易等服务业领域展开交流，提升宜宾及川南城市群在四川和西部地区的影响力；三是建立体制机制，首先要成立高铁沿线城市服务业创新合作组织领导，统筹高铁沿线城市以及宜宾市内高铁站点城市服务业创新合作，推动区域协同发展；其次要完善高铁沿线城市服务业创新合作工作推进机制，主动联合自贡、乐山、泸州等城市建立服务业创新合作虚拟工作小组，协同推进服务业创新合作工作落地。

第四篇

服务业集聚发展模式研究

专题研究十一：检验检测产业集聚区建设研究

一、研究背景

检验检测是指通过技术手段和经验知识，按照专业规范程序，判定某个或某类物品、服务、活动以及特征是否符合相关标准、法规及其他规范要求的检验、检测、认可认证活动。检验检测产业指以检验检测服务为核心，涵盖技术研发、装备制造、支撑配套等全价值链的经济活动集合。

当下，我国高新技术服务业快速发展，在现代服务业的发展中占据越来越重要的地位。而检验检测产业作为高技术服务业中的关键环节，是提升产品质量、调高经济效率的重要助力，因此被视作是城市经济发展和产业提质增效的重要突破口，已成为我国多个城市的朝阳产业。因此明晰检验检测产业的政策背景，研判其市场前景和发展趋势具有重要价值。本文通过科学论证与经验借鉴相结合的研究方法对政策背景、市场前景和发展趋势开展研究，并列举了国内城市经验做法，以及成都市天府新区检验检测产业集聚区的规划案例，以期为读者学习与工作提供部分思路。

二、市场前景分析

（一）检验检测产业总体规模不断扩大

当前全球检验检测服务总体规模已达到“万亿级”。根据 NeueZurcher 发布的信息，2019 年全球检验检测市场规模达到 2053 亿欧元，约 1.6 万亿元人民币，相较 2009 年的 741 亿欧元，增长近 3 倍（见图 11 －1）。我国检验检测产业发展态势也较为迅猛，2019 年检验检测产业全年实现营业收入 3225 亿元，同比增长 14.75%；检验检测机构数量达 44007 家，同比增长 11.49%；出具报告达 5.27 亿份，同比增长 23.13%；从业人员达 128 万人，同比增长 9.40%。结合全球及我国当前发展态势、当下产业基础、我国产业发展转型升级新局面以及后疫情时代社会生产生活变化，预计到 2025 年，我国检验检测市场规模有望突破 5700 亿元，全产业链市场规模可达 5 万亿元（见图 11 －2）。

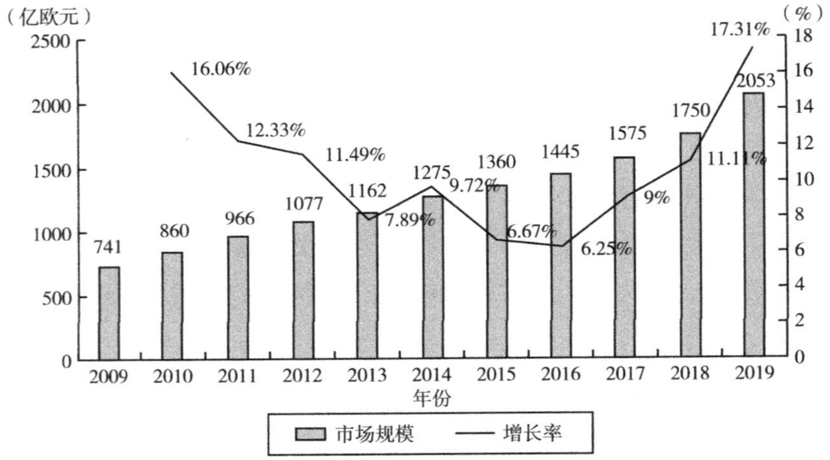

图 11 －1　全球检验检测市场规模情况

资料来源：NeueZurcher.

（二）检验检测服务领域规模持续上升

当前，产业链分工细化已成为各产业发展的必然态势和内在要求，产业链分工细化将延伸产业链长度，推动中间品贸易的增长。而检验检测服务作为国际贸易的“通行证”，市场经济的“信用证”，在全球化贸易趋势不可逆转、“一带一路”倡议与全面提高对外开放水平的进程不断加快的今天，必将受益于产业链分工细化带来的增量市场红利，实现规模进一步提升。根据全球知名调研机构 Markets and Markets 预测，2020—2025 年全球检验检测服务将以 3.6% 的年均复合增长率增长，预计到 2025 年全球检验检测服务的规

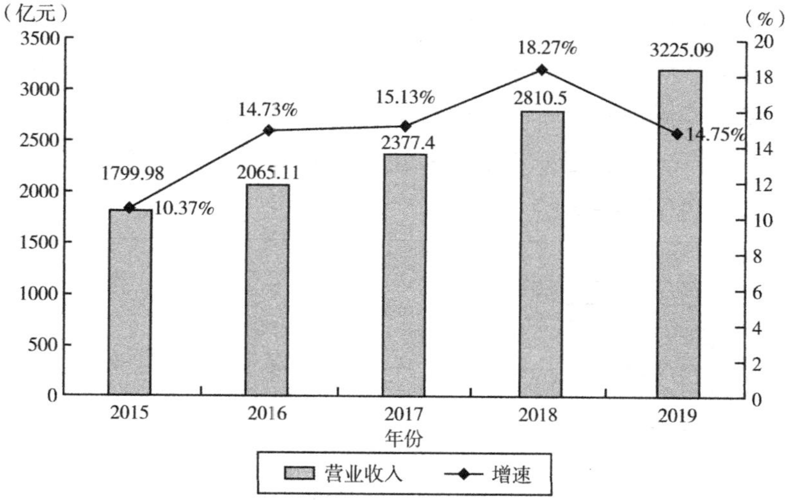

图 11－2　2015—2019 年中国检验检测营业收入及增速

资料来源：国家市场监管总局。

模将超过 2500 亿欧元，达到“2 万亿级”。结合我国人民从物质文化需求到美好生活需求的变化和政府职能转变趋势，可以预估中国检验检测服务发展的内在动力亦将持续强劲，未来规模将持续上升。

（三）检验检测创新研发及设备耗材制造潜力巨大

我国检验检测产业尚处于初期发展阶段，高精尖领域及核心设备耗材等仍然以海外进口为主，我国检验检测自主研发和设备制造还存在大量“卡脖子”环节。结合当下制造强国的发展导向，为推动检验检测产业快速发展，掌握发展主动权，攻克其创新研发及设备耗材制造等关键环节势在必行，可以预估检验检测创新研发及设备耗材制造产业潜力的释放，将成为大踏步前进的必然过程，因此中国检验检测创新研发及设备耗材制造是一块有待挖掘的关联市场，值得重点关注。

（四）检验检测产业领域重心由传统向新兴转变

对中国市场监管总局公开数据进行整理，可以从营业收入和机构数量中看出，因受到房地产开发、机动车生产等热潮影响，建筑工程、环境监测、建筑材料、机动车安检等传统领域是我国当下检验检测领域的重点，但由于发展多年，市场接近饱和状态，增长速度逐年放缓。检验检测作为生产性服务业，受到宏观经济环境的影响，结合我国当下经济政策等趋势进行研判，未来我国检验检测发展重心将会向高技术产业、战略性新兴产业领域转移，尤其是新能源汽车、航空航天、生物医药、高端装备、新材料、新能源等新兴产业领域（见图 11 - 3）。

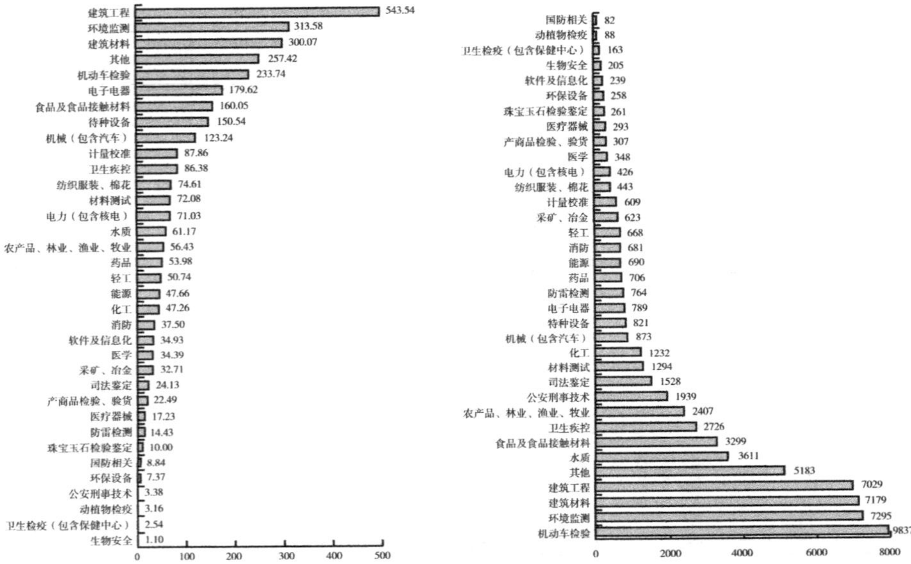

图 11 - 3 2019 年全国按专业领域划分的检验检测机构营收情况（亿元）及数量分布（家）

资料来源：国家市场监管总局。

三、政策背景分析

“十三五”期间，检验检测产业受到国家高度重视，进入快速发展期。期间出台的《认证认可检验检测发展“十三五”规划》《关于开展质量提升行动的指导意见》《认证机构管理办法》《关于加强质量认证体系建设促进全面质量的意见》《战略性新兴产业分类（2018）》等文件指出要加快拓展检验检测市场，加强监督管理，要打破行业和部门壁垒，并将检验检测认证服务正式写入国民经济行业分类，强调要加快培育产业计量测试、标准化服务、检验检测认证服务、品牌咨询等新兴质量服务业态。进入了“十四五”时期，检验检测产业发展更加明确化。2021 年 3 月，十三届全国人大四次会议通过的《中华人民共和国国民经济和社会发展第十四个五年规划和二〇三五年远景目标纲要》强调，要完善国家质量基础设施，建设生产应用示范平台和标准计量、认证认可、检验检测、试验验证等产业技术基础公共服务平台，完善技术、工艺等工业基础数据库。2021 年，中国认证认可协会发布的《中国认证认可协会服务认证认可检验检测发展“十四五”规划》指出要立足消费驱动市场需求，推动认证认可检验检测供给侧改革，形成产品认证、服务认证、过程认证、人员认证、管理体系认证并举的多元化发展格局（见表 11－1）。

表 11－1　　检验检测产业相关政策梳理

发布机关	发布时间	政策名称	主要内容
国家质检总局、国家认监委、国家发展改革委等32 个部门	2016 年 11 月	《认证认可检验检测发展“十三五”规划》	进一步开放检验检测市场，健全风险防范机制
国务院	2017 年 9 月	《关于开展质量提升行动的指导意见》	加快培育产业计量测试、标准化服务、检验检测认证服务、品牌咨询等新兴质量服务业态。为大众创业、万众创新提供优质的公共技术服务
国家质检总局	2017 年 11 月	《认证机构管理办法》	加强对认证机构的监督管理，规范认证活动
国务院	2018 年 1 月	《关于加强质量认证体系建设促进全面质量的意见》	打破部门垄断和行业壁垒，鼓励和支持社会力量开展检验检测认证业务，加大政府购买服务力度，营造各类主体公平竞争的市场环境
国家统计局	2018 年 11 月	《战略性新兴产业分类（2018）》	将检验检测认证服务正式写入分类，国家政策不断深化改革，监管逐步放开，市场化程度逐步提高，为检测行业创造良好的市场环境
工信部、国家发展改革委等 15 个部门	2020 年 7 月	《关于进一步促进服务型制造发展的指导意见》	鼓励发挥在那面向制造业全过程的专业化检验检测认证服务提供商，加强检验检测额认证服务机构的资质管理和能力建设，提升检验检测认证服务能力
十三届全国人大四次会议	2021 年 3 月	《中华人民共和国国民经济和社会发展第十四个五年规划和二〇三五年远景目标纲要》	以服务制造业高质量发展为导向，推动生产性服务业向专业化和价值链高端延伸，聚焦提高产业创新力，加快发展研发设计、工业设计、商务咨询、检验检测认证等服务

续表

发布机关	发布时间	政策名称	主要内容
国务院	2021年3月	《医疗器械监督管理条例》	保障人体健康和生命安全，促进医疗器械产业发展
国家市场监督管理总局	2021年4月	《检验检测机构监督管理办法》	加强检验检测机构监督管理工作
中国认证认可协会	2021年	《中国认证认可协会服务认证认可检验检测发展“十四五”规划》	立足消费驱动市场需求，推动认证认可检验检测供给侧改革，形成产品认证、服务认证、过程认证、人员认证、管理体系认证并举的多元化发展格局
工业和信息化部、国家发展改革委	2022年4月	《关于产品用纺织品行业高质量发展的指导意见》	加快产业用纺织品高端化、数字化、绿色化、服务化转型升级

四、发展趋势分析

（一）全球产业分布重心将向中国西部转移

通过对各类公开数据整理，目前全球检验检测市场中份额占比超过六成在欧美经济体中，其中北美占比为32.1%，欧洲占比为30.2%，亚洲占比为25.2%，其余市场占比为12.5%（见图11-4）。但通过市场前景、政策背景等分析后，本文认为随着产业转移，中国有望成为最大检验检测市场。该判断一方面来自检验检测作为生产性服务业必将依托于制造业发展水平，中国是全球制造业大国并具有最完整的产业链条，随着中国制造业转型升级，检验检测市场将进一步扩大；另一方面来自“产业梯度转移”理论仍然适用于服务产业，中国具备承接服务业国际化转移的基本条件，具有良好的宏观经济态势和巨大的内陆市场优势，拥有良好的开放意识和政治稳定性。检验检测作为以政府强制力推动的服务产业，有望逐步由发达国家转移至中国。

而对国内检验检测产业分布和营业收入数据进行研究后发现，2019年全

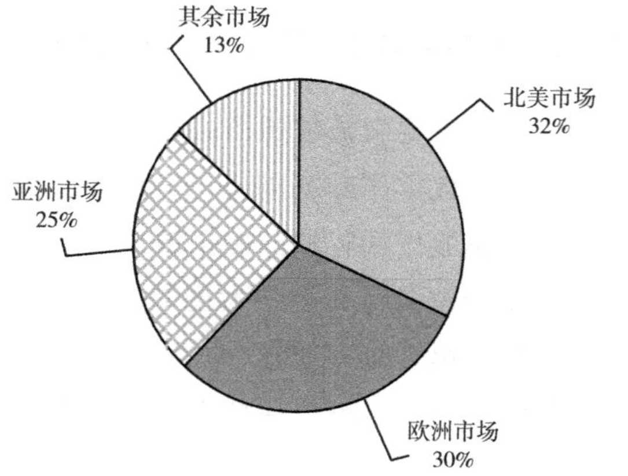

图 11－4　全球检验检测市场分布情况

资料来源：根据公开资料整理。

国六大区域检验检测机构数量和营业收入主要集中在华东、华北、中南区域，这三大区域检验检测机构数量和营业收入分别占全国的 69.21% 和 80.14%，西南地区检验检测机构数量和营收仅占 12.60% 和 9%。从各省市机构数量和营业收入来看，山东、广东、江苏、浙江、上海等沿海省份位于全国头部梯队，四川省在西南、西北地区相对领先，在全国处于中游水平。对比近年数据发现，东西部差距不断缩小，四川检验检测机构数量和营业收入提升显著，检验检测产业发展重心呈现由沿海转移至内陆区域的趋势（见图 11－5）。

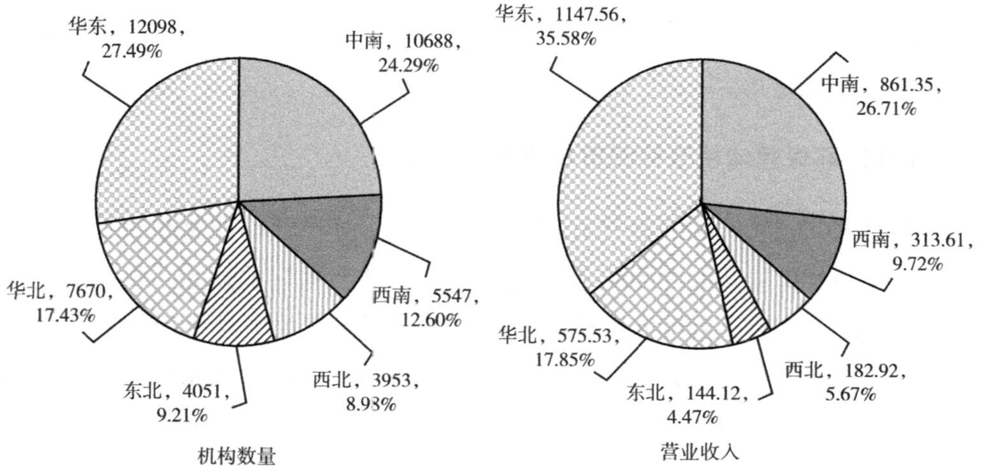

图 11－5　2019 年全国六大区检验检测机构数量及营业收入占比

（二）拥有核心技术与高智慧化水平成为发展关键要素

检验检测产业发展的关键要素是掌握核心技术。当前市场占有率大的检验检测公司主导地位正面临数字领域初创公司、科技巨头等市场占有率较小但技术能力强大的公司的挑战，如谷歌开始拓展预测性维护、数据捕获和分析、网络安全等领域检验检测业务，传统大型检验检测公司如 SGS、Intertek 近年也开始运用数字化技术提升效率质量，并将检验检测业务逐步从单一领域向多领域拓展。仅仅依托原有市场但在核心技术上止步不前的检验检测企业，必将受到巨大冲击。

产业革新对检验检测提出了新的要求，主要体现在时效性、流程便捷度、恶劣环境适用度、数据精准性、结论可视化、管理安全性、用户参与度、服务定制化等方面。随着新一代信息技术的发展，不少检验检测企业主动融入“互联网 +”和“智能化”浪潮中，运用云计算、大数据、区块链等技术，拓展检验检测领域，实现创新驱动发展，如借助机器人、无人机等智能设备在水尺检验、铁矿石检测、危化品检验等领域提高检验检测精准度，加强对人的保护；通过智能化实验室、实验室信息管理系统解放实验室管理人员重复工作，为实现动态响应创造条件；拓展新兴检验检测领域，对管理存储的海量专业数据进行深度清洗、分析、挖掘。可以预见，随着以 5G 技术为代表的新一代信息技术推广运用，检验检测行业将进一步进行数字化变革，未来应加快拓展检验检测广度，深化专业化建设，充分挖掘细分领域市场。

（三）环保领域检验检测市场将不断扩大

随着人们收入水平的提升及对健康的重视，对于产品质量也有了更高的要求，例如对房屋装修中甲醛含量的关注、对老旧房屋的质量、环保属性等方面的关注。同时，我国对于环保节能也提出了更高的要求，2015 年起实施的《中华人民共和国环境保护法》对企业污染排放、环境质量标准制定了更为严格的标准；2019 年 7 月，生态环境部成立了数个中央生态环境保护督察组，进驻至全国不同省份以确保生态环境治理的有效性。因此，这一方面，将促使政府加大力度推进各项检测标准的升级，也使得各种强制性认证检测项目不断增加；另一方面，也促使生产企业和建设企业更加注重通过检测认证提升自身的竞争力，从而推进自愿性检测认证市场的不断扩大。

（四）既有建设工程检验检测需求将持续增加

改革开放以来，随着我国经济飞速发展，房地产、市政工程、公共交通工程等建设量位居世界前列，既有建设工程的保有量越来越大。但随着时间的推移，由于自有缺陷、改造、灾害、使用寿命、环境等因素影响，既有建设工程暴露的问题越来越多、越来越严重。未来建设行业中，既有建设工程维护、改造、加固需求将大幅增长，对既有建设工程的检测、鉴定、评估等综合技术服务市场需求也将同步大幅增长。例如房地产行业，2019 年住建部所推出的《关于完善质量保障体系提升建筑工程品质的指导意见》中提到："强化政府对工程建设全过程的质量监管，鼓励采取政府购买服务的方式，委托具备条件的社会力量进行工程质量监督检查和抽测，探索工程监理企业参与监管模式，健全省、市、县监管体系。"政府机关将进一步提升对房屋质量的要求，创新工程监理制度，规范房屋建筑的建设标准，从而扩大对检验检测业务的需求。

五、检验检测产业载体发展经验借鉴

（一）检验检测总部楼宇发展经验——金域医学总部

金域医学创立于 1994 年，总部位于广州，是中国最早获得"医疗机构执业许可证"的独立医学实验室和进入医学检测服务领域的企业之一，是中国医学独立实验室发展的先导者。截至 2019 年已经在广州、中国香港、上海等 19 个城市建立了综合性检测中心，已经发展成为立足广州，辐射全国的现代生物技术服务的集团企业。

金域总部大楼位于广州生物岛，面积近 3 万平方米，涉及营销管理、品牌管理、采购、社会工作、信息管理、科技与创新鼓励、实验室管理、实验室合作共建中心、大数据中心等部门，包括了病理诊断中心、病毒诊断与转化中心、临床基因组中心、临床质谱中心等实验室，涵盖病理检验、临床检验、分子诊断等业务。每年新增检测项目近200项，大部分是基于基因、质谱、流式及病理等先进学科平台的高端项目（见图11－6）。

图11－6　金域医学总部

（二）检验检测综合性楼宇发展经验——四川检验检测创新科技园

四川检验检测创新科技园（以下简称“科技园”）是四川省首个专业的检验检测产业园区，建筑面积5万余平方米，汇集多领域检验检测机构的质检服务窗口、政务服务窗口、企业服务窗口以及检测实验室、鉴定技术中心、办公总部等入驻（见图11－7）。

图11－7　四川检验检测创新科技园

一楼为龙潭新经济产业功能区政务分中心，占地面积约2000平方米，该中心分为检验检测区、政务服务区、企业服务区。

二楼以上为检测实验室、鉴定技术中心、办公总部等。科技园采取线上线下和大数据相结合的互联网思维，打造线上检验检测公共服务平台（检交所），以区块链与大数据相结合，实现检验检测实验室预约检测、查询结果、检测数据追踪溯源，并建立检验检测行业的权威诚信体系。

目前已入驻中核工业集团（成都）医学检验中心、中储粮集团成都粮油检测中心、中节能集团四川工程检测中心、国家羽绒制品质量监督检验中心（成都）、三方电气国家电焊机检测中心等近38家检验检测机构。

（三）产业园区发展经验——英国萨里研究公园

萨里研究公园位于大伦敦外缘，离伦敦30英里，40分钟车程可达伦敦市中心（见图11-8）。

图11-8　英国萨里研究公园

分类建设产业载体。该园区由三大独立区域构成：第一个区域为雇员在1~30人的微型、小型组织服务，包括初创公司、创业公司及大企业的小型专业部门，设有预孵化器（孵化中心）、孵化器等；第二个区域提供一系列独立建筑，面积800~2200平方米不等，企业根据需要灵活选择；第三个区域主要吸引政府和大型产业研究机构或技术型企业的总部。萨里研究公园的经验可总结为区分大小企业，同时加强高成长企业员工客户的连续性。

低密度混合布局。园区绿化丰富，创造了低密度的生态环境，建筑均采用简洁的古典风格，色调统一。在建筑产品的设计上，办公空间可变性强，可为不同机构提供所需的办公空间。园区的配套设施齐全，萨里体育公园、酒店、学校、娱乐设施均在步行距离范围内，所有的办公空间共享中央走廊，每栋楼都是一个基本单元，集办公、休闲、商务于一体，功能复合，且距离英国最美的乡村仅几分钟路程，为园区办公人员提供了高品质的生活。

（四）经验小结

检验检测在载体类型上，根据产业类别大致可分为创新研发、设备耗材制造、检验检测服务和配套服务四大类。

创新研发类载体类型包括重点实验室、研发大楼、科创中心、研究院等。由于涉及检验检测不同的细分领域，各类载体的规划、设计、施工要求存在差异，对设备及环境设施有相关标准不一，因此载体选址宜优先满足规范规定，并考虑与高等院校、产业园紧密联系。

设备耗材制造类载体包括通用的标准厂房和专用的定制厂房。针对检验检测特殊领域，如智能制造、航空航天等，则适宜采用定制化厂房，可以优先考虑进出大型设备的方便性和后备电源等安全保障措施，并能够满足多样化的能耗需求。这类载体多呈组团式布局，根据需求应当集中布置排污等地下管网系统，合理安排物流通道，并远离居住区，特别注意需要满足相关环评要求。

检验检测服务类载体形式多样，常见的有独栋式检验检测总部、综合性检验检测楼宇、统一接件送检窗口和办事处、标准或定制厂房等。独栋式检验检测总部与综合性检验检测楼宇可综合创新创业企业孵化、检验检测大数据中心、检验检测线上服务平台等多种服务功能，多呈集中式、组团式布局，并宜在周边完善相关餐饮、娱乐、居住配套，适宜于发展总部经济、楼宇经济。统一接件送检窗口和办事处由各检验检测机构企业在检验检测业务服务对象集中的区域或楼宇设置接件送检窗口、办事处，负责收发、分配送检物件和受理业务，一般与独栋总部、专业楼宇等复合设置。部分特殊检验检测服务需在标准或定制厂房进行。

配套服务类载体主要是承载检验检测配套功能，根据不同功能需求呈现出不同形态，重点包括：会议展览——会议会展中心、展览馆、室外展场等；

职业教育——产学研园区、高级职教园区、职教基地、职教中心、职业教育专业楼宇等载体；商务服务——总部楼宇、写字楼、商务办公楼等载体；商业服务——商业综合体、商业街区、零售网点、社区商业、专业市场、商贸物流场所等商业载体；居住配套——人才公寓、高品质商品房等居住载体，公园、图书馆、医疗、体育等公共服务载体。

综上所述，根据检验检测产业发展基础，结合未来产业发展目标，其在地理空间上的展示形式需要着重进行设计规划，结合当下产城一体化的发展趋势，功能复合型、集聚型的产业园区将是重要检验检测产业载体发展方向。

六、天府检验检测产业集聚区案例

天府检验检测产业集聚区位于成都市东部新区简州新城，通过对成都市检验检测产业、机构、分布、产业链、发展模式等展开分析研究，结合成都市当下市场、技术和政策要素等资源，明晰了天府检验检测产业集聚区将聚焦“智能制造、航空航天、医药健康、先进材料”等重点领域，构建“技术研发、装备制造、检验检测服务+数字化赋能”的“3+1”检验检测产业链。集聚区未来将聚集“国字号”创新平台、全球领军企业和专业服务机构等引领型市场主体，建设具有全国竞争力的服务体系和要素生态，营造“检验检测+高端装备制造”“检验检测+医药健康”“检验检测+未来产业”等标杆应用场景，致力于打造全球一流、全国领先、全省标杆的国家综合检验检测认证服务先进示范区、国家检验检测创新发展试验区、中国西部检验检测品质高地、国家检验检测高技术服务业产业园主要承载地。

（一）产业发展基础

1. 成都市检验检测产业规模和增速较大，但产业能级尚待提升

产业规模方面。2019年，成都市共出具检验检测报告997万余份，全国排名第4位；行业从业人数2.94万人，排名全国第2位；营业收入83.16亿元，在全国15个副省级城市中排名第5位，成都市相较于上海（248.74亿元）、广州（200亿元）、深圳（110亿元）等头部地区还有一定差距。

增速方面。2015—2019年成都市检验检测营业收入由38.5亿元增长至

83.16亿元，其中2019年增幅达到63%；机构数量由395家增长至777家，均呈现翻番增长态势①。

产业领域方面。针对口腔医学、计量测试、高分子材料、电磁辐射、信息安全、防火材料、通信抗干扰等领域的检验检测服务，成都市已在西部乃至全国处于领先地位，但在各行政区和功能区中，检验检测产业多作为配套产业来发展，或由市场自主推动发展，无论是在产业能级还是在发展关注重心方面，都未能取得主导产业地位。

2. 成都市检验检测市场需求广阔

从全市重点产业来看，电子信息、装备制造、医药健康、新型材料、绿色食品和新经济产业对检验检测需求广泛。

从全市产业功能区来看，在智能制造、新材料、医药食品、航空航天等领域的产业功能区对检验检测认证服务需求较大，且对检验检测方法、试剂、设备以及数字化平台建设也有较高要求。具体内容详见表11－2、表11－3。

表11－2　　成都市“5＋5＋1”产业对检验检测服务需求梳理

产业体系	产业类型	发展重点	对检验检测的需求
“5” 先进制造业	电子信息产业	1. 集成电路 2. 新型显示 3. 信息安全 4. 软件产业	1. 集成电路设计、晶圆、封装、功能、支流和交流参数、可靠性等测试 2. 显示屏规格、黑边、显示画面完整性和色彩等测试 3. 信息安全产品物理性、安全管理、安全技术等测试 4. 软件静态、动态、黑盒、白盒ALAC等测试
	装备制造产业	1. 航空装备 2. 新能源和智能网联汽车 3. 轨道交通	1. 航空器整机、发动机设计、组装、维修等测试 2. 新能源和智能网联汽车操纵件、指示器、信号装置、动力性能、安全性、环保性、车载电池等检测 3. 轨道交通行车能力设计、线路配线、车辆型式、信号系统设计、运营管理等方面的检验评估

① 成都TIC区域经济浅析。

续表

产业体系	产业类型	发展重点	对检验检测的需求
“5” 先进制造业	医药健康产业	1. 生物医药 2. 医疗健康服务 3. 医药供应链	1. 药物合成、制剂、质量品控分析；微生物、标准理化测试、稳定性、独立杂质等测试 2. 器械生物相容性测试 3. 医药海关卫生检疫
	新型材料产业	1. 高性能复合材料 2. 先进功能材料 3. 前沿材料	材料理化性质、材料特性、稳定性、生产品控等检测评估
	绿色食品产业	1. 酒、饮料、调味品、休闲食品 2. 绿色农产品 3. 绿色生态循环农业 4. 农产品使用运输规范化 5. 农村电商基础设施及平台建设	食品内外包装、理化指标、微生物安全性等检验检测
“5” 现代服务业	会展经济	无明确检验检测需求	
	金融服务业		
	现代物流业		
	文旅产业		
	生活服务业		
“1”	新经济	1. “人工智能+”产业 2. “大数据+”产业 3. “5G+”产业 4. “清洁能源+”产业 5. “供应链+”产业	1. 软件产品的验收、申报、产品登记、性能、安全风险评估源代码安全等测试与评估 2. 电子设备环境及硬件测试 3. 光伏发电元器件及设备检验检测，页岩气气体性能及质量检验检测

表 11-3　　成都市产业功能区对检验检测的需求一览[①]

名称	主导产业	已有检验检测服务企业	对检验检测的需求
成都先进材料产业功能区	先进新型材料研发、生产、应用及回收	金属材料检验检测	需要高水平检验检测中心、测试平台等对园区产品研发及生产进行测试评估
成都天府国际生物城	生物技术药、化学药制剂、高性能医疗器械、专业外包服务、健康新经济的研发生产及应用	医药产品检验检测	药品理化、生物、毒理、安全性、稳定性等检验检测，器械生物相容性、安全性等检测评估

① 内容由成都市发改委官网信息梳理而来。

续表

名称	主导产业	已有检验检测服务企业	对检验检测的需求
成都绿色食品产业工功能区	酒水饮料、肉禽、乳制品、休闲食品、医药器械生产研发及制造	产品检验检疫	食品类理化性质、营养结构、微生物检疫等检测评估；医药器械生产包装检验检测
成都汽车产业功能区	汽车产业、专业制造	汽车检验检测、咨询服务	整车、零部件等研发检测
成都科学城	数字经济、高新技术服务	航空航天、核科学、信息安全等领域检验检测	软硬件设施的验收、申报、产品登记、性能、安全风险评估源代码安全等测试与评估
简州新能源智能网联汽车产业功能区	新能源及智能网联汽车	新能源汽车检验检测	整车及零部件检验检测认证总部
龙潭新经济产业功能区	检验检测、数字通信、智能机器人	设备耗材研发、检验检测认证、检测咨询	检验检测高端仪器、设备研发、数字化平台、检验检测服务
金牛科技服务产业功能区	科技服务	智慧交通、健康、电子信息、相关的检验检测服务	检验检测研发、轨道交通、智慧健康、电子信息上下游检验检测
新都现代交通产业功能区	轨道交通及装备制造、航空产业	航空及轨道交通设备和零部件检验检测	新材料、发动机、航电、零部件等产业相关检验检测技术研发创新
新都智能家居产业城	智能家居研发制造	质量检测、品质评定、行业标准制定	新材料、智慧化应用、产品环保等检验检测
成都医学城	三医融合、大数据/AI	医疗检验检测	药物研发、安全性、药理检验检测、医疗大数据系统研发使用检验检测
青羊总部经济区	航空科技、创新设计	航空制造业核心部件检验检测服务	软件服务检验检测
温江都市现代农业高新技术产业园	农业高新技术、医养健康	农产品、食品药品检验检测服务	新品种研发、生物生产等检验检测
成都现代工业港	氢能装备、电子信息配套装备	AOI 光学检测、涉氢检测、燃电检测、视觉检测	检验检测平台搭建、芯片、传感器、软件等研发生产检验检测
天府现代种业园	现代种业、优质粮油	生物信息检测	基因技术研发检测评定认证
蒲江县现代农业产业园	水果产业	农产品检验检测	育种等检验检测

3. 成都市技术与人才资源集聚

目前，成都检验检测创新平台、专利、科研、科教、人才储备等资源与成果基础较好。

在创新平台方面，截至2019年，已拥有21个国家质检中心、241所重点实验室，检验检测服务已覆盖农林牧渔、采矿、制造、教育、卫生、公共管理、社会保障等国民经济全部行业。在专利数量方面，成都市2019年发明专利共229项，期末有效发明专利773项，期末有效专利1466项。在科研成果方面，成都市2019年检验检测机构获得2项国务院国家科学技术进步奖、15项省级科学技术奖，全年共出具检验检测报告近1000万份，开展科研项目988项，其中，国家级项目211个、省部级项目332个，共修订国际标准8项、国家标准493项、行业标准339项、地方标准133项①。在科教资源方面，拥有四川大学、电子科技大学等56所高等院校以及中科院成都分院等30所国家级科研机构，汇集前沿动力、生物治疗、高分子材料、机械工程等80余个国家重点学科和国家重点实验室，斯坦福大学、牛津大学、清华大学、北京航天航空大学等国内外知名高校已在蓉设立研发机构和产业基地。在人才储备方面，人才总量居全国第4位、西部第1位。截至2019年，成都市检验检测产业共有两院院士3人，“千人计划”入选人员3人，从业人员30086人，其中，研究生及以上学历3843人，中级技术职称以上11455人。

4. 简州新城交通区位良好，产业配套完善

简州新城位于成都市东西城市轴和龙泉山东侧新城发展轴交汇处，是成都“东进”五大组团的地理中心。简州新城交通区位优势突出，距成都中心城区约30公里，天府国际机场约15公里，成安渝高速、第二绕城高速、成渝高速、成简高速穿境而过，未来将形成“四横五纵”的综合交通格局以及“两横两纵”的轨道交通格局，是成都东部陆路交通枢纽。

简州新城作为东部新区重要的产业承载地，生态环境良好，用地保障充足，政策支持有力，各类配套设施正处于高标准建设阶段。从产业用地来看，简州新城土地资源丰富，规划面积223平方公里，建设用地面积100平方公里，其中起步区主要规划二类工业用地，面积约21平方公里。从产业需求来

① 数据由国家网站数据整合得到。

看，简州新城已布局简州新城现代装备集聚区和简阳—西部电子商务集聚发展区两大产业功能区，规划主导产业为先进汽车制造、高端智造、航天航空等，可满足国家检验检测高技术服务业产业园起步发展的市场需求。从产业配套来看，东部新区“三路一轨”“三中心一公园”“三校一院”等基础配套设施均处于加快建设阶段，未来将有力支撑简州新城内产业园建设运营需求。从政策支持来看，东部新区在检验检测企业招引、人才（团队）引进、平台建设以及知识产权奖励等方面均给予了较大扶持力度。

（二）产业发展方向

1. 主导产业

锚定检验检测产业价值链高端，聚焦“3 + 1”产业链建设，构建“横向耦合、纵向延伸、循环链接、平台赋能”的产业链、创新链，形成全产业链的竞争优势（见图 11 – 4）。

表 11 – 4　　天府检验检测产业集聚区主导产业一览[①]

主导产业	重点领域	主要内容
检验检测创新研发	检验检测相关技术研发	重点围绕智能制造、航空航天、生物医药、先进材料“四大”领域，无损探伤检测、非接触式检测、涡流检测、工业显微镜等检测技术，推进检验检测技术研究和成果转化，鼓励针对信息安全、数据捕获和分析等新兴领域的检验检测方法设计和行业标准制定
	关键设备及材料研制	
	新型检验检测方法研究	
检验检测装备制造	关键测量仪器和检验检测设备制造的技术攻关和产品研制	智能传感器、金属探测器、高低温交变试验箱、温度冲击试验箱、检验筛、拍击筛等检验检测关键仪器设备制造水平，加快大型、精密检验检测测量仪器整机制造
检验检测认证服务	智能制造	围绕智能制造应用（智能汽车等）、智能制造终端设备（智能机器人等）、智能网络系统（信息处理等）三大智能制造方向，重点发展工业机器人、高档数控机床、智能传感、L4 + 智能汽车整车及核心部件的检验检测，着重推进可变接口的智能测试适配、分布式实时测试采集、非接触式检测、汽车安全性与环境适应性检测等技术的实际应用

① 内容由成都市发改委官网信息梳理而来。

续表

主导产业	重点领域	主要内容
检验检测认证服务	航空航天	围绕螺母、衬套等航空航天零部件和数据采集系统等航电系统领域，重点发展无损检验检测、激光扫描检测等检验检测服务，发展综合航电系统、监测调节或控制装置系统，发展常规超声和相控阵超声、涡流、激光全息、工业显微镜等检测技术
	生物医药	围绕药品、创新生物制品、医疗器械及重点医学检验检测场景等几大生物医药方向，重点针对基因测序、生物芯片等前沿领域，发展免疫诊断、分子诊断、POCT 检测、相关设备耗材检验检测技术，搭建国际领先的临床医学检验平台和技术体系，助推精准医学、生物医药产业跨越式发展
	先进材料	围绕新一代光电信息材料、新能源材料、稀土功能材料、生物医用材料、现代装备材料等领域，重点发展材料分析与表征测试、可靠性验证、失效分析、无损探伤检测等技术
产业数字化	数字化应用平台	积极推进“智慧检验检测”建设，推动以云计算、物联网、大数据为代表的新一代信息技术与检验检测产业深度融合，搭建集检验检测、分析试验、标准研制、技术研发、培训咨询等功能于一体的检验检测公共服务平台，支持检测机构建立基于智能移动终端的 LIMS 平台、“互联网 + 检测”平台，实现检测机构、生产企业、监管部门、终端用户等各方信息共通共享
	数字化检测服务	大力开发“互联网 + 检测认证”、在线检测等新模式，推动包含智能传感器、智能仪器、虚拟仪器和智能检测系统的智能检测模式的运用
	数字化创新研发	支持检验检测研发机构建设智慧实验室，配备数字化研发设备，采用大数据、云计算等数字化技术，为技术研发提供支撑
	数字化生产	积极推动检验检测装备耗材生产企业采用数字化、自动化、智能化生产设备和智慧化管理系统，打造智能生产线及智慧工厂

2. 配套产业

围绕主导产业方向，重点发展职业教育、商务会展、商业服务、物流服务四大配套产业（见表 11－5）。

表 11－5　　天府检验检测产业集聚区配套产业一览[①]

配套产业	重点领域	主要内容
职业教育	高职教育	针对性地引入检验检测相关专业的职业院校
	人才培训	积极引入第三方培训机构，针对性地培养一批技术研发人才、检测业务人才、运营管理人才
	产教融合	采用校企合作模式，在检验检测研发、制造、服务环节设立实训基地、产学研园区等
商务会展	展会服务	展会展销、会议论坛、交流峰会等
	总部经济、楼宇经济	完善商务办公、商务宴请、商务接待等商务配套
	专业化服务	发展咨询调查、数据、信息化、广告、企业管理、知识产权等
商业服务	消费新场景	围绕产业园工作及居住人群，发展餐饮、购物、休闲、游乐、住宿等业态
物流服务	产品配套物流服务	大宗物流、特种物流、危险品物流、冷链物流等
	生活性物流服务	围绕产业园生活工作人群，配套完善快递物流服务

（三）建设路径

统筹推进“产业‘四态’系统规划＋片区敏捷开发＋产业创新运营＋战略前瞻谋划”的园区建设路径，打造专业化服务、市场化运行、融合化发展的新型产业园。

1. 进行系统规划

组织专业机构团队，对产业园技术生态、主体业态、载体形态、产业配套文态“四态”进行系统性规划，进一步明确产业发展定位目标、业态领域、功能布局、载体风格等，打造产业高地。构建优质技术生态。针对性出台技术创新研发政策，积极对接先进技术研发企业、检验检测机构、重点实验室等技术研发主体，引进科研院所从业者、行业专家、高校毕业生等专业技术研发人才，形成优质高效检验检测技术创新服务体系。深化产业主体业态，围绕“3＋1”产业链和四大重点领域，明确产业发展细分领域及重点环节，确定各产业及业态发展间的优先级关系，提出重点领域检验检测资源招引方向。设计创意载体形态，按照产业细分领域及配套产业，明确产业园功

① 内容由成都市发改委官网信息梳理而来。

能分区、规划布局和建筑风格，建设如独角兽岛等具有特色魅力和高显示度的载体群落。厚植产业配套文态，引入和挖掘产业文化、地域文化、生活风俗等文化元素符号，推动产业园商业商务、会展展销、社区服务等发展，形成风格化、特色化的配套业态。

2. 分批敏捷开发

链式片区开发，推动检验检测各产业链集聚化、组团式发展，优先推进链核心产业、关键环节开发建设，按照“核心产业—相关产业—支撑产业—配套产业”的优先级和分区组合，分片区分批次进行开发建设。综合片区开发，开展片区城市设计，按照“精细化、高品质、小尺度”原则，统筹推进产业园的核心载体、产业配套、生活配套、基础设施、生态涵养和公共服务等一体化开发，以建设高品质科创空间、专业楼宇、标准厂房和人才公寓为切入点，打造功能复合、职住平衡的高品质产业社区。政企合作开发，由成都产业集团下属成都检验检测认证有限公司与成都东部新区共同组建片区综合开发合资公司（市场化 SPV 公司），分期分批推动项目建设，同时积极引入在检验检测行业具有较强资源优势和运作能力的优秀企业建立“园区事业伙伴”，参与开发建设。

3. 创新运营方式

市场化运营，明确政企权责，采用“政府监督指导 + 企业专业运营”的管理运营模式，由东部新区下设产业园管委会负责监督指导，片区综合开发合资公司（SPV 公司）负责具体运营。智慧化运营，推动营销宣传的数字化，打造数字化营销平台、展销平台，通过线上渠道拓展检验检测产业园宣传渠道；推动全产业链服务数字化建设，以“数据驱动 + 闭环服务”为目标，提升检验检测产业在研发、装备制造、检测服务等环节的数据化、精细化、智能化水平；推动产业园数字化管理，建设基于新一代信息基础设施的产业园智能管理系统，实现产业园动态化、可视化管理。品牌化运营，打造“国字号品牌”，争取国家药品器械审评核查分中心、航空部附件试航审定分中心、中保研汽车技术研究试验分中心等国家级平台入驻；打造“总部品牌”，积极对接瑞士通、法国必维等国外检验检测行业龙头，加强与广电计量、国检集团等在蓉龙头企业合作，吸纳行业领军企业在产业园设立区域性总部；打造“成都检测”综合性品牌，联合成都复达检测技术研究院、华测检测等重点机构企业，组建成都市装备制造检验检测行业协会、成都检验检测产业联盟。

4. 战略前瞻谋划

面向“高精尖”领域预研重大设施布局，重点关注精密制造、转化医学、前沿材料等领域科研攻关和转化应用的需求，结合成都市在光电技术、核技术方面的基础优势，跟踪光源项目（数千瓦极紫外自由电子激光光源及光刻验证装置、中国西部高能同步辐射光源等）进展，探索以独立建设或联合成都科学城共建共用等方式，布局先进光源和高能工业 CT 系统等重大项目，增强高分辨成像、先进结构解析、超快过程探索等尖端检验检测服务保障能力，为“卡脖子”领域攻关和未来产业孵化提供战略性支撑；打造“ISO17”产业公园（暂命名），参考英国皇家特许测量师学会，引入国际学会体系，建立中国设计建筑行业国际标准，以品牌园区发展意识，引入国际建筑检测产业品牌；围绕新型碳材料和下一个亿万级别的新兴战略产业，谋划布局碳检测业态。

专题研究十二：通用航空器贸易中心建设研究

一、研究背景

《通用航空术语》（MH/T1039－2011）对通用航空的定义是：除军事、警务、海关缉私飞行和公共航空运输飞行以外的航空活动。本文将在通用航空领域使用的航空器称之为通用航空器。通用航空核心产业产值高、关联产业广、产业链长，国际经验表明，通用航空产业投入产出比为1∶10，就业带动比为1∶12。通用航空产业作为国家重点扶持的新兴产业，被喻为“我国最后一个待开发的全链万亿产业”，将成为中国新的经济增长点。通用航空器贸易作为通航产业链上的重要一环，在我国尚处于探索阶段。因此，加强对通用航空器贸易中心建设的研究，有助于加快完善和壮大我国通用航空产业链条，增强我国在通用航空领域的话语权。本文将从我国发展通用航空的宏观政策以及我国通用航空器的运营现状、交易现状、需求前景等领域展开研究，同时以德阳为案例，对其建设中国（广汉）国际通用航空器贸易中心的必要性和可行性进行研究，并给出相应的建设建议，为其他具备类似条件和机会的城市提供参考经验。

二、宏观政策分析

近年来，我国通用航空产业的发展倍受重视，各类鼓励政策和发展规划层出不穷，政策导向也出现了较大的转变。

一是各类鼓励政策的内容从宏观战略到具体具象逐步转变，政策发布主体从中央部委到省市地方逐渐下沉，政策内容主要集中在基础设施、产业扶持、市场培育和资源保障4个领域。“十四五”时期，国家有关部门发布多个行业法规或政策，从不同角度促进“通用航空+”，支持通航产业发展（见表12-1）。

表12-1　　　　我国通用航空相关政策

发布主体	发布日期	政策名称	主要内容
国务院	2016年5月	《关于促进通用航空业发展的指导意见》	对进一步促进通用航空业发展作出部署，将通航产业定位为战略性新兴产业，谋划提出了通航业服务国家发展战略、促进经济社会发展的目标，到2020年要形成5000架机队、200万小时飞行量、1万亿元经济规模和培育一批具有市场竞争力的通航企业
民航局、文化和旅游部	2021年5月	《关于促进民航业与红色旅游深度融合创新发展的指导意见》	加强红色旅游地区的机场建设，完善红色旅游地区机场布局，支持将符合条件的机场项目纳入民航发展“十四五”规划重点项目；加快推进瑞金、湘西、嘉兴等重点项目建设及前期工作，指导地方政府规划建设一批通用机场；加强红色旅游地区机场与其他交通方式的连接，推动建设一批红色旅游融合发展示范区。支持航空公司在红色旅游地区机场加大运力投放，增开航线、加密航班，特别是推广通程航班和短途航空运输服务
民航局	2021年5月	《巩固拓展脱贫攻坚成果全面推进乡村振兴实施意见》	制定了完善机场布局、加快运输机场建设、加快通用航空发展等七项重点任务脱贫攻坚成果全面推进乡村振兴
国家体育总局	2021年5月	《开辟轻型飞机运动发展新路径》	对我国轻型运动飞机全新赛事进行了推介。航管中心运动一部主任杨宇心表示，全新赛事将助力全国各航空飞行俱乐部建立规范的赛事系统以及裁判员系统，引导各俱乐部可通过培育竞技飞行的方式，吸纳更多轻型飞机爱好者，为中国航空运动领域以及轻型飞机领航飞行赛事培养专业优秀的人才
国家发改委、商务部	2021年4月	《关于支持海南自由贸易港建设放宽市场准入若干特别措施的意见》（发改体改〔2021〕479号）	放宽民用航空业准入。优化海南民用机场管理方式，优化民航安检设备使用许可，简化通用航空机场规划及报批建设审批流程。在通用航空领域，探索建立分级分类的人员资质管理机制与航空器适航技术标准体系，简化飞行训练中心、民用航空器驾驶员学校、飞行签派员培训机构审批流程，在符合安全技术要求的前提下最大限度降低准入门槛。支持5G民航安全通信、北斗、广播式自动监视等新技术在空中交通管理、飞行服务保障等领域应用。落实金融、财税、人才等政策支持，鼓励社会资本投资通用航空、航油保障、飞机维修服务等领域

续表

发布主体	发布日期	政策名称	主要内容
民航西北局	2021 年 11 月	《关于“十四五”时期西北地区通用航空高质量发展的指导意见》	《意见》共分为指导思想、总体目标、主要任务三个部分，其中主要任务从七个方面，结合西北地区通航发展实际，提出了支持通航高质量发展的二十条具体措施，力争在“十四五”期间，努力打造通用航空先进产业体系、安全管理体系和现代服务体系，在通用航空发展规模、发展质量、能力培养和环境培育方面全方位追赶超越，完成通航管理从行业行为转变为政府行为，形成通用航空产业、行业管理与地方经济社会融合发展的新格局
民航局	2022 年 2 月	《民航局关于加快成渝世界级机场群建设的指导意见》民航发〔2022〕15 号	提升通用航空发展水平。加快构建通用航空基础保障网、低空运行网、应急保障网和多元服务网，汇聚通用航空产业链，建设全国通用航空产业高地
四川省人民政府办公厅	2020 年 7 月	《四川省通用航空促进条例（草案）》	《条例（草案）》共六章四十四条。包括总则、通用航空产业、通用机场、通用航空飞行、服务保障、附则六章
湖南省人民政府办公厅	2021 年 7 月	《关于支持通用航空产业发展的若干政策》	十二条政策支持通航发展，补贴政策多项高达 1000 万元。 一、加快通用机场建设。各市州新建通用机场纳入省级重点项目管理。对于符合全省通用机场布局规划的新建 A 类、B 类通用机场，按照工程费用的 10% 一次性给予支持，单个机场最多不超过 1000 万元，资金从省预算内基建投资中解决。 二、鼓励新开通航航线。对于新开通的通航短途载客运输固定航线，给予运营补贴（自发布且运营之日起施行，有效期 3 年），所需资金通过国内航线航班奖补资金统筹予以解决 ……
安徽省人民政府办公厅	2022 年 3 月	《支持通用航空产业发展若干政策》	提出支持通用机场及运输机场投资运营、建立低空飞行服务保障体系、鼓励新开通航运输航线、提升通航研发制造水平、畅通通航企业融资渠道、鼓励拓展通航应用场景、深化通航产业合作、大力开展通航科普教育、打造高品质通航小镇、重视通航人才培养十个方面的重点任务
吉林省人民政府办公厅	2019 年 1 月	《支持通用航空产业发展的若干政策》	支持通用航空产业发展的 40 项措施，包括优化农业航化等审批流程、完善军地协调机制和地方各部门协作机制、支持开发旅游线路、布局建设一批通用航空机场等

二是各级规划从重点发展通用航空器研发到通用航空产业链全面布局转变。“十二五”期间，国家对于通用航空行业发展的重点落于通用航空器的研发。“十三五”期间，各地加快通用机场建设，我国通用航空运营环境逐步优化，通用航空上升至国家战略新兴产业。“十四五”开篇，全国各地纷纷编制规划，对通用航空产业链条进行全面布局，将以产业集聚带动地方经济效益，加速通航重点示范工程建设（见表12－2）。

表12－2　通用航空产业相关政策

发布主体	发布日期	规划名称	主要内容
民航局	2022年1月	《“十四五”民用航空发展规划》	提出以服务国家战略和满足人民需要为目标，构建运输航空和通用航空一体两翼、覆盖广泛、多元高效的航空服务体系。加快构建“干支通、全网联”的国家航线网络体系，充分发挥民航特别是通航通达性强、效率高和品质优的比较优势，发挥对国家经济社会的战略性、基础性、先导性作用
浙江省发展改革委、省交通运输厅	2021年5月	《浙江省民航发展“十四五”规划》	到2025年形成“9＋20＋X”的通用机场布局。构建服务多元的低空航线网，构建交旅结合低空航线网。健全响应快速的航空救援网，构建航空应急救援指挥平台，建立应急救援航空网络。打造安全高效的飞行保障网，构建低空飞行服务保障体系
四川省政府办公厅	2019年7月	《四川省通用航空产业发展规划（2019—2025年）》	从加快建设通用航空基础设施、全面提高通用航空研发制造水平、大力发展通用航空运营服务产业、持续增强通用航空服务能力、积极培育通用航空消费市场、着力推动通用航空管理体制创新改革等六个方面部署具体任务。 要加快实施“一干多支”发展战略打造“一核两翼、多点N网”的通用航空产业发展布局，做优成都“主干”，做强环成都经济圈和川南经济区，带动全省通用航空产业发展。“一核”是指强化成都通用航空产业发展核心，重点发展大中型通用航空飞机、工业级无人机和航空发动机研发制造等。“两翼”是指以自贡、泸州、宜宾等为重点的川南地区为南翼，重点发展通用航空零部件、航空运动飞行器、航空新材料等；以德阳、绵阳为重点的环成都地区为北翼，重点发展通用航空零部件研发制造、教育培训、航展赛事等。“多点”是指建设多个通用航空小镇（产业园区）及飞行营地。“N网”是指布局建设N个通用航空网络

续表

发布主体	发布日期	规划名称	主要内容
湖南省委省政府	2021年8月	《湖南省“十四五”现代化综合交通运输体系发展规划》	建设全省“1+13+N”（1，省会中心通用机场；13，其余市州中心通用机场；N，其他若干通用机场）通用机场网，支持运输机场增设通航设施，推进一批通用机场、临时起降点建设，基本实现通航飞行“县县通”。率先在长株潭地区建成全国通用航空发展综合示范区，推动我省创建国家级综合型通用航空产业园
安徽省委省政府	2021年4月	《安徽省国民经济和社会发展第十四个五年规划和二〇三五年远景目标纲要》	推动通用航空等特色消费，加快通用机场建设，逐步形成皖中、沿江、皖北、皖西、皖南通用机场群。推进肥东白龙、肥西官亭、肥西严店、巢湖、庐江、濉溪、蒙城、砀山、泗县、固镇、界首、颍上、谢家集区、天长、明光、定远、金安区、当涂、无为、旌德、义安区、青阳、桐城、岳西、太湖、黄山区、绩溪、休宁、黟县等一批通用机场建设。到2025年，通航运输机场7个以上，建设一批A2级及以上通用机场
广东省委省政府	2021年4月	《广东省国民经济和社会发展第十四个五年规划和二〇三五年远景目标纲要》	广东省将加快发展通用航空，在广州、江门、清远、潮州等地布局建设一批通用机场。强化航空应急救援能力，推动区域应急救援中心建设；提升卫生应急核心能力，分区域布局紧急医学救援基地和化学中毒应急救治中心，有核电站的地市按需建设核辐射紧急医学救援基地，推动航空医学救援和海（水）上紧急医学救援基地建设工作，提升海陆空立体化卫生应急综合救援能力。加快建设珠江西岸先进装备制造产业带，重点发展高端数控机床、航空装备、卫星及应用、轨道交通装备、海洋工程装备等产业，着力突破机床整机及高速高精、多轴联动等产业发展瓶颈和短板
广东省委省政府	2021年9月	《广东省综合交通运输体系“十四五”发展规划》	推进深圳南头机场迁建、珠海莲洲通用机场二期扩建，在广州、清远、潮州等地布点建设一批通用机场，谋划推进深汕合作区、汕头、阳江等地通用机场前期工作，配套建设固定基地运营商（FBO）、飞行服务站和航油供应等设施，构建珠三角现代都市区、粤东粤西沿海海洋、粤北山区生态三大通用航空综合服务网络。充分利用低空空域改革契机，适时研究启动广东省低空空域规划编制工作，支持推动通用航空发展。支持梅州、韶关机场发展国内精品快线和热门旅游线路。加强粤港澳大湾区通航合作，构建覆盖全省、连通泛珠三角地区的通用航空网络；探索发展通用航空货运；鼓励韶关机场等具备条件的支线机场和通用机场发展低空旅游飞行；加快大型无人机、直升机、通用航空器等方面研发制造；研究制定企业投资铁路专用线、通用机场等建设运营支持政策

续表

发布主体	发布日期	规划名称	主要内容
吉林省委省政府	2021 年 6 月	《吉林省国民经济和社会发展第十四个五年规划和 2035 年远景目标纲要》	构建运输和通用功能衔接的基础网络布局，推动建设一批通用机场。建设以长春、吉林为核心的产业集群，发展通用飞机总装、机载设备、地面设备和航空模拟训练装备，建设北方综合性航空维修保障中心，构建低空旅游、教育培训、航空体育、通用航空客货运输为一体的运营格局
河北省委省政府	2021 年 8 月	《河北省综合立体交通网规划纲要》	共建京津冀世界级机场群。优化全省民用机场布局。加快推进石家庄正定国际机场总体规划修编，提升石家庄正定国际机场区域航空枢纽能级。优化环京津、冀中南地区支线机场布局，有序推进全省通用机场规划建设，促进支线航空和通用航空协调发展。充分发挥北京大兴国际机场作为国家发展新的动力源作用，辐射雄安新区，服务京津冀协同发展。2025 年前，建成通航邢台军民合用机场，实施秦皇岛、承德、唐山、邯郸等机场改扩建，加快新建沧州机场项目前期工作，推进张北、威县、平乡等一批通用机场建设，运输机场达到 7 个，旅客吞吐能力达到 3000 万人次；通用机场达到 23 个。到 2035 年，规划形成“一枢十支多点”民用机场布局，运输机场达到 11 座左右，通用机场达到 40 座左右，市级行政中心实现 60 分钟到机场

三、我国通用航空器运营现状分析

目前，通用航空的运行种类包括一般商业、农林喷洒、旋翼机外载荷、训练飞行、空中游览、私用大型、航空器代管业务等，除一般商业运行外，从事空中游览的比重最大，其次是训练飞行和农林喷洒。

截至 2020 年底，我国获得通用航空经营许可证的通用航空企业 523 家。通用航空企业主要分布在华北、华东、中南地区。其中，华北地区 111 家，东北地区 45 家，华东地区 131 家，中南地区 120 家，西南地区 64 家，西北地区 33 家，新疆地区 19 家。

截至 2020 年底，我国通用航空在册航空器总数达到 2892 架，其中通用及小型运输航空公司航空器数量共计 2461 架。按地区来分，华北地区 508

架、华东地区 508 架、中南地区 607 架、西南地区 225 架、东北地区 360 架、西北地区 150 架、新疆地区 103 架；按航空器种类来分，飞机 1301 架、直升机 907 架、运动类 253 架。

截至 2020 年底，我国全行业无人机拥有者注册用户约 55. 8 万个，其中，个人用户约 49. 8 万个，企业、事业、机关法人单位用户约 6 万个。全行业注册无人机共 51. 7 万架。①

四、我国通用航空器交易现状分析

（一）上游制造商

我国最大的通航飞机制造商为中航工业，2019 年全年共交付各型通航飞机 485 架，比上年增加 22 架，大多于国内交付。目前，全球知名大型通航飞机制造商多位于美国，如塞斯纳、湾流、罗宾逊等，其市场主要面向通航产业较为发达的北美、欧洲、澳大利亚等，如塞斯纳的经典机型 C172 的全球销售量超过 43000 架，但目前在我国仅有 240 余架，且多由各大航校所有。

由于飞机制造成本高周期长，因此都是“订单式”生产，大多不会有存货。我国通航制造业基础较差，进口国外飞机交付周期长，现状交易模式导致我国通航飞机数量不足。

（二）中游交易商

目前，通用航空飞机交易主要有向生产商直定、向飞机销售公司购买、向融资租赁公司购买以及网络购买 4 种方式。

1. 向生产商直定

购买方有两种购买途径，一是前往生产商所在地，现场看机并沟通需求后下单；二是目前大多数生产商有本品牌官网，通过官网登记需求信息后，有专业人士对接联系。向生产商直定，购买方可以节省一笔代理费，但是购买方需要自行与引进服务公司、通航飞机代管公司沟通，还有可能需要金融

① 数据来自《2020 年民航行业发展统计公报》和《2020 年通用和小型运输运行概况》。

服务公司的介入，此外生产商直定等待交付短则两三月，长则要两三年，且单次只能选择单一品牌的机型。

2. 向飞机销售公司购买

飞机销售公司通常也是代理商，因此会向购机者收取约为飞机款的 2% 的服务佣金，交付周期至少半年。但是作为飞机销售公司，其主要的优势在通航飞机市场上具有丰富的资源，能够有效地整合厂商、代管管理、金融服务公司等不同的机构，飞机销售公司更多地会站在购机者的立场，在购机、代管和融资等不同领域为购机者实现总成本最小化（见表 12－3）。

表 12－3　　我国知名飞机销售公司一览

名称	经营范围	代理机型	备注
济南凌音飞机销售有限公司	罗宾逊 R22/R44 直升机、钻石 DA40 系列飞机的代理销售；直升机销售及租赁；进出口业务；经济贸易咨询；礼仪庆典服务	欧洲直升机、罗宾逊公司、豪客比奇、达索、空中客车、庞巴迪、阿古斯特、皮拉图斯、索卡达、钻石飞机、湾流公务机、塞斯纳、施瓦泽、哈尔滨航空工业	隶属于中国凌音航空航天集团股份有限公司
双悦龙翔航空设备（北京）有限责任公司	销售机械设备；技术服务、技术咨询；货物进出口；代理进出口	泰克南	—
卓诚动力有限公司	—	罗宾逊、赛斯纳、空中拖拉机	注册于香港

3. 向融资租赁公司购买

融资租赁公司资金实力雄厚，通常以团体购机的形式向厂商订购飞机，在价格和交付周期上与代理商相当，可选机型相对较多，但是需要购买方自行联系试飞场地、托管公司及办理后续手续。目前，国内开展通航飞行器融资租赁的代表企业有民生金融租赁、中航租赁、工行租赁、交行租赁等。

4. 网络购买

近年来，电子商务的发展使得交易变得更加便捷，飞商网、翔为通航、飞机之家等通用航空器交售、二手飞机交易、飞机租赁、包机的电商平台日渐成熟，消费者可通过平台咨询和预订相关服务。

我国通航飞机在较长的时期内将依赖进口，而目前进口飞机除了二手飞机以外大多为需要等待国外制造商生产以及各项手续办理，周期长、手续复杂和较难看到真机等种种不足将制约我国通航飞机数量的增长，极大程度影响了我国通航产业发展。

（三）下游运营商

通过对运营公务机、涡桨和活塞固定翼飞机、直升机的代表性企业进行梳理，发现除了几大航校和哈尔滨农林生产外，这些企业多位于北上广、香港等经济发达地区，基地设置和服务范围也大多围绕沿海经济发达地区和省会城市，飞机数量较少。可以看出目前我国通航运营服务覆盖能力还存在不足，整个市场的开拓还有待加深。未来随着空域的进一步开放，市场逐步拓展，当下的运营能力将难以满足需求，对通用航空器的需求将进一步增加（见表12－4、表12－5、表12－6）。

表12－4　　我国代表性公务机运营方一览

企业名称	总部所在地	基地分布	子公司分布	航线范围	飞机数量
金鹿公务航空有限公司	北京	北京、海口、深圳、三亚、西安、长沙、杭州、广西（南宁）	—	提供国际和国内包机服务，服务范围包含全球170多个国家和地区的740多个机场	46架
亚联公务机有限公司	深圳	北京、上海、香港、成都、天津、杭州、重庆、昆明、台北、厦门和澳门	香港、北京、上海、成都	提供国际和国内包机服务	27架
北京华龙商务航空有限公司	北京	北京、香港、上海、深圳、广州、厦门、珠海、成都	北京、香港	服务网络覆盖全球近千座机场	26架
一二三航空有限公司（原名为：东方公务机航空有限公司）	上海	上海、南京、北京、杭州、无锡、成都、三亚	—	航线覆盖世界五大洲	15架
香港商务航空有限公司	香港	—	—	—	13架
合计	—	—	—	—	127架

表 12－5　我国代表性涡桨和活塞固定翼飞机运营方一览

企业＼航校名称	总部所在地	基地分布	子公司分布	服务区域和业务范围	飞机数量
中国民用航空飞行学院	广汉	广汉、新津、遂宁、绵阳、洛阳	—	—	83 架
北大荒通用航空有限公司	哈尔滨	—	黑龙江绥化市（肇东市）、黑龙江佳木斯市	黑龙江垦区；农垦作业	34 架
海南航空学校有限责任公司	湖北宜昌	固定翼基地：湖北宜昌、宁夏中卫、甘肃庆阳、湖北恩施	甘肃庆阳市、宁夏中卫、湖北宜昌市	—	17 架
中国民航大学	天津市	—	—	—	16 架
中国飞龙通用航空有限公司	哈尔滨市	加格达奇、天津、西宁	哈尔滨、拉萨、西宁、新加坡、尼泊尔	新疆塔克拉玛干大沙漠等国内 航空物探和紧急救援	16 架
陕西凤凰国际飞行学院	宁夏	—	—	—	15 架
合计	—	—	—	—	181 架

表 12－6　我国代表性直升机运营方一览

企业名称	总部所在地	基地分布	子公司分布	服务区域和业务范围	飞机数量
中信海洋直升机股份有限公司	深圳市	在深圳、天津、湛江、海南东方建有直升机场；在北京、上海、浙江、福建等地设有作业基地	上海、天津、湛江、浙江、海南	业务遍布中国三大海域和全国主要城市	75 架
上海金汇通用航空股份有限公司	上海	—	兰州市	除青海、西藏、新疆和台湾外的所有省、自治、区直辖市； 医疗救援	67 架
国网通用航空有限公司	北京	—	—	国家电网全资子公司； 直升机电力飞行作业	31 架
中国飞龙通用航空有限公司	哈尔滨市	加格达奇、天津、西宁	哈尔滨、拉萨、西宁、新加坡、尼泊尔	新疆塔克拉玛干大沙漠等国内； 航空物探和紧急救援	30 架

续表

企业名称	总部所在地	基地分布	子公司分布	服务区域和业务范围	飞机数量
北京首航直升机股份有限公司	北京	—	三亚、北京、自贡、天津、宁波、山西省晋中市、南宁、深圳、桂林、南昌、湖北宜昌、长沙、陕西西咸新区	—	28 架
合计	—	—	—	—	231 架

五、我国通用航空器需求前景分析

不同用途的通用航空器在产品功能上有所差异，面向的消费群体也不同，目前通用航空器市场可以分为五大类，分别是公务包机、短途运输、航空作业、娱乐运动和飞行训练。

公务包机类消费市场具有销售单价高、个性定制程度高，但销售架次较少的特点，主要为国内高净值客户和公务机运营商。有专业机构在 2016 年预测，到 2021 年中国有潜力购买公务机的人数将升至 1850 人，购置公务机需求将升至 2320 架，潜在包机人数将升至 1.2 万人，需求也相应上升至近 27 万小时。但实际增长却与预测相悖，2015—2017 三年公务包机类消费增长率下降 30%；2018 年和 2019 年更是连续两年减少，机队数量降至 2019 年的 332 架。业内表示，限制销量最核心原因的是低空空域受限导致的“上天难”，若低空空域进一步开放，会大规模带动市场活力。因此，在国内低空空域限制放松之前，不存在公务机销售量大涨的可能，但低空空域逐步开放，销量将会逐年上涨。

短途运输类消费市场的特点是市场总规模较小但销量较为稳定，受国家经济因素的影响较小。通用航空短途运输通常在公路和铁路难以覆盖或居民因受制于自然环境因素而出行困难、人口规模 10 万人左右的地区建立运行航线。根据中国航空运输协会通用航空分会联合华夏通用航空有限公司发布的

《2018—2019 中国通用航空短途运输行业发展报告》，截至 2019 年我国共有 40 架通用航空器服役于 47 条通用航空短途运输航线，航线多位于中东部地区，西部有少量位于新疆和青海。未来随着西部大开发的持续深入，通航短途运输在我国以高原和山地为主的西部地区将有巨大发展空间，对相关通用航空器的需求巨大。

航空作业类消费市场特点是产品应用范围广，需求量大，目前正处于技术革新时期，具有大变革大发展的潜力。根据中国民航科学技术研究院发布的《中国通用航空 2019 年度报告》，2019 年我国农业和应急类飞行服务出现了一定程度萎缩，同比降幅分别为 4.5%、8.2%，其中农业作业的萎缩大部分由无人机替代。值得一提的是，2019 年实名登记无人机达 39 万架，较 2018 年底增长 45%以上。应用场景得以不断丰富，飞行总时长超百万小时，无人机成为驱动通用航空发展的新动能。随着无人机技术的进一步发展，应用场景的进一步丰富，航空作业类消费市场有望进一步扩大，对无人机的需求将大幅提升。

娱乐运动类消费市场受经济发展水平和经济状况影响较大，且市场规模不大。根据《中国通用航空 2019 年度报告》，2019 年我国通航消费类（包括空中游览、跳伞服务、空中广告、个人娱乐飞行等）飞行增长最快，同比增幅 35.7%，共有 186 家企业参与运营，共计完成飞行 3.29 万小时，飞行架次 17.7 万架次，实现参与消费 28.5 万人次。由此可见，随着我国社会经济水平不断提升，人民日益增长的美好生活需要将促使娱乐运动类消费市场中对通用航空器的需求量不断增大。

飞行训练类消费市场易受其他市场发展前景的影响，可以从市场变动中看出通用航空业对全行业未来的预期。2019 年，我国飞行培训（不含中飞院）达 37.57 万小时，114.03 万架次，全国共计 153 家企业参与，全年平均飞行小时 2455.34 小时，飞行架次 7452.82 架次。通航培训正稳步发展，训练机的销售量正在不断增加，这表明国内通用航空器飞行训练类消费市场发展态势良好，随着低空空域逐步开放，对飞行训练类通用航空器的需求将进一步上涨。

我国通用航空器制造产业发展尚处起步阶段，自主研发制造高端通用航空器的技术还不成熟，极大程度上依赖进口。随着通用航空产业的进一步发展，我国对通用航空器的需求将出现激增。然而，从国外进口手续复杂、无法现场看机、交付周期长等问题严重制约了我国通用航空器数量的增长。因此急需根据我国国情，立足当下提前布局，构建能够满足上述需求的通用航空器交易模式。

六、中国（广汉）国际通用航空器贸易中心建设建议

（一）德阳建设通用航空器贸易中心的必要性

1. 国家及省市地方政府高度重视通用航空产业

近年来，从中央到地方均高度重视通用航空产业的发展。2016 年国务院出台的《关于促进民航业发展的若干意见》、2017 年民航局发布的《通用航空“十三五”发展规划》、2019 年四川省编制的《四川省通用航空产业发展规划（2019—2025 年）》等文件均表达了对通航产业的高度重视，明确提出要大力发展通用航空产业，加快把通航培育成新的经济增长点。可以预见，我国对通航产业的发展决心和势头将持续火热，对通用航空器的需求将持续上升，建设通用航空器贸易中心将拥有广阔市场。

2. 通用航空器贸易中心交易模式更适宜我国国情

目前我国的通航飞机主要依赖进口，交易模式有向生产商直定、向飞机销售公司购买、向融资租赁公司购买以及网络购买 4 种，但是存在交付周期过长、无法查看真机、购机后续服务配套难、手续繁复等种种问题。因此，建设能够满足上述需求并提供便捷服务的通用航空器贸易中心，将更契合我国国情。

3. 通航贸易是推动德阳通航产业发展的重要突破口

目前德阳市已基本形成集研发、制造、培训、运营、维修于一体的通用航空产业体系，德阳高新区“通用航空创新型产业集群”被科技部认定为全国唯一一家通用航空产业类创新型产业集群。德阳市提出的 5 大战略新型产业体系中，将通航产业作为加快新兴战略产业培育和产业转型的重要突破口，并成立了通用航空产业发展工作专班。

然而，近年来各类通航产业园和通航小镇遍地开花，德阳市的通航产业

发展业面临巨大的竞争压力，亟须一个出奇制胜的“突破口”。对整个通用航空产业链而言，航空器贸易是一个至关重要的环节。因此，可结合德阳优势，以“人无我有”的思路，加快布局通用航空器贸易中心这一项目，融合托管维修、飞行体验、金融服务等功能，打造全球首家通用航空器定式展销场所，抢占行业制高点。并加强舆论造势，引起全社会的广泛关注，通过提高德阳市通用航空产业的知名度来带动整个产业的发展，从而推动德阳的城市变革焕新。

（二）德阳建设通用航空器贸易中心的可行性

1. 发展基础

德阳市拥有坚实的通用航空产业基础，目前主要分布于德阳高新区，区内已形成了集研发、制造、培训、运营、维修于一体的通用航空产业体系，德阳高新区“通用航空创新型产业集群”被科技部认定为全国唯一一家通用航空产业类创新型产业集群。此外，什邡市无人机产业已初具规模，可进行无人机从研发到成品生产的全流程作业。

通航科技发展和人才储备方面，德阳高新区拥有中国民航飞行学院和四川航天职业技术学院、东星航空学院三所代表性专业大学；拥有高新技术企业 9 家，其中 2 家年营业收入超过 10 亿元，7 家年营业收入超过 1 亿元。通航制造体系方面，拥有以凌峰航空和新川航空两家为代表的航空零部件生产企业 14 家，以及航空材料生产企业 5 家。通航运营体系方面，拥有西林凤腾、星耀航空和三星通航 3 家代表企业的通航运营及服务企业共 6 家。通航保障体系方面，拥有天舟航油、中飞院修理厂、广汉机场等。通航专业技术方面，拥有有效知识产权数 245 项，其中发明专利 88 项；通航产业从业人员 5000 人，其中博士 140 人，留学回国人员 15 人，省“千人计划”专家 4 人。

德阳市拥有通用航空核心产业链的大多数关键环节，科研培训和运营方面都位居全国前列，且中国民航飞行学院的日常训练积累了丰富的空域管理经验。但目前德阳市通航产业知名度不高，对上下游产业带动力弱，对高端人才和吸引力度不足，亟须一个能打响德阳市通航产业名声的项目以有效带动产业突破性发展。

2. 发展机会

产业发展与资金流密切相关，而资金流通常是由贸易行为带来的，因而为推动德阳通航产业的发展，可从贸易行为入手，而贸易行为的发生离不开有效信息。通过综合研判，随着我国通航产业快速发展，对航空器的需求将日益高涨，因此借助广汉机场在德阳市高新区建设通用航空器贸易中心，构建集定式展览、真机试飞、金融保险、商务接洽和各类运营保障的“一站式购机”模式，这将是解决当前德阳通航产业存在问题的优质办法。建设通用航空器贸易中心是始创性的，但是也是充满挑战和危险的。通用航空器的数量受制于我国空域的限制、飞行报备的冗杂和机场航油等基础保障的不足，因此通用航空器贸易中心的建设应当严格匹配我国国情和实际情况，稳步向前，打响产业品牌并保障持续发展热度。

3. 经济社会效益

国际经验表明，通用航空产业投入产出比为 1∶10，就业带动比为 1∶12，通航贸易产业更是在通航产业中属于高附加值环节，经济价值巨大。

根据估算，本项目完全投运后年产值约 4.77 亿～9.16 亿元/年，可为本地带来税收约 1800 万～3400 万元/年。此外，项目将直接提供约 1000 个就业岗位，并间接带动相关制造企业以及上下游全服务业行业的提质扩容；有利于整合本地产业链并集聚各类创新要素，形成产业发展的良性循环；还将缔造高端但又有温度的城市“通航”新名片，让公众对德阳的印象不再仅仅是二重、东汽、三星堆，使德阳有新看点、新去处吸引聚集人气，推动服务业品质和功能提升，从而带动整个城市的转型升级。

（三）德阳建设中国（广汉）国际通用航空器贸易中心建议

1. 项目建设思路及定位

以通用航空器贸易中心为抓手，聚集商家，突出通航主题商业区、通航俱乐部、航模及真机展示销售，以引导并满足经济社会发展需求为核心，以产业发展为目标，着力将本项目打造成为中国首家通用航空器展销中心、中国通用航空器交易指数发布地、国家通航产业创新发展交流平台。

2. 项目设想

项目计划用地面积 100 亩，共打造无人机、航模展销区，固定翼、直升机展销区，公务机展销区，配套服务区、商务办公区，托管养护区和活动广场，共七大片区。

主要功能为各类通用航空器展销，并配套运营保障、金融商务、配套服务等功能。分三个阶段推进贸易中心建设：

第一阶段以打响德阳通航品牌为核心原则，计划在2020—2025年，依托德阳市通航产业资源构建通航贸易及服务信息平台，吸引通用航空器经销商聚集，整合发布购机信息以及德阳本地通用航空维修、零部件制造、燃油供应、运营服务、专技人才等资源信息；借助什邡无人机及零部件制造建设展销体验场所，并加快通航文化培育。

第二阶段致力于建设辐射大西南地区的通用航空器贸易中心，计划在2026—2035年，联合世界知名通航飞机制造商，以大西南地区的航空飞行培训机构、通航运营企业和部分私人买家为销售目标，展销训练机和专业飞行用机。

第三阶段是在低空空域开放较为完善后，建设全国知名的通用航空器贸易中心，展销高端公务机系列，服务于全国的培训运营机构、航空公司和私人买家。

3. 项目选址建议

由于该项目需要进行飞机试飞，所以项目选址需紧邻机场跑道。

4. 项目功能布局

项目共规划打造“七大片区”，分三个阶段逐步建设完成。

（1）商务办公区：

占地面积：约10亩。

建设时序：第一阶段。

主要功能：一是构建通航贸易及服务信息平台，吸引经销商聚集，整合发布购机信息以及德阳本地通用航空维修、零部件制造、燃油供应、运营服务、专技人才等资源信息，对外展示本地通航技术资源，并对外拓展市场。二是金融商务服务，提供飞行器租赁、融资租赁，以及后期通用航空器交易相关手续一站式办理服务。三是建立通航前沿技术交流中心，邀请国内外知名通航企业和相关高校、研究机构的知名技术人员或学者，定期举行前沿技术交流会议，分享新兴技术发展趋势。四是建设咨询售后中心，提供业务咨询、售后服务保障、短途飞行业务办理等服务，并提供航空金融、保险等业务。五是指挥管理中心，运用大数据和互联网，通过各类智能设备对整个项目内的人员运作、展示机调配、客流疏导进行监控管理。

（2）活动广场：

占地面积：约 15 亩。

建设时序：第一阶段。

主要功能：一是提供集体活动场地，定期开展通航宣传教育，组织各类活动，如知识竞赛、航模比赛、文创产品零售等，培育通航文化和氛围，并提供充足的停车位。二是提供紧急避难场所，建设应急消防措施、应急避难疏散区、应急供水等应急避险设施，为项目工作人员及周边居民提供紧急避难场所。三是预留弹性发展空间，随着项目运作步入正轨，若存在场馆、机库不足时，可对本区域进行装配改造用以补充。

（3）配套服务区：

占地面积：约 5 亩。

建设时序：第一阶段。

主要功能：一是提供休闲娱乐服务，建设通航主题商业区，建设飞行主题餐饮、儿童飞行乐园、小食饮品店、纪念品商店、银行等网点，并设置各类通航文化景观小品，增强消费体验感，吸引游客聚集带动周边消费。二是通航俱乐部，为飞行专技人才和飞行爱好者提供交流活动场所。

（4）无人机、航模展销区：

占地面积：约 20 亩。

建设时序：第一阶段。

主要功能：一是无人机展销及维修，对接什邡无人机产业，并联合国内外知名无人机制造商，对各类最新无人机及配件进行展览和销售，并提供维修服务。二是各类航模展销，包括各类世界经典飞机摆件模型以及大型客机、通航飞机模型的展示和销售。三是通用航空器零部件及耗材展销，联合德阳市本地通航制造厂商，进行零部件、航空燃油、航空材料等展示和销售。

（5）固定翼、直升机展销区：

占地面积：约 20 亩。

建设时序：第二阶段。

主要功能：一是训练机及专业飞行用机展销，面向大西南地区的航空飞行培训机构和通航运营企业和部分私人买家，借助中国民航飞行学院的机场，提供现场看机及试飞服务。二是本场馆通用航空器检修维护，对本场馆内飞行器进行起飞降落的检查维护。

（6）公务机展销区：

占地面积：约 20 亩。

建设时序：第三阶段。

主要功能：一是高端商务机展销，在前期发展的基础上，丰富展销机型，面向全国的培训运营机构、航空公司和私人买家，提供现场看机和试飞服务。二是本场馆通用航空器检修维护，对本场馆内飞行器进行起飞降落的检查维护。

（7）托管养护区：

占地面积：约 10 亩。

建设时序：第三阶段。

主要功能：提供保障服务，为通航运营企业、私人飞行爱好者提供飞机托管、检修、加油、清洁、休息等服务。

5. 开发模式

建议由政府和企业合作开发，企业对项目内建筑、道路、绿化、基础设施等进行投资建设，政府则提供土地和税收的优惠政策，承担行政管理事务，负责招商引资吸引龙头企业入驻任务。在充分发挥市场的灵活性的同时，精确引导项目发展方向，体现“政府搭台、企业唱戏、社会参与”的发展特征。

6. 招商思路

2020—2022 年，招募项目投资商完成项目第一阶段建筑并投运，招募不少于 2 家的无人机机构入驻，力争引进通用航空飞机机构入驻，完成商务服务区和配套服务区 70% 以上招商工作。

2023—2025 年，完成第二阶段建筑并投运，招募不少于 10 家的无人机机构及不少于 2 家通用航空飞行器企业入驻，100% 完成商务服务区和配套服务区招商工作。

我国低空空域制度完善后（2025 年以后），完成第三阶段建筑并投运，与国内外知名固定翼、直升机厂商签订展销合约不少于 6 个，公务机厂商签订展销合约不少于 1 个，定式展销飞机不低于 50 架。

专题研究十三：市域特色消费集聚区打造研究

一、研究背景

城市是经济集聚发展的产物，是产业集聚的综合体，集聚经济的发展方向与发展水平决定着城市的规模与多样性①。消费作为社会经济发展的基础之一，对经济增长具有导向和拉动作用。2021 年，我国最终消费支出拉动国内生产总值增长 5.3 个百分点，贡献率为 65.4%，消费作为经济增长第一拉动力，在带动经济发展方面发挥着明显作用②。近年来，随着城镇化速度的放缓，我国城市进入更新改造阶段，城市发展方式由大规模增量建设向小规模高品质建设转型，城市消费空间亦有从批量生产向高品质、个性化转变的趋势③。

近年来，受新冠疫情等因素影响，我国居民消费水平出现下降，非必需品消费市场持续低迷④。面对这一形势，国家先后发布《国务院办公厅关于进一步释放消费潜力促进消费持续恢复的意见》《关于促进消费扩容提质加

① 沈小平．现代服务业区域集聚与创新产业集群研究［M］．北京：经济科学出版社，2017：15－21.

② 国家统计局．中华人民共和国 2021 年国民经济和社会发展统计公报［R］．2021.

③ 赵万民，東方勇．空间消费视角下城市特色塑造的规划途径研究——以重庆为例［J］．上海城市规划，2021（1）：77－83.

④ 陈洁．后疫情时代产业和消费“双升级”的动力机制［J］．上海交通大学学报（哲学社会科学版），2020，28（5）：100－111.

快形成强大国内市场的实施意见》等一系列旨在提振消费的文件，在此背景下，特色消费集聚区作为一种兼具提高居民消费意愿、挖掘消费潜力、改善地方消费结构并带动特色产业发展的商业区，正受到地方政府越来越多的关注。在当前消费明显拉动经济增长和城市更新的背景下，研究如何打造城市特色消费集聚区，能够带动城市消费产业“更新改造”、消费空间品质提升，从而进一步拉动经济增长。

二、特色消费与特色消费集聚区定义

（一）特色消费的定义

特色消费目前在政策或学术领域并没有一个清晰的定义。我们认为特色消费的提出，与我国消费升级，并朝着个性化、体验化发展具有密切相关，相较于传统消费，强调消费的文化特征，更加注重消费的过程体验。因此，我们借鉴商务部特色商业街评价标准[①]中关于特色的表述，认为特色消费是具有历史文化、民族传承、区域产业特色、地域特色的消费类型。

（二）特色消费集聚区的定义

特色消费集聚区就是特色消费业态集中分布的区域，该区域往往由政府规划设置，通常围绕一个或几个“特色主题”进行业态布局，并结合主题营造具有特色风格的消费场景。因此，特色消费集聚区与普通消费集散区的区别主要体现在是否具有特色消费业态和特色消费场景。

（三）特色消费集聚区的分类

根据特色消费的主题，特色消费集聚区可分为不同的类型。特色消费主题范围广泛，可以是展示城市繁华商业风格的时尚潮流主题，也可以是展示区域传统传承的历史文化或民族文化主题，还可以结合地区产业特色发展，如体育、康养、游乐、餐饮、农产品主题等。

① SB/T11011－2013 特色商业街评价指南.

三、市域特色消费集聚区打造的内容

市域特色消费集聚区的打造主要包括主题策划、场景构建、集聚区布局和营销推广四个部分内容。其中主题策划是核心，它决定了场景构建和集聚区分布的方向；推广运营是基础，为集聚区形成提供了支持保障。

（一）主题策划

提炼城市特色资源，挖掘特色消费内涵是特色消费集聚区主题策划的重要方法。除了一般的地理区位、目标人群、消费趋势的分析外，在特色消费集聚区中，城市特色资源的挖掘与提炼是决定特集聚区打造成败的关键，也是集聚区消费特色主题的关键环节。按照资源类型划分，城市特色资源分为生态特色资源、人文特色资源和都市特色资源三大类。提炼特色消费资源，即是在充分挖掘城市特色资源的基础上，筛选出本地区独特的，能够与市场消费逻辑、消费需求契合，并有条件打造消费空间的特色资源。城市特色挖掘方法主要有特色要素比较矩阵法、历史地图分析法、多因子叠合法和特色资源分级评价法①。

（二）特色消费场景

“场景”一词最初指戏剧或电影的背景布置，是“场合 + 情景”，包括时间、空间（环境）、道具（物件）、情节（行为）、角色（人物）等要素，其基本含义是适应角色、情节需要而设置的时空背景，后延伸到实体经济中的消费场景。在实体经济中，消费场景指“消费行为发生时，消费主体所面临的物理环境和所有影响消费行为的因素的总和”②，构建特色消费场景，即利用地方特色元素构建物理环境，制造影响消费者消费行为的因素。具有主题性质的消费场景，就是将主题元素，例如传统或现代文化融入建筑景观的风格中，在一定空间内构建出独具特色的物理环境，再利用灯光、布景和各类符号强化这种“特色”氛围，为消费者构建出一种与日常消费

① 杨俊宴，胡昕宇．城市空间特色规划的途径与方法［J］．城市规划，2013，37（6）：68－75.

② 刘琼．公园城市消费场景研究［J］．城乡规划，2019（1）：65－72.

有着明显区别的消费场景，以满足消费者的个性化消费需求，吸引消费者前来消费。

（三）集聚区布局

集聚区布局是市域特色消费集聚区打造的重要内容，是从全市层面对各区县消费特色的统筹设计。集聚区布局主要根据特色消费的资源需求和相应的地区资源现状情况进行设计，既要保障布局地区的特色与消费的主题吻合，也要考虑全市资源统筹，保障特色消费的独特性。

（四）营销推广

营销推广指以各种手段向顾客宣传产品激发消费者的购买欲望和行为，扩大产品销售量的一种活动。营销能增加特色消费集聚区的知名度和客流量，在提高特色消费集聚区的竞争力、打造地区特色 IP 等方面发挥着重要作用。针对特色消费集聚区的营销主要有打造特色产品、搭建宣传平台、举办特色活动三种。其中，打造特色产品是指选取最具代表性的产品，并将其作为特色消费集聚区的文化消费符号推向市场，带动特色消费、提高集聚区知名度，这类产品以当地美食或文创产品为主。此外，搭建宣传平台包括展销平台、直播平台和公共服务平台三种，按照平台搭建方式又分为线下平台和线上平台两种，利用互联网进行宣传也是增加消费者互动和增强知名度的有效手段。另外，典型的特色消费集聚区的活动包括展会、主题节日、评选互动等，按照主题特色，策划有利于地区特色 IP 打造的活动是集聚区活动的主要内容。

四、打造案例——自贡特色消费集聚区打造

（一）项目背景

自贡市内特色文旅资源丰富，与盐相关的文化遗址、盐商会馆遍布全市各处，自贡还是盐帮菜的发源地，拥有“中国盐帮菜之乡”的金字招牌；自贡恐龙博物馆与美国国立恐龙公园、加拿大恐龙公园合称为世界三大恐龙博

物馆。自贡彩灯产业发达，是全省服务贸易和文化输出的主要产业。随着中华彩灯大世界、方特恐龙王国公园等文旅项目的推进以及绵泸高铁的开通，自贡将以其独具特色的文化魅力吸引更多国内外消费者。同时，全市辖区4381平方公里，常住人口约250万人，居民消费能力强，社会消费品零售总额和居民消费性支持不断上涨。优越的特色资源和广阔的消费市场为自贡打造独具特色的国际文化旅游目的地和成渝地区特色消费目的地提供有力保障，在国家推动国内国际双循环发展，《成渝地区双城经济圈建设规划纲要》要求营造高品质消费空间，鼓励自贡等城市围绕特色美食、传统工艺品、民俗节庆、自然遗迹建设特色消费集聚区的背景下，为把握发展机遇，顺应消费升级趋势，扩大消费规模，推动自贡加快融入成渝地区双城经济圈建设并打造特色消费目的地，自贡市开始了特色消费集聚区打造项目。

（二）自贡市特色消费主题的确定

特色消费主题的确定主要考虑市场需求、消费水平、地方特色资源、上位规划和政策等因素。在“十三五”期间，自贡市第三产业发展迅速，其在GDP中所占比重已于2019年超过第二产业，居民人均可支配收入和消费支出呈上升趋势，消费市场潜力很大。相关上位规划及政策对特色集聚区建设持鼓励态度，《自贡市国民经济和社会发展第十四个五年规划和二〇三五年远景目标纲要》《自贡市国土空间总体规划（2020—2035）》《实施独具特色的国际文化旅游目的地和成渝地区特色消费目的地建设行动方案（2020—2025年）》等上位规划和文件均支持发展特色消费。自贡拥有独具特色的文化旅游资源，“千年盐都”“恐龙之乡”“中国灯城”“美食之府”四张城市名片闻名中外。综合以上因素，自贡最终确定了特色文旅、多元商贸、夜间经济、医疗康养、体育运动和家政服务共6大类特色消费类型，并计划打造20个特色消费集聚区（见图13－1）。

（三）自贡市特色消费集聚区布局

自贡市消费集聚区布局是在调研全市文旅、商贸、产业特色资源的基础上，围绕特色文旅、多元商贸、夜间经济、医疗康养、体育运动、家政服务6类特色消费进行统筹设计的，全市共布局20个特色消费集聚区（见表13－1）。

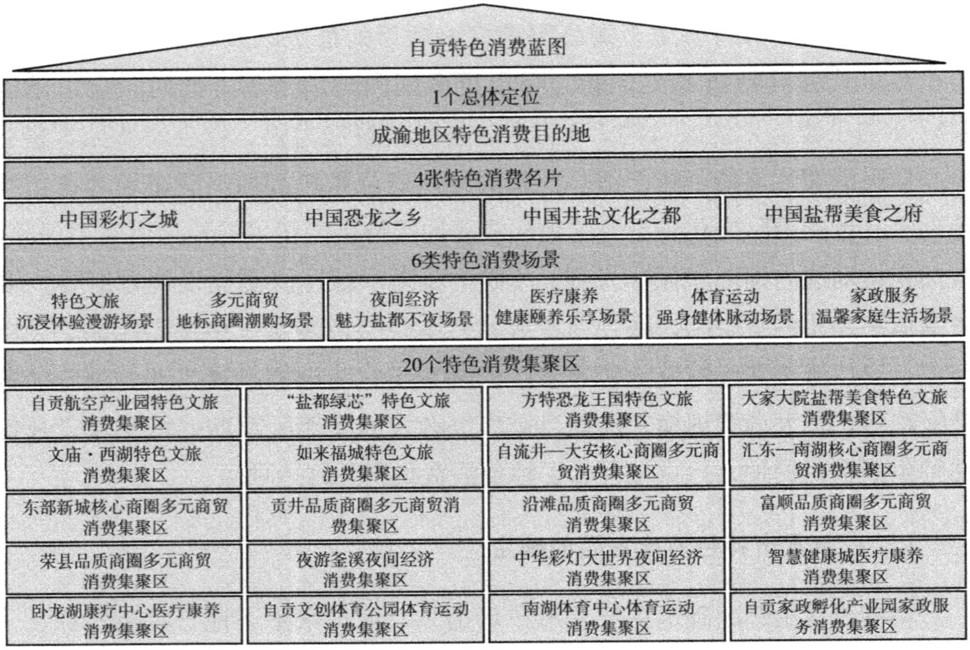

图 13－1　自贡特色消费蓝图

表 13－1　自贡市特色消费集聚区规划一览

消费类型	序号	集聚区名称	所在区县
特色文旅	1	自贡航空产业园特色文旅消费集聚区	贡井区
	2	“盐都绿芯” 特色文旅消费集聚区	大安区
	3	方特恐龙王国特色文旅消费集聚区	大安区
	4	王家大院盐帮美食特色文旅消费集聚区	沿滩区
	5	文庙·西湖特色文旅消费集聚区	富顺县
	6	如来福城特色文旅消费集聚区	荣县
多元商贸	7	自流井－大安核心商圈多元商贸消费集聚区	自流井区　大安区
	8	汇东－南湖核心商圈多元商贸消费集聚区	高新区
	9	东部新城核心商圈多元商贸消费集聚区	大安区
	10	贡井品质商圈多元商贸消费集聚区	贡井区
	11	沿滩品质商圈多元商贸消费集聚区	沿滩区
	12	富顺品质商圈多元商贸消费集聚区	富顺县
	13	荣县品质商圈多元商贸消费集聚区	荣县

续表

消费类型	序号	集聚区名称	所在区县
夜间经济	14	夜游釜溪夜间经济消费集聚区	自流井区　高新区
	15	中华彩灯大世界夜间经济消费集聚区	大安区
医疗康养	16	智慧健康城医疗康养消费集聚区	贡井区
	17	卧龙湖康疗中心医疗康养消费集聚区	高新区
体育运动	18	自贡文创体育公园体育运动消费集聚区	自流井区
	19	南湖体育中心体育运动消费集聚区	高新区
家政服务	20	自贡家政孵化产业园家政服务消费集聚区	沿滩区

（四）自贡市特色消费集聚区场景打造

由于个消费场景都独具特色，因此场景打造的规划是消费集聚区为单位进行设计的。下面我们以“盐都绿芯”特色消费集聚区为例，展示特色消费场景打造的规划内容。

“盐都绿芯”特色文旅消费集聚区，以大安老城为核心，包括桑海公园、吉成井、大安寨、九安寨、瓮塘水库、鸿鹤坝、樊家坝、代家坝半岛等，面积约 17 平方公里的区域。以桑海井、吉成井和大安老街历史街区为核心，浓缩自贡城市传统文化精华，间插“盐帮陈列馆”“自贡市民间艺术馆”等小型博物馆和展览馆，讲述自贡城市历史故事，遍布“老地名”“老物件”等城市记忆体，展现自贡城市发展片段，复原川剧、美食赛会等文化事件以传承文化精神，唤醒自贡城市记忆。以区域内山、水、田、园、林资源为依托，融入井盐文化元素，打造井盐文化主题城市中央公园，围绕桑海公园、大安寨、九安寨、燕子山等自然山体，划定生态保育核心区，建设观鸟林、觅虫山、萤火虫森林等自然主题生态公园和夜间动物园，形成中心城区绿肺，培育盐都绿核。以瓮塘水库、鸿鹤坝、代家坝半岛为核心，整合片区内零散的自然资源和工业遗产，打造以着力打造“工业主题嘉年华”、活态盐文化园、卡丁车俱乐部等文化旅游和运动休闲旗舰项目，构建轨道交通、索道缆车、浮空栈道等特色游览交通，融文创、展演、运动、休闲、工业遗产保护为一体，激发盐都旧城活力。

（五）自贡市特色消费营销推广工程

1. 特色消费产品打造

自贡非遗产品：积极建设非遗传承基地，推动非遗活态传承和生产性保护，支持本土非遗产品制造企业和传承人与成渝地区创意设计企业、个人合作开发文创等新型消费产品，开发一批实用消费品、文创衍生品、伴手礼，促进自贡非遗产品产业化发展。

恐龙文创产品：建设以恐龙博物馆为核心的文化创意孵化园，发展恐龙形态复原、仿生文创、恐龙动漫、影视制作等产业，打造餐饮、玩偶、服饰、文具、游戏等系列恐龙文创产品。

彩灯文创产品：建设彩灯文化产业集群，推动彩灯文化创意和灯饰照明产业规模化、集群化、专业化发展，研发一批制作精美、品质优良、实用性强的市政照明、室内装饰、汽车内饰、礼品玩具等彩灯文创产品。

盐帮美食产品：优选一批盐帮菜名小吃、经典菜品实现工业化、规模化生产。推广“自贡冷吃兔”“自贡盐帮菜”等系列品牌，着力提升盐帮美食品牌美誉度和影响力。

2. 特色消费平台搭建

线下展贸平台：举办“井盐文化”“恐龙文创”“彩灯巡展”和“盐帮美食品鉴”经贸会展交流活动，为专业采购商和品牌企业提供精准对接与交流合作平台，打响“自贡造”特色展贸名号。

线上直播平台：以中华美食（盐帮菜）电商直播产业基地为依托，培育孵化一批电商直播企业，整合本土现有成熟的网红主播资源，借助淘宝、京东、抖音、快手、微博、小红书等电商平台和社交平台，搭建线上销售、短视频输出及网络直播相结合的自贡特色消费产品营销矩阵，打破空间限制，创新消费潮流，拓宽“自贡造”特色消费产品营销渠道。

公共服务平台：建设“智游天府”自贡特色消费公共服务平台，打造自贡文旅服务总窗口，通过智能手机、导游机等移动终端，为公众提供旅游在线咨询预订、电子支付、投诉维权等一站式服务，满足游客“吃住行游购娱”和“商养学闲情奇”等需求，打通公共服务与文旅市场之间的联系，实现信息共推、资源共建、服务共享。

3. 特色消费活动举办

开展自贡特色消费全国推广活动：组织自贡非遗、恐龙文创、彩灯文创、盐帮美食、自然贡品等自贡特色行业展会、博览会、惠民购物全川行动、川货全国行等活动，推动自贡特色消费产品走向全国。策划和制作一批以盐、龙、灯、食等为主题的系列创意宣传片，通过主流媒体、自媒体、线下多媒体等渠道进行全方位宣传推广，展现自贡魅力，扩大自贡特色消费在全国的知名度和影响力。

举办自贡特色消费网红打卡地评选活动：以“最美旅游景区”“最时尚购物中心”“最酷夜间潮玩地”“最具盐都味美食馆”为话题，组织各类市场主体积极参与“自贡特色消费网红打卡地”评选活动。邀请旅游从业人员、新闻媒体、自媒体达人、摄影师、摄像师、网络大 V 等全程参与，宣传推广自贡特色消费。

策划自贡特色消费事件营销活动：把握“双 11”“6 · 18”等热点，大力开展“自贡造”特色消费产品促销活动。组织自贡特色消费产品制造商、经销商等亮相天猫、京东等电商平台开展特色消费事件营销活动。积极策划“最美彩灯展”“吃在四川，味在自贡”等社交媒体热度话题，借势对自贡特色文化、特色消费产品等进行宣传推广。

专题研究十四：城市名片打造研究

一、研究背景

在日益城市化的大背景下，社会经济得到了迅速的发展，人们对生活质量的要求越来越高，城市建设也逐渐从仅仅注重建设总量和规模向关心、改善、优化人居环境方面转化。城市是社会文明的综合体，塑造城市名片能充分反映当地经济文化特色，已成为提高城市知名度，增强城市竞争力，促进城市快速发展的有效手段，也成为当今各城市发展的必由之路。

“城市名片”的主要意义在于浓缩城市精华，彰显城市魅力。城市如同企业追求品牌一样，城市作为众多企业群之母体，“城市名片”将更全面、更立体、多角度地展示着城市的特色和形象。无论是“古都西安”，还是“天府成都”等，都借助闪耀的“城市名片”，在全国城市之中脱颖而出，成为国际投资商的焦点，产生巨大的品牌效应，惠及整个城市乃至更广阔的地区。

同时，城市名片能够提升城市文化品位，在旅游业的发展、扩大对外宣传、树立良好的对外形象、扩大招商引资等方面起到积极促进的作用。可以通过城市名片表现城市形象，招商引资，也可以把其作为媒介载体进行展示和宣传，让城市居民热爱这个城市，让更多的人来了解和关心这个城市；因此进行城市管理的相关部门一定也要有利用城市名片的意识，发挥城市名片的影响力，打造城市品牌，树立良好的城市形象。

目前，我国各大城市都在积极建立属于自己城市特色的名片。然而，如何建立一个真正属于自己城市的名片是一个值得研究的课题。依托历史文化、建筑特色等，都是城市名片打造的基点定位。

本文通过论述城市名片的功能价值及其重要性，通过城市发展理论的角度，研究城市文化特征与其表达方式、特色内涵的关系，作为确立城市名片识别观念的途径，再结合“打造新津美食名片”和“岳池米粉品牌走出去”两个案例加以论证，分析当前城市名片存在的战略定位错误、原材料供给不足、经营主体培育缺失等问题，给出了打造城市名片如何先定位再推广发展的具体策略。

二、城市名片及其特点

（一）城市名片的概述

城市名片，能够代表城市形象或者代表城市标志。从传播理论的角度来说，传播是团体或者个人通过符号向其他团体或者个人传递信息、观念、态度或情感。因此，可以将城市名片理解为作为城市形象的一个符号实现外界传播。城市名片是一个城市自然文化和社会文化浓缩的精华，是一个城市最为具体、最为直接同时也是最为现实的品牌，是一个城市历史、现实和未来的缩影。城市名片的作用和意义体现在它既能反映这个城市的自然、历史、人文、现实，同样能代表这个城市的形象、品格和气质，能引领这个城市的和谐发展和进步，更能体现出这个城市的追求、内涵、精神和灵魂，进而全方位提升城市品位，强化城市精神，提高城市知名度，扩大城市影响①。所以，城市名片可归纳为：能彰显城市独有的经济文化特色，使大家了解该城市，且能让大家自然地将某种形象和某种想象与该城市联系在一起的，让城市自我介绍、自我展示、自我营销的一种方式。城市名片对于实现城市发展、整合资源、优化环境、提升城市价值、提高城市知名度具有重大意义。

（二）城市名片的特点

每一个城市都有各自不同的文化和历史背景，而城市名片就是要把这种

① 刘梅秀．城市名片的打造与现代意识的崛起［D］．青岛：青岛理工大学，2012.

差异化的特质浓缩出来。城市名片能否在个性化方面凝聚出这个城市特有的文化，散发独特的魅力，正在成为一种新的城市竞争力。城市名片对一个城市来说就像一个人的名片，集中体现了它的特点①。城市名片具有以下特征：一是城市名片的代表性，城市名片一定要体现该城市有代表性的文化与特色，从名片中向人们展示其独具魅力的因素；二是城市名片的识别度，一个城市的城市名片如果有很强的识别度，既能节约城市传播成本，又能高效地对城市进行自我宣传；三是城市名片的地域性，城市是一个空间区域，是一个地理位置，因此城市名片应该是本城市独特的、别的城市不可模仿的地域性符号；四是城市名片的知名度，知名度高的名片有较高的理解度，人们能在较短的时间里认知该名片，体会城市名片的独特内涵，并被其吸引。

三、城市名片建设的关键要素分析

（一）城市品牌核心价值的确立

品牌的核心价值是品牌资产的主体部分，让目标顾客能够识别并记忆品牌的利益和特色，代表产品或服务给受众的最大和最根本的利益。确定城市品牌的核心价值，就是要从城市自身的环境、资源、文化、历史、经济等众多要素出发，来决定品牌的本质，它不仅反映出这个城市在商业竞争中存在的理由，更重要的是代表了能够为城市的全体社会成员带来最大和最根本的利益。城市品牌的核心价值是一个无形的资产，渗透了许多复杂多元的无形价值，实质上推广一个城市品牌就是在销售一个城市的精神。

（二）塑造城市品牌的个性

由于各个城市情况千差万别，发展条件和资源禀赋各不相同，城市规划、建设与管理的路径也不一样，城市定位应该有鲜明的个性，应该与其他城市区别开来。城市形象建设要有自己的个性，必须在普遍规律中找准个性定位，尽力追求独具一格，与众不同，塑造个性特色。比如，国际化都市上海、十

① 陈功焕，陈捷，刘小珍．注意力经济下的城市名片探析［J］．企业经济，2009（6）：112－114.

三朝古都西安、精致江南苏州等，这些城市在公众心目中已经形成鲜明的个性。塑造城市品牌的个性并须始终遵循自己的鲜明个性定位，才能在众多竞争城市中“脱颖而出”。

（三）城市“名片”工程

所谓城市“名片”工程就是依据每个城市各自的历史和文化背景的差异，在能够展现城市价值和魅力品牌定位的基础上，挑选出能够代表城市的组织品牌、文化品牌、产业品牌、地理环境品牌等，加以重点培育，形成一种新的城市竞争力。因此，塑造城市名片是一项文化工程，城市“名片”应该做到“浓缩城市精华，彰显城市魅力”。提炼的城市名片要遵循代表性、独特性、稳定性的原则，首先必须取得这个城市市民的认同；其次，应该是一个城市政治、经济、文化和社会生活等综合信息的载体，能够彰显这个城市经济成就、历史文脉、城市地标、人物代表，代表这个城市的形象和品格；最后，它能够体现这个城市的精神和追求，引领城市的发展、进步和和谐。比如“美丽三亚”“雾都重庆”“天府成都”，利用城市“名片”产生的巨大的品牌效应，在全国众多城市中脱颖而出，成为关注的焦点，带来了巨大的经济效应。

四、城市名片打造的思路

（一）城市名片的定位策略

城市名片定位是在大众心中塑造并定型该城市特色形象的过程，进行定位时需根据城市的实际情况，凸显出该城市独特的优势和魅力，从而提高竞争力。城市名片的定位策略一般有以下几种：一是区位定位，依靠该城市某种独特的区位优势，形成区位特别优越的形象，比如“祖国的南大门”广州；二是政治定位，强调自身的政治优势，形成政治中心的形象，如“中国首都”北京；三是自然资源定位，依靠本城市独特的自然资源来为自身塑造一个独特的形象，“水城”威尼斯；四是历史传统定位，利用本城市的历史遗迹、历史人物等来打造自身的独特形象，如“十三朝古都”西安；五是产业定位，将本城市有显著地位的特色产业打造成本城市的特色，如“煤都”大同[①]。

（二）城市名片的推广策略

城市名片的推广策略一般有以下几种：一是媒体策略。媒体策略是利用各种大众媒体宣传城市形象的策略，根据媒体的不同，可以分为电视广告、杂志广告等。二是公关策略。公关策略是一种宣传城市形象的重要手段，根据公关形式不同，可分为交际性公关、公益性公关等。三是代言人策略。选择城市名片的形象代言人，利用代言人的良好形象也是城市名片的推广策略之一。代言人可以是文艺或体育明星，或是专家学者，或是普通老百姓，或是本城市的某种有特色的动物、植物等。四是网络推广策略。利用网络进行城市名片的推广，除了可以利用网络进行城市形象的广告宣传，还可以利用网络采用其他宣传推广策略，比如可以开通政务微博，利用社交网络平台进行各种宣传活动等[②]。

五、新津案例

（一）新津美食名片打造项目背景

新津是一个因水而生、因水而兴的区域，有着丰富的水资源和鱼资源，孕育的河鲜美食成为新津的响亮名片。在国际美食之都成都的美食版图中，新津河鲜独树一帜，拥有全市唯一的河鲜类国家地理标志产品“黄辣丁”，“美食成都，鲜在新津”名副其实。

打造新津美食名片意义重大，它是擦亮新津城市名片的需要，是新津特色产业发展的需要，也是满足人民群众日益增长美好生活的需要。本文以时间为轴线，从历史、现状、未来三个维度进行分析，从历史挖掘看新津美食特质，从现状梳理看新津美食家底，从未来打造看新津美食蓝图，提出立足新津独特的优势条件，推动“三个结合”（供给改革与消费引领相结合、美

---

① 张登国，孙晓岩．城市定位塑造城市名片［J］．经济研究导刊，2007.

② 陈晔．我国城市名片建设的战略思维与策略建议［J］．现代管理科学，2010.

食文化传承与创新相结合、本土化与国际化相结合），着力打造“三张美食名片”（河鲜招牌美食、本土特色小吃、国际乡村美食），加快建成中国河鲜美食之都。

（二）从历史挖掘看新津美食特质

新津因水而兴，新津县的“津”，按《说文解字》，义释“水渡”，即“渡口”之意。新津即新的渡口，新津县因此得名。原横跨岷江的彭山江口镇汉安桥（索桥）为成都平原通往眉嘉平原的必经渡口，然而“汉安桥，广一里半，每秋夏水盛断绝，岁岁修理，百姓苦之”。东汉建安二十一年，太守南阳李严乃凿修觉山，循江通车道以后，今五津汇流处始成为沟通成都平原与眉嘉平原的新渡口，代替了汉安桥旧渡口。新渡口日益繁荣，逐渐成为新的集市，曰“新津市”。北周孝闵帝元年析隆山县北部置新津县，县亦因“新津市”而名“新津县”（见图 14－1 至图 14－3）。

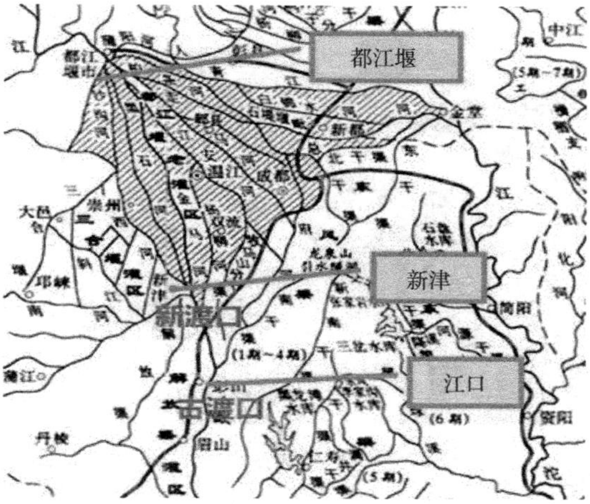

图 14－1　成都走水路的新旧渡口

水文化孕育新津美食的河鲜特质。新津县水系发达，五河汇聚，水域面积占幅员约 11%，生息着众多的淡水鱼类，如黄辣丁、刺薄鱼、桃花鱼、青波鱼、岩扁鱼、船丁鱼、鲢鱼、水蜂子等几十种名贵鱼种，新津县已成为西南地区重要的商品鱼集散地。早在 5000 多年前，宝墩古城遗址就提供了相关文化资料证实，新津先民在那个刀耕火种的年代就有了饮食文化。新津自古渔业发达，在新津县安西镇中合村出土的汉代画像砖珍品《弋射·收获》和

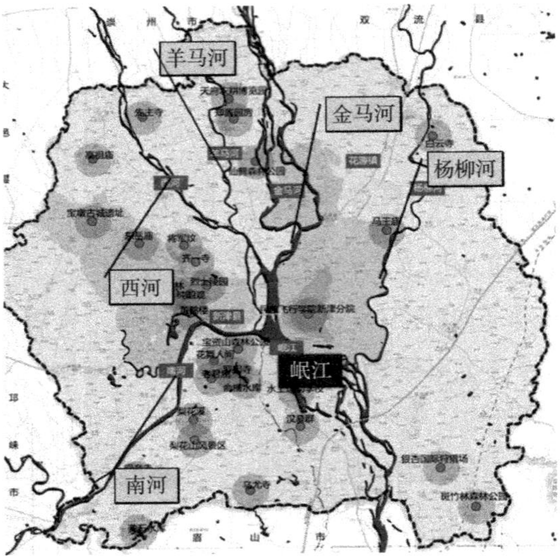

图 14－2　新津五津汇流图

图 14－3　新津古渡口复原图

新津汉代崖墓中出土的陶鱼鹰图向我们再现了汉代新津渔业状况。南宋陆游写有描绘了新津渔业的诗句“日暮楼台凭栏望，渔帆点点映夕晖”，印证了自古以来新津河鲜的盛况，特别是南河两岸居民世代以捕鱼为生，他们探索出鱼的多种做法。河鲜肉质细嫩、味道鲜美、风味独特，是当今不可多得的绿色食品，深受八方食客的青睐。

美食地位。在成都的地位：美食成都，鲜在新津。2010 年成都被联合国教科文组织授予“国际美食之都”称号。在成都美食版图中，新津河鲜独树一帜，新津年河鲜产量 7000 吨，位居全市第一；河鲜特色餐馆上百家，河鲜品牌响亮，且黄辣丁是成都唯一的河鲜类国家地理标志产品。在全国的地位：有望打造中国河鲜美食之都。河鲜在全国河流均有分布，但长江流域河鲜知名度最高，长江中下游流域的刀鱼、河豚等河鲜美食享誉全国，长江上游流域的黄辣丁、球溪鲢鱼、雅鱼等河鲜美食同样名声在外。从河鲜美食城市品牌打造看，全国尚无“中国河鲜美食之都”或“中国河鲜美食之乡”城市，新津可利用这一空白契机、自身河鲜美食特色、成都国际美食之都声望和撤县设区建设都市新区等优势条件，与中国烹饪协会、成都市商务委联合，打造中国河鲜美食之都或中国河鲜美食之乡，并力争获得中国烹饪协会的正式授牌，抢占河鲜美食城市品牌的全国制高点，大大提升新津河鲜美食的全国地位，进一步扩大新津河鲜美食的全国知名度和美誉度（见表 14－1）。

表 14－1　成都各区市县国家地理标志产品一览

序号	区市县	国家地理标志产品名称	河鲜类国家地理标志产品
1	天府新区	煎茶竹丝茄	无
2	高新区	无	无
3	锦江区	无	无
4	青羊区	蜀锦（与金牛区、双流区共有）	无
5	武侯区	无	无
6	金牛区	蜀锦（与青羊区、双流区共有）	无
7	成华区	无	无
8	双流区	双流冬草莓、双流枇杷、双流二荆条辣椒、云崖兔、蜀锦（与青羊区、金牛区共有）	无
9	龙泉驿区	龙泉驿水蜜桃、龙泉驿枇杷	无
10	温江区	温江大蒜、温江酱油	无
11	郫都区	郫县豆瓣、唐元韭黄、新民场生菜	无
12	新都区	无	无
13	青白江区	福洪杏	无
14	简阳市	简阳羊肉	无

续表

序号	区市县	国家地理标志产品名称	河鲜类国家地理标志产品
15	都江堰市	川芎、都江堰猕猴桃、都江堰厚朴	无
16	新津区	新津黄辣丁	新津黄辣丁
17	金堂县	金堂明参、金堂紫薯、金堂羊肚菌	无
18	邛崃市	邛酒、邛崃黑猪、邛崃黑茶、黄甲麻羊	无
19	大邑县	王泗白酒、唐场豆腐乳、大邑榨菜、邮江青梅酒、安仁葡萄、大邑金蜜李、安仁蓝莓、大邑麻羊、西岭佛手瓜	无
20	蒲江县	蒲江雀舌、蒲江猕猴桃、蒲江米花糖、蒲江丑柑	无
21	彭州市	彭州大蒜	无
22	崇州市	崇阳酒、道明竹编、崇州牛尾笋、汤麻饼	无
23	成都市本级	水井坊、蜀绣	无

（三）从现状梳理看新津美食家底

新津县餐饮持续向好发展，2017 年全县餐饮收入 15.89 亿元，同比增长 15.3%，餐饮收入占社会消费品零售总额的 20.91%。全县现有河鲜美食走廊 1 条、特色餐饮街 4 条、特色餐饮店 54 家、限额以上餐饮企业 32 家、美食类国家地理标志产品 1 件（见图 14－4、表 14－2、表 14－3、图 14－5、表 14－4）。

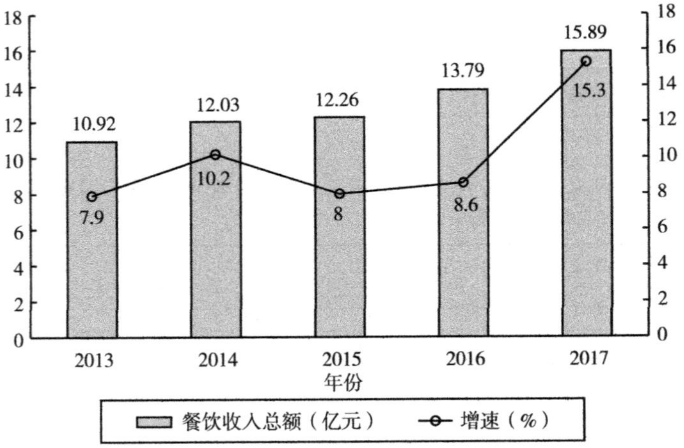

图 14－4　2013—2017 年新津县餐饮收入增长图

表 14-2　　新津美食街区一览

美食街区	所在乡镇	重点餐饮店
河鲜美食走廊	永商镇、五津街道、邓双镇、安西镇	胖大姐、五河鱼庄、岷江渔港、子牙渔港、俏鱼头、渔家小院、叶子、兵吉园、厚院、郑大娘等
老码头特色商业街	永商镇	新津野生河鱼、胡记龙须酥、大身武器龙虾馆、楠香堂、米兰咖啡厅、重庆龙头寺自助火锅、兰亭苑等
滨河休闲商业街	五津街道	人民食堂家乡味、深夜食堂、红高粱、3号小酒馆、因为所以咖啡馆、居家小菜馆、满江茶楼、万州烤鱼、新天地茶楼、水墨江南茶馆等
瑞通路美食街	五津街道	忠红豆汤饭、天麻板栗鸡、原生态锅锅宴、三佳青菜园园子汤锅、人民公社食堂开饭了等
斑竹林美食商业街	兴义镇	缇娜餐饮、台湾小吃、番薯藤面包店等

表 14-3　　新津县特色餐饮店一览

序号	餐饮店名称	餐饮特色	地点
1	张粽子	蛋黄粽	五津街道
2	张牛肉	灯影牛肉丝、五香酱牛肉	五津街道
3	王火巴肉	火巴肉	五津街道
4	城市印象酒楼	红酒铁板牛排、巴蜀馋嘴兔鼓椒江团、野菌炖鸡汤、家常全鱼、土锅黄辣丁	五津街道
5	菌香园	菌汤、各种菌类	五津街道
6	蒋冰粉	冰粉	五津街道
7	德庄火锅	肥牛、方竹笋、德庄毛肚、德庄香菜丸子、山椒牛肉、鹅肠、精品鸭肠、蝴蝶鱼	五津街道
8	严豆粉	肥肠粉	五津街道
9	高粱面	高凉面	五津街道
10	月亮湖大酒店	中餐	五津街道
11	龙旺渔家	河鲜	五津街道
12	活活饭店	家常三角峰、大蒜鲶鱼、家常土凤、炝锅鱼、干烧金桂	五津街道
13	张大公馆	鱼头火锅	五津街道
14	永兴老字号渔庄	青花椒黄辣丁、青蒸江团、野菜、炝锅刺婆、手工水饺、青椒蒸鸡、回锅酒米饭、酸辣汤、水煮黄辣丁	五津街道
15	马帮寨	麻辣牛肉、锅边馍馍、酥肉、极中极鹅肠、雪山牦牛毛肚、千层肚、甩饼	五津街道

续表

序号	餐饮店名称	餐饮特色	地点
16	黄春卷	油酥鲜肉蛋卷、麻花、肉松酥饼	新平镇
17	卤肉豆花	红烧肥肠、卤肉豆花	新平镇
18	吴铭火锅	吴铭毛肚、飞饼、虾饺和牛、麻辣牛肉、香菜丸子、鲜鸭肠、脑花、奶油馒头	新平镇
19	五河渔庄	干烧胭脂鱼、江团、拌凉粉、三角峰、炝锅胭脂鱼、麻辣黄辣丁	永商镇
20	老渔家酒楼	青花椒黄辣丁、青蒸江团、炝锅刺婆、回锅酒米饭、水煮黄辣丁	永商镇
21	瑞馨园饭店	中餐	永商镇
22	稻香村饭店	中餐	永商镇
23	春歌酒店	中餐	永商镇
24	五河鱼庄	河鲜	永商镇
25	岷江渔港	河鲜	永商镇
26	花舞人间	农家菜	永商镇
27	楠柏湾休闲山庄	生态火锅	永商镇
28	纳雅山庄	柴火砂锅炖跑山鸡、河鲜、野生鱼等	永商镇
29	横山湖	柴火烧鸡、鹅、兔等	永商镇
30	七星兰艺	中餐、兰花观赏	永商镇
31	九莲渔乐村	河鲜、中餐、垂钓	永商镇
32	任家大院	中餐	永商镇
33	清泉花海	中餐	永商镇
34	梨花金顶	中餐	永商镇
35	叶子石锅鱼	肥肠鱼头火锅、黄鳝、排骨、土鸡、鲶鱼、甲鱼、花链、兔子	安西镇
36	兵吉园园火锅	甲鱼火锅、鱼头火锅	安西镇
37	郑大娘火锅	鱼头、排骨	安西镇
38	雅卓火锅	鱼头火锅、甲鱼火锅、河鲜火锅	安西镇
39	尚岛鱼庄	鱼头火锅、甲鱼火锅	安西镇
40	厚院农庄	鱼头火锅	安西镇
41	桃花岛餐饮	中餐	安西镇
42	俏鱼头火锅	花鲢鱼头、肥肠、三角峰、鳝鱼、火锅鱼	安西镇

续表

序号	餐饮店名称	餐饮特色	地点
43	胖大姐渔庄	全鱼宴、青椒黄辣丁、脆皮蒜香鱼	邓双镇
44	老公舍	中餐	邓双镇
45	尚润酒店	中餐	邓双镇
46	城市名人酒店	中餐	邓双镇
47	满山红生态农庄	红烧肥肠、卤肉豆花	邓双镇
48	河畔小院	花甲鱼、香辣巴骨肉	兴义镇
49	荷香苑	巴骨肉、豆花嫩牛肉、一掌当先	兴义镇
50	胡家鱼哥子	吊锅肥肠鸡、黄辣丁、水果锅巴、凉拌鸡	兴义镇
51	番薯藤	水果醋、台湾甜品、台湾卤肉饭	兴义镇
52	缇娜餐饮	佛跳墙、卤肉酥饼	兴义镇
53	318 房车营地	中餐、西餐	兴义镇
54	杨家大院	碳烤香猪、家常烤鱼、梁山包腊	兴义镇

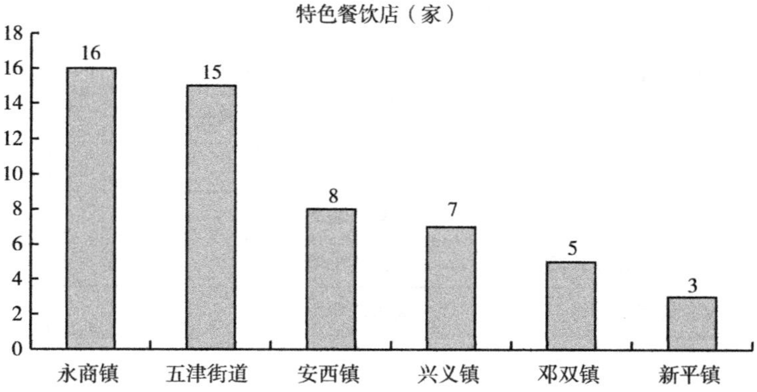

图 14－5　新津县特色餐饮店分布图

表 14－4　　新津县限额以上餐饮企业一览

序号	企业名称	餐饮特色	营业额（万元）
1	新津五津胖大姐渔庄	黄辣丁	879
2	新津县德庄火锅店	火锅	458
3	吴铭火锅店	火锅	746
4	菌香源	野生菌	596
5	新津县瑞通城市记忆酒楼	中餐	617

续表

序号	企业名称	餐饮特色	营业额（万元）
6	成都市张大公馆农业开发有限公司	鱼头火锅	642
7	新津县永兴老字号渔庄	青花椒黄辣丁、清蒸江团	472
8	新津永商老渔家酒楼	黄辣丁	479
9	新津县永兴瑞馨园饭店	中餐等	533
10	新津县永商镇春歌酒店	中餐等	448
11	新津县月亮湖垂钓园餐饮有限公司	中餐等	480
12	四川希望农业科技博览园有限公司	中餐等	9208
13	新津永商岷江渔港	三角峰等	430
14	新津县永商稻香村饭店	烧烤鱼等	495
15	新津楠柏湾休闲山庄	生态火锅等	302
16	成都尚润酒店管理有限公司	中餐等	890
17	满山红生态农庄	红烧肥肠、卤肉豆花	365
18	成都市新津活活饭店	家常土凤、炝锅鱼、干烧金桂	435
19	成都缇娜餐饮有限公司	佛跳墙、卤肉酥饼	225.25
20	成都市荷香苑餐饮有限公司	豆花嫩牛肉、一掌当先	414
21	新津县安西镇俏鱼头火锅店	鱼头火锅等	476
22	新津铁溪雅卓火锅店	鱼头火锅等	615
23	成都桃花岛餐饮有限公司	小山黄牛等	383
24	成都厚院餐饮有限公司	火锅、中餐等	439
25	新津新平兵吉园闫火锅店	火锅等	588
26	胡家鱼哥子	水果锅巴、凉拌鸡	421
27	新津河畔小院	花甲鱼、香辣巴骨肉	179
28	口福天地（龙旺渔家）	特色鱼等	189
29	怡田马帮寨	音乐火锅等	—
30	成都兴杨家大院餐饮有限公司	碳烤香猪，家常烤鱼，梁山包腊	280
31	尚岛渔庄	鱼头火锅等	—
32	邓双老公舍	中餐	—

食品生产企业。食品生产是新津的支柱工业，现有成都希望食品有限公司、成都伍田食品有限公司、成都银鹭食品有限公司、千禾味业、涪陵榨菜

集团、汇源集团等知名食品企业。

特色美食体系。目前，新津特色美食逐步形成河鲜招牌美食、本土特色小吃和国际乡村美食三级美食体系。河鲜招牌美食。以黄辣丁、鱼头火锅为招牌，黄辣丁以河鲜美食走廊胖大姐鱼庄最为著名，鱼头火锅主要分布安西镇，有雅卓、俏鱼头、兵吉园、王三哥、厚院农庄、余哥、桃花岛、锦溪渔庄等特色鱼头火锅店。本土特色小吃。除河鲜外，新津本土特色美食还包括张牛肉、王火巴肉、高记抄手、黄春卷、蒋冰粉等。中国台湾乡村美食。依托天府农博园，新津大力招引中国台湾特色餐饮落户，台湾蕃薯藤就是其中典型代表。台湾蕃薯藤位于新津兴义镇斑竹林美食休闲街，设立了蕃薯藤有机专卖店、TINA 烘焙房、TINA 咖啡、TINA 茶房、蕃薯藤会所等，提供约有 1000 多种有机绿色健康的产品。

（四）从未来打造看新津美食蓝图

总体思路。按照习近平总书记提出的以人民为中心的发展思想，深入贯彻省委十一届三次全会精神，全面落实成都建设国际美食之都行动计划，以满足人民群众对美好生活的消费需求为导向，立足新津独特的资源优势，推动供给改革与消费引领相结合、美食文化传承与创新结合、本土化与国际化相结合，不断壮大餐饮产业规模，加快提升餐饮美食品牌，着力打造河鲜招牌美食、本土特色小吃、国际乡村美食三张美食名片，加快建成中国河鲜美食之都。

发展目标。到 2020 年，全县餐饮零售额达到 24 亿元，培育限额以上餐饮企业 40 家，打造特色餐饮店 60 家，美食品牌效应进一步显现，新津美食知名度进一步提升。到 2025 年，全县餐饮零售额突破 50 亿元，培育限额以上餐饮企业 80 家，打造特色餐饮店 100 家、美食街区 8 条，建成一批品牌食材基地，构建起河鲜特色食材供应链，培养一批餐饮专业人才，实现新津美食的特色化、品牌化、国际化发展，建成中国河鲜美食之都。

重点工作。打造美食名片。在做强做响河鲜招牌美食基础之上，还应弘扬本土传统餐饮文化，推动美食本土化发展，打好本土特色小吃名片；除此之外，依托天府农博园，推动美食国际化发展，引入国际潮流美食，加强农业与美食融合，打好国际乡村美食名片。绘制美食美图。根据新津现有基础条件，结合城市规划发展需要，着力提升河鲜美食走廊，打造梨花溪、兴义、安西三大乡村旅游餐饮集聚区，打造老码头特色商业街、滨河休闲商业街、瑞通路美食街、五津水韵城东部门户美食水街、斑竹林美食街、农博小镇美食街、岷江创新城美食街、牧山健康城美食街八条美食街，培育一批特色餐饮店，构建“1 +3 +8 + N”（即一条河鲜美食走廊、三大乡村旅游美食集聚区、八条特色美食街、N 个特色餐饮店）的美食体验空间布局。培育市场主体。加大新津美食产业结构调整，全面推动美食多元化市场主体共同发展，实现新津美食大企业“顶天立地”、小微企业“铺天盖地”、个体商户“枝繁叶茂”的繁荣局面。建设食材基地。依托本地食材资源，主要从食材基地和食材包装两个方面入手，借助现代科技与创新做好食材品牌打造。创新美食营销。可通过举办重大美食活动、评选美食品牌和餐旅跨界融合借此营销，为新津打造中国河鲜美食之都总体品牌提供坚实支撑。

六、岳池案例

（一）岳池米粉品牌走出去项目背景

岳池米粉历史悠久，作为特色小吃餐饮品牌是广安市乃至川东地区不可或缺的城市商业名片、民俗风情窗口，在现阶段同时面临发展的瓶颈和机遇。从发展瓶颈来看，首先，米粉作为一种食材在四川省乃至全国都较为普遍，缺乏独占性和独特性，文化内涵和特征也并不明显；其次，岳池米粉作为米粉类餐饮品牌在四川及外省的知名度一直不高，与省内的绵阳米粉、南充米粉等地方特色米粉相比知名度有一定差距，尚未在省内实现品牌化、连锁化，对外宣传力度小。同时，岳池米粉也面临良好的发展机遇。首先，随着现在居民餐饮习惯的变化，越来越多的人在外就餐，快餐类餐饮业态需求旺盛，现阶段快餐类餐饮的品牌化和连锁化仍处于发展的上升阶段，更多的市民需要提档升级后的快餐品牌；其次，随着互联网的普及、供应链及配送服务的完善、食品的工业化技术的发展，地方餐饮有了做大做强的基础条件。

在此阶段下对岳池米粉品牌进行系统包装推广，有利于继承和发扬特色传统美食文化，做响岳池米粉美食品牌，树立岳池米粉品牌知名度和美誉度，拉动和创造消费，提振广安市乃至整个川菜行业传统升级，帮助岳池人创业致富；同时，通过推广宣传有利于加深消费者对岳池米粉美食的印象，从而提升岳池县对外影响力，在增强岳池人自豪感和归属感的同时，为当地农业、旅游业、食品工业、电子商务文化创意的发展也起到积极作用，促进县内一二三产业深度融合。

（二）岳池米粉品牌经营现状及问题

1. 岳池米粉品牌经营现状

岳池米粉生产逐渐工业化。现下生产企业主要分为干米粉生产企业和水米粉生产企业两种，目前，岳池县有 9 家岳池米粉生产企业，其中 7 家已经投入生产，2 家正在建设中。每家干米粉生产企业平均每天米粉产量 15 吨左右，年营业收入 100 万左右，水米粉生产企业平均每天产量 600 公斤左右。岳池米粉中的干米粉反响良好，深受消费者喜爱，随着岳池米粉的良好市场反响，岳池米粉的消费需求量将逐渐增大，促使其产品种类逐渐丰富，米粉的工业化生产规模将逐渐扩大。

岳池米粉餐饮业不断壮大。岳池米粉餐饮经营发展较好。据统计，岳池米粉餐饮企业有 253 家，餐饮店（馆）的年平均营业收入约为 10 万元，所有餐饮店（馆）年营业收入可达 3030 万元，从业人员约有 1500 人，岳池米粉餐饮发展整体态势良好，为岳池米粉宣传和经济发展做出了贡献。

岳池米粉餐饮连锁化发展初见成效。岳池米粉餐饮以岳池县为中心，向周边省市辐射，目前连锁店主要分布在川东北地区，其中，广安市岳池米粉餐饮发展有限公司经营的岳池米粉餐饮连锁店有 17 家，单店年营业收入平均 30 万元左右，所有餐饮连锁店年平均营业收入 510 多万元，行业从业人员达 100 多人，为岳池米粉连锁式发展做出了一定的贡献。

已打造岳池米粉特色街。经过多年经营，岳池米粉餐饮以县城为中心，成功打造了一条长 400 米的岳池米粉商业街，且已被评为省级特色商业街，并向周边省市辐射。政府扶持政策提供助力。国家实施“一带一路”、长江经济带、成渝经济区建设和“脱贫攻坚、全面小康”建设带来发展契机。省政府高度重视“川菜”产业发展。四川省委、省政府发布《川菜产业发展规划》和《推进川菜产业工作方案》，四川省人民政府办公厅印发《四川省人民政府办公厅关于印发四川省促进川菜走出去三年行动方案（2018—2020年)》，岳池米粉作为川菜特色小吃，积极推动走出去有利于抢抓新的发展契机。

2. 岳池米粉品牌经营存在问题

原材料供给不足。近几年由于用于生产米粉的稻米种植面积减少，稻米种植品种倾向于选择产米量大的品种，使“岳池米粉”生产受限，甚至有“岳池米粉”生产企业从外地进口大米，增加了生产成本。稻米种植品种、面积的变化一定程度上制约“岳池米粉”的生产和品牌推广。

经营主体培育缺失。目前，“岳池米粉”生产企业和经营企业只有7家，在建企业2家，生产企业平均每年产能在10吨左右，最高年产能在20吨左右，未形成规模。在主体培育上，虽然出台了部分扶持政策，但缺乏系统培育计划和发展计划。

餐饮标准规范缺乏。岳池米粉连锁店面装修和菜品均没有统一的标准规范，米粉制作工艺要求凭经验，缺乏统一规范的标准，导致制作出的米粉口感存在差异。并且也缺乏行业协会对其进行监督、管理，未建立“岳池米粉”品牌发展交流的平台，不能及时根据“岳池米粉”发展实际提供行业服务和标准约束，使“岳池米粉”餐饮经营发展缓慢。

米粉特色街需改造。目前位于城区南外街，长约300米的米粉街主要表现为“脏、乱、差”，比如特色摊铺摆放混乱；机动车、非机动车随意停靠，堵塞道路；街道卫生清理不及时等。对于米粉老街需要改造提升，打造高品质米粉特色街。

品牌推广意识缺乏。相较于兰州拉面、宜宾燃面这些可替代行业的品牌推广工作，“岳池米粉”品牌宣传力度较弱、传播范围较小。“岳池米粉”餐饮连锁店（馆）现有17家，但没有系统的品牌推广方案，全靠个人经验及人脉宣传进行品牌推广。

（三）岳池米粉品牌策划总体战略

品牌定位：具有地方特色、绿色健康的轻餐饮品牌。岳池米粉从下锅到上桌只需要10秒，被称为最快的碗装早餐，且“岳池米粉”天然无添加，适合赶时间、经常在外就餐、追求健康饮食的人群。

策划目标。品牌目标。将“岳池米粉”打造成家喻户晓的餐饮品牌。鼓励企业自创品牌，2020 年创 2 个四川省著名商标、1 个全国驰名商标；2025 年创 6 个四川省著名商标、4 个全国驰名商标；2035 年创 10 个四川省著名商标、8 个全国驰名商标。主体目标。3 年内培育 100 家直营及加盟店，100 家特许经营店；8 年内拓展 2700 家岳池米粉餐饮店，13 年内拓展 12000 家岳池米粉餐饮店。产值目标。米粉产业产值 2020 年达 2 亿元，2025 年达 4 亿元，2035 年达 8 亿元。

策划内容。培育经营主体。通过政策扶持、资源倾斜、服务配套等方式，加大对龙头企业的选、培、育；以岳池米粉行业协会为依托，通过品牌授权、生产培训、供应链支持及金融政策扶持等，开展“岳池米粉”特许经营，扶持餐饮经营者走出岳池，面向四川及全国开展岳池米粉经营，3 年内力争发展 100 家直营及加盟店、100 家特许经营店。

布局餐饮网点。布局市级餐饮网点若干，在城市中心或交通便利的主干道沿线上进行“岳池米粉”餐饮店（馆）布局；布局区域级餐饮网点若干，在地级市交通方便地段进行“岳池米粉”餐饮店（馆）布局；布局社区餐饮网点若干，在居民小区附近进行“岳池米粉”餐饮店（馆）布局；通过引导、扶持，对岳池县米粉特色一条街进行改造升级，打造成集岳池美食文化、旅游于一体的“岳池米粉”主题特色餐饮步行街区。开展品牌推广。分三个阶段实施，分别是引爆宣传阶段、快速发展阶段、持续导入阶段。主要借助网络推广、广告推广、文化推广和活动推广等，从推广渠道、受众、推广内容、推广方式、费用测算五个方面详细地推进落实每个阶段的策划内容。规范经营标准。一是对餐饮连锁店（馆）面装修标准，可根据标准要求装修店面，利于大量复制，节省开店成本；二是“岳池米粉”系列菜品标准，根据菜品标准设置菜单、培训厨师，在保证口味正宗的同时降低人力成本。

（四）岳池米粉品牌策划重点工作

培育经营主体。岳池米粉餐饮龙头企业 3 年培育计划。餐饮龙头企业在“岳池米粉”市场推广中具有品牌影响力扩大、市场规模化发展、技术难题突破、经营管理提升的龙头带动作用。在岳池米粉市场化推广中，通过政策扶持、服务配套、经营指导，培育企业，引导他们进行品牌推广及店面扩充，经过3年时间，扶持做大做强，为岳池米粉走向全川、全国提供核心力量。岳池米粉特许经营3年发展计划。鼓励以“岳池米粉”为投资项目，开展创业创新。以行业协会为主导，为创业者提供品牌授权、生产培训、经营指导，开展“岳池米粉”特许经营，推动岳池米粉走出广安，扩大“岳池米粉”影响力。

布局餐饮网点。布局目标。分为三个阶段，在全国布局网点12000家餐饮店（馆），将“岳池米粉”打造成“家喻户晓的特色轻餐饮品牌”（见表14－5）。

表14－5　“岳池米粉”品牌走出去餐饮网点布局

阶段	川内提升阶段（2018—2020年）		西南拓展阶段（2021—2025年）		全国发展阶段（2026—2035年）	
范围	成都市	20个地级市（州）	省会城市（直辖市）	地级市（州）	省会城市（直辖市）	副省级城市、地级市（州）
布局网点数量	≥70家	≥130家	≥1400家	≥1300家	≥3000家	≥9000家
选址建议	主（中心）城区； 机场、火车站（高铁站）、汽车站、港口； 社区					

（五）阶段重点。川内提升阶段（2018—2020年）

升级改造一条特色街，规划期内重点引导品牌米粉餐饮、特色美食等网点集聚，并对街道进行整体风貌改造，改善就餐环境，提升餐饮规模和档次。并对成都、地级市布局设点（见表14－6、图14－6、表14－7）。

表14－6　“岳池米粉”品牌走出去成都市餐饮网点布局

阶段	川内提升阶段（2018—2020年）
范围	成都市
布局网点数量	≥70家
选址建议	盐市口商圈4家；春熙路商圈5家；骡马市商圈4家；双楠商圈3家；天府新城商圈6家；郫县商圈4家；科华商圈3家；万年场商圈3家；金沙光华商圈4家；其余商圈高升桥商圈、锦华商圈、建设路商圈、温江商圈等均布局3家；双流机场和天府机场各1家；成都东站、西站、南站，火车北站各1家

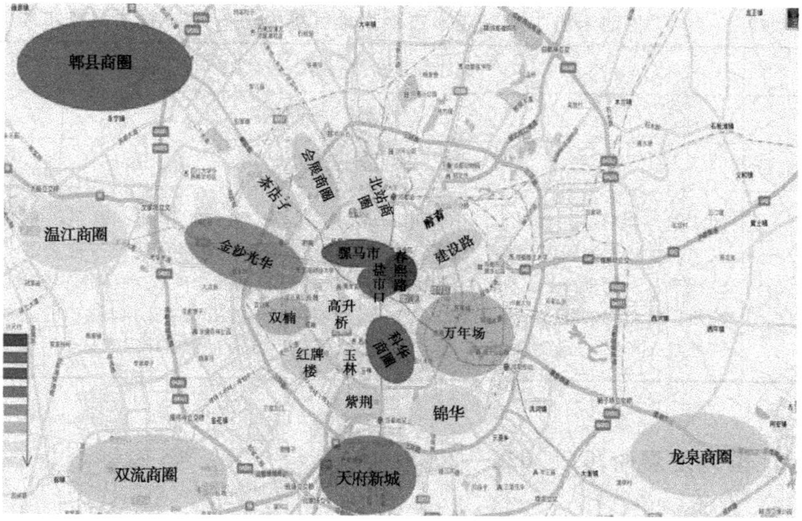

图 14－6　“岳池米粉”品牌走出去成都市商圈餐饮网点

表 14－7　“岳池米粉”品牌走出去川内地级市餐饮网点布局

阶段	川内提升阶段（2018—2020 年）
范围	20 个地级市
布局网点数量	≥130 家
选址建议	自贡市、攀枝花市、泸州市、德阳市、绵阳市、广元市、遂宁市、内江市、乐山市、南充市、眉山市、宜宾市、广安市、达州市、雅安市、巴中市、资阳市，共 17 个地级市，在火车站（高铁站）均布局 2 家、主城区均布局 5 家及以上，共布局 110 家及以上；阿坝藏族羌族自治州、甘孜藏族自治州、凉山彝族自治州，共 3 个自治州，在火车站（高铁站）、汽车站均布局 1 家及以上，主城区布局 3 家及以上，共布局 20 家及以上

（六）西南拓展阶段（2021—2025 年）

省会城市（直辖市）和地级市（州）布局重点（见表 14－8、表 14－9）。

表 14－8　“岳池米粉”品牌走出去西南地区省会城市（直辖市）餐饮网点布局

阶段	西南拓展阶段（2021—2025 年）
范围	4 个省会城市（直辖市）
布局网点数量	≥1400 家
选址建议	重庆、贵阳、昆明、拉萨城市主城区的商圈进行布局；在昆明长水机场、重庆江北国际机场、贵阳龙洞堡国际机场、贡嘎国际机场进行布局；在重庆北站、贵阳北站、昆明南站等火车站（高铁站）进行布局

表 14－9　“岳池米粉”品牌走出去西南地区地级市（州）餐饮网点布局

阶段	西南拓展阶段（2021—2025 年）
范围	西南 4 省地级市
布局网点数量	≥1300 家
选址建议	江津市、合川市、永川市、南川市、曲靖、玉溪、丽江、昭通、思茅、临沧、保山、安宁、宣威、潞西、瑞丽、大理、楚雄、个旧、开远、景洪、清镇市遵义市、赤水市、仁怀市、六盘水市、盘州市、黔西南布依族苗族自治州、兴义市、黔东南苗族侗族自治州、凯里市、黔南布依族苗族自治州、都匀市、福泉市等 57 个地级市的主城区商圈、机场、火车站（高铁）、汽车站、港口等人流大区域进行餐饮网点布局

（七）国内发展阶段（2026—2035 年）

省会城市（直辖市）和副省级城市、地级市（州）布局重点（见表 14－10、表 14－11、图 14－7）。

表 14－10　“岳池米粉”品牌走出去全国省会城市（直辖市）餐饮网点布局

阶段	全国发展阶段（2026—2035 年）
范围	23 个省会城市（直辖市）
布局网点数量	≥3000 家
选址建议	北京、天津、上海、石家庄、郑州、武汉、长沙、南京、南昌、广州、海口等 23 个省会城市主城区的商圈进行布局；在机场、火车站（高铁站）进行布局；比较著名的旅游景点进行布局；社区进行布局

表 14－11　“岳池米粉”品牌走出去全国副省级城市、地级市（州）餐饮网点布局

阶段	全国发展阶段（2026—2035 年）
范围	副省级城市、地级市（州）
布局网点数量	≥9000 家
选址建议	15 个副省级城市及地级市（州）的主城区商圈、机场、火车站（高铁）、汽车站、港口、旅游景点、社区进行餐饮网点布局

开展品牌推广。引爆宣传阶段。灵活运用广告和活动等推广方式，3 年时间（2018—2020 年）将“岳池米粉”迅速引爆，成为具有一定知名度的米粉品牌，为后期快速发展奠定基础。同时，培育经营主体在川内布局“岳池

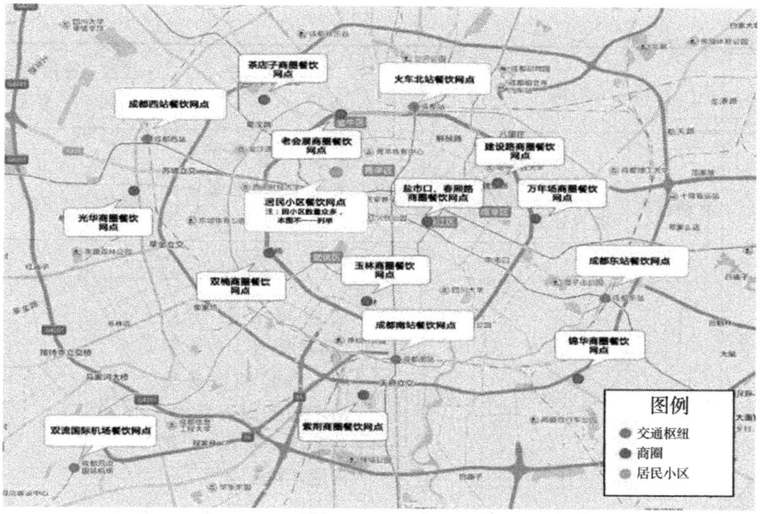

图 14－7 “岳池米粉”品牌走出去餐饮网点规划示意图

米粉”餐饮网点基本完成，达 200 家及以上，行业标准规范初步建立，店面装修标准和菜品标准建立（见表 14－12）。

表 14－12 “岳池米粉”品牌推广引爆宣传阶段具体内容

阶段	推广方式	渠道	受众	内容	投放周期	费用测算/万元	备注
引爆宣传 2018—2020 年	文化推广	政府官网	政府、事业单位工作人员、教师、研究员等科研人员	以“岳池米粉”历史文化为题材编写品牌故事、拍摄宣传片（8～10 分钟）	长久	15	费用测算均根据当前市场价格进行估算
	广告推广	高速路牌	商务出差人员、外出人员	银昆高速、南广高速、沪蓉高速、广邻高速、遂广高速	半年	280	
		公交路牌	当地居民、游客	岳池县、广安市	半年		
		高铁广告	商务出差人员、游客	D5179、D5176、D5175、K9366、K9367、D5172、D5178、D5171、D5177、K9368、K9365、D5173、D5180	半年		

续表

阶段	推广方式	渠道	受众	内容	投放周期	费用测算/万元	备注
引爆宣传 2018—2020 年	活动推广	文化节美食比赛	餐饮服务业人群	举办“岳池米粉”文化节、米粉餐饮比赛、参加各种餐饮比赛	每年	100	费用测算均根据当前市场价格进行估算
	网络推广	微信公众号	微信使用人群	利用现有公众号（岳池播报、岳池新闻）等定期推送岳池米粉新闻、活动，并考核点击率；新建岳池米粉公众号	每年	3	

快速发展阶段。在引爆宣传阶段的基础上，借助展会推广和娱乐营销推广方式加大宣传力度，5 年时间（2021—2025 年）“岳池米粉”快速发展，成为具有知名度，与“宜宾燃面”“沙县小吃”“兰州拉面”等特色餐饮相媲美的餐饮品牌。同时，培育经营主体在此阶段力争布局“岳池米粉”餐饮网点遍及西南地区，达到 2700 家及以上，行业标准规范不断完善（见表 14－13）。

表 14－13　“岳池米粉”品牌推广快速发展阶段具体内容

阶段	推广方式	渠道	受众	内容	投放周期	费用测算/万元	备注
快速发展（2021—2015 年）	广告推广	小区广告	小区常住居民	电梯广告和小区宣传栏	半年	150	费用测算均根据当前市场价格进行估算
		店铺广告	当地居民、游客	连锁店的电视和宣传墙画	半年		
	展会推广	产品展销会、糖酒会	餐饮业内人士、企业投资者、消费者	糖酒布展位	每年	50	

持续导入阶段。在引爆宣传和快速发展两个阶段的基础上，“岳池米粉”已经具有一定的知名度，继续持续稳定发展，加强宣传使“岳池米粉”成为深入人心的健康绿色特色轻餐饮品牌。同时，培育经营主体在快速发展阶段的 2700 家及以上基础上持续稳定增长，争取达到 12000 家以上，“岳池米粉”

餐饮网点布局在全国乃至全世界遍地开花，行业标准规范基本已经成熟（见表 14－14）。

表 14－14　“岳池米粉”品牌推广持续导入阶段具体内容

<table>
<tr><th>阶段</th><th>推广方式</th><th>渠道</th><th>受众</th><th>内容</th><th>投放周期</th><th>费用测算/万元</th><th>备注</th></tr>
<tr><td rowspan="3">持续导入（2026—2035 年）</td><td rowspan="2">广告推广</td><td>电视广告</td><td>广大群众</td><td>宣传片和广告片</td><td>月</td><td rowspan="2">300</td><td rowspan="3">费用测算均根据当前市场价格进行估算</td></tr>
<tr><td>明星代言</td><td>广大群众、明星粉丝</td><td>海报、广告</td><td>半年</td></tr>
<tr><td>事件营销</td><td>文化旅游现场展览</td><td>游览者</td><td>建造“岳池米粉”文化馆或博物馆</td><td>长久</td><td>4000</td></tr>
</table>

规范行业标准。通过规范选址、提供统一的装修标准和建立米粉餐饮菜品标准等，建立“岳池米粉”餐饮标准体系，实现“岳池米粉”餐饮店的快速大量复制，最大化岳池县米粉相关产业资源，推动“岳池米粉”品牌走效益出去。

七、总结

用文化建设打造城市名片，关键是突出当地特色。任何一个城市都有其自身的优势和魅力，建设城市文化，就要把自身的优势发挥出来，使其独特的魅力展现出来。“新津区美食名片”和“岳池米粉品牌走出去”两个案例，就是很好地突出了自身的特色，以美食文化为依托，打造城市名片，会发现美食如今越来越成为一种文化表现与文化符号，这种文化类元素，能够让人们体验到城市的文化传统，了解当地的历史和习俗，又同时与经济、旅游联系在一起。可以看出，美食文化既是推动城市经济、旅游发展的重要因素，又是城市名片的无形内容，是城市用来塑造和传播其特色名片的不二选择。

总之，个性是城市文化的魅力和生命力所在，打造城市名片首先要解决城市形象的定位问题，必须立足本地历史文化及自然资源优势，准确定位，规划先行，有序推进，经营独具特色的城市文化，构建精品，打造、展示城市品牌，推动城市产业链的发展，从而提升城市的整体价值。

第五篇

行业创新发展模式研究

专题研究十五：科技创新和新经济高质量发展路径研究

——以成都科学城为例

一、研究背景

当前世界经济进入新旧动能转换期，新一轮科技革命和产业变革正在加速演进。2018 年 2 月习近平总书记视察天府新区时作出“努力打造新的增长极”的重要指示，作为新区三大产业功能区之一，成都科学城是成都市唯一以科技创新和新经济发展为关键内容的产业功能区，并承担了创建综合性国家科学中心核心承载区的重任。2020 年伊始，习近平总书记在中央财经委员会第六次会议上作出推动成渝地区双城经济圈建设的重大战略部署，明确支持成渝地区建设具有全国影响力的科技创新中心。6 月，成都市委作出以“一核四区”空间功能布局建设西部（成都）科学城的战略规划，成都科学城作为关键一核，应尽快明确当前形势和要求下实现高质量发展的战略方向和具体路径。因此，围绕“科技创新”和“新经济”两大关键内容开展高质量发展路径研究显得尤为迫切。本文通过对宏观形势、发展趋势进行深入研究，对成都科学城科技创新和新经济发展现状进行了系统梳理，进一步明确发展优势和存在问题，并对标借鉴美国西雅图和上海张江发展经验，结合成都科学城实际，探索提出“双轮驱动、双链融合”发展路径，为科技创新和新经济发展双轮驱动提出了具体举措，为创新链与产业链双链融合提出了相应建议。

二、科技创新的宏观形势

（一）全球形势

进入21世纪以来，全球科技创新进入空前密集活跃的时期，重要科学领域从微观到宏观各尺度加速纵深演进，前沿技术呈多点突破态势，重点领域在学科高度融合汇聚及科学技术螺旋上升的驱动下，带动其他科技领域快速跟进持续发展，新一轮科技革命带来的产业变革正在重构全球创新版图、重塑全球经济结构。自2018年年初以来，中美贸易摩擦持续加剧。贸易战的本质是科技战，核心意图就是遏制我国高科技发展。但是，正如习近平总书记所指出的：“经济全球化的大势不可逆转，合作共赢才是人间正道。”科技国际化时代大趋势不会改变，应对美国的技术霸凌主义，我国正旗帜鲜明地倡导深度合作与协同创新，在加快提升自身科技创新实力的同时，实施更加开放、更为包容的国际科技合作战略，团结一切可以团结的力量，打破美国的技术封锁和围堵。

（二）全国形势

党的十九大报告指出，我国经济已由高速增长阶段转向高质量发展阶段。创新是引领高质量发展的第一动力，自2016年以来，国家相继在上海、合肥、北京、深圳等地布局综合性国家科学中心，作为国家科技领域竞争的重要平台和国家创新体系建设的基础平台。2020年9月20日，习近平总书记在京主持召开科学家座谈会，提出“四个面向（面向世界科技前沿、面向经济主战场、面向国家重大需求、面向人民生命健康）”要求，为新时代我国科技创新指明了前进方向。同时，我国大力提倡强化基础研究，实现前瞻性基础研究、引领性原创成果重大突破；加强应用基础研究，拓展实施国家重大科技项目，突出关键共性技术、前沿引领技术、现代工程技术、颠覆性技术创新；深化科技体制改革，建立以企业为主体、市场为导向、产学研深度融合的技术创新体系，加强对中小企业创新的支持，促进科技成果转化。

（三）成渝形势

成渝地区是我国西部发展的战略支点，在新一轮西部大开发中的引领作用更加突出。2020 年 1 月 3 日，习近平总书记在中央财经委员会第六次会议上强调，要推动成渝地区双城经济圈建设，在西部形成高质量发展的重要增长极；要强化重庆和成都的中心城市带动作用，使成渝地区成为具有全国影响力的重要经济中心、科技创新中心、改革开放新高地、高品质生活宜居地，助推高质量发展。《中共四川省委关于深入贯彻习近平总书记重要讲话精神加快推动成渝地区双城经济圈建设的决定》提出以中国西部（成都）科学城、中国（绵阳）科技城为主要承载区，以“一城多园”模式与重庆共建中国西部科学城，打造成渝绵“创新金三角”。

三、科技创新和新经济的发展趋势

（一）科技创新“四化”发展趋势

当前，世界经济增长处于新旧动能转换的关键时刻，我国科技创新正不断释放新动能，呈现聚焦化发展、融合化发展、协同化发展、集聚化发展四大显著发展趋势。

聚焦化发展。在全球新一轮科技革命和中美贸易战的新形势下，我国科技创新呈现出聚焦研发设计和科技成果转化的哑铃型发展趋势。研发设计方面，未来将更加重视重大技术突破、研发平台搭建和创新人才集聚等方面，如国务院出台的《关于全面加强基础科学研究的若干意见》（国发〔2018〕4 号）提出：瞄准世界科技前沿，聚焦未来可能产生变革性技术的基础科学领域，强化重大原创性研究和前沿交叉研究，依托高校、科研院所等布局建设一批国家重大科技基础设施；聚焦国家目标和战略需求，在有望引领未来发展的战略制高点，统筹部署和建设突破型、引领型、平台型一体的国家实验室，给任务、给机制、给条件、给支持，激发其创新活力。科技成果转化方面，未来将更加关注科技成果转移转化示范区建设、科技成果转化平台建设、技术转移机构引育等方面（见图 15－1）。

图 15－1　科技创新哑铃型聚焦模式图

融合化发展。随着国家产业转型升级，科技创新成为产业变革的重要动力，重大技术创新正在重塑未来产业发展体系，产业变革为科技创新提供了巨大的市场空间，实现双链深度融合已是大势所趋。习近平总书记在 2018 年两院院士大会上强调，要促进创新链和产业链精准对接，加快科研成果从样品到产品再到商品的转化，把科技成果充分应用到现代化事业中去。一方面，围绕产业链布局创新链，创新要服务于产业发展需要，创业要素集聚要重点聚焦人工智能、集成电路、5G 产业、大数据、云计算、信息安全、航空航天、生物医药、区块链等未来发展的重点产业；另一方面，以创新链赋能产业链，党的十九届四中全会提出“要加大基础研究投入，健全鼓励支持基础研究、原始创新的体制机制”，基础研究是创新的策源地，通过科技创新为产业提供强力支撑（见图 15－2）。

图 15－2　创新链和产业链双链融合图

协同化发展。党的十九大报告提出要“深化科技体制改革，建立以企业为主体、市场为导向、产学研深度融合的技术创新体系”，在国家创新驱动发展战略背景下，产学研协同化发展是推动技术创新和技术进步的重要模式，是适应新时代产业发展需求的创新新趋势。从核心圈层看，产学研协同主要是企业、高校和科研机构的创新协同，企业与高校是战略协同关系，企业与科研机构是目标协同关系，高校与科研机构是知识协同关系。从外围圈层看，政府为中介机构提供政策支持，用户为政府提供市场需求，中介机构为用户提供各类信息服务（见图 15－3）。

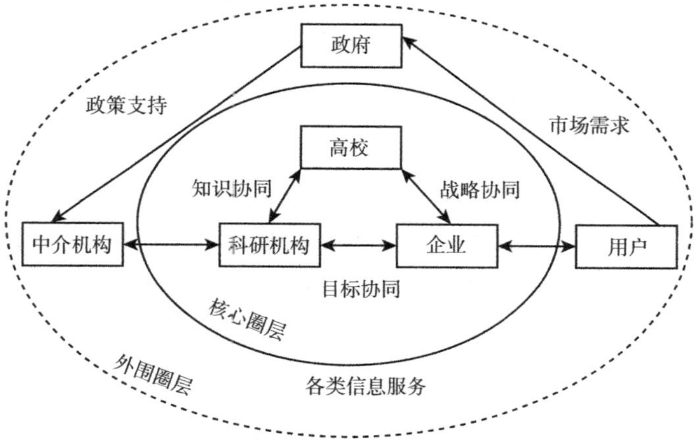

图 15－3　产学研协同创新图

集聚化发展。全国科技创新呈现集聚化发展趋势，尤其是向北京、上海、粤港澳大湾区等国家科技创新中心集聚。综合性国家科学中心是国家科技创新中心的核心平台，截至 2019 年 12 月底，全国已获批上海张江、安徽合肥、北京怀柔、广东深圳 4 个综合性国家科学中心。与此同时，成都、武汉、南京、广州、西安、济南等城市明确提出要大力争创综合性国家科学中心，对高能级科技创新集聚平台的争夺日趋激烈。

（二）新经济“四新”发展趋势

“新经济”一词最早出现于 1996 年的美国《商业周刊》，2016 年我国《政府工作报告》提出“新经济”等新概念，强调以此打造中国经济的新引擎，此后全国各地纷纷出台发展新经济、培育新动能的指导意见，全国掀起新经济发展的时代浪潮，新经济发展呈现新技术驱动、新主体引领、新业态支撑、新环境营造四大显著趋势特征。

新技术驱动。随着我国经济新旧动能加速换挡，全国各地高度重视新经济发展，以人工智能、5G 通信、区块链、集成电路、云计算、大数据、信息安全、物流网等为代表的数字经济是新经济发展的重要驱动力。人工智能技术是具有“头雁”效应的基础性技术，技术突破快，带动作用强；我国 5G 技术处于全球领先地位，已开始进入商用阶段，未来对生产生活将产生深远影响；区块链技术受到国家高度重视，2019 年 10 月，中共中央政治局就区块链技术发展现状和趋势进行集体学习，习近平总书记强调，区块链技术的集成应用在新的技术革新和产业变革中起着重要作用，要把区块链作为核心技术自主创新的重要突破口，着力攻克一批关键核心技术，加快推动区块链技术和产业创新发展。

新主体引领。以独角兽企业为代表的新主体正引领着新经济发展，推动着中国新经济迈向全球一流水平。全国各地都在积极培育和引进独角兽企业，独角兽企业成为新经济发展重点城市实现全国乃至全球抢跑领跑的突破口。北京海淀区中关村制定《海淀区独角兽企业服务工作方案》，建立“1 + 6”独角兽企业服务机制，即建立区领导定点联系工作机制、实施“专员负责制”工作机制、制定“政策服务包”、建立定期调研工作机制、建立事项分级协调服务机制、建立绩效考核机制。成都科学城制定了《关于支持新经济企业入驻独角兽岛的若干政策》（即“岛十条”），正加快建设独角兽岛，着力打造中国新经济第一岛。

新形态支撑。以数字经济、智能经济、绿色经济、创意经济、流量经济、共享经济为代表的新形态是新经济发展的重要支撑。随着数字化时代到来，数字经济成为继工业经济之后，全球增长最快的经济形态。2019 年 10 月，河北省（雄安新区）、浙江省、福建省、广东省、重庆市、四川省获批国家数字经济创新发展试验区，国家发展改革委、中央网信办发布《国家数字经济创新发展试验区实施方案》，要求各试验区要结合各自优势和结构转型特点，在数字经济要素流通机制、新型生产关系、要素资源配置、产业集聚发展模式等方面开展大胆探索，充分释放新动能。

新环境营造。新环境的营造是新经济能够充分释放发展潜力的重要基础，鼓励多方协同集成创新、采取包容柔性治理、搭建国际开放平台、建设一流自然生态成为新环境营造的重点。成都市委将 2019 年确立为“国际化营商环境建设年”，致力于打造中国新经济发展最好的营商环境，2019 年 3 月出台了《深化营商环境综合改革打造国际化营商环境先进城市的行动方案》和与之配套的 10 个行动计划，从人才安居、企业简易注销、税务、用电用气接入便利化等 10 个方面破解企业反映集中的痛点、难点、堵点。发布《城市机会清单》，聚焦服务实体经济、公园城市、创新创业等 10 个应用场景，主动释放资源要素、创造市场机会，为企业提供新技术、新模式探索实践、融合创新的机会窗口，让企业能够全面、准确、及时地掌握城市发展机遇，激发企业创新创造的活力和信心，成都新经济发展正从“给政策”向“给机会”转变。

四、国内外先进城市科技创新和新经济发展经验

（一）美国西雅图

西雅图始建于 1869 年，位于美国华盛顿州西北部的太平洋沿岸，大都会区总面积为 2470 平方公里，人口约 478 万（西雅图市面积为 369.2 平方公里，人口 72.5 万人），经历了渔港小镇、军工城市和高科技城市三个显著的发展阶段。进入 21 世纪以后，西雅图被誉为新经济的首都，是美国最适合居住的城市之一，是多样化先进技术及科学研究的中心，在 2019 年《年度科技人才评定报告》（*Scoring Tech Talent*）中，西雅图紧随旧金山湾区，成为美国第二大科技中心城市（见图 15－4）。

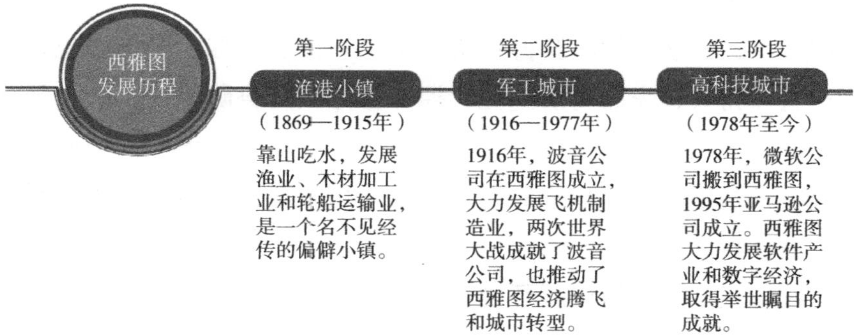

图 15－4　西雅图发展历程示意图

目前西雅图已成为世界“超级总部”，集聚了众多高科技巨头公司和世界500强企业，包括微软、亚马逊、波音、AT&T等，其中雇员超过500人的科技企业有21家，在西雅图设立了研发中心的科技企业有88家。拥有全美最高教育水平，集聚5所大学，1/3以上人口拥有硕士及以上学历。提供超过15万个科技相关岗位，其中软件工程师近8万名，占科技从业人员总数的50%以上。在全球排名前5的互联网上市公司中，西雅图的公司占据3席，总市值超过1.8万亿美元，占前五的71%。AWS亚马逊云、微软、IBM和谷歌占据全球54%的云服务市场份额，西雅图的亚马逊、微软和谷歌的三大公有云已经远超其他云服务商。湾区和西雅图被称为虚拟现实技术的两大中心，西雅图也是世界科技研发中心、数字经济高地。

美国西雅图发展科技创新和新经济的经验主要有：

一是通过“第一西雅图”计划打造全球研发中心。西雅图政府与美国制造工业委员会联合发起“第一西雅图”计划（SeattleFirst），主要加强基础设施和公共服务设施的建设，并设立专门的快速反应小组，对有意在西雅图落户和扩张的公司提供各项服务和资源，该计划成功吸引了微软、亚马逊、波音、Google、Facebook等全球科技巨头纷纷落户并在西雅图设立研发中心。截至2017年已有88家科技企业在西雅图设立研发中心，西雅图逐渐成为全球知名的研发中心。

二是重视高等教育发展并推动产学研合作。西雅图是美国重要的高等教育中心，拥有全美最高的教育水平，一半以上的人口拥有学士或以上学历，1/3以上的人口拥有硕士或以上学历；拥有华盛顿大学、UPS、西雅图大学、西雅图城市大学、西雅图太平洋大学等知名高校，并给予大量的科研经费支持，其中华盛顿大学每年所获得科研经费始终位居全球大学前三位，使其几十年来一直保持着领先的科研地位，拥有世界级的科研水平；积极开展产学研合作，华盛顿州的生物科技公司大多数都是在华盛顿大学、华盛顿州立大学的研究技术基础上建立起来的，同时微软和华盛顿大学还合作开展拥有专门促进计算机科学多样化的课程和项目。

三是营造良好的科技创新环境。由西雅图市政府推进的“西雅图创业计划（Startup Seattle）”，将西雅图的三大高科技要素：微软公司、柯克兰宽带无线公司和华盛顿大学科学的所有资源整合在一起，打造多样化的科技创业社区，并组织当地公立学校、社区组织和华盛顿大学等对创业者提供技术支持以及创业指导；在靠近华盛顿大学美国能源部研究所的区域设立了“西北高科技产业孵化器”，孵化器通过提供场地、共享设施、系统培训与咨询，获得融资、法律和市场推广等方面的政策支持，降低初创企业的创业风险和创业成本，致力于将西雅图发展成为世界生物工程、生物化学、医药、医疗器械领域的中心之一；通过用地改革来提高办公数量，降低办公租金——SM（Seattle Mixed），即不规范土地类型，允许商业、办公、住宅、服务多功能使用及混合利用；西雅图科技联盟成立“天使联盟”，为中小企业提供投融资服务，城市政府则相应建立了科技匹配基金，用于中小企业更新技术和硬件设备。良好的创新创业环境使西雅图在过去5年都跻身创业公司密度最高城市的前20位。

四是通过针对性投资带动数字经济发展。西雅图通过有针对性地对数字经济产业加大投资，并坚持高端化投资即主要支持大型高端企业以带动行业发展。如在云计算方面，联邦管理局与亚马逊和微软签订了1亿美元的云计算合同，目前西雅图的亚马逊、微软和谷歌的三大公有云已经远超其他云服务商。除此之外，西雅图还聚集了数十家以云计算作为主业的创业公司，已然成为全球的云计算中心；在虚拟现实技术方面，西雅图的顶级风险投资公司Madrona在2019年6月投资3亿美元投资虚拟现实技术，天使投资也将虚拟现实技术作为市场投资的重点，对虚拟现实相关企业进行投资。

（二）上海张江

上海张江高新区，原名上海高新区，始建于1992年，经历了启动张江、坚守张江、聚集张江、升级张江、选择张江和活力张江6个显著的发展阶段。2016年2月，上海张江成为我国首个获批的综合性国家科学中心，以国际开放合作为特色，重点发展生命、材料、环境、能源、物质等领域。上海张江以创新驱动发展、经济转型升级为主要任务，着力构建创新创业生态体系、培育新兴产业、面向全球集聚高端人才、先行先试各项改革措施，是上海创新发展的重要引擎、全国创新改革先导区以及上海建设具有全球影响力科技创新中心的核心载体（见图15-5）。

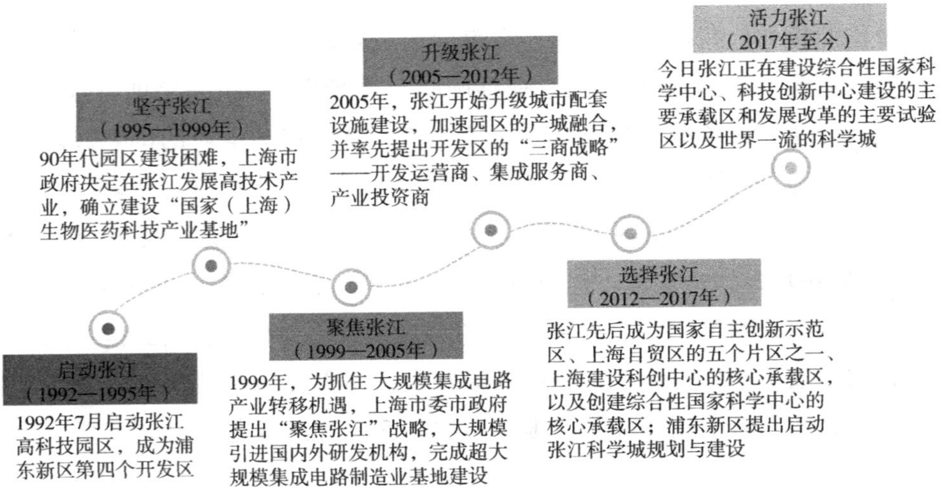

图 15－5　上海张江发展历程示意图

目前，上海张江拥有 1700 余家研发机构，300 余家公共服务平台；近 7 万家科技创新型企业，其中高新技术企业 3982 家；从业人员 220 万人左右；有效发明专利 5.91 万件；已经形成生物医药、信息技术、节能环保、高端装备制造、新材料、新能源、新能源汽车、文化科技融合产业和现代服务业等九大产业集群。

上海张江发展科技创新的经验主要有：

一是建设国际人才试验区，创新人才服务机制。围绕国际人才试验区建设，上海张江不断探索人才服务新机制，开展人才政策示范试点，提升人才服务便利度。与国家外国专家局共同推进张江国家自主创新示范区建设国际人才试验区，从创新政策的先行先试、建立健全国际化运行机制、建立健全外国人才管理服务机制和探索实施市场化用人机制等方面开展国际人才政策试点；与公安部出入境管理局建立定点联系合作机制，开展国家出入境管理政策制度、“上海出入境聚英计划”先行先试，探索试点为永久居留外国人提供“一门式”社会融入服务的新模式，为企业和人才提供更加便捷的出入境办证服务；设立全国首个移民事务服务中心，为海外高层次人才和永久居留外国人提供社会融入一站式服务；联合市人社局打造综合性公共人才服务平台——上海国际科创人才服务中心，聚焦人工智能、集成电路、生物医药三大核心产业，探索创新科创人才服务机制。

二是鼓励设立外资研发中心，夯实地区研发实力。上海大力支持成立各类外资研发中心、开放创新平台，支持外资研发中心参与重大项目。2015年，上海出台鼓励外资研发中心发展相关政策，2017年，出台进一步支持外资研发中心参与科创中心建设的16条措施，鼓励外资研发中心参与重大项目研发、支持设立国家级技术中心和参与政府计划项目，吸引外资研发中心落户。据统计，全球最大的10家制药企业中，有8家在上海设立研发中心；截至2018年底，已有400多家类似杜邦中国研发中心、陶氏化学上海研发中心、诺华上海研发中心、强生创新JLABS、SAP中国研究院这样具有强劲实力的外资研发中心选落户上海，占中国大陆外资研发中心总量的1/4，数量全国最多。

三是打造标杆性创新载体，集聚全球顶尖企业。利用丰富的科研资源和完善的配套服务，打造张江人工智能岛，吸引跨国企业总部、独角兽企业等顶尖创新主体入驻。张江人工智能岛位于张江科学城中区，借助上海科技大学、复旦大学张江校区、交通大学张江科技园等重点高校资源，以及中国商用飞机研发中心、李政道研究所、中科院浦东科技园、张江实验室等重点科研机构，浦东国际人才港、知识产权国际枢纽港、上海出入境服务中心、高层次海外人才服务中心等配套资源，吸引了IBM中国上海总部、英飞凌大中华区总部、微软人工智能及物联网实验室、Ada Health等跨国企业巨头，以及云从科技、小蚁科技、汇纳信息、黑瞳科技、远景智能等“独角兽”企业。

四是利用战略地位优势，积极开展制度先行先试。改革开放是上海最大的优势和红利，上海始终把制度创新放在突出位置，通过制度性安排解决发展中遇到的瓶颈。张江积极开展制度创新，在多个领域开展先行先试，并成立上海科技创新中心建设办公室，统筹协调张江高新区发展和上海科创中心建设工作，全面落实国家授权先行先试改革；和记黄埔在全国率先试点药品上市许可持有人制度，远心医疗在全国率先试点医疗器械注册人制度；集成电路领域，率先探索集成电路保税监管模式；率先试点天使投资税制、区域性股权交易市场“科技创新板”等改革举措。在国务院已批复的两批36条可复制推广举措中，有9条“上海经验”，张江高新区均参与了先行先试。

五、成都科学城科技创新和新经济发展现状

（一）科技创新发展现状

成都科学城是成都争创综合性国家科学中心的核心承载区，是天府新区集聚全国乃至全球创新资源的主阵地。围绕这一核心目标，成都科学城已引进了一批重大科技基础设施，集聚了一批科技人才、企业和平台，高新技术服务产业链逐渐完善，但与先进地区相比，仍有一定差距。

1. 重大科技基础设施

重大科技基础设施（或称大科学装置）是综合性国家科学中心的标志和基石。从全省看，四川省现已建成 9 项重大科技基础设施，数量居全国第三，其中 8 项位于绵阳，1 项位于成都（HL－2M 聚变装置，不在成都科学城内）；从四个综合性国家科学中心看，上海张江拥有 14 项（含在建，下同），安徽合肥拥有 9 项，北京怀柔拥有 5 项，深圳光明新区拥有 6 项，成都科学城已引进 4 项重大科技基础设施，聚集规模与其他已获批的综合性国家科学中心相比存在较大差距，且均处于筹备建设或建设起步阶段。

2. 创新要素集聚

科技创新企业。成都科学城现有入库科技型中小企业 303 家，高新技术企业 165 家，连续三年呈快速增长趋势，但与高新区等先发区域相比差距较大。截至 2019 年底，入库科技型中小企业方面，高新区 2257 家，武侯区 402 家，郫都区 392 家，金牛区 371 家；高新技术企业方面，高新区 1601 家，武侯区 287 家，双流区 176 家。

科技创新人才。成都科学城青年人才落户多，但高层次人才仅 53 名，与高新区相比差距较大。2017 年 7 月“成都人才新政 12 条”实施以来，已有 14 万全日制本科及以上学历青年人才落户天府新区，稳居全市第一。天府新区推出“天府英才计划”，设立 10 亿元人才发展专项资金，分类分层对人才进行奖励补贴。目前，成都科学城已引进各类专业性人才近 1 万人，集聚院士、“国千”“省千”“长江学者”“蓉漂计划”等高层次人才 53 名；但高层

次人才与高新区相差较大。

科技创新平台。成都科学城引进中科曙光先进微处理器技术国家工程实验室等国家级创新平台17个，与上海张江、安徽合肥、北京怀柔相比差距不大，依托中科院成都科学研究中心的整体迁建，即将建成投用11个，将成为成都科学城创新能力建设起步阶段的重要支撑。

3. 校院地协同创新

校院地协同合作机制初步形成。成都科学城积极探索与国内外知名高校和中科院、农科院等建立校院地协同创新平台，并逐步形成设立“三无”新型研发机构、成立合资公司、下属公司直接投资和整体搬迁等4种模式，引进校院地协同创新合作项目41个，初步打造出“基础科研—应用技术研发—成果转化”的创新生态链。目前，清华四川能源互联网研究院、上海交大四川研究院、中新猕猴桃联合实验室等项目正式投入运营，其中清华四川能源互联网研究院在清华大学首次开展的校地合作院评估工作中取得第一名的佳绩（共13个派出院）；电子科技大学天府数智谷创新基地、北航西部国际创新港—创新研究院等项目已竣工投用，校地合作重大项目建设成效初显。

4. 高技术服务业

知识产权服务方面，成立成都知识产权交易中心和成都知识产权审判庭，服务水平不断增强。科技金融服务方面，已设立18支创投基金，投资规模达4500亿元，有效促进了各类科技企业成长发展。孵化载体服务方面，虽已引进阿里云创新中心、天府启创、天象众创等知名创业孵化机构，并启动与IDG、洪堡大学创新中心和创新业、优晨泛娱乐国际加速器的合作，但孵化载体尚未全面投用，孵化出的企业数量不多。成果转化服务方面，成都科学城按照“国际技术转移中心＋服务平台＋支撑体系”的基本框架，正在着力构建科技创新转化体系，开展国际技术转移中心创建工作；研究开发服务方面，已引进的华为鲲鹏生态基地和安谋中国生态圈等重点项目，处于启动建设阶段；检验检测服务方面，已引进四川大学华西医院、钢研纳克等多领域检验检测服务机构，正在推进与工信部赛宝工业技术研究院开展合作，积极参与检验检测国际标准制定。

（二）新经济发展现状

1. 新经济产业

成都科学城现围绕人工智能、5G通信、信息安全、网络视听、集成电路设计和行业数字化平台应用及解决方案等数字经济“5+1”产业体系引进产业项目130个，计划投资总额约1800亿元。

人工智能产业。成都科学城已签约相关项目53个，其中已建成投产24个项目，已开工建设13个项目。引进商汤科技、科大讯飞等龙头企业，建设商汤未来创新中心暨“一带一路”总部和科大讯飞天府新区研发运营中心，在培养本土人工智能核心人才，提升成都科学城人工智能产业的整体实力方面将产生显著的人才集聚能力、产业带动性。智慧交通领域，引进成都华启高科智能科技有限公司，设计开发基于移动互联网技术的智慧交通信息系统；引进成都通甲优博科技有限责任公司，开展基于计算机视觉技术的智能设备研发项目。智慧安防领域，布局海康威视成都科技园，提供以视频为核心的物联网解决方案和数据运营服务；虚拟现实领域，引进天府启创虚拟现实产业孵化器及公共技术服务平台，主要投资以“VR/大数据/网络安全”相关领域的科技创新创业企业；无人机领域，引进赫尔墨斯航空防务军民融合基地，拟建设集无人机地面站及无人控制系统基地、先进综合航电基地、航空数据中心和3D视觉云平台于一体的航空防务军民融合基地。

5G通信产业。成都科学城借助成都5G产业发展机遇，探索创新技术、布局建设基站，打造5G应用试点区域。引进诺基亚通信（成都）有限公司，探索IP网络、光网络、固网以及下一代移动通信（5G）网络等创新技术，技术领域覆盖5G无线通信系统、光通信、IP网络、物联网等。

网络视听产业。成都科学城在网络视听产业方面致力于推动“互联网+”音乐、影视等创新模式融合发展。引进国内一流内容提供商少城时代，项目前期建设内容包含厂牌音乐制作、发行及宣传、视觉设计创意和影像广告制作、影视及综艺IP开发、IMAX影院展厅、SCT文化交流中心等。

集成电路设计产业。成都科学城已聚集国内集成电路产业优质企业与资源，共同打造产业生态圈。依托华为鲲鹏生态基地，以华为全自研系列产品为基础，打造具有全面自主知识产权的国产信息技术生态体系；依托安谋中国生态圈，建立芯片设计公共服务平台，抢占集成电路产业制高点，推动数字经济产业生态加速形成。引进中科曙光先进微处理器技术国家工程实验室，开展处理器核心关键技术研究和工程化，推动国产高性能处理器芯片的研发、应用和替代进口，助力区域电子信息产业向更高水平发展。

信息安全产业。成都科学城已引进信息安全产业头部企业，未来发展空间大。引进启明星辰、亚信安全等行业领军企业，建设启明星辰西部研发中心及西部总部和亚信网络安全产业技术研究院，借助产业化人才队伍和一流科研设施，开展前瞻性基础研究与引领性技术创新，提供网络安全产品、可信安全管理平台、安全服务与解决方案。

2. 新经济企业

成都科学城新经济企业数量众多，但引领性企业不足。成都科学城现有3600余家新经济企业，28家入选成都市新经济梯度培育计划，准独角兽企业2家，种子企业26家，缺乏自主培育的独角兽企业。目前成都市已培育出6家独角兽/行业领军企业，其中4家位于高新区，1家位于新都区，1家位于青白江区，同时高新区还培育出38家准独角兽企业和283家种子企业，成都科学城应重点关注新经济龙头企业培育工作。

3. 新经济载体

成都科学城已建成载体规模较小，在建载体体量大，可保障企业成长和产业发展需求。成都科学城已建成天府新经济产业园、电子科大天府数智谷创新基地等8个载体，总建设面积达108万平方米，成都高新区2019年已建载体面积约440万平方米①，成都科学城已建成载体面积不大，产业规模聚集效应尚未凸显。成都科学城在建载体包括独角兽岛、海康威视成都科技园、天府万科云城、天府海创园等19个项目，总建设面积达525万平方米，载体全面投入使用后，基本可满足20万产业人群入驻使用（按照建筑面积60%为可用面积，人均20平方米估算）。其中独角兽岛作为全球首个以独角兽企业孵化和培育为主的产业载体，按照全周期培育、全要素保障、高品质生活的产业生态圈建设思路，将打造成为四川省乃至西部地区最具标识度、最具带动力的新经济成长高地。

---

① 数据来自中国经济网公开数据。

六、成都科学城科技创新和新经济高质量发展路径研究

(一) 双轮驱动

1. 科技创新

(1) 集聚全球创新要素。汇聚全球创新人才。实施人才入境落地免签政策，对需引进的高层次外籍人才实行入境落地免签，加快对全球创新人才的便利化集聚；加快建设国际人才公寓、国际医院、国际学校等公共服务设施，打造国际社区，创造高品质生活环境；创新“大服务”国际模式，在硬件上提升整体形象，完善双语指引标识及宣传栏等，在软件上整合物业资源，利用大数据管理提升管家式服务；构建“大沟通”国际平台，设立国际服务窗口、热线，建立“国际人士联络站”及“国际友人 Club”，实现沟通零距离。

集聚全球创新技术。发布全球创新技术招引目录，根据功能区产业发展需要，实时发布全球创新技术招引目录，重点招引人工智能、5G、大数据等产业的创新技术；探索建立“一带一路”科技创新合作区，推动建立以“一带一路”沿线国家为主要服务对象的国际技术转移中心，打造涵盖技术成果转化、技术政策咨询、技术产权转让、技术企业股权转让与私募融资的综合服务平台，着力推动国际创新技术向成都科学城转移落地；支持外籍人才或团队科技成果就地转化，试点外籍高层次人才技术入股市场协议机制，支持外籍人才或团队通过科技成果作价入股等方式与企业开展协同创新。

搭建全球创新平台。举办“全球科技创新发展大会”等国际性活动，拓宽国际交流渠道，掌握全球前沿技术发展态势和顶尖创新团队研究动向，力争引进国际化研究中心、实验室等平台；建设全球顶级科技园区，加强功能区内企业海外上市辅导，探索推动企业直接设立或者入驻国外科技园区；推动离岸创新平台建设，开展海外人才离岸创新创业试点，加强与全球主要创新型城市的深度合作，推进海外工作站建设。推动成都知名孵化器在境外设立离岸孵化基地，吸纳条件成熟的机构和团体作为基地的海外窗口。

(2) 提升科技创新能级。加快创建综合性国家科学中心。设立综合性国家科学中心建设专项资金，支持建设重大科技创新平台、前沿交叉研发平台、

新型科研机构，增强科技源头供给，力争突破一批原创性、先导性、颠覆性技术，探索前沿创新与市场融合发展新机制，打造具有全国重要影响力的原始创新高地；组建综合性国家科学中心“首席专家团”咨询委员会，面向全球招募科学家、技术经纪人、科技发展战略专家、天使投资人为产业生态圈建设提供科技战略规划、产业路线选择、重大科研攻关、创新平台导入、科技企业招引等创新服务；主动争取、超前布局一批重大科技基础设施及相关交叉研究平台，以稀缺性大装置、大平台加速牵引综合性国家科学中心创建工作。

提高科技创新能力。鼓励企业开展科研活动，加大企业研发费用补贴力度，支持企业建设技术研发中心，对评选上国家、省、市各级别的企业技术研发中心给予分类补贴；鼓励企业推行知识产权作价入股、引进高水平科技人才，对于科研人员超过一定比例的企业给予财政支持或税收优惠；深化“先确权、后转化”的职务科技成果混合所有制改革，进一步明确赋权形式、健全决策机制、规范操作流程、完善成果评价机制、健全收益分配和激励机制，进一步激发科研人员创新活力。

提升高技术服务水平。提升知识产权服务水平，依托知识产权审判庭设立知识产权法院，探索设立金融、破产等专业法庭，培育国际知识产权服务团队，深入研究国际知识产权法律法规，进一步提高 PCT 专利服务等国际化服务水平；提升科技成果转化服务水平，搭建科技成果转化平台，培育技术经纪人团队，提供技术撮合服务，推动科技成果供需对接；提升科技金融服务水平，创新科技金融产品，整合税务、银行、企业数据，建立企业信用评价体系，根据企业发展阶段、信用程度、技术成熟度等，提供定制化金融服务。

2. 新经济发展

（1）加快引领性企业引育。实施“独角兽领军计划”，大力招引引领性企业。对于有意落户在成都科学城的独角兽企业，开展一对一工作联系，实行“包干到人”的机制。联系领导实行至少每月一次的上门走访服务工作，收集企业各方面的问题和诉求，做到“有问题当场解决、有难题研究解决、有需求协助解决”。同时，邀请入选该计划的企业参与“独角兽领军计划”相关扶持政策制定的全过程，主动收集企业在研发资助、成果转化、房租补助、人才引进以及金融服务等方面的需求。通过政策制定提前介入，实现个性化量身定制，推动政策服务的精准化、科学化。

组建独角兽俱乐部，助力新经济企业崛起。以独角兽岛启动区为载体搭建独角兽俱乐部，使之成为企业、政府与资本投资方之间的常态化交流对话的桥梁，成为企业和企业间广泛合作的平台，加之资本赋能，实现合作共赢，助力成都科学城新经济企业的崛起；通过“独角兽俱乐部”整合市场资源、收集新经济企业需求、为政府制定定向政策提供事实依据；定期举办全球独角兽企业发展论坛，为企业提供专利、资本、制造、营销、技术对接的全球舞台，推动企业成为撬动新经济前沿阵地和未来城市战略新优势的支点。

精准施策，分类指导，加强培育企业梯队。对处于初创阶段的企业，提供要素保障、税收优惠、融资支持等扶持政策，同时面向全球吸引优秀的人才和创业团队、孵化机构和各类投资机构，培育有发展潜力的专精特新中小企业；对处于成长阶段的企业，为其提供上市辅导，支持企业加大创新研发投入，推动企业在技术研发创新、成果转移转化等方面实现更大突破，力争成为其优势领域的行业标杆；对于处于成熟阶段的企业，支持加快关键技术、行业创新应用技术的开发和产业化，鼓励加强专利布局，牵头或参与国家、国际标准制定，成为具有国际竞争力和影响力领军企业。形成以领军企业为核心、行业标杆企业为支持、专精特新中小企业为补充的企业梯队。

（2）打造高品质科创空间。建设一批多功能高品质科创空间。集中建设一批集研发设计、创新转化、场景营造等功能为一体的高品质科创空间，促进平台资源、科技成果、科技型企业、双创载体及科技金融产品等向科创空间汇聚；加快天府海创园、天府5G创新生态产业园等高品质科创空间呈现，构建产业链、创新链、服务链深度融合、高度开放的产业生态。以天府海创园为标杆，鼓励天府数智谷、万科云城等社会载体按照高品质科创空间标准提能升级，鼓励行业领军企业、创业投资机构、高校院所和专业孵化器团队等社会力量共同参与科创空间建设，进一步提高科创空间规模和市场化水平。

强化高品质科创空间企业招引。围绕高品质科创空间的主导产业，按照产业细分领域及产业链、创新链、价值链的特征，建立科创空间企业准入评价指标体系，指导高品质科创空间招商引资。定期发布和调整科创空间入驻企业招引需求清单，建立企业招引目录。对高品质科创空间签约引进的头部企业、产业生态圈关键企业的重大项目，以及轻资产、高价值创新型企业的项目，给予“一事一议”“特事特办”的政策支持，按照项目投资强度、贡献率以及配套产业链带动性等指标综合考量，专门定制项目支持政策方案。

开展高品质科创空间供需对接。将新经济科创企业技术（产品）联合攻关，管理研发人才需求，项目协作配套，外部融资以及企业新技术、新产品、服务和解决方案等供需信息纳入城市机会清单进行发布；召开应用场景沙龙等活动，选择机会清单中与活动相关的主题，开展供需信息精准对接，实现场景构建需求落地落实。支持高品质科创空间引进专业化众创空间和特色化孵化器品牌，推动供需对接，提升服务专业度、精细度。

（3）提升新经济产业影响力。激活聚集效应，做大做强优势产业。重视加大华为、安谋、海康威视、商汤科技、科大讯飞等引领性企业和数字经济产业集群的培育力度，激活行业领军企业的引领带动作用和产业集群集聚效应，同时充分发挥国家级新区先行先试优势，加强科技、人才、金融、政策等要素的优化配置和组合，加快培育建设产业创新集群，更好更快地推动产业升级发展；充分利用引领性企业的技术优势、资本优势、管理优势，支持和推动引领性企业开放优势资源，鼓励建立开放式、专业化众创空间，推动科技成果转移转化，引领、带动一批中小型企业协同发展，进一步形成细分领域的产业生态圈；推动引领性企业实施一批战略性、引领性项目，同时积极承接国家、省、市层面的科技专项，前瞻性布局技术储备和人才培养，提升产业影响力。

聚集重点领域，发布应用场景需求清单。聚集人工智能、5G通信、信息安全、网络视听等重点发展领域，在智慧园区建设、教育、医疗、社区服务和政务服务等公共领域以及搭建技术平台、产学研平台等方面，发布成都科学城机会清单。每条信息包含预计投资规模、项目内容、需求单位、联系方式等具体内容，让成都科学城产业发展机会与项目合作实现可具象感知、易于参与，进一步吸引全球创新团队和优秀人才来搭配成都科学城的产业发展。

开展先行先试，建设“新一代人工智能创新发展试验区”。抢抓成都获批建设“国家新一代人工智能创新发展试验区”发展机遇，在推动人工智能创新发展方面先行先试、发挥引领带动作用，促进人工智能与经济社会发展深度融合，建设好“一个创新城”。充分发挥人工智能作为成都科学城的首位主导产业的优势，通过聚集人工智能创新团队，加强基础技术攻关，增强人工智能产业国际影响力，以建设成都超算中心为契机，进一步加强网络基础设施、大数据基础设施、计算基础设施建设，形成支撑新一代人工智能广泛应用的基础设施体系；开展人工智能技术应用示范，围绕地方经济发展和民生改善的迫切需求，在城市管理、智能制造、安防、政务等领域开展人工智能技术应用示范，加快推进人工智能与实体经济深度融合。

（二）双链融合

成都科学城要实现高质量发展，必须大力促进创新链与产业链精准对接，围绕产业链部署创新链，推动创新链赋能产业链，以政策、金融、平台、协同、活动等手段打通产业链和创新链的融合通道，促进科技创新和新经济深度融合，强化经济社会发展的科技支撑。

1. 以政策引导创新链与产业链的融合

重视创新政策体系对双链融合的保障，提高政策的系统性、可操作性及针对性。完善项目、人才、资金、科技基础设施、基地和平台等创新要素政策，更加突出运用市场化手段来汇聚创新资源，系统推进项目评审、人才评价、机构评估等重点领域改革，坚持统筹布局、分类指导，致力于构建竞争力强的创新创业生态系统。完善企业、大学、科研院所、新型研发机构和创新服务机构等创新主体政策，以知识产权激励为切入点，探索促进科技成果转化改革，使职务科技成果所有权、处置权和收益权尽量向科研人员倾斜，让科研人员主动转化科技成果，在科技成果有效转化中激发更大的“鲶鱼效应”。完善产学研融合等创新联结政策，推动成都科学城科技创新和新经济的深度融合发展。

2. 以金融驱动创新链与产业链的融合

通过政府财政投入和引导社会资本投入的方式，推动创新链与产业链精准对接和深度融合，打通创新链向产业链进行成果转化的通道。积极探索资金筹措机制和模式，不断扩大资金投入总量；建立健全资金投入评估机制和协调机制，根据创新及生产需求适时投入，充分捕捉和利用市场机会；加强资金尤其是各类引导资金投向的约束管理，确保不同性质的资金能有效投放在创新链与产业链对接的各个过程。

3. 以平台促进创新链与产业链的融合

为科技成果转移转化牵线搭桥，助推创新链与产业链精准对接。探索建立国际技术交易中心，打造涵盖技术成果转化、技术政策咨询、技术产权转让、技术企业股权转让与私募融资的综合服务平台，实现全球创新技术成果价值的快速发现和低成本产权交易，着力推动国际创新技术向成都科学城创新技术转移落地。

4. 以协同联动创新链与产业链的融合

在建设综合性国家科学中心的大背景下，应紧紧围绕成都科学城的新经济产业链，加强区域协同创新。以成都科学城为核心引领，推动西部（成都）科学城由“一核四区”协同，与全市66个产业功能区相嫁接，形成“核心驱动、协同承载、全域联动”的发展格局，开辟科学城发展的拓展空间。把握成渝地区双城经济圈国家战略机遇，全面推进与重庆、绵阳的科技、产业、人才合作，打造成渝绵“创新金三角”。借助“一带一路”建设，全面融入全球创新网络，积极参与国际大科学计划和工程，发起和组织国际科技合作计划，与沿线国家合作建设科技创新联盟和科技创新基地。

5. 以活动增强创新链与产业链的融合

通过举办国际化科创活动和新经济会议，着力破解科技创新与产业发展需求不对称的问题，探讨新经济的创新应用及发展趋势，加快科技成果转变为现实生产力，促进创新链与产业链的融合。举办“全球科技创新峰会”，汇集国内、国际行业顶尖院所、高校以及相应企业，为其提供展示科技成果和产业需求的交流平台；举办“数字经济高峰论坛”，聚集宏观经济走势和产业发展方向，探索智能增长新赛道，推动数字化进程，实现跨越式发展；举办“AI + 产业大会”，激发各行业、各领域智能化场景构建，加深技术与社会、商业及个体的智能化融合；举办“科创产品推介会”，通过销售实现商品价值、获得盈利，进而实现扩大再生产，进入新的创新链与产业链精准对接循环。

专题研究十六：基于供给侧结构性改革背景下的四川省第三方物流研究

——以大件物流为例

一、研究背景

2015年11月10日召开的中央财经领导小组第十一次会议上，习近平总书记提出“供给侧结构性改革”概念：“在适度扩大总需求的同时，着力加强供给侧结构性改革，着力提高供给体系质量和效率，增强经济持续增长动力。”2016年12月中央经济工作会议全面部署了2017年经济工作，供给侧结构性改革是重点，关键在于“三去一降一补”。

2016年8月，交通运输部印发了《关于推进供给侧结构性改革促进物流业“降本增效”的若干意见》，提出通过完善衔接顺畅的基础网络、构建集约高效的服务平台、提升运输链条的组织效率、健全匹配协调的标准体系、营造规范有序的市场环境等五项任务，促进物流业“降本增效”。2017年8月，《国务院办公厅关于进一步推进物流降本增效促进实体经济发展的意见》（国办发〔2017〕73号）发布，从深化“放管服”改革，激发物流运营主体活力；加大降税清费力度，切实减轻企业负担；加强重点领域和薄弱环节建设，提升物流综合服务能力；加快推进物流仓储信息化标准化智能化，提高运行效率；深化联动融合，促进产业协同发展；打通信息互联渠道，发挥信息共享效用；推进体制机制改革，营造优良营商环境等七个方面部署推进物流降本增效，提升物流业发展水平。2018年7月《四川省人民政府办公厅关于进一步推进物流降本增效促进实体经济发展的实施意见》（川办发〔2018〕51 号）发布，提出推进跨省、市（州）大件运输并联许可并与全国（省）联网，完善大件运输指定路线、指定时间、指定速度审批制度，实现一地办证、全线通行；进一步优化完善大件运输通道规划布局，推进物流通道与城市交通同步建设、配套发展。

供给侧结构性改革是我国经济发展的核心内容，涉及各行各业，物流行业也处于其中。随着相关文件的频繁发布，四川省物流业供给侧结构性改革已经进入重要阶段，第三方物流作为物流行业的重要细分领域同样需要进行“降本增效”等一系列改革，本研究将在分析四川省三方物流的发展现状、发展模式的基础上，以大件物流为例，提出推动三方物流发展的供给侧结构性改革建议。

二、研究思路及方法

根据大件物流的行业特点，结合四川省的实际情况，本文采用的研究方法包括归纳演绎法和案例分析法。

归纳演绎法：通过梳理大件物流生态圈，形成了生产企业、需求企业、第三方物流企业、政府、行业协会等各类相关主体，在此基础上，本文主要介绍大件物流需求侧——生产企业、需求企业情况和大件物流供给侧——第三方物流企业的发展现状、发展模式以及存在的问题等，以期发现推动大件物流发展的办法（见图 16－1）。

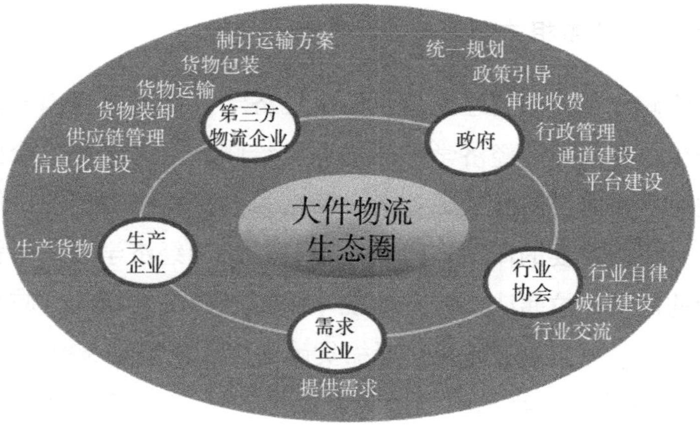

图 16－1　大件物流生态圈系统分析法示意图

案例分析法：根据供给侧结构性改革相关理论和大件物流生态圈，结合四川大件物流的特点进行案例研究，以供给侧改革视角分析四川大件物流存在的问题，并提出相应的发展举措（见图 16 – 2）。

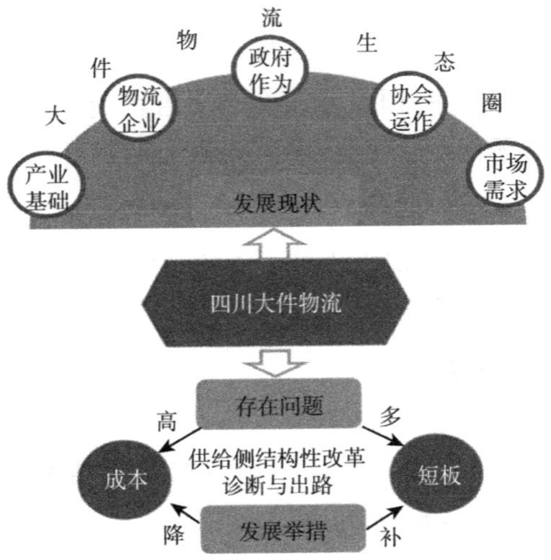

图 16 – 2 研究路径

三、相关概念及理论

（一）供给侧改革相关理论

西方供给侧改革的相关理论最早是由经济学供给学派提出的，可追溯到经济学的产生，多位著名经济学家通过对供给侧理论的研究，给出了推动经济发展的主张。古典经济学大师亚当·斯密强调劳动和资本等供给侧因素在经济发展中发挥中重要的作用；19 世纪初期的法国经济学家萨伊认为供给自动创造等量的需求；拉弗认为较高的税率将抑制经济的增长，减税可以刺激经济增长；蒙代尔主张通过减税和紧缩货币供应量来抑制通胀。

国内对供给理论的研究虽然较晚，但是多位学者也提出了供给侧改革的内容主张。张五常（2008）首次指出鼓励内供远胜于鼓励内需；滕泰（2012）在《新供给主义宣言》中提出淡化总需求管理，从供给侧推动改革的宏观政策主张；洪崎（2013）等学者提出从结构性减税到大规模减税、鼓励创新创业、加快城镇化步伐、实施金融改革等一系列措施；王一鸣（2015）提出通过技术创新而不是劳动力和资本的大规模投入来提高全要素生产率，推动经济增长；徐林（2015）主张通过降低各种税费、融资成本、交易成本等方式降低企业杠杆率、减轻负担、提升资金供给效率；刘鹤（2015）等认为可以通过营造良好市场环境来推动供给侧结构性改革。

综上，所谓供给侧结构性改革，主要是从人口、资本、技术、知识、环境等要素入手，鼓励供给端、生产端创新，淘汰落后产能、提高生产效率，从而解放生产力、提升竞争力并促进经济发展。

（二）大件物流相关定义

1. 大型物件

大型物件，一般从超限和超重两个角度来界定。超限是从体积界定，即货物装载时轮廓尺寸超过车辆界限标准的大体积物品，包括超高、超宽、超长的三超大件；超重是从重量上界定，特大件货物的总重量甚至超过普通道路与桥梁的承载能力。

具体而言，对大件物流对象的界定有两个参照标准，分别是交通运输部令修改发布的《超限运输车辆行驶公路管理规定》对超限运输车辆的相关规定和《道路大型物件运输企业等级》中对道路大型物件的相关规定（见表16－1）。

表16－1　大型物件的标准

参照标准	大型物件的标准
《超限运输车辆行驶公路管理规定》	车货总高度从地面算起超过4米 车货总宽度超过2.55米 车货总长度超过18.1米 二轴货车，其车货总质量超过18000公斤 三轴货车，其车货总质量超过25000公斤；三轴汽车列车，其车货总质量超过27000公斤 四轴货车，其车货总质量超过31000公斤；四轴汽车列车，其车货总质量超过36000公斤 五轴汽车列车，其车货总质量超过43000公斤 六轴及六轴以上汽车列车，其车货总质量超过49000公斤，其中牵引车驱动轴为单轴的，其车货总质量超过46000公斤

续表

参照标准	大型物件的标准
《道路大型物件运输企业等级》	车货总高度从地面算起超过 4 米 车货总宽度超过 2.55 米 车货总长度超过 18.1 米 车货总质量超过 49 吨

从以上两个标准可知，能够准确被界定为大型物件需满足以下 4 个条件之一：车货总高度从地面算起超过 4 米；车货总宽度超过 2.55 米；车货总长度超过 18.1 米；车货总质量超过 49 吨。

2. 大件运输企业

大件运输企业，是指提供大件运输服务的主体。根据《道路大型物件运输企业等级》，可通过上一年度货运量和达标货运量占总货运量比重两大指标将大件运输企业划分为特级、一级、二级、三级、四级、五级等六个级别类型（见表 16－2）。

表 16－2　　各级别大件运输企业运输能力标准

企业等级	上一年度货运量（吨）	达标货运量占总货运量比重（%）①	其中：重量标准（吨）	其中：长度标准（米）	其中：宽度标准（米）	其中：高度标准（米）
特级	50000	50	100	20	4.5	3.8
一级	40000	30	100	20	4.5	3.8
二级	30000	20	100	20	4.5	3.8
三级	20000	15	40	20	4.5	3.8
四级	10000	20	40	14	2.55	3.0
五级	未达到四级大件运输企业等级的道路大型物件运输企业					

（三）大件物流的供给侧问题

根据《超限运输车辆行驶公路管理规定》，公路管理机构应当加强与辖区内重大装备制造、运输企业的联系，了解其制造、运输计划，加强服务，为重大装备运输提供便利条件。由此可知，大件物流主要体现为重大装备的物流。

① 符合重量、长度、宽度、高度标准之一的道路大型物件运输量，占总道路货运量的比重达到相关要求及以上。

大件物流作为物流业的一个细分领域，存在物流成本高、效率低的问题，在供给侧结构性改革背景下，需要推动“降本增效”落地实施。大件物流主要成本包括运输成本、包装成本、装卸与搬运成本、仓储成本等。大件物流运营效率低主要表现在物流企业、物流通道和政府三个层面。物流企业：专业化水平低、信息化水平低、高层次人才少、风险管理意识不足等。物流通道：大件物流专用通道少、道路危险性高、道路管控多、乱罚款现象严重等。政府：缺乏统一规划、政策引导不足、审批效率低、收费过高、道桥损坏补偿费过高、平台建设不足等（见表 16－3）。

表 16－3　　大件物流成本类型

成本类型	具体费用
运输成本	包括人工费用，如工资、福利费用等；营运费用，如燃料费、折旧费、车辆牌照检查费、过路过桥费、保险费、公路运输管理费等；其他费用，如事故损失费等
包装成本	包括材料费用、包装机械费用、包装技术费用、包装辅助费用、包装人工费用等
装卸与搬运成本	包括人工费用、固定资产折旧费用、维修费、能源消耗费、材料费等
仓储成本	仓储持有成本等

近年来，大件物流作为物流业的一个细分领域，同样存在物流成本高、效率低的问题，在供给侧结构性改革背景下，同样需要推动“降本增效”落地实施（见图 6－3）。

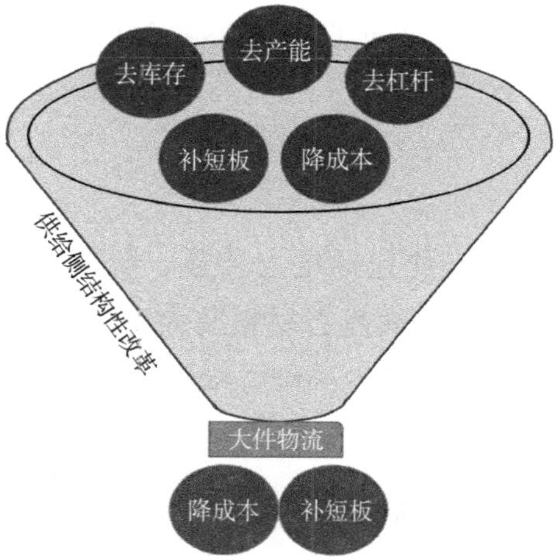

图 16－3　基于供给侧结构性改革的大件物流研究重点示意图

四、需求侧——四川装备制造业

（一）四川装备制造业

装备制造产业是支撑国民经济和国防建设的基础性、战略性产业，是国民经济各行业产业升级、技术进步的重要保障和国家综合实力的集中体现。就一个国家和地区而言，装备制造业的发展水平决定着工业乃至经济发展的竞争力。

四川装备制造业发展源远流长，最早可追溯到1877年清政府时期兴建的四川机器局。抗战时期，四川成为大后方的工业中心，新中国成立后，经过三线时期的大规模建设，二重、成飞、东电、东汽、华西能源等龙头企业迅速成长。截至目前，四川已经成为中国重要的重大技术装备制造基地和三大（辽宁、上海、四川）装备制造基地之一。“十三五”末，四川装备制造产业实现营业收入7327.8亿元，成都、德阳、自贡、宜宾、广安、泸州装备制造业营业收入占全省装备制造业比重超过75%。站在“十四五”的开局之年，四川装备制造业提出新的发展目标：到2025年，装备制造产业营业收入达到1万亿元。随着“一带一路”倡议的实施，四川省装备制造业“走出去”步伐加快，大件物流亟须根据新形势进行供给侧结构性改革，为“大件出川”“大件出国”提供有力支撑，助推四川建成具有国际影响力的重大装备制造业强省。

（二）细分产业

四川装备制造业细分产业包括电力装备、航空航天与燃机、轨道交通、油气钻采和海洋工程装备、金属复合材料及大型压力容器、工程器械和冶金设备等，近年来，各细分领域的发展相应增加了大件物流的需求。

1. 电力装备产业

四川是全国三大动力设备制造基地之一，发电设备研制具有全球竞争优势，发电设备产量连续多年居世界第一。“十三五”期间，东方电气发电设备产量居全国首位，其中水电全国第一，火电、核电优势明显，太阳能发电、风电产业链完整。核电方面，四川占据全国核工业半壁江山，核电装备研发制造能力一流；火电方面，东方电气、华西能源等企业正重点发展先进高效超超临界煤电机组、先进生物质发电机组等；水电方面，百万千瓦级水电装备、40 万千瓦及以上抽水蓄能装备发展顺利；风电方面，四川正积极推动 3 兆瓦及以上系列化海上风电机组自主研发。

2. 航空航天与燃机产业

四川省是全国重要的航空装备研制基地，聚焦通用航空、航空制造、航空维修、燃机制造等领域，推动自主化国产化燃机产品型号研发，打造全国领先的航空与燃机装备产业集群。2016 年，四川省被确定为全国三大航空发动机研制生产基地之一，在国家“航空发动机与燃气轮机”重大专项中获得研发任务。2016 年四川省航空与燃机制造业实现工业总产值 400 亿元，规模国内领先。目前，四川省拥有 100 多家设计航空与燃机产业的科研院所、生产制造企业和试验研究基地，具备国内唯一完整的飞机、航空发动机和燃气轮机总体设计、总装制造、系统集成、试验验证体系。

3. 轨道交通装备产业

2016 年，四川省轨道交通装备产业实现产值 1250 亿元，增长约 15%。四川省云集了电子科大、西南交大、中铁二院、中铁科学研究院等从事轨道交通的院校、科研机构和勘探设计机构。四川拥有轨道交通装备企业约 100 家，数量位居全国第二，形成了集科技研发、勘探设计、工程建设、运营维护和装备制造等于一体的全产业链格局。在轨道交通产业中，四川全力突破轨道交通装备、施工设备、运维装备等关键核心技术，聚焦强链、延链、补链，培优做强大企业、大集团。四川省全力提升高原、高寒、高速线路电力机车性能和质量水平，推动中低速磁悬浮、高温超导高速磁悬浮、山地轨道交通等新制式轨道交通系统研发制造、迭代升级，鼓励锚杆钻机、地质超前预报仪、隧道管维台车等施工装备向专业化、智能化、无人化发展，打造西部轨道交通装备产业发展新高地。

4. 油气钻采和海洋工程装备产业

钻采设备领域，四川是全国陆地石油、页岩气钻采设备研制基地之一，拥有全球最大的陆地钻机组装场，石油钻机出口居全国第一，其成套设备出口位居全国第一。目前，泸州正积极培育壮大油气钻采装备产业，全力打造以川南航天能源科技、长江石油机械、华宇石油钻采为龙头的油气钻采装备制造基地。

5. 金属复合材料及大型压力容器产业

四川省金属复合材料及大型压力容器在全国占有重要地位，中国二重是我国重要的中型压力容器生产企业，宜宾四川惊雷科技股份有限公司是目前国内生产能力强、产量大的金属复合材料科研、生产企业。

6. 工程器械产业

四川的大型工程器械产业主要分布在成都和泸州，成都有中国西部最大的工程机械研发、生产基地，重点企业有四川成都成工工程机械股份有限公司等；泸州是全国九大工程机械生产基地之一、全国大中型全液压汽车起重机和挖掘机制造中心、全国唯一的国家高性能液压件高新技术产业基地，重点企业包括四川长江工程起重机有限责任公司、四川邦立重机有限责任公司、泸州市长江液压件装备有限公司等。

7. 冶金装备产业

四川冶金设备产量居国内第一，大型轧钢设备、大型铸锻件国内市场占有率超 50%。重点企业为德阳的中国二重，拥有世界最大的 160MN 自由锻压机为代表的生产设备 6600 余台，是中国最大的冶金成套设备、锻压设备、大型成套铸锻件等重大技术装备制造企业。

（三）重要区域分布

经过多年发展，四川已经形成了以成都和德阳为中心，北起绵阳，经过德阳、成都、资阳、眉山、自贡，南到泸州的重大装备制造产业带。大件物流的业务范围受重大装备制造企业区域分布的影响，联合各区域、增加空间协同是大件物流实施降本增效改革的重要途径（见图 16－4）。

1. 德阳

德阳是中国重大装备制造主要基地之一，拥有中国二重、东方电机、东方汽轮机、宏华石油等重装制造企业。德阳发电设备产量全球第一，石油钻机出口全国第一。目前，全国 60% 的核电产品、40% 的水电机组、30% 的火电机组、50% 的大型轧钢设备、20% 的大型船用铸锻件由德阳制造。在推进成渝地区双城经济圈建设中，省委强调要下好成德眉资同城化发展先手棋，

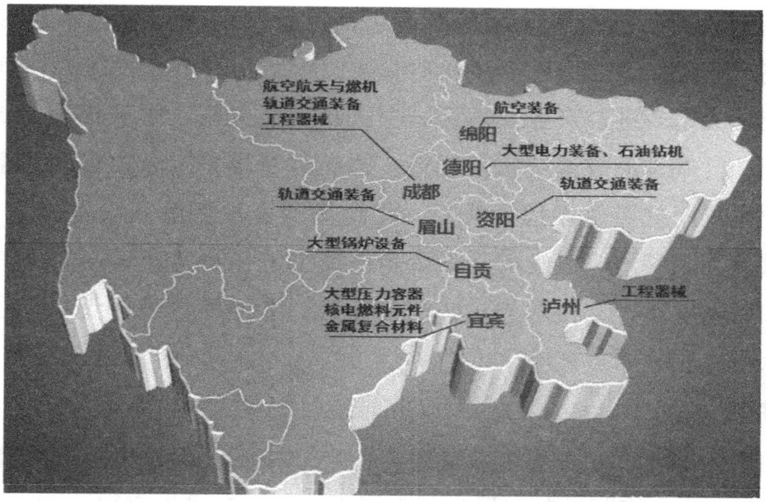

图 16－4　四川大件产业布局图

赋予德阳加快建设世界级重装备制造基地的新使命。

2. 成都

根据成都市人民政府办公厅印发的《关于促进装备制造产业高质量发展的实施意见》，明确了成都市重点发展航空装备、轨道交通等五个装备制造业，到 2022 年，力争产业规模达到 1 万亿元，将成都打造成为具有国际影响力和竞争力的高端装备制造产业基地。

航空装备领域，成都市将抢抓国家通用航空产业综合示范区和低空空域协同管理改革试点的机遇，重点支持通用飞机、航空大部件和航空发动机等研制，打造全球知名的航空高技术产业基地。轨道交通领域，成都市将抢抓川藏铁路和四川省山地轨道交通规划建设机遇，持续做大做强轨道交通装备制造，加快推动全制式轨道交通装备制造及示范效应，不断提升轨道交通装备综合维保能力，奋力打造中国轨道交通装备制造发展新高地。

3. 自贡

自贡以东方锅炉、华西能源、长征机床、川润股份等龙头企业，重点发展节能环保装备和数控机床，力争打造中国西部规模最大、产业链最完整的节能环保装备制造中心。

4. 绵阳

绵阳市拥有中国工程物理研究院、中国空气动力研究与发展中心、中国燃气涡轮研究院等18家国家级科研院所，以及西南科技大学等14所高等院校，航空产业发达。通用航空产业功能区位于北川经济开发区，目前已有68户通航及相关企业进驻产业功能区，引入特飞无人机、军威模型等通航装备制造企业，已基本形成通航研发制造、通航运营培训、航空运动和航空旅游三大产业集群。重点企业包括长虹、九洲等多个生产航空设备的“大块头”企业，以及绵阳特飞、岷山实业等诸多科技型“小巨人”企业，其中九洲空管系统和岷山发动机，技术先进、全国领先，为通航飞机制造提供了最为重要的“大脑中枢”和“心脏动力”。

5. 资阳

资阳市大件产业主要为轨道交通装备制造，重点企业包括中车资阳机车、中车玉柴等。中车资阳机车有限公司隶属于中国中车股份有限公司，以生产机车为主营业务，是中国年产量最大的机车制造企业。2020年8月，中车资阳机车有限公司自主研制装载世界最大电量的HXN6型混合动力机车，获得国家铁路局颁发的“铁路机车车辆型号合格证”“铁路机车车辆制造许可证”，成为我国首款获“双认可”的混合动力机车。2022年初，中车资阳机车有限公司HXN6型大功率内电混合动力机车首次实现商品化销售。资阳的中车玉柴是西部唯一集汽车、机车、船舶和陆用发电四大领域的发动机研制企业。

6. 眉山

眉山市依托眉山天府新区、甘眉工业园区南区、丹棱经开区、青神经开区，聚焦轨道交通、成套设备等领域，形成了涉及金属表面处理—金属模具—铸件加工—精密传动件—智能电机—数控机床及机器人等较为完善的产业链条。已建成全球最大的标准传动件生产基地、全球第二全国最大的紧固件生产基地、全国最大的实木加工机床生产基地、国内轨道交通设备生产重要基地。重点企业包括中车眉山车辆公司、德恩精工、丹齿精工、四川丹甫、青城机械等。2021年，眉山市有机械及高端装备制造规上企业100余家，总产值超230亿元。

7. 宜宾

宜宾以临港经济技术开发区机械装备产业园区为主要载体，引进普什集团、惊雷科技、中核建中和富源电机等机械装备制造企业，重点发展金属复合材料及压力容器、汽车零部件及模具、液压元件、核燃料元件等水电设备、工程机械等主机制造业。2021 年 7 月，以“创新·低碳·经济·共享”为主题的宜宾市智能轨道交通产业投资推介会暨合作协议签署仪式在宜宾三江新区举行，会上，宜宾与中车株洲电力机车研究所有限公司、江苏华尚汽车玻璃工业有限公司、株洲四方威凯新材料有限公司等签订全方位深化合作框架协议，标志着宜宾与智能轨道交通企业的合作进入全新的阶段，宜宾千亿轨道交通产业进入快速发展期。

8. 泸州

装备制造产业是泸州市的传统优势产业，主要大件产业包括工程机械及液压元件产业、油气钻采装备产业。泸州市提出提档升级工程机械及液压元件产业，综合运用各种政策，支持邦立重机研制生产环保型纯电动挖掘机、抓钢机、废旧汽车拆解机、石油天然气管道施工专用设备等国家产业政策支持类高端工程机械产品；培育壮大油气钻采装备产业，打造以川南航天能源科技、长江石油机械、华宇石油钻采为龙头的油气钻采装备制造基地。目前，泸州已成为国内唯一拥有射孔器材整体配套能力和全国最大的油管输送射孔点火头研制生产基地，设计制造出国内第一台油气井二次采油集成装备，可在 4000 米井深范围内任意点径向水平作业，产品与技术均系国内首创。

五、供给侧——大件物流

（一）发展历程

四川大件物流经历了萌芽发展、起步发展、快速发展、全新发展四个典型阶段，同时，也是一个由一方物流主导到第三方物流主导的发展过程。

1. 萌芽阶段

1958 年，中国二重在德阳成立，随后，进入“三线建设”时期，包括东方电机、东方电气、东方电锅和资阳机车等在内的一大批重大装备企业相继诞生。随着各企业产能的扩张，大件运输需求日益增长，萌发了第一方物流，如东方电机成立运输处，东方电气成立运输部，资阳机车成立物流事业部。1975 年，隶属四川省交通厅的四川省大件运输公司成立，标志着四川省第三方物流企业登上历史舞台。

2. 起步阶段

为适应经济建设和德阳重大技术设备制造业基地生产的各类重型设备运输的需要，四川省交通运输厅在1984年开始修建四川第一条高等级、大承载能力的特殊公路——大件路。自1988年起，各种“四川造”重装产品，从德阳出发，经过大件路，从成都经眉山至乐山港，行经公路245公里，再通过162公里岷江航道至宜宾进入长江黄金水道，源源不断地发往全国各地，支持各地的基础工业建设。这一阶段是大件物流的起步发展期，仍以第一方物流为主，相比萌芽阶段，这一时期的物流企业公司化运作色彩更浓，如中国二重运输处改名为中国二重运输公司。

3. 快速发展阶段

德阳、成都、自贡是四川省的三大重大装备产业基地，其中德阳成为中国重装之都，在这一阶段，绵阳、泸州、宜宾、眉山、资阳等城市的装备产业也取得了重大发展。随着四川重装产业的迅速壮大，加上大件路持续支撑大件物品运输，岷江航道整治后运力大增，同时，2001年中国加入WTO，为四川大件走出国门创造了良好机遇，四川省大件物流迎来快速发展阶段。这一阶段，重装生产企业所属物流企业加速与生产企业分离，大批大件物流公司应运而生，四川省大件物流以第一方物流为主转向以第三方物流为主。

4. 全新发展阶段

2013年，“一带一路”写进十八届三中全会《决定》，2016年联合国大会一致通过决议呼吁各国推进“一带一路”倡议，“一带一路”建设加快了中国“走出去”步伐。重大装备产业是四川省走出国门的优势产业，2016年，为顺应国际形势变化，四川交通运输网上行政审批服务平台在全省启动运行，变大件运输审批现场申报为网上申报，加上同年新大件路的开通，大大节约了大件物流的时间成本，全省大件物流进入全新发展阶段。

（二）发展成就

1. 运输服务保持较高水平增长

“十三五”期间，随着重大技术装备制造业的迅速发展，四川省大件运输需求保持较高水平增长，年增长率近6.3%，平均车货总重达48吨。2020年3月16日，由四川德阳生产的国内乙二醇生产单套最大等温变换工艺的核心设备变换废锅，经公路、水路联运，历时 18 天成功安全运抵湖北枝江三宁化工，实现疫情后四川省首台大件设备顺利出川。

2. 通道建设成为全国典范

按照省委、省政府提出的“造得出来，就运得出去”的要求，四川省配套建设了包括公路、码头、航道等在内的大件物流运输基础设施。

大件公路是为适应经济建设和德阳重大技术设备制造业基地生产的各类重型设备运输的需要，由四川省交通运输厅修建的四川第一条高等级、大承载能力的特殊公路，是全国唯一的大件运输专用通道，是四川省重大装备制造基地建设的重要组成部分。大件公路运输通道始建于 20 世纪 80 年代，全长 407 公路，主要由德阳至乐山 245 公里大件公路、乐山至宜宾 162 公里岷江航道和乐山斑竹湾大件码头三部分组成（见图 16－5）。

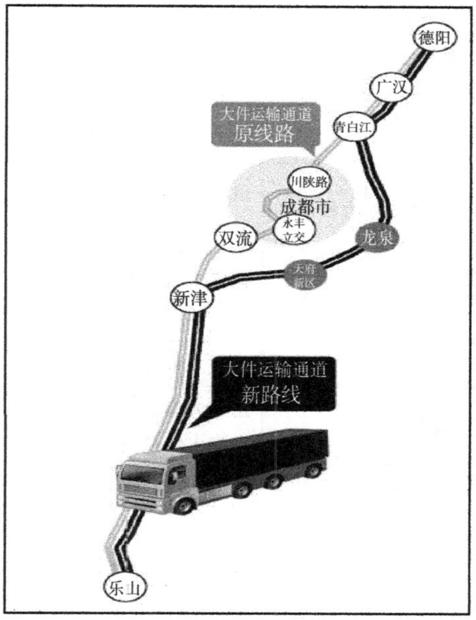

图 16－5　大件路线路图

注：图片来自网络公开资料。

乐山斑竹湾大件码头，位于乐山市市中区斑竹湾大渡河左岸，于 1998 年建成投入使用，是四川省建立最早、设计水平最高的大件设备吊装码头，设置 750 吨级泊位一个，单次吊装最大重量可达 550 吨。

岷江航道是国家内河高等级航道，向内连接成都、川南等城市群，向外经长江直通上海。岷江（乐山—宜宾段）是四川省特大件装备产品进出川的唯一通道，现状等级为四级，承担着重装设备运输的重要任务。岷江航道经过 2010 年的整治，实现了每年 5 ~ 10 月运输达 500 吨级以上的单体荷载，其中，7—9 月丰水期可运输 750 ~ 1000 吨级的单体荷载。

3. 企业整体实力较强

四川是全国大件物流运输大省，全省拥有国家级道路大型物件运输（四类）资质或电力大件运输总承包甲级资质企业 11 家，主要集中在德阳、成都和自贡 3 个城市，拥有大件运输总承包甲级资质，大件物流企业整体实力较强（见表 16 – 4）。2021 年 4 月 24 日，由东方电气集团大件物流有限公司承运的今年首台车荷总重 590 吨国核发电机定子设备经大件公路安全抵达乐山大件码头。

表 16 – 4　四川省国家级大件物流资质企业一览

序号	城市	重点企业	资质级别	成立时间
1	德阳	东方电气集团大件物流有限公司	道路大型物件运输（四类）资质 电力大件运输总承包甲级资质	2007 年
2	德阳	德阳华荣大件运输有限公司	道路大型物件运输（四类）资质 电力大件运输总承包甲级资质	2004 年
3	德阳	中国二重万路运业有限公司	道路大型物件运输（四类）资质 电力大件运输总承包甲级资质	2011 年
4	德阳	德阳飞龙运业有限公司	道路大型物件运输（四类）资质	2002 年
5	成都	四川省大件运输公司	道路大型物件运输（四类）资质 电力大件运输总承包甲级资质	1975 年
6	成都	四川电力运输有限责任公司	电力大件运输总承包甲级资质	1997 年
7	成都	四川中康大件运输有限责任公司	电力大件运输总承包甲级资质 道路大型物件运输三级资质	2011 年
8	成都	四川省港航长运公司	电力大件运输总承包甲级	1996 年
9	成都	四川权兴物流有限公司	道路大型物件运输（四类）资质	2004 年
10	自贡	四川东方物流有限公司	道路大型物件运输（四类）资质 国家 AAAA 级综合型物流企业 电力大件运输总承包甲级资质 国家机电产品大件运输总承包甲级资质	2004 年
11	自贡	四川南方凯路物流有限责任公司	电力大件运输总承包甲级资质	2007 年

4. 审批流程不断改善

四川省成立了专门管理机构——大件公路管理处，直属于四川省交通运输厅，是全国唯一的大件运输专门管理机构。2016 年四川省被交通运输部列为全国跨省大件运输并联许可首批试点省份，启用网上审批服务平台正式，开发了与之对接的手机 App，率先推动网上审批，大件运输由现场申报转为网上申报大大提高了审批效率。同时，完成四川省大件运输网上审批系统与国家、省一体化政务服务平台的深度融合对接，实现大件运输许可可异地申请、跨省（市）联办、部门协办、一地办证、全线通行等网上审批办理流程。同年 3 月，四川省交通运输厅出台《大件运输事前、事中、事后管理办法》，明确了审批窗口和大件运输途经市州和高速执法支队的岗位责任，全省 21 个市州公路管理部门和 7 个高速执法支队共同参与到大件运输审批工作中，管理办法的出台有效解决了窗口审批与现场执法脱节的问题。强化大件运输审批系统大数据分析，根据大件设备重量、尺寸、配载技术参数以及承运企业信用等级，分类分级实施大件运输许可“即刻办”“快速办”“专业办”。“十三五”期间，建立了“一窗受理、一网通办、双向评价、全国通行”的大件运输许可模式，办件量连年稳居全国第一。

（三）问题和短板

1. 物流通道建设进程缓慢，制约大件物流发展

受益于大件路的运输功能，德阳、成都大件出川虽有较大改善，但乐山岷江航道季节性通航与大件订单交付时间的矛盾依然存在，大件物流全线运输仍面临较大掣肘。自贡拥有东方锅炉、华西能源等重大装备制造企业，是四川省重要的装备制造基地，但长期以来，受制于大件物流通道建设落后，自贡大件产品运输困难，虽然近年来，自贡、泸州合力谋划建设自泸大件路，但进程缓慢，目前仅停留在前期论证完成阶段，尚未全面完工。

2. 信息化水平比较低，机制建设有待提升

目前四川省“互联网 + 大件物流”运用不足，信息化水平较低，仅建立了大件运输车辆行驶公路在线办理平台，且功能单一；缺少大件运输信息系统、大件运输安全监管系统、桥梁安全监管系统、智慧交通平台数据共享系统等，尚未建立起功能完善的智慧大件物流综合服务系统。大件物流的管理单位为大件公路管理处，隶属四川省交通运输厅，大件公路管理处主要负责大件公路的协调管理、大件公路涉及大件运输安全与畅通的相关事宜等工作，但是具体职责权利范围极为有限，不能全面有效管理大件物流全流程，需要进一步加强与相关部门、甚至与跨省（市）、州等相关部门的沟通。

3. 大件物流龙头实力不强，运输成本居高不下

乐山巨力大件运输有限公司、四川川橡天发物流有限责任公司、德阳市华荣大件运输有限公司、东方电气集团大件物流有限公司等龙头作用不突出，与重大装备制造企业的衔接协作市场化程度不高。大件物流成本中运输成本居高不下，公路运输管理费、过路过桥费、养路费、车辆牌照检查费等营运费用偏高，而由于道路桥梁损坏造成的成本更是奇高。

六、四川大件物流发展的对策建议

为深化供给侧结构性改革，各类政策文件相继出台，大件物流应乘此东风，针对市场需求和自身发展瓶颈，抓住机遇深化改革，推动自身降本增效。

（一）降成本，增强大件物流企业的盈利能力

1. 降低大件物流运输的收费水平

积极调试联网收费系统，严格执行大件运输车辆按基本费率收取通行费的规定。围绕大件物流工程建设、交通运输等重点领域开展专项监督检查活动，进一步清理、精简各类涉企收费，严肃查处违法违规收费行为。对于审批过程中涉及的各项技术性服务活动，由审批部分纳入部门预算。通过严格落实明码标价制度、根据货物总量固定运输成本、选择距离短的运输路线、利用信息共享采用共同运输等方式引导企业降低各项成本费用。

2. 落实大件物流领域税收优惠政策

严格落实国省层面物流行业相关税收优惠政策，尤其是新冠肺炎疫情暴发后各级政府为推动物流行业发展所发布的各项政策；加强企业培训，引导企业积极申请税收优惠；落实营改增改革试点，扩大进项税抵扣范围，进一步消除重复征税；落实大件货物运输小规模纳税人申请代开增值税专用发票管理办法，加强对大件物流企业的纳税指导，确保应享尽享税收优惠。

（二）增成效，提升大件物流运营水平

1. 优化大件物流的管理机制

完善大件运输审批服务机制，建立大件运输审批服务工作台账，完善跨省并联许可、“一站式”审批服务、“一网通办”等重点工作制度和服务规范，同时，坚持在常态化疫情防控条件下改进审批服务，提前谋划，做实做细大件运输审批安全畅通工作。加强部门间的协同，建立公路超限运输许可联网协同办理机制，推动实现交通运输部门公路超限运输网上审批系统与公安交通管理部门业务系统联通对接、协同办理，推进跨省、市州大件运输并联许可，形成助推产业循环、利企便民的长效运行机制。选取全省重型装备主要运输路线且大件运输流量大的宜泸高速临港站、绕城高速货运大道站等收费站，试点安装大额磅秤，以满足部分重装货车无法称重的需求。建立争议处理机制，并将24小时廉洁举报电话写进超限运输证，切实保障大件运输承运人合法权益。

2. 推动大件物流基础设施建设

适应重装产业发展要求，继续推动大件物流强弱项补短板，科学规划拓展大件运输主通道。完善大件公路对德阳、成都、自贡三大重装产业基地的范围覆盖，加快建设自贡至泸州大件公路，进一步提升大件运输能力。继续推进岷江航道综合开发，加快犍为、龙溪口、老木孔、东风岩枢纽等项目建设，同时积极协调省级水利、能源、经信等部门建立水调、电调、航调等联合调度机制，解决枯水期水量不足问题，实现岷江高等级航道运能提效，保障大件运输通畅。推动现有大件路（德成乐）、自泸大件路与乐山大件码头、宜宾港、泸州港等港口的合作，开展公水联运示范工程，加强在设施标准、运载工具等方面的统一衔接，提升大件运输效率和一体化服务水平。按照“智慧大件物流”要求，通过建立四川省大件物流综合服务信息平台，全面提升大件运输管理和服务的信息化水平，具体包括建立大件处办公自动化系统、大件运输信息网、大件运输网上审批系统、大件运输安全监管系统、桥梁安全监管系统、与智慧交通平台数据共享系统等，以满足即时路况信息查询、运输实时监管、重点桥梁安全监测等相关信息服务功能（见图16－6）。

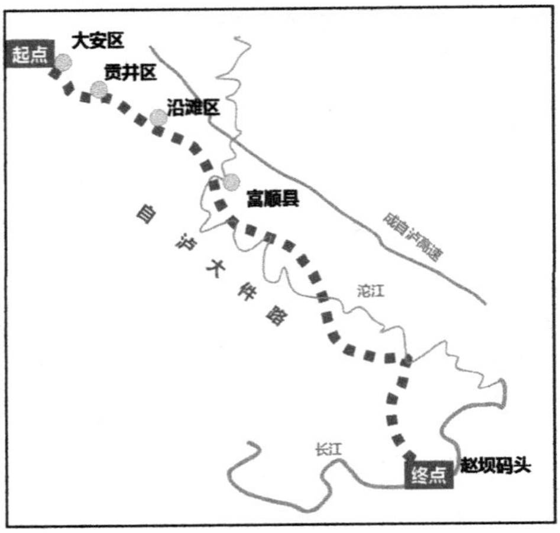

图 16－6　自泸大件路

注：图片来自网络公开资料。

3. 提升大件物流主体服务水平

加强市场主体培育，支持大件物流企业做大做优做强，支持民营大件物流企业“小升规”，培育“行业小巨人”和“隐形冠军”企业。对资质良好的大件物流企业在资质升级、评优评先、信用管理等方面给予指导支持。鼓励大件物流企业与高端装备制造业，铁路运输、公路运输、港口经营、航运等企业开展深度合作，促进多式联运服务创新和资源整合，提升企业能力。依托全国信用信息共享平台和专业化物流信息平台，建立大件物流从业单位和从业人员信用信息档案，完善大件物流企业及相关责任主体守信激励和失信惩戒机制，定期发布严重失信“黑名单”，实施公示失信信息、禁止通行、不予享受通行费优惠政策等惩戒措施，通过市场出清，提升大件物流主体整体服务水平。

专题研究十七：区域性国际商贸物流中心建设研究

一、研究背景

为贯彻落实党中央、国务院关于畅通国民经济循环和建设现代流通体系的决策部署，各类文件相继出台，均明确了商贸物流未来发展目标及方向，旨在推进商贸物流高质量发展，促进商贸物流降本增效，加快提升商贸物流现代化水平。《中华人民共和国国民经济和社会发展第十四个五年规划和二〇三五年远景目标纲要》中提到，因地制宜建设先进制造业基地、商贸物流中心和区域专业服务中心。《“十四五”商务发展规划》中提到，构建城乡高效配送体系，推动区域物流一体化发展，提升商贸物流标准化水平，加快构建高效畅通、协同共享、城乡一体的现代商贸物流体系。《商贸物流高质量发展专项行动计划（2021—2025 年）》中提到，加强商贸物流网络与国家综合运输大通道及国家物流枢纽衔接，提升全国性、区域性商贸物流节点城市集聚辐射能力；促进区域商贸物流一体化；围绕国家区域重大战略、区域协调发展战略实施，支持成渝地区双城经济圈等重点区域探索建立商贸物流一体化工作机制，提升区域内城市群、都市圈商贸物流规划、政策、标准和管理协同水平；优化整合区域商贸物流设施布局，加强功能衔接互补，减少和避免重复建设，提高区域物流资源集中度和商贸物流总体运行效率。

“十三五”时期，我国商贸物流信息化、标准化、集约化水平不断提高，社会物流总费用与国内生产总值比率稳步下降，但是我国仍面临高质量商品和服务供给不足的问题，消费需求新增长点需深入挖掘，商贸物流现代化水平有待进一步提高。针对此问题，部分城市通过打造商贸物流中心、区域性商贸物流节点城市、区域性国际商贸物流中心等来突出本地商贸物流业发展水平和进一步推动商贸物流跨越发展。但由于各地区发展水平不一、所拥有的资源优势存在较大差异等原因，地方政府往往面临是否适合建设、如何建设商贸物流中心等问题。本研究将在明确区域性国际商贸物流中心的概念、承载的功能和必备条件的基础上，通过借鉴部分商贸物流业发展得较好的城市的做法，构建一套区域性国际商贸物流中心的评价指标体系，并以宜宾市为例，介绍区域性国际商贸物流中心建设路径，以供参考之用。

二、思路和方法

打造区域性国际商贸物流中心是推动商贸物流现代化发展的重要抓手，本文的研究思路是通过政策梳理、相关概念解释，明确建设区域性国际商贸物流中心的必要条件、承载功能，同时通过研究借鉴商贸物流发展成效突出的其他城市做法，制定评价指标体系，最后以宜宾市为例介绍了打造区域性国际商贸物流中心的框架和路径。

研究方法包括案例分析法和比较分析法。

案例分析法。通过收集网络资料确定 2 ~ 3 个目前在商贸物流领域发展得较好的城市，简要分析这些城市的经济现状、商贸物流发展进程、区域性商贸物流中心（或类似功能载体）建设的战略路径，以资借鉴。本研究主要以宜宾市为例，详细介绍了建设区域性国际商贸物流中心的可行性、思路和方法路径。

比较分析法。根据文中构建的区域性商贸物流中心评价指标体系，收集了宜宾、遵义、毕节、昭通、泸州、自贡、内江等 7 个川滇黔结合部区域重点城市的相关数据，并进行了比较分析，以从定量角度评价宜宾市建设区域性商贸物流中心的可行性。

三、区域性国际商贸物流内容释义

（一）基本概念

1. 商贸物流

商贸物流[①]是指与批发、零售、住宿、餐饮、居民服务等商贸服务业及进出口贸易相关的物流服务活动，是现代流通体系的重要组成部分，是扩大内需和促进消费的重要载体，是连接国内国际市场的重要纽带。

2. 区域性国际商贸物流中心

区域性国际商贸物流中心是指某一地区依托优越的区位条件、发达的交通体系、雄厚的经济实力、良好的商贸物流基础、庞大的消费人口和开放的国际口岸，通过发挥物流集散、消费集聚、国际服务三大功能，使商贸物流发展水平明显优于周边地区，进而形成对周边区域的强大辐射力，具有区域对外开放国际影响力的商贸物流中心。可以对“商贸物流中心”加以竞争地域限制和国际化来更深刻地了解“区域性国际商贸物流中心”的概念（见图 17－1）。

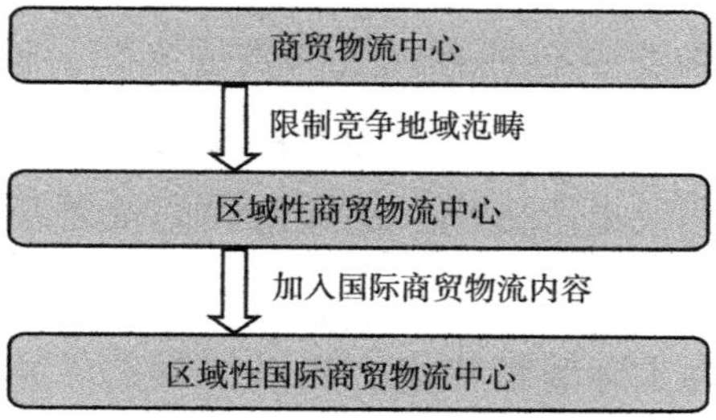

图 17－1　区域性国际商贸物流中心释义过程

（二）功能和必备条件

1. 三大功能

区域性国际商贸物流中心依托高能级商圈、专业市场、特色街区等商贸

① 引用《商贸物流高质量发展专项行动计划（2021—2025 年）》中对“商贸物流”的表述。

载体，增加有效供给，促进本地消费增长，同时吸附周边地区消费集聚，形成区域消费的引领城市，需要具有消费集聚功能。区域性国际商贸物流中心依托明显的区位交通优势和完善的商贸物流设施，以重点物流园区为主要载体，通过现代化物流方式，发挥对周边区域和城市的物流集散作用，需要具有物流集散功能。区域性国际商贸物流中心一方面通过引入国际知名商业品牌，实现商业消费的国际化；另一方面通过国际大通道，实现物流发展的国际化，需要具有国际服务功能。

总体而言，区域性国际商贸物流中心需具有消费集聚功能、物流集散功能、国际服务功能三大承载功能。

2. 六大必备条件

根据区域性国际商贸物流中心相关定义及承载的功能需求，区域性国际商贸物流中心所处地理位置必须是层级高范围广的区域中心，具有贯通南北、承东启西、得天独厚的区位优势。区域性国际商贸物流中心的交通体系需完备且畅通，即同时具备铁路、水路、公路、航空四大交通方式无缝衔接的现代化综合立体交通体系。区域性国际商贸物流中心的经济总量大，是较大区域范围内经济发展的龙头，对周边城市具有较强的经济辐射带动能力。区域性国际商贸物流中心需具有完善的商贸物流设施，能满足大量的货物运输需求。区域性国际商贸物流中心拥有大量的常住人口，商品和服务消费旺盛，同时对外来流动人口具有极强的吸附力。自贸区、国家开放口岸、综合保税区等对外开放平台是地区走出国门、走向世界的重要基础，是打造区域性国际商贸物流中心的重要保障。

总体而言，区域性国际商贸物流中心必须具备优越的区位条件、发达的交通体系、雄厚的经济实力、良好的商贸物流基础、庞大的消费人口和开放的国际口岸六大条件。

四、国内部分城市商贸物流发展经验

根据商务部、发展改革委、国土资源部、交通运输部、国家邮政局发布的《商贸物流发展“十三五”规划》，全国区域性商贸物流节点城市共64个，以此名单为依据，综合考虑社会消费品零售总额较高、货物运输量较大、企业主体实力较强、国际化程度较高、发展举措较好等因素，研究筛选出湖北宜昌、江西九江、江苏连云港三个城市作为典型案例进行介绍，以资借鉴。

（一）宜昌案例

宜昌，位于湖北省西南部、长江上中游分界处，是世界著名的三峡大坝所在城市。2020 年，宜昌市实现地区生产总值 4261.42 亿元，实现社会消费品零售总额 1391.12 亿元，全年交通运输、仓储和邮政业完成增加值 176.38 亿元，全年公路、水运完成货物周转量 449.84 亿吨/公里，客运周转量 16.77 亿人/公里。

宜昌发展商贸物流的典型做法是：

省域副中心城市建设提升商贸物流能级。宜昌被湖北省委确定为全省两大省域副中心城市，巩固了宜昌在湖北省的地位，提升了宜昌商贸物流对外集聚能力和辐射能力，宜昌依托长江黄金水道重要枢纽地位的优势，奠定了全国商品物资重要集散地的地位。积极融入“一带一路”建设，成功举办茶叶和柑橘国际采购商大会、国际茶旅融合论坛，宜汉欧货运班列加挂运行。

推动对外开放平台建设取得重大突破。一是成功申报国家自贸区，成为湖北国家自贸区的三大重要组成部分之一；根据湖北总体方案，宜昌片区规划用地面积 27.97 平方公里，重点发展先进制造、生物医药、电子信息、新材料等高新产业和研发设计、总部经济、电子商务等现代服务业，力争建成中部地区有序承接高新产业集聚区、三峡区域现代服务业合作示范区、长江经济带对接“一带一路”的建设支点。二是推动航空口岸和水运口岸升级为国家级口岸，根据航空口岸海关总署印发的《国家口岸发展“十三五”规划》，将宜昌航空口岸和水运口岸分别作为扩大和新开口岸项目纳入规划，标志着宜昌口岸开放获得国家层面的政策支持。

（二）九江案例

九江位于长江、京九铁路两大经济开发带交叉点，是长江中游区域中心港口城市，是中国首批 5 个沿江对外开放城市之一。2020 年，九江市实现地区生产总值（GDP）3240.5 亿元，实现社会消费品零售总额 1196.1 亿元，全年旅客运输量 6449 万人，货物运输量 18490 万吨，其中，公路货物运输量 15638 万吨，铁路货物运输量 1148 万吨。

九江发展商贸物流的典型做法：

打造商贸大体系，夯实经济发展源动力。全力打造一批商品大市场，在中心城区重点建设五大批发交易市场群；全力打造一批商业综合体，高水平建设一批商务楼宇项目、大型商业综合体项目，提升商贸流通业整体发展水平；全力打造一批特色商业业态，市中心城区重点培育发展了浔阳路名品名店商业街、大中路步行街、庐山路特色餐饮一条街等传统商业街，规划新建了浔阳古城特色文化街、滨水旅游购物商业街、环湖北路欧洲风情一条街等特色商业街，进一步优化商贸业态。

打造流通大枢纽，增强经济发展驱动力。九江围绕打造“立足九江、服务全省、辐射周边”的区域综合大枢纽的目标，形成了“一心两带三港六集群”的产业布局，“一心”，即长江经济带重要的区域物流枢纽中心，“两带”，即沿长江、沿昌九两条现代物流产业聚集带，“三港”，即城西工业、彭湖综合、城南陆路三大物流枢纽港，“六集群”，即重点推进九江水运口岸等六大物流产业集群，建设内陆双向开放新高地，做好对接长江经济带的排头兵。

（三）连云港案例

连云港，位于江苏省北部，是中国首批 14 个沿海开放城市之一、国家创新型城市试点城市、国家东中西区域合作示范区、长三角区域经济一体化成员、新亚欧大陆桥东方桥头堡、新亚欧大陆桥经济走廊首个节点城市、丝绸之路经济带东方桥头堡、国际性港口城市、中国十大海港之一。2020 年，连云港实现地区生产总值 3277.07 亿元，实现全社会消费品零售总额 1104.29 亿元。“一体两翼”组合大港加速成型，连云港区 30 万吨级航道建成通航，通达 150 多个国家和地区，成为全国主枢纽港。入选国家物流枢纽布局承载城市。全年实施“一带一路”境外投资项目 12 个，中哈基地物流量、国际班列实现大幅增长，中亚回程运量居全国首位，港口运量逆势增长，完成吞吐量 2.52 亿吨、集装箱 480 万标箱。

连云港发展商贸物流的典型做法是：

利用区位交通优势打造新欧亚大陆桥东桥头堡。采取西进东出的战略路径，陆上辟有国际班列，海上开通日韩、东南亚、欧美等60条近远洋航线，逐步建立了以大陆桥过境运输为主要特色的物流服务体系。作为新亚欧大陆桥的东方桥头堡，连云港是中亚国家最便捷的出海口，也是日韩货物进入中亚乃至欧洲的最佳中转地。西向，与哈萨克斯坦共建中哈货物中转分拨基地，在中西部，建设霍尔果斯、西安、郑州等内陆无水港；东向，全力打造日韩货物进出中亚市场最佳港口。目前已形成了至阿拉山口、霍尔果斯口岸“一港双线”的过境运输格局，每年承运中亚50%以上的过境箱业务，承担新亚欧大陆桥90%以上的国际过境运输量。

建立跨国多式联运模式。凭借与港口的无缝对接，中哈（连云港）物流合作基地打造出“前港后站、一体运作”的海铁联运模式，构建了贯通亚欧、联通世界的多式联运物流网络，对内带动西安、郑州、乌鲁木齐等城市，对外辐射日韩、中亚、欧洲等国家和地区。同时，连云港海关设立多式联运监管中心，把现行转关、出口、过境等模式整合为多式联运模式，采用海铁联运比从水路转公路的方式节约物流成本15%～20%。海关同检验检疫部门为企业提供“一次申报、一次检查、一次放行”的“三个一”一站式通关服务，极大程度地提高了办事效率。

五、区域性国际商贸物流中心评价指标体系

（一）指标体系构建

根据对区域性国际商贸物流中心概念界定、承载功能和基本条件的深入分析，在广泛参考借鉴优秀城市做法的基础上，本文探索性提出区域性国际商贸物流中心的评价指标体系，各城市可根据该评价指标体系的相对结果判断自身是否适合打造区域性国际物流中心以及如何打造（见图17－2）。

具体而言，包括4个一级指标、15个二级指标、32个三级指标。为了更加细致地指导区域性国际商贸物流中心建设，本文对每一项指标设定了评价分值，总计100分，其中商贸中心指标30分，物流中心指标30分，国际元素指标20分，支撑要素指标20分，具体如表17－1所示。

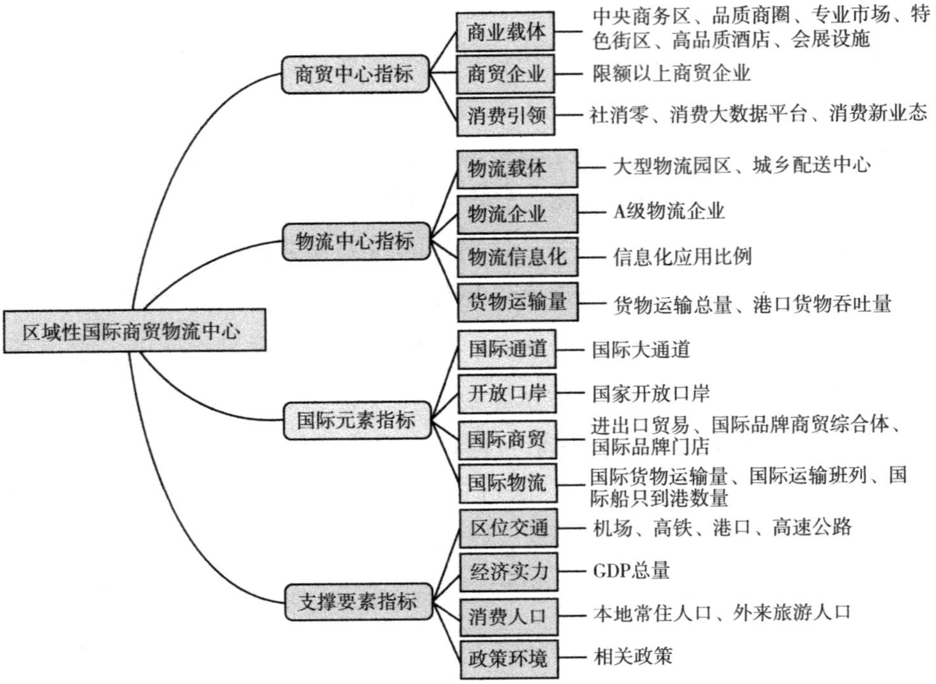

图 17－2　评价指标体系

表 17－1　　区域性国际商贸物流中心评价指标体系

指标体系	一级指标	二级指标	三级指标	评价分值
区域性国际商贸物流中心	商贸中心指标（消费集聚指标）	商业载体指标	中央商务区	3
			品质商圈	3
			专业市场	3
			特色街区	3
			高品质酒店	3
			会展设施	3
		商贸企业指标	限额以上商贸企业	3
		消费引领指标	社消零总额	3
			消费大数据平台	3
			消费新业态	3
	物流中心指标（物流集散指标）	物流载体指标	大型物流园区	6
			城乡配送中心	5
		物流企业指标	A 级物流企业	6
		物流信息化	信息化应用比例	3
		货物运输量指标	货物运输总量	6
			港口货物吞吐量	4

续表

指标体系	一级指标	二级指标	三级指标	评价分值
区域性国际商贸物流中心	国际元素指标（国际服务指标）	国际通道指标	国际大通道	3
		开放口岸指标	国家开放口岸	3
		国际商贸指标	进出口贸易总额	3
			国际品牌商业综合体	2
			国际品牌门店	2
		国际物流指标	国际货物运输量	3
			国际运输班列	2
			国际船只到港数量	2
	支撑要素指标	区位交通	机场	2
			高铁	2
			港口	2
			高速公路	2
		经济实力	GDP 总量	4
		消费人口	本地常住人口	3
			外来旅游人数	3
		政策环境	政策环境	2
合计				100

（二）指标体系释义

4 个一级指标分别是商贸中心指标、物流中心指标、国际元素指标和支撑要素指标。

商贸中心指标，同时可理解为消费集聚指标。商贸中心是区域性国际商贸物流中心建设的核心支撑之一，主要包括商业载体、商贸企业、消费引领 3 个二级指标。商业载体体现的是商贸中心的硬件设施基础，包括中央商务区、品质商圈、专业市场、特色街区、高品质酒店、会展设施 6 个三级指标；商贸企业是商贸中心的经营主体，限额以上商贸企业的数量反映了该地区商贸企业的总体实力，亿元以上限额以上商贸企业的数量则反映了龙头商贸企业的带动作用；消费指标体现的是商贸中心的消费吸附能力大小，包括社消零总额、消费大数据平台、消费新业态 3 个三级指标。

物流中心指标，即物流集散指标。物流中心是区域性国际商贸物流中心建设的核心支撑之一，包括物流载体、物流企业、物流信息化、运输量 4 个二级指标。物流载体是物流中心的硬件设施基础，主要包括大型物流园区、城乡配送中心两大载体；物流企业是物流中心的运营主体，A 级物流企业数量反映了物流企业的总体实力，5A 级物流企业体现的是龙头情况；物流信息化应用比例反映了物流的现代化水平；运输量从数据上直接反映了一个地区物流的集散能力。

国际元素指标，即国际服务指标。国际元素是区域性国际商贸物流中心发展国际化最直接的体现，主要包括国际通道、国际口岸、国际商贸、国际物流 4 个二级指标。国际通道是对外开放的基础，国际大通道数量越多，反映国际开放渠道越多；国际口岸是对外开放的关键，自贸区、国家开放口岸、综合保税区等载体均是重要的对外开放平台；国际商贸体现的是对外开放的商贸业发展情况，具体数据包括进出口贸易总额、引进的国际品牌数量、引入的国际品牌门店数量等指标；国际物流体现的是对外开放的物流业发展情况，具体数据包括国际货物运输量、国际运输班列和国际船只到港数量等。

支撑要素指标。支撑要素是区域性国际商贸物流中心建设的外在支撑条件，内容包括区位交通、经济实力、消费人口、政策环境 4 个二级指标。区位交通主要体现为机场、高铁、港口、高速公路等基础设施条件；经济实力主要通过 GDP 总量来衡量；消费人口通过本地常住人口、外来旅游人数来体现；政策环境则主要体现为地方政府政策扶持力度、营商环境氛围等。

六、宜宾建设区域性国际商贸物流中心案例

（一）商贸物流发展现状

1. 经济总量完成历史性突破

“十三五”时期，宜宾市地区生产总值年均增长 7.9%，由 2015 年的 1470 亿元增长到 2802 亿元，经济总量从全省第 4 位跃升至第 3 位；人均地区生产总值由 2015 年的 3.3 万元增长到 6.1 万元，较 2015 年增长 84.8%，从全省第 9 位提升至第 5 位，较全省平均水平高 3000 元，较川南第 2 名（自贡

4.99 万元、泸州 4.98 万元、内江 3.96 万元）高 1.1 万元。“十三五”期间，宜宾市服务业增加值年均增长 8.8%。2019 年宜宾市第三产业增加值首次跨越千亿大关，2020 年第三产业增加值达 1108.27 亿元，攀升至全省第 3 位，是 2015 年的 2.2 倍。2020 年服务业增速 3.9%，高于全国 1.8、全省 0.5 个百分点，三次产业结构由 2015 年的15.0∶51.3∶33.7，调整为 2020 年的 12.2∶48.2∶39.6。

2. 商贸流通引领发展

“十三五”期间，宜宾市社消零总额年均增长 9.2%，2020 年宜宾市实现社消零总额 1027 亿元，较 2015 年的 676 亿元增长 51.9%。“十三五”期间，宜宾市被列入 2020—2022 年四川省消费中心城市培育建设支持城市范围，顺利建成投运重百新世纪购物广场、国际竹产品交易中心、西南装备贸易城、宜宾万达广场等一批重点项目。三江口中央商务区、成贵高铁宜宾西站站前综合体等项目成功入选全省服务业“三百工程”100 大重点项目。宜宾临港商贸物流集聚区于 2020 年被省政府表彰为“四川省现代服务业集聚区创新发展先进单位”，已入驻各类重点商贸流通企业 200 余户，培育发展规模以上服务业企业 80 余家（见表 17－2）。

表 17－2　宜宾市各区县商贸流通、现代物流类集聚区一览

序号	集聚区名称	集聚区类别	所在区县	等级
1	宜宾临港商贸物流集聚区	商贸流通类	三江新区	省级
2	南岸东区现代商贸流通集聚区	商贸流通类	叙州区	市级
3	长江首城国际物流集聚区	现代物流类	三江新区	市级
4	南屏大道现代商贸物流集聚区	商贸流通类	江安县	市级
5	长宁高铁新区商贸流通集聚区	商贸流通类	长宁县	市级
6	兴文光明商贸流通集聚区	商贸流通类	兴文县	市级
7	城南新区商贸流通集聚区	商贸流通类	筠连县	市级

3. 现代物流显著发展

2020 年宜宾货物周转量完成 108.18 亿吨公里、较 2015 年增长 82.7%，物流总额由 2016 年的 3357 亿元提高到 2020 年的 4988 亿元，年均增长 10.4%。“十三五”时期，宜宾市完成 727 亿元综合交通基础设施投资（铁路 140 亿元、公路、水路 556.7 亿元、航空 29.9 亿元），立体交通格局不断完善。航空方面，宜宾五粮液机场已开通航线42条，可通达全国30多个城市，成为川滇黔结合部区域性航空桥梁；铁路方面，成贵高铁全线运营，高铁通车里程达到180公里，成自宜高铁、渝昆高铁、隆黄铁路加快推进，宜宾—钦州铁海联运国际货运班列双向稳定开行；公路方面，成宜高速、绕城高速西段建成通车；水运方面，宜宾港列入国家规划的长江6大重要枢纽港，成为长江干支中转重要港口和全国主要港口、实现万吨级轮船首航。“宜宾—昆明”往返铁路集装箱五定班列、“宜宾—攀枝花”铁水联运集装箱班列、宜宾南向国际货运班列等成功开通，“川西南地区—宜宾港—东部沿海”的铁水联运、江海联运大通道正式贯通，货物运输总量显著提升，运输效率更高。菜坝现代物流园传化公路港项目持续运营，宜宾临港国际物流园荣获“2020年度全国优秀物流园区”称号，其中五粮液安吉物流、宜宾欣联物流两家企业获部级甩挂运输试点项目并开通运行。宜宾现代物流产业园（一期）、保税物流园区等建成运营，宜宾港铁路集疏运中心项目开工建设，长江上游成宜国际物流园、象鼻公铁物流园区、菜坝城乡配送物流园区等加快推进。

4. 会展经济加快发展

宜宾市国际会展中心于2019年全部建成投运，常态化举办中国国际名酒博览会、国际（宜宾）茶业年会、中国智能终端产业发展大会、中国（宜宾）国际竹产业发展峰会暨竹产品交易会等重大展会活动，会展经济成为宜宾全新的经济业态。

5. 开放合作实现纵深拓展

2020年全市实现跨境电商销售额1亿元以上，同比增长31%；“十三五”期间，累计实现外贸进出口总额540亿元、年均增长25.4%，全省排名由第5位上升至第3位。宜宾—钦州铁海联运国际货运班列双向稳定开行，建成进境粮食指定口岸、保税物流中心（B型）、中国（四川）自贸试验区宜宾协同区，国家综合保税区、国家临时开放口岸等高效运行。与“一带一路”沿线65个国家（地区）建立经贸往来，国际友城和友好合作关系增至13对。

（二）建设机遇

1. 天时

国家层面，宜宾被国务院确定为成渝城市群沿江城市带的区域中心城市，被商务部确定为国家区域级流通节点城市。《成渝地区双城经济圈建设规划纲要》中明确支持宜宾建设川南区域中心城市，支持自贡、泸州、内江、宜宾等协同建设承接产业转移创新发展示范区，打造西部陆海新通道和长江经济带物流枢纽。肩负国家使命的宜宾，在建设区域性国际商贸物流中心城市中具有得天独厚的政策优势。省级层面，《四川省“十四五”商务发展规划》中明确，支持成都国际铁路港、泸州港、宜宾港临时开放口岸申建正式开放口岸；巩固提升成都、绵阳、泸州、宜宾等现有6个综保区开放能级；推动成都龙泉驿、宜宾等现有10个国家级经开区创新提升，实现外资外贸联动发展；支持泸州、宜宾、内江等市建设区域消费中心；支持宜宾、自贡、内江等建设区域物流枢纽，支持成都、宜宾等建设高铁货运物流基地；发展壮大泸州、宜宾区域性服务业中心城市。宜宾是川南经济龙头城市、全省经济大市，具有成为四川省经济副中心的条件，为宜宾建设区域性国际商贸物流中心起到巨大助推作用。市级层面，《宜宾市国民经济和社会发展第十四个五年规划和二〇三五年远景目标纲要》提出，力争到2025年，社会消费品零售总额实现1600亿元，建成区域消费中心；AA级以上物流企业达30家、物流业增加值实现350亿元，建成区域商贸物流中心。《宜宾市“十四五”暨2026年服务业发展规划》提出，以发展新业态、新模式、新平台、新场景为引领，将宜宾建设成为川渝滇黔区域消费中心；依托“两枢纽、四园区”核心区，加速产业汇聚，培育特色园区，形成规模效应，将宜宾建设成面向全省、辐射渝滇黔、融入全国的区域现代物流中心。

2. 地利

宜宾区位及交通优势明显，地处川滇黔结合部，是长江黄金水道的起点、南丝绸之路的重要节点，具有集水港、铁路港、公路港、航空港“四港”于一体的综合立体交通网络。宜宾有四川最大的内河综合枢纽港—四川宜宾港，是国家规划的长江上游航运物流中心、长江六大重要枢纽港之一；成贵高铁、渝昆高铁、蓉昆高铁和川南城际铁路四条高铁在宜宾交汇，是全国50个铁路枢纽之一；有12条高速公路交汇，是西部陆路重要的物流枢纽城市；宜宾菜坝机场有通往全国17个城市的空中航道，是川滇黔区域的航空桥梁。优越的区位交通为宜宾建设区域性国际商贸物流中心提供了有利条件（见图17－3、图17－4）。

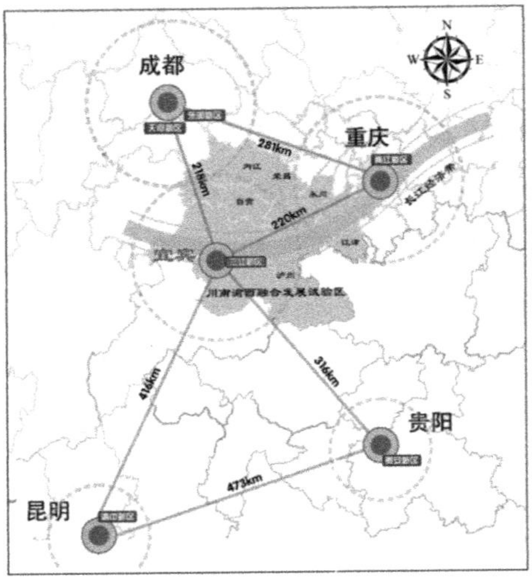

图 17-3　宜宾市区位

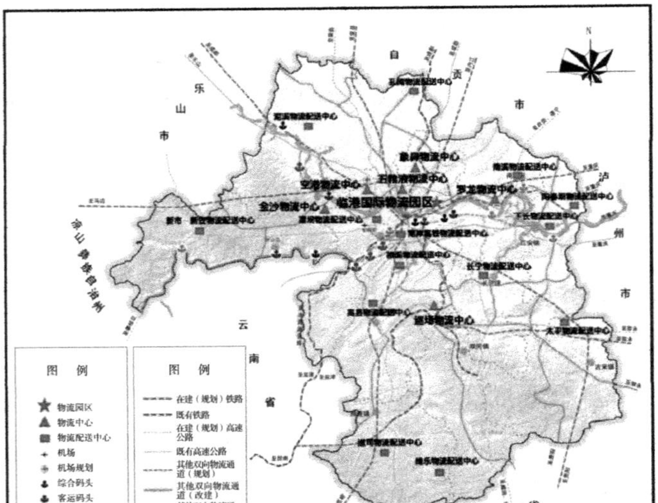

图 17-4　宜宾物流节点体系

3. 人和

宜宾市第五届五次党代会提出“565”总体谋划，旗帜鲜明提出加快区域性国际商贸物流中心、区域性国际金融中心、区域性国际会展中心、区域性国际旅游度假中心、区域性国际信息服务中心“五大中心”建设，并将区域性国际商贸物流中心建设作为“五大中心”之首，统一了思想，凝聚了力量，全市上下形成一股加快建设的区域性国际商贸物流中心的合力，为宜宾商贸物流“高质量发展、国际化发展”提供了良好机遇。

（三）指标评价结果优（2017 年数据）

根据区域性国际商贸物流中心评价指标体系，在综合分析宜宾、遵义、毕节、昭通、泸州、自贡、内江 7 个川滇黔结合部区域重点城市统计公报及其他相关信息基础上，对各城市商贸物流发展情况进行了评估。

商贸中心指标方面，2017 年宜宾社会消费品零售总额 868 亿元，高居川滇黔结合部城市第一；限额以上商贸企业 789 家，在川南四市中排名第一。宜宾的消费集聚能力最强，消费最为旺盛。宜宾得分 24 分，排第一位，遵义得分 21 分，泸州得分 19 分，三者处于第一集团（见图 17－5）。

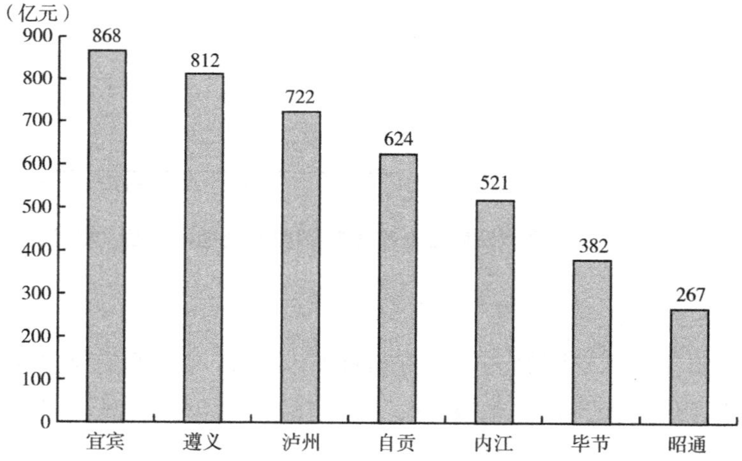

图 17－5　2017 年川滇黔结合部城市社消零总额对比图

物流中心指标方面，货物运输总量上，遵义和泸州双双突破 1 亿吨，略强于宜宾；在货物运输构成上，宜宾的水路货运量较遵义有优势，铁路货运量和航空货运量较泸州有优势；物流企业方面，宜宾仅拥有川滇黔结合部唯一一家 5A 级物流企业四川安吉物流集团，而泸州拥有 20 家 A 级物流企业。经过综合评价，泸州、遵义和宜宾得分在 7 个城市中居前三甲，其中宜宾得 21 分，泸州、遵义得分分别为 24 分和 23 分。

国际元素指标方面，由于泸州是川滇黔结合部唯一一个享有国家自贸区开放平台的城市，遵义拥有川滇黔结合部唯一的综合保税区和临时航空口岸，相较而言，宜宾对外开放口岸建设较为缓慢。泸州得分 16 分，遵义得分 15 分，宜宾得分 14 分，毕节、自贡、内江、昭通得分均在 10 分以下。

支撑要素指标方面，经济实力方面，宜宾经济总量位居第二；区位交通方面，宜宾和泸州具有川滇黔结合部其他城市没有的港口货运优势。经综合评价，宜宾得分 19 分，遵义得分 19 分，两者并列处于第一集团（见图 17－6）。

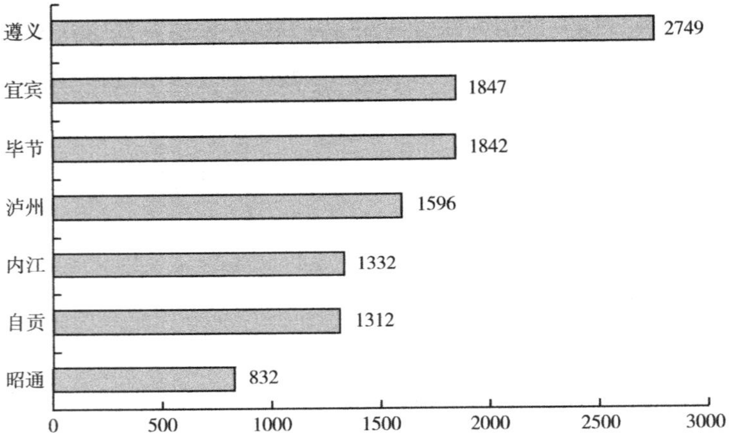

图 17－6　2017 年川滇黔结合部城市 GDP 对比图（单位：亿元）

总体比较评价：

根据区域性国际商贸物流中心评价指标体系，对川滇黔结合部区域 7 个重点城市的评价结果为：宜宾 78 分，遵义 78 分、泸州 73 分，毕节 59 分，自贡 53 分，昭通 53 分，内江 51 分。宜宾与遵义并列第一，宜宾市具有打造区域性国际物流中心的条件（见表 17－3）。

表 17－3　川滇黔结合部重点城市商贸物流发展指标评价

一级指标得分	宜宾	遵义	泸州	毕节	自贡	昭通	内江
商贸中心指标	24	21	19	14	17	12	16
物流中心指标	21	23	24	18	15	17	14
国际元素指标	14	15	16	9	9	8	8
支撑要素指标	19	19	14	18	12	16	13
合计得分	78	78	73	59	53	53	51

（四）建设目标

全面完成建设区域性国际物流中心的各项评价指标，推动宜宾市消费集聚能力、物流集散能力和国际服务能力显著提升（见表 17－4）。

表 17－4　　宜宾市区域性国际商贸物流中心建设目标

一级指标	二级指标	三级指标	建设目标
商贸中心指标（消费集聚指标）	载体指标	中央商务区	全面建成三江口 CBD
		品质商圈	建成百亿商圈 2 个、智慧商圈 5 个，每个区县至少建成 1 个成熟商圈
		专业市场	建成具有全国辐射力的专业市场 1 个，建成具有川南、川滇黔区域辐射力专业市场 3 个
		特色街区	全市建成特色商业街 30 条，每个区县至少 1 条，创建国家级特色商业街 1～2 条，省级特色商业街 5 条以上
		高品质酒店	全市高星级酒店达到 15 家以上，其中挂牌五星级或五星级标准酒店 8 家以上
		会展设施	全面建成临港国际会展中心和国际会议中心，每年举办大型展会 10 场以上，培育宜宾品牌会展 5 个以上
	消费指标	社消零总额	突破 1500 亿元
		消费大数据平台	建成宜宾消费大数据平台
		消费新业态	培育消费新业态 10 种以上，每年滚动评选出十大宜宾消费新场景、十大宜宾服务五星级品牌店
	企业指标	限额以上商贸企业	限额以上商贸企业 1000 家
物流中心指标（物流集散指标）	载体指标	大型物流园区	建成大型物流园区 6 个
		城乡配送中心	建成城乡配送中心 10 个
	企业指标	A 级物流企业	A 级物流企业 20 家，其中 3A 级物流企业 10 家以上
	物流信息化	信息化应用比例	物流信息化应用比例达 80% 以上
	运输指标	货物运输总量	货物运输总量突破 1.7 亿吨
		港口货物吞吐量	港口货物吞吐量 2800 万吨

续表

一级指标	二级指标	三级指标	建设目标
国际元素指标	通道指标	国际大通道	建成国际大通道3条
	平台指标	开放平台	国家临时开放口岸升级为国家开放口岸，保税物流中心升级为综合保税区
	商贸指标	进出口贸易总额	130亿元
		国际品牌商业综合体	引入建成奥特莱斯、太平洋百货集团等
		国际品牌门店	50家以上
	物流指标	国际运输班列	年开通20列
		开行国际贸易船舶数量	年开行国际贸易船舶100艘以上
支撑要素指标	区位交通	机场旅客吞吐量	年超过120万人次
		高铁	建成高铁4条
		港口	提档升级宜宾港
		高速公路	高速公路13条以上
	经济实力	GDP总量	GDP总量达到2800亿元
	消费人口	常住人口	常住人口突破500万
		旅游人次	年旅客接待人次8000万以上
	政策环境	政策环境	出台《宜宾市加快建设区域性国际商贸物流中心的意见》

（五）建设路径

通过深入分析，宜宾市搭建了建设区域性国际商贸物流中心的“1235”总体架构，即建设1个区域性国际商贸物流中心，实施供给侧结构性改革和扩大对外开放2大战略，充分发挥物流集散、消费集聚和国际服务3大功能，实施大商贸建设、大物流建设、大通道建设、大平台建设、大机制建设5大举措。旨在把宜宾市建成立足川南和川滇黔结合部区域、面向全国、具有一定的国际化发展水平和国际影响力的区域性国际商贸物流中心。

1. 建设大商贸

建设一批高质量发展的现代商贸新载体：推动三江口CBD，成贵高铁、渝昆高铁站前综合体项目建设，建成一个集文化旅游、商业、商务办公、金融、高端雅居于一体的川南城市群经济总部、长江文化旅游中心、宜宾中心

CBD；建设大观楼商圈、南岸商圈、江北商圈、临港商圈、天柏商圈、南溪商圈等品质商圈，推动以零售为主的商圈向融合销售、体验、休闲、娱乐、定制等新型复合功能品质转变，推动“实体消费”和“虚拟消费”融合发展；以文化为魂、旅游为体、商业为力，建设商业与旅游、文化全方位融合的特色街区，重点打造宜宾美食文化特色街区、五粮液滨水特色文化休闲街区、冠英街历史文化街区等。

搭建一批辐射力强的商贸交易新平台：加快建设临港国际会展中心和国际会议中心，集会展、会议、时尚发布、办公等功能于一体，成为宜宾商贸交易的主阵地和时尚发布的新平台；加快宜宾跨境电商平台建设，引进阿里巴巴、京东等知名电商落户宜宾；依托宜宾酒、竹、茶等产业优势，打造具有区域性乃至全国性辐射力的白酒交易市场、竹产品交易市场、茶叶交易市场。

打造一批引领潮流的宜宾消费新场景：围绕彰显宜宾文化特质，创造消费新模式，大力引进奥特莱斯、盒马鲜生等新业态，着力建设川南首家奥特莱斯，通过世界名牌折扣店和多元复合的业态，增强宜宾商业对周边城市的吸附力，增强宜宾消费的引领性和辐射力；开展宜宾消费新场景的评选活动，每年滚动推出 10 个消费新场景，推动宜宾传统商贸转型升级。

培育一批宜宾服务新品牌：开展“宜宾服务”星级品牌评选活动，加强“宜宾服务”高星级品牌店的宣传推广，提升“宜宾服务”的知名度和美誉度，增强宜宾商业的黏性和吸引力。

2. 建设大物流

完善物流体系：全面构建以“一核、两园区、三中心、十城乡配送中心、N 个服务站”的多层次物流体系，着力推动临港国际物流园区、象鼻公铁物流园区、菜坝城乡物流园区、航空物流中心、牟坪物流中心、高铁物流中心等重点载体建设。

建设物流口岸：争取实现临港保税物流中心升级为综合保税区、由国家临时开放口岸升级为国家开放口岸、申报整车进口指定口岸；稳定和发展进境粮食口岸功能，增加进口粮食的品种来满足宜宾白酒市场、养殖市场对粮食的需求。

推动物流业降本增效：宜宾对外贸易通道主要以港口衔接为主，可开展水—公、水—铁、公—铁等多种多式联运，大力发展北向中欧通道水铁联运、南向泛亚通道公空联运、水铁联运；简政放权，优化行业行政审批，优化货运车辆通行管控，推动货物通关便利化，推进“三互”大通关建设，深入实施关检合作“三个一”工程，配合做好四川国际贸易“单一窗口”建设和“一站式作业”改革；鼓励物流企业采用行业标准、国家标准并积极对接国际标准，不断优化物流作业流程和服务规范，推进仓储、转运设施等物流设施设备标准化改造；完善城乡配送网络，加强江北城乡配送中心、南溪区城乡配送中心、宜宾县城乡配送中心、屏山县城乡配送中心、兴文县城乡配送中心、江安县城乡配送中心、筠连县城乡配送中心、长宁县城乡配送中心、珙县城乡配送中心、高县城乡配送中心等“十城乡配送中心”建设，提升城乡配送管理水平，争创全国城乡高效配送示范城市。

加强物流区域合作：加强与青白江成都国际铁路港合作；加强与龙泉驿区进行汽车产业合作，吸引龙泉相关汽车企业在临港开发区建立仓储物流周转基地及大件组装基地；通过资本合作方式加强与长江中游的重庆港、长江下游的上海港的合作力度。

积极引育物流企业：创新招商模式，大力开展龙头物流企业招引活动，引进具有市场竞争力的第三方、第四方物流企业；进一步推动本土四川安吉物流集团等大型骨干物流企业做大做强；引导金融机构开展供应链、物流金融服务，为物流企业提供融资便利。

3. 建设大通道

建设东西向长江经济带通道：依托长江黄金水道和高速公路、铁路、航空形成的综合立体交通走廊，向东经泸州至重庆，建设支撑成渝经济区“双核五带”中沿长江经济带的战略运输通道，向西至西昌、攀枝花，建设宜宾与攀西经济区、金沙江中下游沿江经济带的连接通道。

建设南向开放大通道：该通道主要有铁路、公路、水运、航空四种运输方式组成，铁路主要有成贵铁路、川南城际铁路（蓉昆高铁）、隆黄铁路等，公路主要有乐宜高速（G93）、仁沐新高速、成都至宜宾高速、宜宾至威信高速、宜宾至叙永高速等，水运主要为岷江航道，航空主要有宜宾至西安、贵阳、广州、深圳等城市的航线。

建设北向“一带一路”通道：宜宾通过成贵铁路向北连接成都经济区和

天府新区，并可连接西北地区，对接丝绸之路经济带，经欧亚大陆桥通往欧洲；开行“蓉欧+宜宾”班列，实现宜宾与欧洲连接。

4. 建设大平台

开展自贸区制度创新工作，优化完善营商环境，持续贸易便利化改革，深化“三互”（口岸管理相关部门信息互换、监管互认、执法互助）大通关、国际贸易“单一窗口”建设；以临港开发区为基地，建设“一区多园”，以综合保税区、国家开放口岸、自贸区协同改革等开放平台为核心支撑，打造外向型产业集群，提升区域外贸整体发展水平；积极创建全国首批供应链创新与应用试点城市，形成宜宾特色的供应链产业体系和供应链质量促进体系；积极申报全国城乡高效配送示范城市，建立高效集约、协同共享、融合开放、绿色环保的城乡高效配送体系。

5. 建设大机制

加强组织领导：建立由市领导担任组长的领导小组，建立协调机制，统筹推进区域性商贸物流中心建设的各项工作；实行牵头部门负责制，制定区域性国际商贸物流中心实施方案；强化目标考评，科学确定考核内容、设定考核标准，将区域性国际商贸物流中心纳入目标考核体系。

强化要素保障：加强商贸物流中心建设用地保障，将大中型商贸物流设施建设项目纳入城市总规、控规和土地利用总体规划；积极对上争取、用好用足国家、省商贸物流促进政策，完善水电气等要素的价格政策，降低流通费用；加大资金扶持力度，发挥商贸物流专项资金的引导作用，按照商贸物流中心实现增加值（GDP）的一定比例逐步增加财政资金规模，创新金融信贷服务，完善扶持商贸流通企业发展的金融联动机制。

加强品牌引进：围绕建设区域性国际商贸中心，超前研究谋划和储备支撑性的重大项目，加强商贸项目储备库建设，培育和引进一批国际、国内知名商业品牌；建成一批产业带动性强、市场前景好、就业空间大、具有示范作用的商贸物流重大项目。

加强人才培养：树立“竞争取决于人才，容智胜于融资”观念，建好人才队伍，构筑人才高地；坚持培养和引进并举，尽快形成高素质人才资源的集聚优势；依托成渝和本地高等院校和职业技术学院，形成部门、学校、企业、行业协会协调协作的人才培养机制，培养一支职业化、现代化的商贸流通业高端人才。

综上，宜宾市建设区域性国际商贸物流中心的案例较大的参考意义，其中应用的评价指标体系能够一定程度上解决城市是否适合建设商贸物流中心的问题，而发展目标和发展路径对其他城市解决如何建设的问题也有一定的参考价值。

专题研究十八：基于“双碳”视角的再生资源回收体系建设研究

一、研究背景

2020 年 9 月 22 日，国家主席习近平在第七十五届联合国大会上宣布，中国力争在 2030 年前二氧化碳排放达到峰值，努力争取在 2060 年前实现碳中和目标。2021 年 10 月发布的《2030 年前碳达峰行动方案》中明确指出要健全资源循环利用体系，完善废旧物资回收网络，推行“互联网 +”回收模式，实现再生资源应收尽收；加强再生资源综合利用行业规范管理，促进产业集聚发展；高水平建设现代化“城市矿产”基地，推动再生资源规范化、规模化、清洁化利用；到 2025 年，废钢铁、废铜、废铝、废铅、废锌、废纸、废塑料、废橡胶、废玻璃等 9 种主要再生资源循环利用量达到 4.5 亿吨，到 2030 年达到 5.1 亿吨。在“双碳”目标下，高碳排放企业减排压力增大，而再生资源的循环使用可以减少“开采原材料、原材料初加工”时的碳排放，因而再生资源回收作为节能减排的重要手段之一，对“双碳”目标的实现有重大意义。

随着“双碳”目标的提出，再生资源回收工作的重视程度得到了大幅提升。《“十四五”循环经济发展规划》（发改环资〔2021〕969 号）、《国家发展改革委等部门关于加快废旧物资循环利用体系建设的指导意见》（发改环资〔2022〕109 号）等文件发布，明确指出要持续完善废旧物质回收网络，要加快推动“两网融合”和“互联网 + 回收”等模式，要加快再生资源交投点、中转站、分拣中心、加工利用基地等载体建设。《再生资源绿色分拣中心建设管理规范》（SB/T 10720－2021）《可回收物回收体系建设规范》（T/ZGZS 0104－2021）等标准先后出台，明晰了“交投点—中转站—分拣中心”的三级回收体系，并对各级载体建设提出了明确要求，较 2012 年相关标准更加符合当下趋势且更加完善易于实施。

当下，我国正在加快构建国内国际双循环相互促进的新发展格局，发展循环经济是实现新时代经济社会高质量发展、构建国内大循环的必然要求，再生资源回收作为循环经济的重要组成部分，构建合理的再生资源回收体系迫在眉睫，因而本文将以再生资源回收体系的构建为研究对象，从再生资源的定义切入，梳理常见再生资源种类，明晰当下发展趋势和模式，阐述不同产生源的再生资源回收体系。

二、再生资源的定义

再生资源由于过往经验和习惯，人们通常也将其称呼为“废品”“废旧物资”等。本文认为此类称呼虽然与研究中的再生资源指代同一类物品，但“再生资源”的称呼弱化了其废弃、废旧的特性，将其作为资源来看待，对废旧物资再生利用过程中的经济可行性和技术可行性进行了强调，因而本文将统一使用“再生资源”进行称呼。

在国家标准①中，再生资源（recyclable resource）指在社会生产和生活消费过程中产生的，已经失去原有全部或部分使用价值，经过回收、加工、处理，能够重新获得价值和使用价值的各种废弃物。

在新出团体标准②中，可回收物（recyclables）指在日常生活中或者为日常生活提供服务的活动中产生的，回收后可直接利用或经加工处理后可以资源化再利用的物品，主要包括废纸、废塑料、废金属、废玻璃、废织物、废电器电子产品、废弃包装物等类别。

综合以上定义，本文中的“再生资源”指曾被制作成某种物品，但在该物品已失去其使用价值（或由于种种原因不再被以原有用途进行使用）的情

---

① 《再生资源绿色分拣中心建设管理规范》（SB/T 10720－2021）。

② 《可回收物回收体系建设规范》（T/ZGZS 0104—2021）。

况下，可以在不仅具有技术可能性，且具有经济可能性的基础上，被再次用于相同用途或其他用途的物质或物品；但不包含由于本身属性特殊无法直接进入商品流通领域的再生资源，如汽车机油、农药瓶等。

三、常见再生资源种类

判定再生资源的类别，有助于对其进行高效分类，结合《中国再生资源回收行业发展报告 2020》总的统计类别，表 18 - 1 是对我国常见的再生资源种类进行的罗列。

表 18 - 1　我国常见的再生资源种类

序号	分类	主要品种
1	废钢铁	重型废钢
		中型废钢
		小型废钢
		统料型废钢
		轻料型废钢
		非熔炼用废钢
2	废有色金属	废铜
		废铝
		废铅
		废锌
3	废塑料	塑料薄膜
		塑料丝及编织品
		泡沫塑料
		塑料包装箱及容器
		日用塑料制品
		塑料袋
		农用地膜
4	废纸	家庭废纸
		办公司废纸
		商业包装废纸
		印刷厂/装订厂废纸
		纸箱厂废纸
		纸制品废纸
5	废轮胎	废轮胎

续表

序号	分类	主要品种
6	废弃电器电子产品	电冰箱
		空气调节器
		吸油烟机
		洗衣机
		电热水器
		燃气热水器
		打印机
		复印机
		传真机
		电视机
		监视器
		微信计算机
		移动通信手持机
		电话单机
7	报废船舶*	报废船舶
8	报废汽车*	报废汽车
9	废玻璃	器皿玻璃
		灯泡玻璃
		平板玻璃
		玻璃纤维
10	废电池**	一次电池
		二次电池

注：*：报废汽车和报废船舶的回收中，拆解分拣涉及部分危险废弃物，应按照国家标准处理流程执行。

**：可回收废电池不包括废弃的铅蓄电池、镉镍电池、氧化汞电池，上诉三类电池属于危险废弃物，需要专门的处理途径。

四、再生资源回收模式及发展趋势

（一）再生资源回收模式

1. 我国回收模式

（1）固定回收和流动回收模式。自新中国成立初期就对再生资源的回收高度重视，国务院发布了一系列文件鼓励将一切废弃物品收集起来加以利用，以支援国家建设。历经几十年的营运和改革，我国再生资源的回收基本形成“固定回收 + 流动回收”相结合的模式，这也是当前我国最普遍的回收模式，大多由个体工商户运营。

固定回收通常由经营者租赁住宅区域周边价格较低的底商门面，该门面作为初步分类和储存的固定场所，会配置一定的回收用具；主要服务对象为周边居民，居民通常会打电话让经营者上门进行现场交售；还有部分从事家电等较大体积再生资源回收的个体户，会在城市近郊交通便利处租赁地块从事回收工作。

流动回收主要表现为经营者没有固定的从业场所，从业者通常利用三轮车、夹板车等交通工具走街串巷，上门回收并现场交售，服务范围较固定回收更大，营运成本更低，但由于其装备简陋，从业人员素质不高、缺乏诚信，对城市形象存在负面影响，常被称作“破烂王”，因而近几年在大中型城市区域都予以取缔。

固定回收与流动回收从业者对交售来的再生资源进行初步分类后再销售给回收加工的企业，其销售价格由回收加工企业制定，因而其回收倾向受到经济利益影响，整体上呈现“利大大干，利小小干，无利不干”的现象，如更愿意回收纸板、书籍、报纸等高价值再生资源，但是拒绝回收玻璃瓶、塑料瓶等低价值再生资源，因此再生资源回收品种在不断减少（见图 8 - 1）。

图 18 - 1　固定回收（左）与流动回收（右）

（2）智能回收箱与 O2O 回收模式。近年来，在国家大力推行生活垃圾分类的背景下，随着互联网技术的推广普及，居民对居住环境要求提高以及对城市形象的重视提升，基于互联网技术的智能回收箱与线上回收模式得以蓬勃发展。

智能回收箱依托互联网、AI 等新技术，将再生资源“变现”，成为回收领域的新生力量。通常，智能回收箱设施设置有金属、塑料、纺织物、纸类、玻璃 5 个分类回收箱体，居民将家中再生资源拿到智能回收箱前，拿出手机进行扫码，选择正确的地方对其进行投放，智能回收箱就会自主称重，根据不同类别再生资源的重量发放对应积分到使用者账户。智能回收箱整体通过“互联网 + 智能回收”的模式运作，全程数据可控，可以较好地把控整个流程，可以减轻物业、街道对于垃圾分类的宣传和清运压力，有利于治理被投放地脏乱差的乱象，减少拾荒人员的捡漏，造成交叉感染的风险事件。但智能回收箱的发展存在许多问题：第一，成本较高，运营难度大，一组智能分类回收箱仅前期投入至少要 7 万 ~ 10 万元，正常运行后，每年的物业费和电费需 2000 元左右，加上设备折旧费、设备维护费、垃圾运输费等，一年运营成本近万元；第二，回收价格没有优势，由于运营成本较高因而回收价格偏低，通常只有个体回收站的一半左右，居民使用积极性不高；第三，大批量再生资源投放难度较大，智能回收箱箱体容量有限，纸板、塑料等较为占据空间的再生资源若清运不及时易影响使用，更适宜少量多次的使用方式，且居民若有大量投放需求，将再生资源搬运至智能回收柜较为不易；第四，智能回收柜的模式难以适配县级及以下城市。

O2O 回收通常通过社区电商、微信小程序、手机 App 等搭建回收服务平台，通过平台提交回收信息后，有专人上门现场回收。平台上通常会将再生资源分为多个品类，例如废纸、塑料、旧衣物、家电等，部分平台还提供大件家具清运服务；在每个大类下面还有各个小类，每类都对回收价格进行展示；居民在使用时根据需要交售的再生资源情况填写类别、地址、预约上门时间等，回收人员在接到订单后会按照预约时间上门服务，在现场进行打包称重，并根据平台价格结算，在线支付钱款或积分，之后回收人员将手机的再生资源统一转运至指定储存处，累积到一定数量后运送至大型分拣企业以进一步分拣加工和交易。O2O 回收的模式规范了传统废品回收行为，解决了城市回收站脏乱差的问题，一定程度上对规范回收行业秩序起到积极作用，也为城市增加了就业岗位。但 O2O 模式依旧存在问题：第一，龙头企业较少，且集中在一二线城市，分布不均匀，互联网回收体系不健全，该模式仍处于初始阶段，在回收行业渗透速度较慢；第二，废品线上回收渠道迅速增加，相比而言线下服务发展缓慢，造成线上线下服务不能相匹配；第三，回收服务标准不统一，有个体户涌入 O2O 回收模式中，由于价值问题，存在拒收低值再生资源情况，也时常出现上门不及时、回收人员素质低、信息反馈滞后等问题（见图 18 – 2）。

图 18 – 2　智能回收箱（左）与 O2O 回收模式（右）

（3）逆向回收模式。逆向回收通常为生产企业利用自身销售渠道、售后服务网络等开展逆向回收，不断完善销售服务体系的回收功能。国家发展改革委于 2021 年 8 月 4 日发布《关于鼓励家电生产企业开展回收目标责任制行动的通知》中明确鼓励电视机、电冰箱、洗衣机、空调 4 大类生产企业回收废旧家电，依托产品销售维修服务网络构建废旧家电逆向回收体系，促进家电更新消费；鼓励联合电商平台、家电卖场等开展家电以旧换新活动，促进废旧家电回收；加强与区域大型回收企业、有资质的拆解企业合作，建设基于家电更新信息的定向废旧家电回收服务网络；鼓励生产企业依托销售网络建设废旧家电回收存储设施，推动家电销售网络与储运网络一体化发展；引导生产企业与回收企业共建共享废旧家电回收储运体系，支持有条件的地方建设区域废旧家电集散转运中心，为生产企业储运通行提供便利。

2. 国外回收模式

（1）美国——再生银行模式。美国再生银行（RecycleBank）模式是再生资源回收利用领域通过技术与商业模式创新获得成功的典型案例。再生银行回收利用模式始于 2002 年美国费城，创始人为帕特里克（Patrick Fitzgerald）和罗恩（Ron Gonen）。该模式的基本思路是重整排放者、商家、再生资源回收利用企业和政府之间的再生资源交易链与利益链，通过市场化经营和政府适度补贴，在排放者得到实惠、商家绑定更多的消费者、再生资源回收利用企业获得稳定的原材料来源和政府减少财政补贴的前提下，提高再生资源回收率，促进废弃物分流分类，实现再生银行（企业）的预期收益与商业运作。

该模式具体运行方法是再生银行给每个家庭免费提供一个专用的装有RFID标签的再生资源回收桶，定期计量、收购排放者排放的再生资源。再生银行的回收车尾部装有自动获取排放者ID码的RFID检测装置，吊杆上配备的称重用的“再生银行标尺”，排放者在什么时间，投放了多少再生资源，都会被记录与储存下来，最后由“再生银行”的系统转化成排放者的积分。排放者每投放10磅可再生垃圾，再生银行就向他支付5美元，这笔钱划到专门为排放者开立的银行卡上。排放者拿着这张银行卡，可以到参加了该计划的任何一家商家消费，并可以享受折扣优惠（见图18－3）。

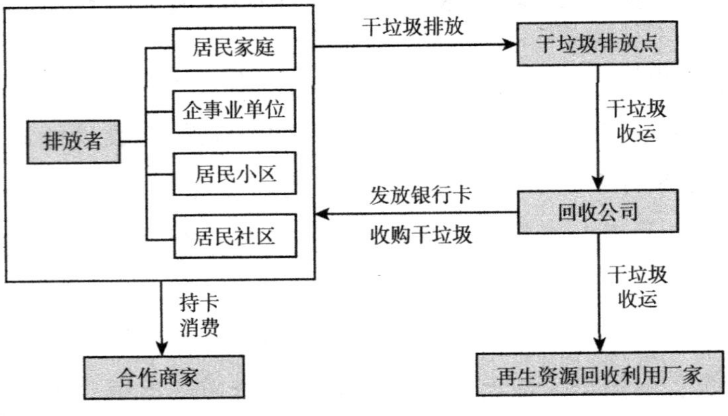

图18－3 美国再生银行模式示意图

（2）巴西——赛普利模式。巴西赛普利模式最早起源于1922年，最初是由各行业的私企组成的非营利性组织。基于巴西大城市失业问题严重、存在大量拾荒者这一现状，“赛普利”采取了拾荒者合作社的运作模式，由政府提供免费场地，非政府组织赞助设备，企业提供垃圾分类培训，所以这个模式又被称为拾荒者合作社模式。

在赛普利模式中将垃圾大致分为干垃圾（易于回收）和湿垃圾（不可再生）。第一步是由市政环卫部门无偿地把收集来的干垃圾运送到合作社，湿垃圾则运往填埋场进行填埋处理，或者是运往焚烧厂进行焚烧；第二步是由拾荒者在合作社的回收场流水线上将各种干垃圾分门别类、压缩打包；第三步，合作社按类别卖给在合作社登记的不同的回收厂家。这一模式投资很少，但经济效益和社会效益很高。一方面垃圾分拣作为劳动密集型工作，有大量的劳动力需求，能够解决巴西大城市失业问题严重的问题，合作社有固定的货源和出货渠道，创造的利润足以支付劳动人员的工资，这也能够在一定程度上稳定社会秩序。另一方面运行这一模式所需成本由政府和私企共同承担，投入较低，在具体的标准和高效的管理下保证了回收的效率，同时也创造出了与发达国家昂贵的垃圾处理系统同等的效益。

这一模式对于我国的参考价值不仅限于再生资源回收行业的优化变革，对于当下就业压力过大的社会问题也有一定的启示。再生资源回收是一个像快递一样能够在全国进行布局的行业，也同样需要大量的劳动力进行再生资源的回收分拣。虽然在传统模式下，废品回收在普通人的眼里还是一个脏乱累的行业，但如果能够通过“互联网 +”这一风口，实现再生资源回收的转型与升级，将能够改变年轻人的一些固有观念，吸引年轻人的加入，无疑能够对于解决就业问题，带动经济增长有很大的帮助，同时也能推动环保新企业的发展和国家产业结构的升级调整（见图 18 – 4）。

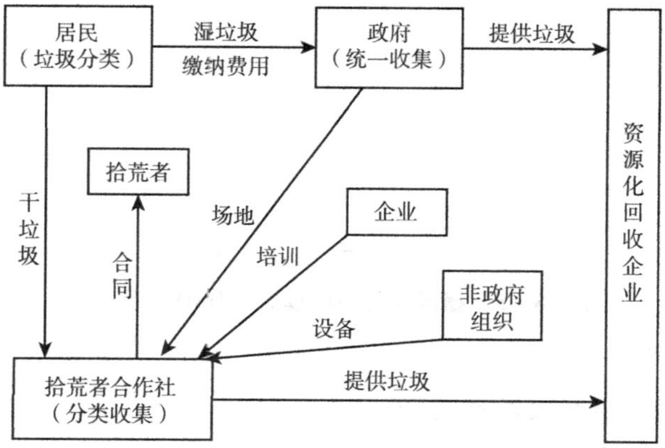

图 18 – 4　巴西赛普利模式示意图

（3）德国——双元回收模式。德国销售包装物双元回收系统（DSD）是行业自治的成功典例，也是生产者采用委托方式落实“生产者责任延伸制度”的成功典例。从 1993 年 1 月 1 日起，德国规定生产商和经销商有义务在消费后无偿回收并重新使用或进行材料利用。为应对德国对包装废弃物的处理与利用的严格法规，95 家产品生产厂家、包装物生产厂家、商业企业、运输企业以及再生加工企业自发组建了 DSD 企业联合组织并创建了德国双元系统，其任务是对包装废弃物进行回收、分类、处理、循环使用。

其模式的主要步骤为：第一步，DSD 企业成员按照规定向 DSD 组织支付一定费用，将包装废弃物利用工作委托给 DSD 公司；第二步，DSD 组织则利用成员交纳的费用通过招标选择符合要求的废品回收公司，负责收集包装废弃物并进行清理、分拣及回收利用；第三步，再由 DSD 组织认可的收运人（包括 DSD 成员收运单位和消费者）将其送至 DSD 成员回收企业进行回收利用。这一模式通过将“避免生产废物”的思路融入工业，极大地减少了废物总量。消费者需要把带有“绿点”标志的包装投入专门的垃圾桶，未分类投入专门垃圾桶的就交给专门的垃圾回收公司进行收集。这一举措不仅阻止了包装物进入垃圾填埋场，而且避免了每月 140 万吨 CO_2 的排放（见图 18 –5）。

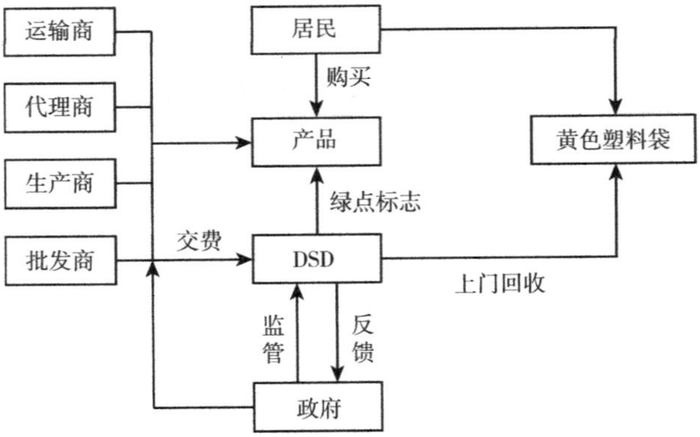

图 18 –5　德国双元回收模式（DSD）示意图

（二）再生资源回收发展趋势

1. “双碳”目标推动回收行业发展

在“双碳”目标下，高碳排放企业的减排压力将增大，减少原材料开采和初加工的碳排放将成为重要方式，再生资源的循环使用将有助于减少碳排放，可以预见建立碳交易制度、进一步引入碳税后，企业更有意愿通过循环再生、节能增效和能源替代来实现有效减排；同时，“双碳”目标下原生资源产能扩张受限，再生资源将成为重要补充。“双碳”目标下，企业对再生资源需求的增长将进一步刺激再生资源价格的上涨，刺激再生资源回收企业加强回收行为，因而收益增加、利润提高，进而会扩大回收规模，新企业也会不断涌入，再生资源回收产业规模逐渐扩大。

2. 回收工作产业园区化

再生资源园区是指在园区内实现再生资源回收相关工作的规模聚集，打造再生资源回收产业链条，形成公共服务和交流平台。园区在拉动再生资源回收产业规模、提升产业层次、引领行业升级方面成效显著，将是产业发展的一大趋势。近年来，中国持续开展循环经济试点、再生资源回收体系试点、“城市矿产”示范基地、静脉产业生态工业园区等多项重大示范工程，促进了以扎口管理、产业链循环衔接、公共平台支撑、环保集中处理、资源规模化、高值化利用为主要特征的产业园区模式发展。可以预见，未来在新《环保法》严厉规范下，传统的小作坊小企业生存空间将日趋缩小；在国家政策的推动下，“十四五”期间再生资源回收行业将继续朝着园区化方向发展。

3. 回收企业规范化

2018 年以来，中国再生资源回收从小散乱粗放型的发展模式向集约化、规范化、标准化迈进。一方面由于中央与地方生态环境保护督察力度加大，许多小乱散污型的再生资源回收企业或作坊被大量关闭，驱动再生资源回收行业转型升级，促进了新模式、新技术的产生与普及；另一方面根据财政部、国家税务总局印发的《资源综合利用产品和劳务增值税优惠目录》，把增值税即征即返的优惠向规范化的综合利用环节倾斜，加工利用企业享有退税返税扶持，因而具有明显的成本优势。但回收环节仍然承担全额纳税重负，因此一些大型加工利用基地，依靠规模、资金和成本优势，向上游整合回收网络，与回收企业结成战略同盟，共享税收优惠下的成本补偿，完善上下游产业链条。在此过程中，具备丰富健康的现金流、政府补贴、全备的资质及多重销售渠道的再生资源回收企业，将成为最大的受益者并发展成行业巨头，因此通过扶持龙头企业来规范回收行业将成为重要的发展模式。

4. “互联网 + 回收”成为必然发展方向

“互联网 + 回收”是创新的回收交易模式，也是未来发展的重要方向，在充分依托定点资质，布局覆盖社区、街道、商场的回收网点基础上，实体企业与互联网企业合作或者自建“互联网＋回收”交易平台，将回收交易终端深入城市社区，把城市中产生的废旧资源回收并转换为线上的货币或积分等，实现再生资源云回收。该模式更新了传统的废品回收方式，整合线下回收队伍，优化再生资源回收体系，解决传统回收“规模小、不稳定、价格浮动”的问题，提高了回收效率，将废品回收行业带入了一个便捷、透明、规范的全新时代。

五、再生资源回收体系

（一）上位规划中的再生资源回收体系

再生资源的回收利用自新中国成立初期就受到高度重视，鼓励将废弃物品搜集起来充分利用以支援国家建设，经过多年发展形成了一套具有中国特色的再生资源回收模式。2015 年，商务部、发展改革委、国土资源部、住房和城乡建设部、供销合作总社 5 部门发布的《再生资源回收体系建设中长期规划（2015—2020）》中，按照产生源头不同将再生资源分为生活类、产业类、服务消费类和公共机构类，并针对四类再生资源特点制定了不同的回收模式。

1. 以三级网络为基础的生活类再生资源回收体系

在城市，巩固和提升以回收网点、分拣中心和集散市场（回收利用基地）为代表的三级回收网络，并根据城市发展需要调整网络构成；在农村，建立城乡一体化、县域一盘棋的规划管理和实施机制，鼓励龙头企业延伸回收网点，以城带乡，城乡互动，建设与城镇化进程相适应的再生资源回收体系。

2. 厂商直挂的产业类再生资源回收体系

鼓励回收企业与各类产废企业和产业集聚区建立战略合作关系，建立适合产业特点的回收模式。同时，鼓励有条件的企业将分拣和加工的再生资源直接配送给利用企业和国家城市矿产示范基地，通过厂（企）商直挂，减少中间环节，满足下游利用企业的需求，提高回收利用率。

3. 与回收企业对接的公共机构类再生资源回收体系

组织有资质、实力强的回收企业与公共机构对接，通过开展义务回收、协议回收、定期回收、流动回收等多种方式，建设规范收集、安全储运、环保处理的示范模式。

4. 以逆向物流为特点的服务消费类再生资源回收体系

充分发挥流通企业面向广大消费者分散销售且便于集中回收的优势，倡导销售者责任，推动绿色商场建设，利用销售配送网络，试点建立逆向物流回收渠道。

（二）实际情况中的再生资源回收体系

1. 生活性三级网络回收体系

生活类再生资源通常为“交投点—中转站—分拣中心（集散市场）”三级网络为基础的回收体系。

交投点作为生活类再生资源回收体系的第一级，主要承担再生资源从居民、企业、公共机构、商场、超市等活动集聚区进入回收链的第一步，以实现生活类再生资源的回收、初级分类和暂储；中转站作为生活类再生资源回收体系的第二级，主要承担生活类再生资源的集中回收、初级分类、减容、存储和转运职能；分拣中心（集散市场）作为生活类再生资源回收体系的第三级，其中具备响应能力的城市可建设辐射周边的集散市场，一般城市则建设服务本地的分拣中心，均要求具备资源集聚、分类加工、储存运输的功能，是连接产废、回收、利废的关键环节（见图 18－6）。

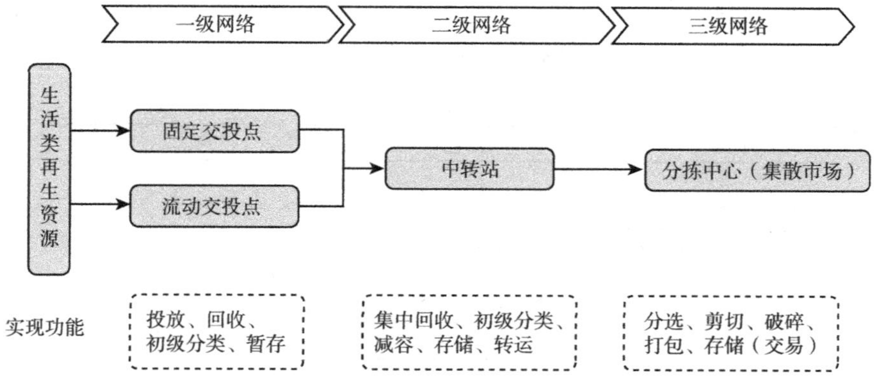

图 18－6 “三级网络”回收体系示意图

2. 产业性厂商直挂回收体系

产业类再生资源通常为“厂商直挂”模式的回收体系。依据各产业类型和废弃物特征，引导生产企业与各类再利用工业企业建立相对稳定的产业链，达成战略合作，将各类物资的分类标准、加工程度、产品价格、配套物流等重要环节规范化、流程化，用于指导各生产企业与再利用企业间的实际交易活动。鼓励生产企业建立内部生产废弃物初步分拣加工机制，以便再生资源利用企业直接利用。通过厂（企）商直挂，减少中间环节，可满足下游利用企业的需求，提高回收利用率（见图 18 –7）。

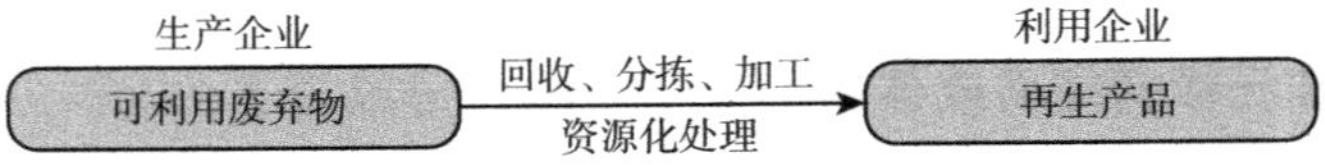

图 18 –7　“厂商直挂”回收体系示意图

3. 消费性逆向回收体系

部分服务消费类再生资源为“逆向物流”模式的回收体系。逆向物流是指为了物尽其用，重新获取产品价值，将产品从消费者手中返还到生产商的物质流动过程，从而最大限度地提升资源利用率。逆向物流主要由退货逆向物流和回收逆向物流构成，本文主要涉及回收逆向物流，回收逆向物流指当产品使用寿命结束后，消费者将废弃的产品返还给制造商的物质流动过程。

商场、超市、百货店、维修店、物流驿站等服务消费类机构可利用逆向物流的方式，承担如废弃电器电子产品、汽车、废弃包装等再生资源的回收职能，并将回收物资交由有资质的厂商进行检验、分析、再加工等处理，从而实现资源循环利用（见图 18 –8）。

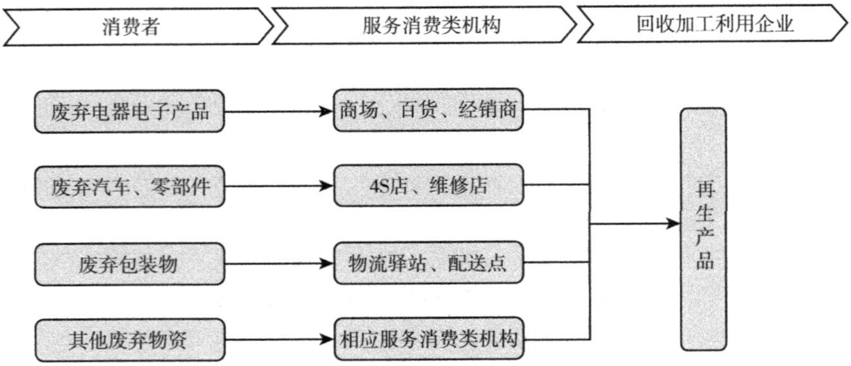

图 18 –8　“逆向物流”回收体系示意图

六、德阳案例

（一）再生资源回收站点

结合德阳城市总体规划发展布局和城镇体系建设发展要求，对德阳市城乡再生资源回收行业发展进行研究。共分为“两网融合”重点工程区域（包含“两网融合”智慧示范区和“两网融合”推广区）和再生资源回收规范化重点工程区域（包含规范改造区和发展完善区）（见表18－2、图18－9）。

表18－2　再生资源回收城乡统筹总体分区规划

序号	规划分区		规划范围	回收站点布局
1	“两网融合”发展重点工程区域	“两网融合”智慧示范区	中心城区的中部片区和旌南片区	不新设固定回收站点。近期规范整治现存固定站点，远期逐步将其纾解至新建再生资源集散市场内。鼓励企业整合社会流动回收个体，发展线下流动回收和在线回收兼并的回收模式。试点“两网融合”模式，推广智能回收设施
2		“两网融合”推广区	中心城区的城北、天元、双东、寿丰和八角片区，以及黄许镇、孝感镇和双东镇的城区	不新设固定回收站点。近期规范整治现存固定站点，远期逐步将其纾解至新建再生资源集散市场内。逐步推广“两网融合”模式，随着“两网融合”智慧化的技术和经验不断累积，在“两网融合”推广区内逐步布局和发展智慧化回收等再生资源回收新设备和新模式
3	回收规范化重点工程区域	规范改造区	和新镇、新中镇、扬嘉镇、孝泉镇、德新镇和柏隆镇的城区	根据相关城镇城区人口进行回收站点布局，规范站点建设、经营管理和回收行为，建设标准、规范的回收站，提高再生资源回收效率
4		发展完善区	所有镇域的乡村地区	到2030年，在人口规模较大、经济较为发达，区域居民达到2500户以上的乡村地区，根据建设标准设置回收站点或回收中转站；在不适宜设置回收站点的地区，设置定时定点的流动回收车

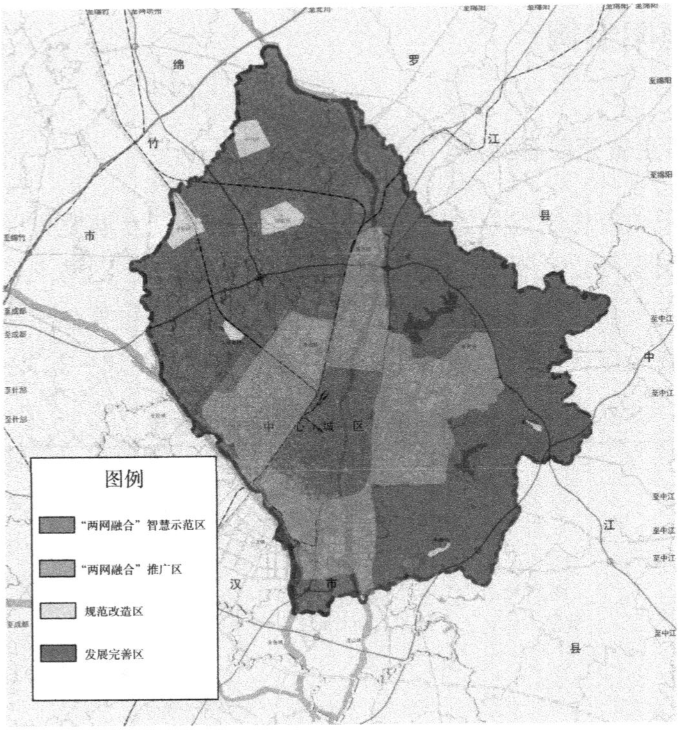

图 18－9 德阳市域再生资源回收城乡统筹总体分区规划图

1. “两网融合”重点工程区域

（1）“两网融合”智慧示范区。“两网融合”智慧示范区作为德阳市再生资源回收新模式发展的“领头羊”，应当选择人口密度大且日常生活活动频繁的区域来进行回收新模式的试点和推广。该区域在起步阶段不宜过大，随着该区域回收新模式推广运行，根据运行情况的反馈进行合理调整后再逐步扩大该区域范围。

区位：至 2020 年，划定德阳市中心城区的中部片区和旌南片区为“两网融合”智慧示范区。至 2030 年，该区域扩大至覆盖中心城区已规划的全部日常生活区域（见图 18－10）。

回收站点布局：在“两网融合”智慧示范区，不新设固定回收站点。近期规范整治现存固定站点，远期逐步纾解取缔固定站点至新建再生资源集散市场内。鼓励企业整合社会流动回收个体，发展线下流动回收和在线

图 18－10　2020 年（左）和 2030 年（右）“两网融合”智慧示范区规划图

回收兼并的回收模式。大力推广智能回收设施，推动回收体系与垃圾收运体系各环节的有机结合，试点发展“两网融合”的再生资源回收智慧新模式。

（2）“两网融合”推广区。“两网融合”推广区作为再生资源回收新模式推广的过渡区域，应当综合考虑城市发展现状、开发边界以及乡镇统筹发展策略等因素，选择人口较多且具有一定社会经济发展潜力的生活区域以及城镇化融入型的城镇城区来进行“两网融合”模式的发展推广。在充分汲取“两网融合”智慧示范区的发展经验后，该区域逐渐向其转化，区域范围逐步缩小。

区位：至 2020 年，划定德阳市中心城区的城北、天元、双东、寿丰和八角片区，以及黄许镇、孝感镇和双东镇的城区为“两网融合”推广区。至 2030 年，该区域缩减至黄许镇、孝感镇和双东镇城区，以及中心城区的非生活活动密集区（见图 18－11）。

回收站点布局：在“两网融合”推广区，原则上不新建固定回收站点。近期规范整治现存固定站点，远期逐步纾解取缔固定站点至新建再生资源集散市场内。整合社会流动回收个体，鼓励企业发展线下流动回收和在线回收兼并的回收模式。逐步推动垃圾清运和再生资源回收“两网融

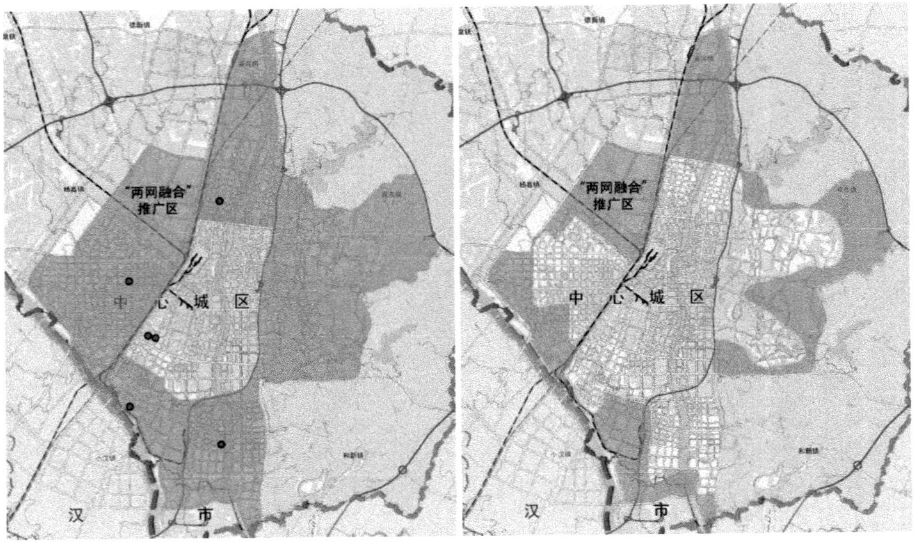

图 18－11　2020 年（左）和 2030 年（右）"两网融合"推广区规划图

合"模式发展，随着"两网融合"智慧化的技术和经验不断累积，在"两网融合"推广区内逐步布局和发展智慧化回收等再生资源回收新设备和新模式。

2. 再生资源回收规范化重点工程区域

（1）规范改造区。在"中心城区—乡镇"二元回收发展结构中，对于规范建设再生资源城乡回收体系，城镇的城区具有相当关键的示范作用。因而划定中心城区周边未纳入"两网融合"推广区的城镇城区为规范改造区，对其范围内的再生资源回收网点进行规范化的新建和改造。

区位：划定和新镇、新中镇、扬嘉镇、孝泉镇、德新镇和柏隆镇的城区为规范改造区（见图 18－12）。

回收站点布局：在规范改造区，根据相关城镇城区人口进行回收站点布局，规范站点建设、经营管理和回收行为，建设标准、规范的回收站，提高再生资源回收效率（见表 18－3）。

（2）发展完善区。在"中心城区—乡镇"二元回收发展结构中，针对发展相对落后，规范性较差，回收意识薄弱的地区，应当鼓励开展再生资源的回收工作并提供回收点。划定所有的乡村地区为发展完善区。

图 18 - 12　规范改造区规划图

表 18 - 3　　2030 年规范改造区标准再生资源回收站点布局

序号	名称	城区人口数量（万人）	回收站点布局数量	规划指引	建设时序
1	孝泉镇	5	2	新建	远期
2	柏隆镇	1	1	新建	远期
3	德新镇	1	1	新建	远期
4	扬嘉镇	1	1	新建	远期
5	新中镇	1	1	新建	远期
6	和新镇	1	1	新建	远期

注：黄许镇、双东镇和孝感镇城区纳入“两网融合”推广区。

区位：划定德阳市所有镇域的乡村地区为发展完善区（见图 18 - 13）。

回收站点布局：到 2030 年，在人口规模较大、经济较为发达，区域居民达到 2500 户以上的乡村地区，根据建设标准设置回收站点或回收中转站；在不适宜设置回收站点的地区，设置定时定点的流动回收车。

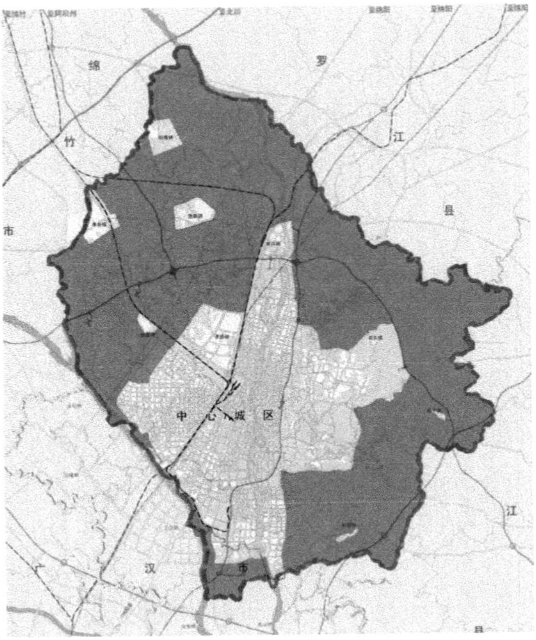

图 18－13　发展完善区规划图

（二）再生资源回收分拣中心规划

结合德阳市区域人口规模、交通和用地情况等，在城市外围，综合考虑结合高速公路、铁路等交通枢纽，在交通便利的地区，统筹考虑城市用地布局，建设分拣技术先进、环保处理设施完备、规范化管理的大型再生资源回收分拣中心，以满足中心城区和部分周边城镇的再生资源分拣需求，推进再生资源行业产需有效衔接，完善回收行业产业结构，促进再生资源回收加工一体化发展，推进再生资源回收分拣集约化、规模化发展。

1. 建设标准

（1）新建的综合分拣中心按年处理再生资源量分，一级综合分拣中心年再生资源处理量一般应不小于 30 万吨，二级综合分拣中心年再生资源处理量一般应不小于 10 万吨。

（2）按照"功能分区、分块布置"的布局要求，分拣中心应实行办公生活服务区、分拣加工区、仓储配送区分离。办公生活区建筑面积应不低于基地总面积的 10%，仓储配送区建筑面积应不低于基地总面积的 20%。

（3）分拣中心应设有合格、完善的消防设施，建有污水处理系统、排气设施等污染防治设施，具备治污减废功能，地面应采用防雨水、油污的高效混凝土地面。

（4）分拣加工区内应有对再生资源进行分选、切割、粉碎、打包等初级加工的设备，处理设施周围应有油类或液体的截流、收集及油水分离的设施或措施。各类型再生资源加工区如纸类打包、塑料压缩、废弃钢材和电子产品切割分解区应实行分区工作，不同品种的再生资源分拣、拆解、破碎等作业区之间应保持 10 米以上距离；存储区的存储场地应相对固定并符合环保和消防要求，应有围墙隔断，避免造成二次污染。

2. 规划布局

分拣中心选址应当遵循以下原则：应当与居民区、生活区、办公区、生产区相隔离，并保持1000 米以上距离；综合考虑交通、地价、行业收入、服务便捷性等因素，建议选择布局在城乡结合部，或近郊有较大面积废旧厂房处。

近期拟在孝感镇新建 1 处两网融合的分拣中心，可覆盖德阳市中心城区北部范围，并服务周边乡镇。中心城区南部及周边乡镇的再生资源运送至规划新建的德阳市再生资源集散市场进行分拣。由于周边镇乡再生资源回收量较低，不宜单独设置分拣中心，规划建议镇乡回收的物资定期运送至中心城区或对接相关利用企业进行分拣处理。

建议未来在进行控制性详细规划修编时明确分拣中心具体位置及用地情况（见表 18 -4）。

表 18 -4　　再生资源分拣中心拟布局

序号	名称	地址	分拣能力（吨/天）	规模	覆盖范围	建设时序
1	拟布局城北分拣中心	孝感镇	150 以上	20 ~ 50 亩	辐射中心城区北部及周边乡镇	近期

注：中心城区南部及周边乡镇的再生资源运送至规划新建的德阳市再生资源集散市场进行分拣。

3. 发展指引

分拣中心是再生资源回收体系的重要组成部分，应当具备分拣、储存、集散、初级加工、信息收集发布等功能。分拣中心要与回收网点和集散市场进行衔接，以再生资源的回收加工带动相关产业集聚，为下游再生资源的流通利用筑好基础，引进先进分拣处理装置，打造科技含量高、产业集聚、流通高效的区域再生资源分拣加工中心。

（三）再生资源集散市场规划

1. 规划思路

再生资源集散市场是资源从分散到集中的节点，是三级回收网络的核心，是衔接回收网络和加工利用的重要环节。综合考虑德阳市产业布局、土地利用、生态环保等因素，建设具有区域覆盖性，具备集中分拣、加工、交易、仓储物流和信息发布等功能的规范化、规模化的再生资源集散市场，推动行业规模化、产业化发展。

2. 建设标准

（1）市场建设集约用地规模根据国家产业政策、城市规划要求和当地再生资源总量确定，原则上不少于200亩，市场占地经营面积1万平方米以上，年处理量20万吨以上。

（2）区域性集散市场应由“五区一中心”构成，即：商品交易区、分拣加工区、仓储配送区、商品展示区和培训中心。

（3）市场内加工区、交易区、仓储配送区与服务区、办公区分离，加工区与交易区配备相应的环保、安全等作业设施，对废弃物集中处理，消除二次污染。

（4）分拣加工区、仓储配送区和配套服务区建筑面积分别不低于1万平方米，商品交易区和商品展示区建筑面积分别不低于5000平方米，培训中心建筑面积不低于1000平方米。

3. 规划布局

共布局1个再生资源集散市场，规划运行能力可覆盖整个德阳市（见表18－5、图18－14）。

表18－5　再生资源集散市场布局一览

序号	名称	位置	规模	运行能力	建设时序
1	德阳市再生资源集散市场	中德资源循环利用产业园	不少于200亩	不低于20万吨/年	近期

注：集散市场承担分拣中心城区南部及周边乡镇产生的再生资源。

图 18－14　再生资源集散市场布局图

4. 发展指引

依托中德资源循环利用产业园，深化物资分拣程度，构建以再生资源为纽带的“分拣—加工—销售”的绿色产业链。引进具备拆解加工大件垃圾的先进设备，提高再生资源分拣加工能力。鼓励在集散市场周边培育针对玻璃制品、塑料等低值可回收物的回收利用企业，提高再生资源回收覆盖面和回收率，增加就业岗位。

专题研究十九：文化赋能金融产业研究

——以青羊区为例

一、研究背景

文化是维系一个国家、一个民族团结和国家稳定的重要基础，是一个国家综合国力和国际竞争力的重要组成部分。习近平总书记多次谈到文化的重要性，强调文化是一个国家、一个民族的灵魂，提出要让收藏在博物馆里的文物、陈列在广阔大地上的遗产、书写在古籍里的文字都活起来。成都是首批国家历史文化名城，正奋力建设世界文化名城，作为承载成都市中心城区70%以上历史文化资源的青羊区，拥有高禀赋的文旅资源，是千年蜀都文脉彰显之地、天府文化资源富集之地、中国文化遗产标志之地、优质旅游资源汇聚之地，也拥有高集聚的金融资源，包括深厚金融文化底蕴、众多金融机构资源、高端金融集聚载体、全国知名金融智库、实力强劲金融产业等。“十四五”时期，青羊区发展面临的新任务是在“中优”中实现突破发展，特别是通过文化赋能金融产业，实现青羊区文博旅游业和金融业两大支柱产业强强联合，彰显青羊区在成都建设世界文化名城排头兵和西部金融中心核心区的独特地位。本文在分析文化的本质属性、金融的本质属性以及文化赋能金融产业的机理分析、趋势研判、案例借鉴的基础上，创造性提出文化赋能金融产业发展的“青羊路径”。

二、文化的本质属性

在文化的定义和对其本质的认识上，恩格斯有过重要论述，提出文化是人类特有的现象和符号系统，文化就是人化，人的对象化或对象的人化，起源于劳动[①]。英国著名人类学家泰勒在《原始文化》提出他著名的文化定义：“所谓文化或文明乃是包括知识、信仰、艺术、道德、法律、习俗，以及包括作为社会成员的个人而获得的其他任何能力、习惯在内的一种综合体。”[②] 著名经济学教授韦森提出，文化是一种物质上、知识上和精神上的整体生活方式[③]。习近平（2017）总书记强调“文化是一个国家、一个民族的灵魂，文化兴国运兴，文化强民族强”[④]。根据对文化的众多定义和本质特征的解读，结合本文的需要，总结出文化的三种属性，即精神属性、消费属性、社会属性（见图19-1）。

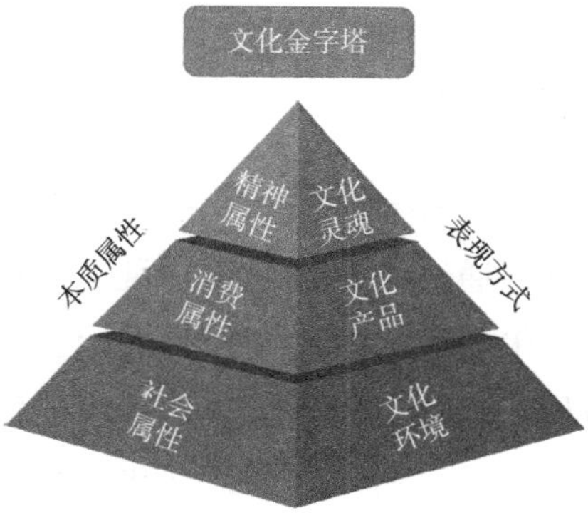

图19-1　文化金字塔示意图

（一）精神属性：文化灵魂

文化的本质是人类全部精神活动及其产品，只有通过人类灵性意识才能发挥作用，同时文化又是高于意识行为的现象，从风俗、形式等松散的概念

① 恩格斯．劳动在从猿到人转变过程中的作用［M］．北京：人民出版社，1949.

② 泰勒．原始文化［M］．蔡江浓，译．杭州：浙江人民出版社，1988：1.

③ 韦森．文化与秩序［M］．上海：上海人民出版社，2003，p19.

④ 习近平．决胜全面建成小康社会夺取新时代中国特色社会主义伟大胜利［M］．北京：人民出版社，2017.

中提炼出最核心的概念就是我们所说的文化灵魂，文化的思维和行为模式都是通过被文化灵魂赋予内涵的符号进行传递的。文化灵魂是一个城市、一个国家、一个民族的根，是软实力也是硬支撑，更是凝聚人心的精神纽带，因此激发文化精神属性，激活文化灵魂的生命力，并且发挥文化的熏陶、教化、激励、凝聚、润滑、整合作用，显得尤为重要。

（二）消费属性：文化产品

文化的消费属性主要是通过文化产品来体现的，而文化产品客观上融合了一般产业注重产品物质属性和使用功能的特质、文化产业注重产品文化属性和社会功能的特质，将物质实用功能与文化功能融合在了一起，消费者享受和消费的内容是文化产品所能够蕴含和表现出来的物质文化价值内容，即文化能够通过附着在物质实体上，增加物质实体的文化附加值，从而提升物质实体的消费价值与体验价值。

（三）社会属性：文化环境

文化与社会发展之间存在着一种相互影响、相互促进的关系，这是文化社会属性的重要特征，主要通过文化环境来体现。一方面，文化赋予社会发展以深厚的文化价值，文化环境的营造能够提高社会发展的组织效能，促进社会主体间的相互沟通和社会凝聚力的形成，不仅能维护国民经济稳定发展还能够满足群众精神文化需求；另一方面，文化环境是反映文化所具备的各种核心社会意识形态、各种核心社会价值观和各种社会文化取向的直接体现，文化环境在影响社会发展的同时也会受到社会发展的影响不断更正和转变。

三、金融的本质属性

对于金融的本质和其特质的认知上，有过众多的说法，上海对外经贸大学汪其昌（2016）认为金融的本质是预期、承诺及兑现未来现金流①。黄达等（2017）在《金融学》中对金融的定义为：凡是涉及信用，以及以货币与

① 汪其昌．发现内生于人性和金融本质的法律规则：司法审判视角［M］．北京：中国金融出版社，2016.

信用结合为一体的形式生成、运作的所有交易行为的集合[①]。对于金融的重要性和特质的论述上，邓小平同志（1991）在改革开放之初提出："金融很重要，是现代经济的核心。金融搞好了，一着棋活，全盘皆活。"[②] 习近平总书记（2017）提出："金融是国家重要的核心竞争力，金融安全是国家安全的重要组成部分，金融制度是经济社会发展中重要的基础性制度。"[③] 根据对金融的众多的定义和本质特征的解读，本文总结出金融的三种属性，即经济属性、生产属性、社会属性。

（一）经济属性：金融产业

金融在趋向综合化的发展过程中，逐渐形成的金融产业，是货币资金融通的所有经济活动的集合或系统，是利益互相联系的、具有不同分工的、由相关行业或部门构成的经济业态，经济属性是其显著属性。我国金融产业的经济属性主要体现在：金融机构的营利性特征，除了央行、政策性银行和具有公益性质的金融机构外，金融机构的营利性特征明显，如商业银行经营"三性原则"中"盈利性"是其最重要的原则；金融产品市场化特征，表现为金融产品通过持续不断创新和更新迭代，来满足市场和客户不断变化的需求。

（二）生产属性：金融资本

国家统计局印发的《生产性服务业统计分类（2019）》将金融服务列入生产性服务业，金融市场也是重要的生产要素市场之一，金融的生产属性主要通过金融资本这一重要的生产要素来体现，金融资本通过与实业资本的融合发展，将金融资本转化为生产资料和劳动力，在市场上执行资本职能的价值运动，实现再生产。从事实体经营的企业通过兼并收购、资产重组或者发起设立金融机构等形式，进入金融产业部门或领域，成为业务横跨金融产业和实体产业的综合性金融控股集团，这一方式是金融改革中产融结合的突出表现形态之一，既可以实现实体企业参与金融产业部门投资，以产业经营的思维开展金融业务，又可以精准实现金融对接实体经济。

---

① 黄达，张杰．金融学［M］．4 版．北京：中国人民大学出版社，2017：105.

② 邓小平同志 1991 年在上海视察时的讲话。

③ 习近平总书记在 2017 年金融工作会议上的讲话。

（三）社会属性：社会责任

社会属性是金融与生俱来的属性，金融基础设施是社会经济运转最重要的基础设施，是社会经济高效运转的关键环节，可以说金融是保证国民经济体系正常运转的“血脉”，也关系到社会经济活动参与者的切身利益。金融对社会影响极大，涉及资源配置的效率、公平正义以及债权人、投资人的权益，资本的积聚和集中既可以提高效率也容易加剧社会不公，特别是金融泡沫和风险会对社会和公众造成危害。因此要把握好金融的社会属性，需要注意资源配置的公平正义，时刻保持风险的可控。

四、文化赋能金融产业的机理

金融是典型的虚拟经济，是经济虚拟化的必然产物，文化在某种特定的体现方式或表现形式下也具有一定和金融共同的虚拟经济特点，如文化和金融的核心因素都是信用和信心，这使金融和文化具备了相容性，有了实现相互赋能的可能性。目前在金融和文化的融合发展过程中，大多都只重视金融赋能文化的发展而忽略了文化赋能金融的作用。应通过挖掘文化的精神属性、消费属性、社会属性的特征和重要作用，来探寻文化赋能金融产业发展可行的方式（见图 19－2）。

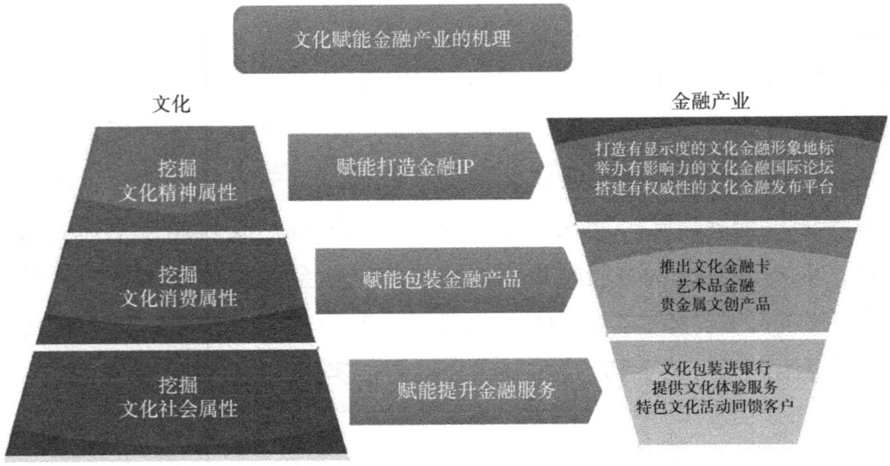

图 19－2　文化赋能金融产业的机理示意图

（一）挖掘文化精神属性，赋能打造金融 IP

充分挖掘文化精神属性，宣扬和彰显经岁月打磨和沉淀下来的文化所提炼出来的文化灵魂，通过打造金融 IP 将城市、国家、民族的文化灵魂融入金融发展的方方面面中，如可以通过打造有显示度的文化金融形象地标，充分发挥文化灵魂的熏陶、激励作用，提升金融行业的整体影响力和辐射度；通过举办有影响力的文化金融国际论坛和搭建有权威性的文化金融发布平台，充分发挥文化灵魂的凝聚、整合作用提升金融行业的凝聚力。

（二）挖掘文化消费属性，赋能包装金融产品

充分挖掘文化消费属性，利用文化能够通过附着在产品上增加产品的文化附加值，提升产品消费价值和体验价值这一属性，努力研发具有高文化创意附加值、能够代表文化水平、优质耐用的一系列创意文化金融产品。一方面，通过增加金融行业原有实体产品或服务的文化属性，提升其体验价值和消费价值，如可以推出文化金融卡，贵金属文创产品等；另一方面，充分发挥金融和文化的创新性特质，开发新的文化与金融结合的产品，例如探索发展艺术品金融。

（三）挖掘文化社会属性，赋能提升金融服务

充分挖掘文化社会属性，发挥文化环境能提升组织效能、促进社会主体相互沟通和提升社会凝聚力的作用和特点，通过提升金融服务来营造文化氛围浓重的文化环境，例如可以通过文化包装银行、推进文化体验等方式，满足群众在进行金融活动时的精神文化需求；通过举办特色文化活动，促进金融机构和客户之间的相互沟通，提升主体之间的凝聚力，从而提升金融服务质量与效率。

五、文化赋能金融产业的发展趋势

（一）文化产业发展趋势

让文化活起来成为文化产业发展的新使命。习近平总书记提出“让收藏

在博物馆里的文物、陈列在广阔大地上的遗产、书写在古籍里的文字都活起来”，为新时代全国文化产业发展提出了新要求。文化活起来是加快文化产业化发展的根本途径，核心是创造性转化、创新性发展。青羊区拥有丰富的高禀赋文化旅游资源，让青羊区文化活起来，发挥强势文化赋能的引领作用显得尤为重要，特别是文化活起来赋能金融活起来，将推动文化和金融两大产业深度融合，发挥出更大的叠加效应，有助于成都青羊文化金融商务区在成都、在全国走出一条差异化的品牌发展之路。

文化消费成为新时代消费转型升级的新热点。我国文化消费异军突起，成为颇具特色的个性化消费热点。随着公共文化服务的提质升级，文化设施覆盖不断扩大，文化场馆开放时间逐步弹性，文化创新日益深入人心，文化消费成为越来越多人们的生活必需。中国旅游研究院《2019 下半年全国文化消费数据报告》调查显示，历史文化街区、博物馆、人文旅游景点是居民首选的文化休闲场所，占比分别为 45.78%、39.56% 和 38.65%。在文化活动选择中，参观博物馆和文化古迹、文艺演出、观影赏剧、非遗活动占比最大，分别为 45.22%、36.81%、35.22% 和 31.63%。在文创开发、科技加持、短视频传播等多要素助力下，博物馆等文化场馆的知识推广、休闲娱乐功能被迅速开发，人民的文化休闲得到了品质提升。青羊区拥有丰富的文博资源，通过创新赋能金融产业，有望包装出引领消费潮流的文化金融产品。

（二）金融产业发展趋势

深化金融供给侧结构性改革是金融发展的主要方向。深化金融供给侧结构性改革是当前和今后一个时期我国金融工作的主线，金融供给侧结构性改革即将驶入“快车道”。2019 年 2 月 22 日，中共中央政治局就完善金融服务、防范金融风险召开专门会议，习近平总书记提出：“深化金融供给侧结构性改革必须贯彻落实新发展理念，以服务实体经济、服务人民生活为本。要以金融体系结构调整优化为重点，为实体经济发展提供更高质量、更有效率的金融服务。”结合成都青羊文化金融商务区自身特色，适应发展更多依靠创新、创造、创意的大趋势，应以文化赋能金融产业发展为动力，着力推动文化金融供给侧结构性改革，开发个性化、差异化、定制化文化金融产品，探索在天府股权交易中心设立文创板，不断提升成都青羊文化金融商务区发展能级。

发展特色金融成为各地金融差异化发展的主要抓手。在当前经济发展过程中，受网络化、智能化、信息化影响，加上各个细分市场的金融需求更加多样化，因此催生了新兴金融业态，包括文化金融、绿色金融、科技金融、供应链金融、社区金融、消费金融、农村金融、医养金融等。这些新的金融业态将成为金融机构、金融市场未来发展的方向，全国很多地方都在挖掘自身优势，大力发展在某个细分领域有影响力的新的金融业态。成都青羊文化金融商务区作为成都66个产业功能区中唯一一个文化金融特色的产业功能区，应高举文化金融旗帜，打响文化金融品牌在成都、在全国的知名度和影响力。

推动金融改革开放是金融业提能发展的主要举措。金融业对外开放是我国高水平对外开放格局中的重要组成部分。扩大金融业双向开放是我国的自主选择，可以在更高的层次上充分利用“两个市场、两种资源”，促进我国金融业高质量发展和提高全球竞争能力。习近平总书记指出，要把金融改革开放任务落实到位，同时根据国际经济金融发展形势变化和我国发展战略需要，研究推进新的改革开放举措；要深化准入制度、交易监管等改革，加强监管协调，坚持宏观审慎管理和微观行为监管两手抓、两手都硬、两手协调配合。成都青羊文化金融商务区应利用文化赋能金融产业契机，推动文化金融的高水平双向开放，提升文化金融在国际上的竞争能力。

（三）文化赋能金融趋势

创建国家文化与金融合作示范区成为文化融合发展的新抓手。文化金融合作已经成为我国文化产业持续快速健康发展的重要动力，国家文化与金融合作示范区是文化和旅游部、中国人民银行、财政部落实《关于深入推进文化金融合作的意见》的重要举措，目前全国仅有北京市东城区和宁波市获批。北京市东城区着力构建“四个体系”（即文化企业信用评级体系、文化信贷风险分担体系、文化创业投资扶持引导体系、文化资产定价流转体系）和探索“两个创新（文化金融产品和服务创新、文化与金融合作模式创新）”。宁波市创建工作重点围绕健全多维度文化金融组织、创新多元化文化金融产品、拓宽多层次文化融资渠道、探索符合宁波特点的文化与金融合作模式等方面。文化产业和金融产业均为青羊区的优势产业，具有助力成都创建国家文化与金融合作示范区的良好条件，应将其作为文化赋能金融产业的关键抓手进行大力推进创建工作。

六、国内外先进城市的经验借鉴

（一）美国——文化艺术赋能金融产业多元创新发展

美国是著名的文化产业大国，文化产业以电影、音乐、电视剧、百老汇等为主，增加值占国内生产总值的比例高达10%以上，在所有国家中最高。除了文化产业产值高，第二次世界大战以后美国一直是世界最重要的金融中心，金融产业是美国成为全球第一大经济体的重要推动力，国际金融秩序几乎是在美国和欧洲等国家控制下的金融秩序，美国在国际货币基金组织、世界银行等重要国际组织中也拥有占主导权的影响力，可以说美国的金融业在全球处于霸主地位。美国在市场化的推动下一直不断地进行着金融创新，很多金融秩序、金融产品都是从美国发源的，在文化和金融产业的融合发展方面，美国主要通过发达健全的文化艺术产业与金融进行融合发展，创造出了很多适应市场和产业发展需求的融合发展路径和文化金融产品，值得借鉴。

文化艺术赋能金融产业多元创新发展的典型做法：

一是发行电影版权证券，推动文化资产证券化。美国的华尔街投资机构在电影版权的融资方面，创新性地开发了电影版权证券化的融资方式，将电影的版权作为一种信用资产进行证券化操作，实质上是将电影版权作为基础资产的特殊资产支持证券（Asset - backed Securities），是文化产权证券的一种。电影制片公司是电影版权证券化融资主体，通过筛选，将公司目前已有或未来几年内计划投拍的电影所产生的票房、授权衍生收入等未来的版权收入作为资产证券化的核心资产建立资产池。组建特殊目的载体信托中介（SPV），通过将基础资产真实销售给SPV，将电影公司的账面转移到SPV的账面之中，实现破产隔离。SPV通过委托证券承销商向投资者发行出售证券，并获得对价收益，未来电影所获得的收益会通过服务商或受托管理人用于偿还投资者的债券本息。

二是成立文化艺术银行，提供全面的艺术金融服务。美国的艺术银行主要以花旗银行为代表，不同于其他银行机构借助第三方中介公司进行艺术金融业务，花旗银行很早就组建了艺术金融部门和艺术咨询团队，让银行作为艺术金融的管理者为其核心金融客户群体提供一个优化的艺术品收藏组合，同时也为他们的投资提供必要的资产保值。花旗艺术银行的主要业务是艺术品估值、艺术咨询、艺术品贷款、艺术品投资，成立了专门的风险部负责艺术的估值和监督，建立了以艺术领域专家为主要成员的艺术银行业务负责团队，提供以可追索性贷款为主的质押贷款，投资业务主要涉足其最擅长的西方第二次世界大战后当代艺术领域。

三是建立文化艺术众筹平台，实行“平台＋互联网”的文化金融创新发展模式。早在2001年美国就建立了世界上最早的文化艺术众筹网站Artist Share，该众筹平台主要面向音乐节和艺术家及其粉丝，艺术家通过该网站采用“粉丝筹资”的方式资助自己的项目。2005年Artist Share发起的第一个粉丝众筹项目“Concert in the Garden”成为格莱美历史上首张不通过零售店销售的获奖专辑，之后Sellaband、SliceThe Pie、IndieGoGo、Pledge Music、Kickstarter等众多文化艺术众筹平台纷纷建立，特别是Kickstarter成为美国最主要的文化艺术众筹平台，其众筹项目主要分为13类，包括艺术、动画、舞蹈、设计、时尚、影视、食物、游戏、音乐、美术、出版、科技、戏剧，有近200个国家的发起人在Kickstarter上进行众筹，覆盖全球90%的国家和地区，成功率高达85%以上。美国通过文化艺术众筹金融的模式，既助推了国内文化产业市场化发展，拓宽了文化产业主体的融资模式，也丰富了美国互联网金融的发展模式。

四是推动艺术品保险发展，活跃文化金融市场。美国艺术品保险市场的发展已经相对比较成熟，成立了很多专门做艺术品保险工作的机构，如AIG private Client Group、Chubb Group of Insurance、Fireman's Fund、St. Paul Travelers，等等。美国艺术品保险不但涉及艺术品失窃赔偿也包括艺术品损坏赔偿，投保对象一般为私人收藏家、专业收藏家或机构、修复师以及艺术家等。美国艺术品保险市场的成熟主要体现在三个方面，一是拥有一套完善的鉴定和定价体系，用专业的知识为投保人提供适宜的风险管理服务。二是拥有巨大的市场交易量和保险需求，艺术品收藏者和机构都具有较强的保险意识。三是拥有专业的修复师，并承担相应的修复费用。艺术品保险市场的成熟能够将艺术品市场的繁荣转换为带动金融产业的发展的动力，丰富了文化金融产品，活跃了文化金融市场。

（二）北京东城区——故宫超级文化 IP 赋能激活金融

北京东城区是北京市文物资源最为丰富、分布最集中、历史文化街区最多的城区，特别是我国最具代表性的文化建筑故宫就坐落在东城区，2019 年东城区文化、体育与娱乐业增加值达到 126.8 亿元。同时东城区的金融产业底蕴雄厚，2019 年东城区金融业增加值达到 769.8 亿元，较 2015 年增长 66.3%，增加值位居北京市第一，占全区 GDP 的比重达到 26.45%。丰富优质的文化资源和优势突出的金融产业基础为北京东城区发展文化金融奠定了基础，2017 年以来，北京东城区按照文化和旅游部、财政部、中国人民银行要求，在市委宣传部、市文资中心、市文旅局和人行营管部等部门的指导下，积极完善文化金融服务体系，努力探索文化与金融产业融合发展的路径与举措，在 2019 中国文化金融峰会上，北京东城区成功获批创建文化与金融合作示范区，是全国首批的两个示范区之一。北京东城区除了通过积极利用金融推动文化产业发展，努力破解民营和小微文旅企业融资难、融资贵等问题以外，同时也利用北京深厚的文化底蕴为金融产业的发展助力，特别是利用故宫超级文化 IP 赋能金融产业的做法值得借鉴。

故宫超级文化 IP 赋能金融产业典型做法：

一是故宫与金融机构签订战略合作协议，建立长期稳定合作关系。根据各家银行不同的优势与特点，故宫博物院寻找与银行的共同合作意愿，与中国银行、工商银行、建设银行、农业银行、华夏银行等优质银行签署了战略合作协议，推动文化与金融的深度合作，银行与故宫博物院在故宫文化保护传承、机构和个人金融服务、文化创意产品开发销售和品牌联合营销等领域开展全面合作，实现银行与故宫文化互利互惠的目的。

二是推出故宫系列联名创意金融产品，实现文化与金融联合营销。故宫博物院一直秉承着让公众“把故宫文化带回家”的宗旨，不断创新文化产品，通过与银行合作推出系列创意文化金融产品，为银行金融产品增加文化创意附加值，如发行故宫元素的信用卡，借记卡，故宫题材的金银纪念币，节庆主题存单等。故宫元素金融产品推出后，深受公众喜爱，特别是故宫联名信用卡和故宫题材金银纪念币以其高水平和极具创意的设计爆红网络。这些文化创意金融产品既能让公众触摸感受故宫文化，又能通过故宫超强 IP 为金融产品营销，实现文化与金融的互利互惠。

三是打造故宫主题金融网点，创新金融机构吸睛方式。故宫与金融机构不断深化合作关系，协力打造金融文创新生态，不断创新拓宽金融与文化的传播渠道，通过打造多元的应用场景载体，在推广中华优秀传统文化的同时借力故宫影响力为金融机构引流。例如，中国工商银行北京市分行把“紫禁城”搬到了网点里，打造网红银行网点。在官方微信、微博、融 e 购商城、工银 e 生活等线上渠道全方位升级文化金融服务，甚至可以使用 AR 功能“零距离”体验故宫文化。

四是与故宫联合举办特色文化金融活动，增强金融机构社会影响力。故宫联合金融机构，开展各类大型主题活动，一方面能够展现中国传统文化，另一方面也能利用文化活动影响力为金融机构吸引社会目光与人气。例如工行在春节期间举办“故宫陪你过大年”主题活动，通过选取有特色的宫廷过年习俗，在全国 1500 个网点装饰故宫特色元素，还为客户准备了丰富多彩的体验活动以及互动游戏，吸引了众多老百姓来到银行网点沉浸式地体验故宫文化，并购买故宫文创产品和故宫系列创意金融产品。

五是合作开展对外交流项目，让故宫 IP 成为金融机构对外名片。在金融对外交流的过程中，融合传统文化既能推动文化“走出去”，同时也能提升金融机构的对外形象。例如，中国银行整合和发挥海外机构网络和合作伙伴的资源优势，与故宫博物院深入开展中国文化和故宫品牌的传播交流项目合作。一方面，支持故宫教育活动、文化创意活动在海外落地；另一方面，体现中国银行的历史文化底蕴，让故宫文化为中国银行品牌赋能。

（三）浙江宁波市——创造文化赋能金融产业宁波模式

宁波市人文沉淀深厚历史文化悠久，历代著名的藏书楼有 80 余座，其中天一阁是中国现存最早的私家藏书楼，四明学派、姚江学派和浙东学派也是宁波文化的重要部分，2018年宁波市文化、体育与娱乐业增加值达到86.28亿元。宁波市的文化产业基础也非常雄厚，全市共有3.4万家文化企业，企业法人数和高端文化制造业都双双排名浙江省第一。宁波金融产业发展十分活跃，2019年金融业增加值达到910.5亿元，较2015年增长了90.3%，在金融产品创新、新兴金融产业发展、金融融合发展方面，宁波市用于尝试，积极创新，一直走在全国前列，是国家普惠金融综合示范区试点城市、国家保险创新综合试验区，在2019年12月正式获批国家文化与金融合作示范区，与北京东城区成为首批的两个示范区，为此宁波重点围绕健全多维度文化金融组织、创新多元化文化金融产品、拓宽多层次文化融资渠道，积极探索符合宁波特点的文化与金融合作模式，创造出了一套文化与金融融合发展的“宁波模式”。

文化赋能金融产业宁波模式典型做法：

一是推出多功能文化金融卡，借助文化消费刺激对私业务。宁波市联合农业银行、中国银行、建设银行推出了集会员服务、消费支付、结算管理等多项功能为一体的长城宁波文化卡，持有文化卡的用户能够在文化消费时享受优惠，文化卡覆盖了近400家文化企业，涵盖了电影院、演出场馆、书籍报刊、旅游景点、教育培训、休闲娱乐、体育健身、文化创意、乐器、艺术品、文具等文化消费各门类。在外观设计上文化卡颇具有宁波特文化特色，画面选定了宁波鼓楼和天一阁的形象元素来体现文化味道。长城宁波文化卡在刺激了文化消费的同时，也利用文化消费的优惠带动了银行对私业务的增长，目前文化金融卡的发行量目前已超过80万张。

二是开设全国首个“文化创意板”，丰富金融市场层次。2018年1月，宁波市在宁波市股权交易中心开设了全国首个“文化创意板”，截至2019年底，在“文化创意板”上挂牌的文化企业有170家，为22家企业先后获得私募股权融资1.58亿元。“文化创意板”的开设除了为文创企业丰富了直接融资渠道以外，也实现了金融创新，进一步丰富了金融市场的层次，推动形成有针对性的、多元化、多层次的金融服务体系。

三是打造“文化+金融”展会平台，展示创新金融产品。依托宁波市文化产业的影响力，宁波市每年举办中国（宁波）特色文化产业博览会，将吸引来自全球10多个国家和地区的千余家企业参会，极具国际影响力。宁波市每年在文博会上搭设“文化 + 金融”展区，年均有50家银行保险等金融机构带着特色产品与创新服务集中参展，办展以来，参会金融机构累计与100余家文化企业达成信贷合作意向。2019年文博会期间，参展金融机构接受企业咨询1200余次，洽谈企业近100家，对接项目25个，达成意向融资金额超过15亿元。

四是推出文旅保险类创新产品，丰富金融产品类型。宁波市大力推行“旅游 + 保险”和“文保 + 保险”服务，2018年7月，在全国率先推出了全域旅游综合保险创新服务，涵盖三大保险项目、五大保障措施和七大救援服务，由市财政统筹安排500万元，计划通过3年试点，逐步构建起政府救助与商业救援相结合的全域安全保障体系。推行文保保险服务，2018年12月，人保财险与住建、金融等部门联合启动了首个文保建筑保险项目，为文保单位和历史建筑护航。

七、文化赋能金融产业发展的“青羊路径”

认真落实国家、省、市对文化和金融工作的决策部署，坚持新发展理念，创新利用青羊区高禀赋、多样化的文化资源要素，以文化活起来赋能金融活起来为1条赋能主线，以文化精神属性、文化消费属性、文化社会属性为3种赋能属性，以文化活起来赋能金融能级提起来、金融载体建起来、金融产品火起来、金融产业强起来、金融服务靓起来为五大赋能路径，以文化赋能金融具体工作抓手为N项赋能举措，形成“1 + 3 + 5 + N”青羊区文化赋能金融的总体方略，全面建成国家文化与金融合作示范区，为青羊区建设“在中西部具有重要影响力的全域创新策源地、总部商务引领区、都市文博活力场、国际宜居品质城”提供强力支撑。力争到2025年，全面建成国家文化与金融合作示范区，形成特色鲜明、功能完备、产业强大的青羊区文化活起来赋能实现金融活起来体系，文化赋能金融产业突破发展（见图19 – 3）。

（一）文化活起来赋能金融能级提起来

1. 全力创建全国文化与金融合作示范区

积极推进创建工作，按照文化和旅游部、中国人民银行、财政部印发

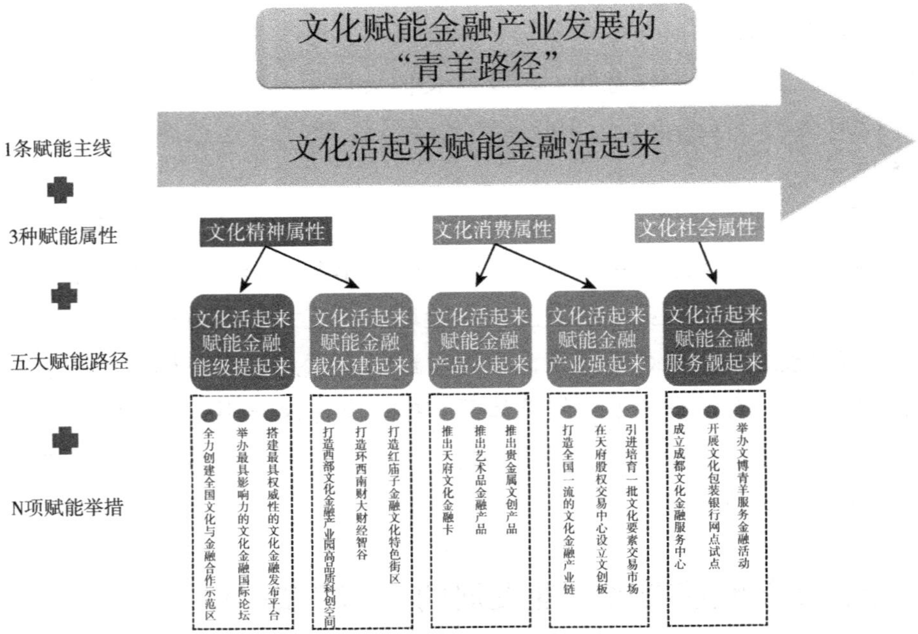

图 19－3　文化赋能金融产业发展的“青羊路径”图

《关于深入推进文化金融合作的意见》要求，结合青羊区实际，助力成都创建第二批全国文化与金融合作示范区，推进文化与金融的深度融合，打造文化金融“全国单打冠军”。加大建设实施力度，制定出台《关于加快推进国家文化与金融合作示范区发展的实施意见》，明确行动指南和具体举措，推动国家文化与金融合作示范区进入快车道。加强示范宣传推广，对国家文化与金融合作示范区建设过程中涌现出来的好经验和好做法进行宣传，不断提升青羊文化金融的国内外知名度和影响力。

2. 举办最具影响力的文化金融国际论坛

利用青羊区交子 IP 资源，创办中国交子文化金融国际论坛，打造具有国际影响力的文化金融专业性金融论坛。加强与国际知名金融组织、中国金融管理机构和地方金融管理机构联合主办，提升论坛举办层次。邀请“一带一路”沿线国家金融企业、国际国内知名高校、研究机构和各类智库的专家学者、文化企业代表、投资机构代表、财经类媒体记者等参会，围绕文化金融融合的成功经验和文化金融融合发展的创新发展思路开展圆桌会议，提升金融论坛的国际影响力。

3. 搭建最具权威性的文化金融发布平台

充分利用西南财经大学等财经智库资源，探索建立文化金融指数评价体系，聚焦文化金融发展的新趋势、新热点和新亮点，整合文化企业、项目、金融机构、第三方服务机构等资源，搭建全国最具权威性的文化金融潮流发布平台，推动文化企业和金融机构全面对接，为文化企业提供创业指导、战略咨询、项目策划、资源对接、融资咨询、市场营销等全生命周期服务，抢占文化金融发展的全国制高点，推动青羊区文化金融产业快速发展，打响青羊区文化金融品牌。

（二）文化活起来赋能金融载体建起来

1. 打造西部文化金融产业园高品质科创空间

率先启动西部文化金融产业园高品质科创空间建设，依托领地中心、托尼洛·兰博基尼中心等重点楼宇，积极宣传天府金融文化，重点招引一批文化产业基金、艺术信托、文创银行、各银行艺术部、艺术保险机构，衍生吸引文创产业、投资咨询、律师服务、经济服务、科技研发服务、人力资源服务、会计服务、艺术品估价、艺术品修复等关联产业，积极发展艺术金融、影视金融，推动领地中心至兰博中心一段街区形象包装升级，通过对“边界”进行柔化处理，植入创意雕塑、开放型绿地和文化符号，建设文化资本要素集聚高地，文创艺术融资创业平台。艺术金融方面，打造一个艺术品金融服务平台，提供艺术品鉴定、估价、修复、交易、保险、抵押、基金信托、宣传、投资咨询等服务。重点开拓艺术品保险领域的创新探索，增强艺术品保险机构的专业服务能力，加强艺术品保险宣传，加强艺术品持有者及机构对艺术品投保的意识。影视金融方面，主要提供版权交易、知识产权推广、影视保险等服务，加强与影视大数据行业的合作，打造专门化的服务模式，实行影视风险分散机制，提供影视制作保险、电影完片保险、影视版权保险、预售合同等服务，同时依托科创空间完善的配套功能，为影视公司提供演出经纪、文化经纪等服务。

2. 打造环西南财大财经智谷

依托西南财经大学和国家人力资源产业园，充分发挥人才优势，着力构建环高校知识经济圈。依托西南财经大学金融科技优势和金融人才支持，引导一批金融科技公司、中介公司和创新公司入驻环西南财大大周边载体，打造环西南财大金融产业带，着力构建高层次金融研究智库、金融人才培训基地、金融创新创业基地、西部财富管理基地、金融中介集聚基地和金融文化展示基地。强化环西南财大财经智谷的金融文化环境营造，以文化墙、文化铺装、VR 体验等形式，展现成都金融发展历程、重要金融论坛内容、交子文化等。强化空间文化意象，增加与青羊文化相关的公共艺术品、景观小品打造。积极打造金融文化地标，建设金融博物馆，设置货币证券博物馆、场景展馆、博物馆书院等。加强与西南财经大学金融研究院合作，开展文化金融创新发展路径研究，开拓适宜青羊、成都、全国市场环境的艺术品金融、影视金融等文化金融的发展模式，填补我国专业艺术品保险的空缺，探寻解决影视与金融风险管理的矛盾等。

3. 打造红庙子金融文化特色街区

深入挖掘红庙子金融文化、成都市金融文化，调动市场的积极性，鼓励有实力的企业参与红庙子金融文化特色街区建设，推动文化与金融、商业、旅游等业态的高度融合，打造红庙子金融文化地标，建设金融文化展示基地、金融业投资者教育基地。加强要素交易市场建设，以白丝街、锣锅巷、德盛路、鼓楼北三街、鼓楼北二街为范围，引领建设文化艺术产权交易中心、白酒交易中心、数字资产交易中心等区域型、创新型要素交易机构，邀请已设立的交易所在青羊区设立分支机构。以红庙子盟宝大厦大堂及公共区域为基础，打造金融法务市民大讲堂和金融知识科普走廊。依托宏信证券红庙子街省级投教基地，定期开展“金融大讲堂”系列讲座、中小投资者金融文化与知识科普、投资者权益保护宣传、上市公司培训等活动。

（三）文化活起来赋能金融产品火起来

1. 推出天府文化金融卡

联合辖区内银行机构，推出集会员服务、消费支付、信用借贷、结算管理等多项功能为一体的天府文化金融卡，在外观设计上充分挖掘利用文博青羊文化元素，结合文化消费，加强与四川大剧院、四川美术馆、成都博物馆、金沙遗址博物馆、新华文轩、宽窄巷子景区等单位合作，推出文化消费的文化卡联合优惠活动。结合养老、教育、美食，提供医疗保健、家政服务、法律咨询、旅游休闲、教育培训、高品质美食等增值服务。与云闪付、支付宝、微信等银行 App 和电子支付工具 App 合作，开发天府文化消费板块，提供青羊区文化景点、演出场馆、电影院、旅游景点、教育培训、休闲娱乐、体育健身、文化创意、艺术品等最新文化消费信息，促进青羊文化消费。

2. 推出艺术品金融产品

艺术金融化成为未来发展趋势，艺术金融化不但为金融产业的发展寻找到一条新的途径，还为金融业发展找到一个新方向。青羊区拥有收藏和展示各类文化瑰宝的各级博物场馆 14 家，应发挥自身优势，积极探索中国艺术品金融发展模式，完善艺术品金融服务功能，推出各类艺术品金融产品。推出艺术品基金，由艺术品基金资金管理人汇集多位投资者投资资金，在通过资金管理人员以多种艺术品组合投资，鼓励将艺术品基金投资做成更加长期的投资周期，使艺术品基金产品在其被投资期间尽量发挥自身艺术价值，同时降低投资风险。发展艺术品信托，建设透明的交易机制、提升投资顾问的专业度、明确艺术品保管归属、引进专业的评估机构、规范艺术品担保门槛，从而降低艺术品信托的风险。发展艺术品按揭，完善购买者信用评估机制，引入专业第三方担保机构，缓解民间普通藏家在购买心仪高额艺术品时的窘迫，同时带动艺术品收藏进入民间。完善艺术品抵押贷款发展机制，引入科学、公正、合法的第三方担保机构、专业、可信、国际化的艺术品鉴定评估机构，健全艺术品风险评估机制，在价值评估和风险评估上严格把关，保障艺术品抵押贷款健康发展。探索发展艺术品份额化交易，依托成都文交所，筛选中国艺术品市场中，被法律允许的能够参与市场教育的文化艺术品，通过机构或大师对于艺术品的鉴别和股价之后将艺术品进行份额化拆分并公开上市交易，由于艺术品份额化交易在全世界都处于探索尝试阶段，在探索过程中需建立一定的投资者门槛，更加注意监管监控，对异常波动及时做出反馈。支持建立艺术品银行，提供艺术品估值、艺术咨询、艺术品贷款、艺术品投资等全方位服务，推动实现创作、交易、投资、消费、仓储、物流于一体的艺术全产业链。

3. 推出贵金属文创产品

推动文博单位与文创企业、金融机构联合，立足于文博青羊千年优秀文化，积极将传统文化元素进行创意性呈现，结合青羊交子文化、金沙文化、草堂文化、古蜀文化等，开发太阳神鸟、宽窄巷子、诗意草堂、文殊佛系、青羊道家、琴台爱情等系列品牌产品，打造具有设计感、内涵深厚的金银纪念币、金银饰品、金银吉祥物等贵金属文创产品，重点推动金沙博物馆与金融机构合作，打造金沙博物馆主题品牌产品。通过有内涵有创意的设计，抓住消费者猎奇、时尚、个性的消费需求，让贵金属文创不仅仅只依靠重大赛事和事件，让贵金属文创成为大众热爱并普遍接受的产品，使贵金属产品不局限于投资或送礼，而是为美消费、为喜欢消费，不仅让消费者体验潮流与文化的双重悦享，更使文博青羊文化得以传承与创新。

（四）文化活起来赋能金融产业强起来

1. 打造全国一流的文化金融产业链

充分挖掘青羊文化资源和文化资产的价值，为文化产品确权、交易、融资提供全产业链服务，推动文化资源产权化发掘、文化资源股权化转化、文化资源产业化运营，大力培育成长性好、带动力强的重点文化企业，着力引进国内顶尖、国际领先的文化金融专营企业，构建服务文化企业全生命周期的投融资体系和基于信用增进和风险分担的评估交易体系。构建文化金融智库，为文化金融发展提供智力支撑。

2. 在天府股权交易中心设立文创板

加强与天府股权交易中心的深度合作，探索设立西部首个文创板，为文化企业提供股债融资、培训辅导、股权管理、挂牌、转板上市等专业服务，畅通文化企业融资渠道，有效构建起企业发展初期所缺失的资本市场支持机制，进一步丰富金融市场的层次，推动形成有针对性的、多元化、多层次的金融服务体系。

3. 引进培育一批文化要素交易市场

积极引入文化产权交易所、版权交易中心、知识产权交易中心、文化产品拍卖中心等文化产业相关的要素市场，促进文化产品和要素在全国范围内的合规有效流转，发挥要素市场的资源配置功能。筹建天府文化产权交易所，利用青羊区优势文化资源和金融资源，辐射全川，面向全国，培育打造本土文化要素交易市场品牌。

（五）文化活起来赋能金融服务靓起来

1. 成立成都文化金融服务中心

按照“政府引导、市场运营、融合发展、多方共赢”的原则，争取得到成都市文化广电旅游局、成都市地方金融监督管理局的支持，在成都青羊文化金融商务区成立成都文化金融服务中心。大力推动文化赋能金融产业，推动成都文创产品金融化包装，为文化企业和金融机构提供政策引导、项目对接、信息服务、业务培训等全方位服务。同时，通过文化银行、文化融资租赁、文化小贷、文化融资担保、文化保险、文化券商、文化基金等多元化的金融工具来推动文化产业发展。

2. 开展文化包装银行网点试点

利用“千年蜀都 文博青羊”的深厚文化沉淀，加快与辖区金融机构合作，协力发展文化金融创新生态环境，优先考虑在宽窄巷子、金沙遗址博物馆、杜甫草堂、文殊院等高禀赋文化资源富集区域开展文化包装进银行网点试点，打造青羊魅力文化的金融消费场景，培育文化银行网红打卡地，为金融机构引流。

3. 举办文博青羊服务金融活动

利用春节、中秋节等传统重要节庆，推动青羊文博单位与金融机构深度合作，开展把“文博青羊带回家”回馈老客户活动，创新开发引领消费潮流、深受公众喜爱的文博青羊爆款产品，探索推进定制化产品开发，通过文博青羊 IP 为金融产品营销，实现文化与金融的互利互惠，提升金融机构对客户的吸引力和黏性。

专题研究二十：消费吸引力提升研究

——以彭州为例

一、研究背景

消费已经成为我国经济增长的第一拉动力，2021年，我国消费支出对经济增长的贡献率达65.4%①。同时，受新冠疫情、双循环发展格局、国际形势变化、信息技术发展等诸多因素影响，社会消费偏好和消费习惯已经发生改变，消费市场面临新的机遇和挑战。由于消费对经济的支撑作用，城市消费吸引力也成为影响城市经济发展的主要动力，影响着城市居民幸福感提升和相关产业发展。在此背景下，研究如何提升消费吸引力、增强消费竞争力，对扩大消费规模、促进产业升级、推动产业高质量发展、保持经济增长、增强居民获得感有着重要意义。本文以彭州市消费吸引力提升为例，通过明确消费吸引力影响因素、消费政策和消费趋势，结合彭州市消费现状问题，提出彭州消费吸引力提升的路径，为其他城市消费吸引力提升提供借鉴。

二、消费的概念

消费分为生产消费和生活消费，前者指物质资料生产过程中的生产资料、

---

① 《2021年四季度和全年国内生产总值初步核算结果》。

劳动力等的使用和消耗，后者是指人们把生产出来的物质资料和精神产品用于满足个人生活需要的行为和过程①。本文中提及的消费指生活消费，其内容主要由载体、业态和品牌构成，载体是承载消费的场所，业态是消费的内容，品牌是消费的价值体现。

三、消费吸引力的影响因素

（一）消费吸引力相关理论综述

消费吸引力的研究始于20世纪30年代前后，随着城市发展和地理信息科学的进步，越来越多的学者开始从实证的角度，以商业集聚区、商业中心为研究对象，试图探索商圈吸引力和商业购物中心吸引力的影响因素。

1. 商圈引力相关理论

建立商圈引力模型的目的是要找到测定商圈吸引力界限的方法，典型的商圈引力模型包括雷利法则、断裂点公式、零售磁力模型、布莱克多因素公式和客源范围界定模式。

雷利法则由美国学者威廉·雷利于1929年提出，他认为城市商圈吸引力由人口和距离两个变量决定，城市人口越多，对周边地区顾客的吸引力也就越大，城市离周边特定区域的距离越远，顾客前往该城所需时间就越长，该城市对此特定区域的吸引力也就越小。

断裂点公式是康维斯在雷利法则模型的基础上进行完善和扩展得来的，该理论的核心观点是：一个城市对另一个城市的吸引力，与其规模成正比，而与它们之间距离的平方成反比。康帕斯均衡点公式以城市为研究对象，不能代表商圈范围的研究。

零售磁力模型由美国经济学家戴维·赫夫于1964年提出，该理论认为消费者前往某一商业设施发生消费的概率取决于该商业设施的营业面积、规模实力和通勤时间三个要素。此外，杰宁斯拓展了赫夫模型，他认为商店规模、商品价格、服务水平、营业时间、商店形象等因素均会对零售店的吸引力产

---

① 高鸿业．西方经济学（微观部分）［M］．北京：中国人民大学出版社，2011.

生影响。一个零售店的规模越大、商品种类越多、价格越低、服务水平越高、营业时间越长、商店形象越好，则其吸引力越大，顾客到店购物的可能性也越大。

多因素作用模型是布莱克在总结前人研究结论的基础上，将非量化因素如企业信誉、机会成本等引入研究而提出的，他认为一个零售店客流量的多少会随着提升其吸引力因素的增加或限制因素的减少而相应有所改变。

1988 年，客源覆盖范围界定模式被麦科伦发表，该模式表明，以大型购物中心为圆心的主商圈、次商圈以及边缘商圈三个层次商圈的客户来源及所占比例对研究商业地产项目商圈的辐射范围具有重要的指导作用。

2. 购物中心吸引力相关理论

20 世纪 90 年代以来，大型购物中心在世界范围内迅速发展。较多学者开始从实证的角度，以商业集聚设施如大型购物中心、商业街等为研究对象，试图探索其聚客力或吸引力的影响因素。主要涉及交通易达性、停车便利性、商户组合、商品价值、服务、空间布局、功能多样性等。Ruiz 等[①]研究发现，被吸引至购物中心的消费者可以分为三类，第一类消费者纯粹基于经济性考虑，他们认为购物中心集购物、餐饮、娱乐、休闲等多种功能于一体，可以省去很多不必要的转车成本；第二类消费者是出于情感上的原因，对某家购物中心有一定偏好；第三类消费者则基于上述两种原因被吸引至购物中心，为多目的购物者。Bodkin & Lord 认为消费者选择某一购物中心，除了出于便利性、优质服务和优惠价格等因素外，其内部某个独特的商店也可能是吸引消费者前来购物的一个重要因素。[②] Reimers & Clulow 经过实证研究，发现在未买车或不经常用车的消费者中，普遍认为城市中心的购物中心更有吸引力，而城市中心最大的优势就在于优越的地理区位和便利的交通。对于有车人士，大型购物中心的停车方便程度也是影响其吸引客流的一个重要因素。[③] Teller

---

① Ruiz Francisco J. R. , Athey Susan, Blei David M. . SHOPPER: A PROBABILISTIC MODEL OF CONSUMER CHOICE WITH SUBSTITUTES AND COMPLEMENTS [J]. ANNALS OF APPLIED STATISTICS, 2020, 14 (1).

② Charles D. Bodkin, J. Dennis Lord. Attraction of power shopping centres [J]. The International Review of Retail, Distribution and Consumer Research, 1997, 7 (2).

③ Reimers V, Clulow V. Retail concentration: a comparison of spatial convenience in shopping strips and shopping centres [J]. Journal of Retailing & Consumer Services, 2004, 11 (4): 0-221.

& Reutterer 以及 Schnedlitz 均认为，停车便利性与交通易达性是购物中心凝聚客流、吸引消费者的最重要因素之一。①

（二）消费吸引力影响因素小结

根据以上理论研究，商业规模、业态结构、交通便利度、人口密度等都是影响消费吸引力的主要因素。但将城市作为整体，城市的对外吸引力，也是增强消费吸引力的重要方面。根据研究，影响城市吸引力的要素还包括公共服务能力、城市对外宣传形象、城市多元文化融合度等因素②。综合商圈和城市吸引力的影响因素来看，城市消费吸引力主要影响因素包括城市商业规模、消费便捷程度、消费供给品质和城市营销推广。

1. 城市商业规模

城市商业规模是指城市的商业体量大小、商业集聚化程度、多元化消费场景数量等，商业体量越大、集聚化程度越高、消费场景越丰富，消费吸引力就会越强。消费者的购买意愿会受到滞留时间和商店数目的显著影响，商业体量越大、商家越集中，商品的广度和深度就越大，越容易产生 1 + 1 > 2 的综合经济效应。因此，拥有囊括了购物、餐饮、休闲、娱乐、健身、文化、旅游等多种功能和业态的城市商业区域，对于城市提升消费吸引力有着重要的影响。此外，随着人们的物质生活不断丰富，人们对消费的需求不再是简单的购买，而是更加注重消费过程中的体验，而消费场景的出现，也将普通的购物场所，转变成了消费体验场所。消费场景作为人们对消费空间的一种偏好转变，它的经济价值正通过美学体验和文化体验不断凸显。近年来，越来越多的城市将城市老旧社区、废弃工厂等闲置空间改造为博物馆、艺术馆、咖啡厅、书店等舒适性消费场景，对提升当地的消费吸引力、增强消费活力起到了积极的作用。

2. 消费便捷程度

一般情况下，便利性是消费者进行消费时首先考虑的因素，消费是否便

① Teller C, Reutterer T, Schnedlitz P. Hedonic and Utilitarian Shopper Types in Evolved and Created Retail Agglomerations [J]. The International Review of Retail, Distribution and Consumer Research, 2008, 18 (3): 283 - 309.

② 陆建非．上海提升全球城市品牌形象与增强城市吸引力研究［J］．科学发展，2016（3）：8.

捷主要与网点布局、交通条件、停车配套等有关。商业群落的发展与城市交通密切相关，作为联系顾客与商业群落的纽带，便利的交通条件、多样的交通方式都将有效扩大商业辐射范围。因此，便捷的交通条件和完善的停车配套，也是提高消费者便利性、促进城市商业获得更好经济效益的前提。

3. 消费供给品质

消费供给品质是提升消费吸引力最关键的影响因素之一，其主要体现在商业载体品质、商业业态类别、知名品牌数量等方面，载体品质越高、业态类别越全、品牌数量越多，消费吸引力就越强。

随着居民收入的提高和消费结构的升级，宠物经济、国潮文化、二次元经济等消费的快速增长，表明消费者越来越追求个性化、具有文化内涵的消费体验。因此，通过对商业空间的营造和对不同业态的组合，能够增强对消费者的吸引力，延长顾客的停留时间，促进消费业绩的增长。同时，消费者的品牌消费意识也在不断增强。品牌是商家无形的重要资产，知名品牌更易激发消费者的购买意愿。因此，北京、上海、成都等城市均提出了“首店经济”发展计划，将首店经济作为消费升级的重要抓手，首店经济已经成为拉动消费的新动能，对提升城市商业魅力起到了重要的推动作用。

4. 消费营销推广

一个城市的知名度越高，吸引的外地消费者也就越多，而提升城市知名度的方式主要有城市 IP 塑造、节事营销活动等。城市 IP 代表了一个城市的形象和特点，好的城市 IP 要方便传播，能够给人独特且深刻的印象，如“天府之国成都”“中国灯城自贡”“酒城泸州”等。因此，加强城市 IP 设计，突出地方特色，是提升城市知名度的关键。除了城市 IP 的打造和宣传推广，节事营销活动也是提升城市知名度和影响力的一种比较好的方式。通过举办节庆活动、品牌赛事、会议会展等方式，能吸引大量外地游客，促进本地经济增长，并通过舆论造势，进一步扩大城市知名度和影响力，如北京奥运会、成都糖酒会、上海“五五购物节”等赛事节会，均对促进当地经济增长、提升城市知名度和影响力起到了极大的作用。

四、消费发展的行业趋势

消费的本质是满足人们的需求，伴随经济水平的提升以及互联网的大规模应用，人们的消费需求发生了较大的改变，消费开始向着新型化、品质化、个性化方向发展。

（一）消费新型化

2015年，国务院印发《关于积极发挥新消费引领作用加快培育形成新供给新动力的指导意见》，首次提出了“新消费”的概念。2020年我国“三新”经济（新产业、新业态、新商业）增加值达16.92万亿元，约占GDP比重的17.08%，比上年提高0.7个百分点，“三新”经济第一、二、三产业增加值较上年分别增长11.0%、4.3%和4.2%，均跑赢同期三次产业增长速度。

随着我国居民消费能力的提升，以及大数据、“互联网+”、人工智能和云计算等新技术的加速推广和持续渗透，直播带货、社交电商、到家服务、无接触配送等消费新业态、新模式发展迅猛，已成为支撑消费增长的重要力量。从解决生产无法灵活匹配多元消费需求的无人零售、跨界零售等新零售业态，到应对资源饱和与交通限制的线上教育、线上医疗、线上陪伴等在线式服务，再到家居智能产品、工业电子商务、智慧城市系统的广泛应用，新型消费逐渐渗透细分至信息消费、绿色消费、时尚消费、文旅消费、康养消费、教育培训消费等服务行业和领域，国民的消费模式从生存型向发展型、享受型模式转变，传统的社会消费生态被颠覆式重塑。

（二）消费品质化

随着社会生产力的飞速发展，我国商品不断丰富，产能开始过剩，供给开始大于需求。物质生活的丰富有力地促进了消费升级，人们的消费观念开始发生改变，更加追求消费的品质，注重服务与体验，过硬的品质和服务的格调成为商品的主要卖点。

2020年，全国居民人均服务性消费支出占全国居民人均消费总支出的比重达42.6%，消费结构升级进一步加快。从消费市场规模看，未来10年中国消费增长机会有望创造5万亿美元的价值，巨大的消费潜力将促进消费需求向更高品质升级。得益于技术创新、居民收入增长、人口规模等方面优势，我国一二线城市的消费水准已基本接近发达国家水平，三四线及更低线城市正在沿着一线城市的消费升级步伐，实现从商品到服务，从数量到品质的转变。

（三）消费个性化

随着“80后”“90后”甚至“00后”成为主要消费群体，互联网时代个体开始崛起，用户需求变得多元，呈现出长尾趋势，消费升级促使更多的消费者开始追求商品的附加值。品质、审美甚至是人格认同，都已成为消费的动因，越来越多的人购买一种商品或服务，是出于喜爱而并非需要，消费更加注重个性化、情感化和社交化。

数字经济以技术的力量重塑了消费过程中信息的传递模式和消费者的需求动能模式，有效满足了个性化消费的需求。从信息传递看，产品消费者的行为特征可以被准确识别，产品消费的不对称性大大降低，消费者的个性化需求更易满足，个性消费、定制消费成为居民消费扩容提质的有效路径。从需求动能看，依托于大数据、云计算、深度学习及物联网等技术变革，供给端可针对不同类型产品的使用价值展开需求分析，引导城乡消费者更合理、更具价值地进行产品消费，而消费者可以随时随地对接各种潜在的商品，建立供给侧和需求侧畅通无阻的沟通机制，通过互联网工具的连接，追求个性化的消费方式将更加凸显。

五、彭州市消费吸引力提升案例

结合以上消费吸引力影响因素和消费趋势的分析，本文以彭州市消费吸引力提升为案例，结合彭州市消费现状问题，提出彭州消费提升的路径。

（一）彭州消费吸引力提升项目背景

“十三五”期间，彭州市在扩大消费规模、提高消费水平、改善消费环境等方面取得了一定成效，但对比先进城区仍有不小差距，彭州消费仍存在商业发展质效不佳、居民消费意愿不高、消费吸引能力不强、消费有效供给不足、重点行业发展模式不优等诸多短板弱项。为促进彭州市消费结构优化升级，提升消费吸引力，引导消费回流，进一步增强消费对经济的带动作用，从消费吸引力的影响因素、消费发展趋势及彭州市消费发展现状等方面进行深入分析，找出制约彭州市消费吸引力提升的主要因素，并从场景打造、载体建设、产品设计、品牌引育、城市营销等方面提出增强消费吸引力的对策建议。

（二）现状分析

彭州市消费吸引力分析从居民消费能力、商业有效供给、城市营销手段三个方面进行了现状分析，并在现状分析基础上，对消费影响力提升面临问题进行了总结，为后续提升路径的方案奠定基础。

1. 彭州居民消费力分析

彭州市存在居民消费力度不强，人均支出收入比低的问题。2020 年彭州市全体居民人均消费性支出为 16504 元，其中城镇居民消费性支出为 20725 元，农村居民消费性支出为 14404 元。从公开数据来看，在与成都五城区、中心城区其他城区和远郊区（市）县的对比中[①]，彭州市全体居民人均消费性支出均排在最后一位，仅相当于成华区的 54.5%（见图 20－1、图 20－2）。

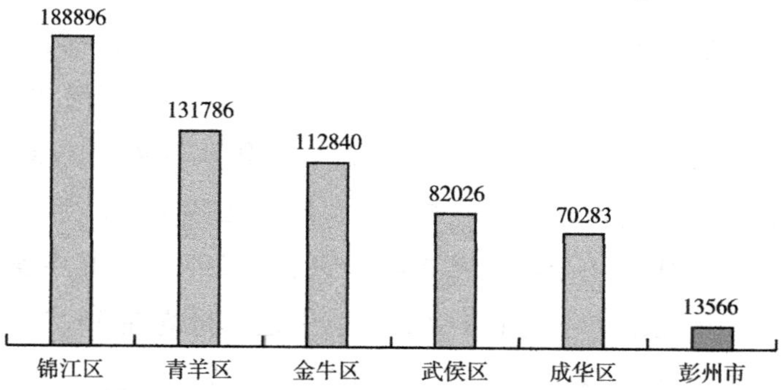

图 20－1　彭州市与成都五城区人均消费性支出（元/人）对比图

2. 彭州消费供给分析

商业网点集聚化程度不高。目前彭州市商业网点主要分散于城区各条街道，尚未形成大规模、集中化的商业空间。彭州市龙兴寺－望蜀里商圈为

① 此处仅对比有公开数据的区县。

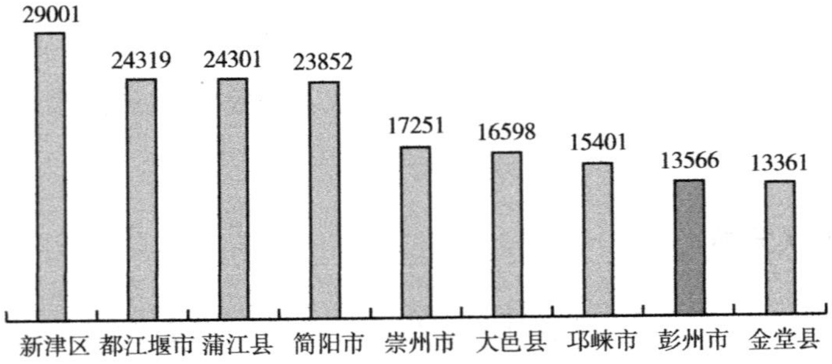

图 20－2　彭州市与成都远郊区（市）县人均消费性支出（元/人）对比图

1288 家/平方公里、牡丹新城商圈为 93 家/平方公里、南部新城商圈为 55 家/平方公里，而锦江区春盐商圈为 3506 家/平方公里，青羊区骡马市商圈为 1294 家/平方公里，金牛区荷花池商圈为 667 家/平方公里，武侯区科华路商圈为 362 家/平方公里，成华区猛追湾－建设路商圈为 548 家/平方公里，除龙兴寺一望蜀里商圈外，牡丹新城商圈和南部新城商圈商气严重不足。

优质商家招引能力不强。从限上商贸企业看，金牛区有 396 家，锦江区有 343 家，武侯区有 287 家，青羊区有 265 家，成华区有 232 家，而彭州市仅有 40 家。从全省前 50 强零售企业看，锦江区有 9 家，金牛区有 6 家，青羊有 4 家，武侯区 4 家，而彭州市为 0 家。从成都市营业额前 30 商业综合体看，武侯区（含高新区）有 11 家，锦江区、成华区各 4 家，金牛区有 3 家，新都区、郫都区、双流区各 2 家，青羊区、温江区各 1 家，而彭州市仍为 0。从首店招引看，2021 年上半年成都市共引进首店 298 家，其中锦江区、成华区、武侯区、青羊区依次位列前 4 名，首店引进数量均在 30 家以上，而彭州市引进首店数量为 0。从特色小店看，《2020 百家成都特色小店》榜单中，彭州市共上榜 3 家，在成都市 20 个区（市）县中处于中间靠后的水平。

新型消费发展供给不足。特色消费场景偏少。彭州市拥有众多的自然景观、特色美食、非遗文创、医药养生、纺织服装、生态农业等特色资源和优势产业，但优势转化利用不足，缺少既能体现彭州特色又能深度体验参与的沉浸式消费场景。从城市商业形象看，彭州市现有商业建筑形态主要是沿街底商，业态低端，品质落后，城市界面陈旧，缺乏地标性建筑，不利于提升城市形象。

消费业态结构不优。从全市（区）消费业态整体结构看，如表 1 所示，除新都区外，彭州市和成都中心城区其他区占比排前三的业态均为购物服务、生活服务和餐饮服务；其中购物服务均排在第 1 位，但彭州市的占比最高，达到了 34%，远超其他业态，是排在第 2 位的生活服务的 2 倍，业态结构失衡现象尤为突出；同时彭州市住宿服务占比偏低，仅为 7%，不到锦江区的一半，而锦江区、青羊区、成华区均在 10% 以上，住宿服务供给不足导致彭州的旅游资源优势不能有效转化为驻地消费优势（见图 20－3 至图 20－6）。

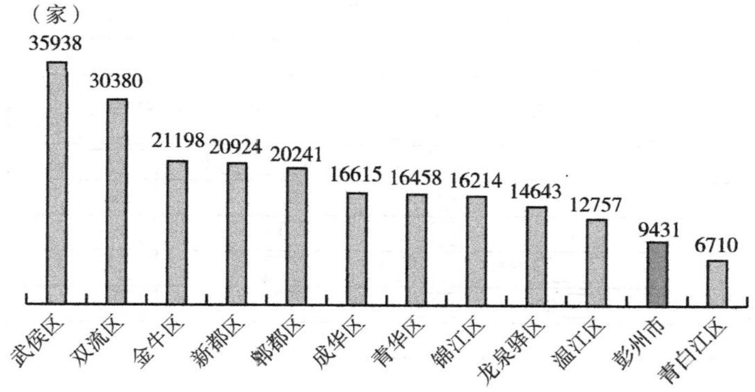

图 20－3　彭州市与成都中心城区商家数量对比

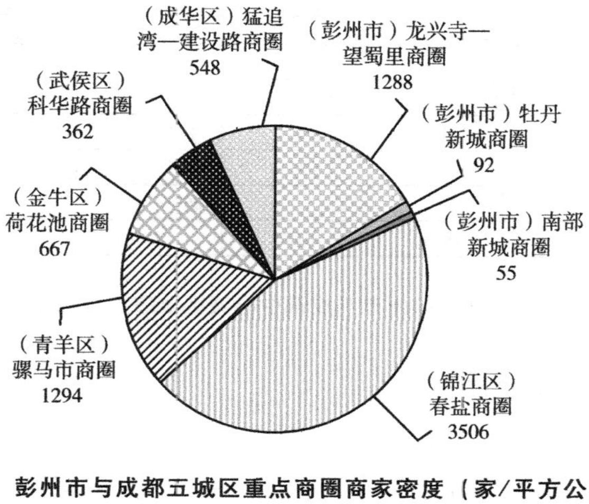

图 20－4　彭州市与成都五城区重点商圈商家密度（家/平方公里）对比

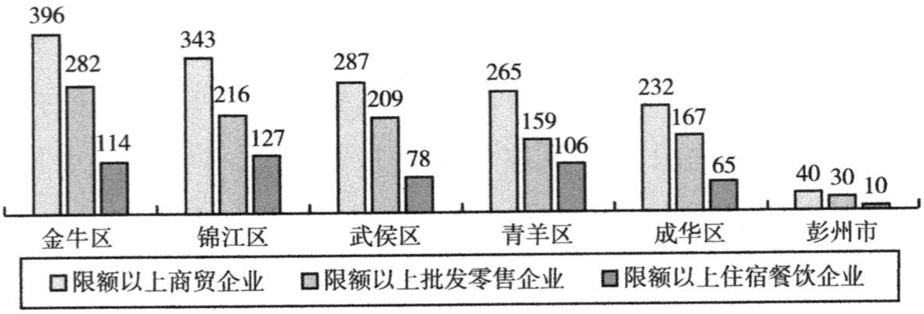

图 20－5　彭州市与成都五城区限额以上商贸企业数量对比

业态	彭州市	锦江区	青羊区	金牛区	武侯区	成华区
汽车服务	12%	4%	5%	7%	12%	7%
餐饮服务	16%	19%	16%	14%	19%	20%
购物服务	34%	26%	24%	32%	24%	25%
生活服务	17%	17%	19%	20%	17%	20%
体育休闲服务	2%	3%	3%	2%	2%	3%
医疗保健服务	3%	4%	5%	6%	4%	5%
住宿服务	7%	16%	14%	9%	8%	10%
科教文化服务	6%	8%	10%	7%	9%	8%
金融保险服务	3%	3%	4%	3%	3%	3%
合计	100%	100%	100%	100%	100%	100%
业态	龙泉驿区	郫都区	温江区	双流区	新都区	青白江区
汽车服务	10%	9%	9%	15%	17%	13%
餐饮服务	20%	17%	18%	15%	15%	19%
购物服务	28%	31%	28%	29%	29%	32%
生活服务	19%	19%	18%	19%	21%	21%
体育休闲服务	2%	2%	3%	2%	2%	2%
医疗保健服务	4%	4%	5%	4%	3%	3%
住宿服务	6%	9%	9%	7%	5%	2%
科教文化服务	8%	8%	8%	7%	7%	4%
金融保险服务	2%	2%	2%	2%	2%	3%
合计	100%	100%	100%	100%	100%	100%

图 20－6　彭州市与成都中心城区业态占比对比

3. 彭州城市营销分析

城市营销推广不足。会议会展方面，彭州市打造了中国·四川（彭州）蔬菜博览会、龙门山民宿峰会等会议会展品牌，并在 2020 年承办第六届成都种业博览会，但当前仅菜博会形成了一定品牌效应，其他自身产业优势尚未转化为城市品牌打造优势。节会活动方面，2020 年，彭州市举办了“美丽彭州·四季游”、白鹿四季音乐季、宝山夏日音乐节、宝山太阳湾蔷薇花节、成都（彭州）西瓜文化旅游节、成都市创意设计周彭州展，节事营销基本涵盖四季活动和民俗活动，但节会活动缺乏爆点，辐射影响范围依然局限于本地及周边区（市）县。城市 IP 方面，彭州市的城市形象定位不够清晰，地方特色彰显度不强，缺少如“天府之国成都”“中国灯城自贡”“酒城泸州”“拜水都江堰、问道青城山”等让人印象深刻、一提便知是哪的城市名片，尚未形成独具彭州特色、能代表彭州形象的城市 IP。

（三）提升路径

以满足人民日益增长的美好生活需要为宗旨，以“提升城市消费能级、优化消费供给品质、提高消费便捷程度、打响彭州消费品牌”为主线，以“场景打造、载体建设、产品设计、品牌引育、城市营销”为抓手，全面提升彭州市消费吸引力，实现消费总量、人均均量、发展质量“三量跃升”。

1. 突出特色场景打造

一是打造地标商圈潮购场景。加快龙兴寺—望蜀里、牡丹新城、南部新城等核心商圈提档升级，大力引进国内外知名品牌首店、旗舰店、专卖店，提升购物消费体验。二是打造饕餮美食品鉴场景。依托九尺板鸭、军屯锅盔、磁峰麻饼、滴油水饺、游汤元等特色美食和小吃，打造集美食制作、美食品鉴、产品展销、技艺传承等于一体的特色美食集中区。三是打造生态度假趣游场景。加快推进龙门山湔江河谷生态旅游区重点项目，突出湔江河谷生态资源优势，做大做强“龙门山民宿”IP，打造集生态观光、康养度假、运动休闲、亲子趣游等功能于一体的沉浸式旅游度假区。四是打造文艺风尚品鉴场景。依托白瓷、土陶、川剧、皮鼓、龙灯等本土非物质文化遗产，打造集展示、体验、传承等于一体的非遗传承基地；依托白鹿音乐小镇举办音乐节、演唱会等活动，打造视听盛宴；依托文创园区、文创街区、文创镇（村）、文创空间，打造文创消费体验场景；依托纺织服装产业和中国设计师一条街，打造新品发布会、原创设计展等潮流消费体验场景。五是打造夜间经济体验场景。充分挖掘彭州夜间经济增长动能，围绕“吃、住、行、游、购、娱”

等消费需求，积极培育“夜游、夜食、夜购、夜娱、夜宿、夜展、夜健、夜秀”等夜间消费热点。依托望蜀里、行政中心广场、牡丹大道等，打造夜间消费体验集中区，强化夜间消费氛围营造，完善夜间消费保障，提升夜间消费体验。

2. 加快品质载体建设

一是优化城乡商业网点布局。加强城乡商业网点规划，优化城乡商业网点布局，形成“商业中心—商业街区—零售网点”的“点—线—面”发展体系，提升城乡消费供给水平。二是加快老旧设施改造升级。借助城市有机更新，加快推进老旧商业设施提档升级，重塑彭州城市商业形象；重点推动老城区商业街道风貌提升，完善重点商圈和重点街区的公共厕所、停车场等基础设施配套。三是提升集中式商业载体占比。加大招商引资力度，通过“腾笼换鸟”的方式，建设一批高品质的集中式商业载体，打造网红消费打卡地标，提升彭州整体商业品质。

3. 优化产品内容设计

一是推动消费业态提质。鼓励市场主体主动把握消费发展新趋势，大力发展品质购物、时尚餐饮、文化娱乐、新潮体验等与居民消费需求升级相匹配的业态；支持全市闲置商业设施、厂房、仓库等积极调整经营策略，发展与居民消费需求相关的紧缺业态；鼓励企业加强互联网、物联网等先进技术应用，积极创新商业业态和商业模式，大力发展新型消费。二是加大旅游有效供给。丰富龙门山柒村精品民宿产业园、白鹿钻石音乐厅、葛仙山林野·杏林中医主题村、梨花读公共文化空间等重点文旅项目的业态，打造一批可深度体验参与的沉浸式旅游项目，引进一批高品质旅游度假酒店，提升旅游配套服务能力；推动九尺板鸭、军屯锅盔、磁峰麻饼等特色美食产品和白瓷、土陶等非遗产品向产业化、标准化、品牌化方向发展，打造一批独具彭州特色的旅游消费产品。三是强化景城互动设计。加快中心城区商业提质升级，增强旅游景区与中心城区的互动，引导旅游客群在中心城区集散，增加游客在彭州的停留时间，带动彭州整体消费规模增长。四是促进区域联动发展。加强旅游产品和城市形象设计，突出彭州独有的特色和优势，与周边区域形成差异化定位。充分发挥彭州市的区位和交通优势，强化与三星堆、都江堰、青城山等周边旅游景区的联动，促进旅游人群相互转化。

4. 加大知名品牌引育

一是加快集聚国内外知名消费品牌。依托望蜀里、置信逸都城、航利广场等特色街区和城市商业综合体，大力发展首店经济，加快集聚一批国内外知名消费品牌，引导彭州本土中高端消费回流。二是培育本土制造消费品自有品牌。依托纺织服装、家具家私等制造产业优势，大力发展潮流服饰、定制家具等消费品自有品牌；支持本土消费品品牌上平台、进商场、入驻特色商业街区、商业综合体等，拓宽销售渠道；鼓励本土消费品制造企业借助互联网实现大规模反向定制（C2M），利用大数据精准发掘消费需求，提升商品管控能力；鼓励制造企业运用先进生产工艺，提升自有品牌产品品质。三是打响老字号特色产品品牌。实施“老字号品牌传承发展”行动，鼓励老字号加快产品迭代更新，推出伴手礼、时尚款、定制款等各类新品；支持老字号在核心商圈、特色街区、旅游景区等集聚发展，打造旗舰店、品牌店、集成店；精选一批老字号特色产品，申报国家地理标志产品，打响彭州特色消费产品品牌。

5. 强化城市营销推广

一是加强城市名片打造。深度挖掘彭州本土文化特征，结合旅游资源和产业优势，强化彭州城市 IP 设计和宣传语策划，打造独具彭州特色的城市名片。二是扩大节事活动影响。持续做大做强中国·四川（彭州）蔬菜博览会、龙门山民宿峰会等会展品牌；继续举办中式台球国际公开赛、国际户外生态三项赛等体育赛事活动，培育自主赛事 IP；依托彭州纺织服装、白鹿音乐小镇等优势产业和文旅资源，积极举办新品发布会、时装周、音乐节等系列城市营销活动，扩大彭州城市知名度和行业影响力。三是加大宣传推广力度。实施“彭州消费”推广计划，精心策划和制作系列城市营销创意宣传片，通过全媒体渠道进行宣传推广，全方位展现彭州城市魅力。